Das waren die deutschen Jagdflieger-Asse 1939–1945

Raymond F. Toliver / Trevor J. Constable

DAS WAREN DIE DEUTSCHEN JAGDFLIEGER-ASSE 1939–1945

MOTORBUCH VERLAG STUTTGART

Umschlagzeichnung: Carlo Demand
Umschlagkonzeption: Siegfried Horn

Die Umschlag-Illustration zeigt im Vordergrund die gelbe Nase von Gallands Bf 109 E. Die Bf 110 C mit dem »Haifischmaul« gehörte zum ZG 76. Die britischen Flugzeuge sind Hawker »Hurricanes«, die in der Luftschlacht um England noch die Hauptlast der Abwehr tragen mußten.

Gallands Maschine über der englischen Kanalküste – das ist die Erinnerung an die stolze Zeit der deutschen Jagdwaffe. Die »Mickey Mouse« wurde auch auf manches Flugzeug gemalt, in dem sich als Sondereinbau ein – Spezial-Zigarrenhalter befand für den Jagdflieger, der ohne Zigarre nicht denkbar war. Zuerst waren es Maschinen der Baureihe Bf 109 E, die – zu Beginn des Krieges überlegen – in den britischen Spitfire zumindest ebenbürtige Gegner fanden. Dann waren es Bf 109 F, erkennbar an der größeren Luftschraubenhaube, der aerodynamisch vollkommenen Motorverkleidung und den stark abgerundeten Flächenenden. Mit der Bf 109 F war es im Frühjahr an der Kanalküste noch einmal möglich, die ebenfalls verbesserte Spitfire im Steigflug zu überhöhen.

Fotos: Bundesarchiv 1, Toliver 49.
Zeichnungen: Carlo Demand.

Copyright © 1968 by Trevor J. Constable und Raymond F. Toliver.
Die englische Ausgabe ist erschienen bei Arthur Barker Ltd., London, unter dem Titel »Horrido!«.
Ins Deutsche übertragen durch H. G. SCHNEIDER und MANFRED JÄGER †

ISBN 3-87943-193-0

12. Auflage 1986
Copyright © by Motorbuch Verlag, 7 Stuttgart 1, Postfach 1370. Eine Abteilung des Buch- und Verlagshauses Paul Pietsch GmbH. & Co. KG.
Sämtliche Rechte der Verbreitung in deutscher Sprache – in jeglicher Form und Technik – sind vorbehalten.
Satz und Druck: Süddeutsche Verlagsanstalt, Ludwigsburg.
Bindung: Verlagsbuchbinderei Karl Dieringer, 7000 Stuttgart.
Printed in Germany.

INHALTSVERZEICHNIS

Adolf Galland zu diesem Buch 7
Hintergrund eines Opferganges 9
Adolf Galland – Kämpfender Genius 39
Sie nannten ihn »Vati« 67
Vom Doppeldecker zur Raumfahrt – Johannes Steinhoff 87
Marseille »Der Stern von Afrika« 116
Ein Mann schlägt eine Schlacht 122
Der Klub »300« 132
Der dritte Mann – Günther Rall 156
Der »glückliche Falke« – Wolfgang Falck 177
Der Krieg der Nachtjäger 194
Ritter der Nacht 220
Der Luftkrieg im Osten 247
Asse der Ostfront 274
Asse der Westfront 301
Die Entwicklung der Düsenjäger 330
Asse im Morgengrauen des Raumfahrtzeitalters 358
Götterdämmerung 379
Anhang 385
Zusammenfassung der Fußnoten 412

Wichtiger Hinweis zur Terminologie dieses Buches: Die Luftwaffe der Vereinigten Staaten von Amerika ist teilweise mit USAAF bezeichnet, zum Teil mit USAF. Zur Erläuterung: Während des 2. Weltkrieges war die offizielle Benennung »USAAF« (US Army Air Force), danach »USAF« (US Air Force), als sie selbständige Teilstreitkraft wurde und nicht mehr zur Armee gehörte.

ADOLF GALLAND ZU DIESEM BUCH

Vor vier Jahren habe ich meinen Freunden, Raymond F. Toliver, Col. ret. USAF und Trevor J. Constable den Wunsch nach einem Vorwort zu ihrem Buch »Horrido-Fighter Aces of the Luftwaffe« gern erfüllt. Ich habe das Buch begrüßt als Würdigung und Anerkennung für einen ehemaligen Gegner, der sich immer wieder der amerikanischen und englischen vielfachen Überlegenheit tapfer und fair kämpfend entgegengeworfen hat.

Col. Toliver und Trevor Constable haben mehr als 12 Jahre gebraucht für intensives Quellenstudium, Interviews mit überlebenden, erfolgreichen deutschen Jagdfliegern und um das Buch zu schreiben. Als meine Freunde haben sie mein volles Vertrauen, so wie sie respektiert und geschätzt werden von allen deutschen Jagdfliegern der Luftwaffe, die sie kennengelernt haben. Toliver ist selbst ein ehemaliger Jagdflieger. Er spricht unsere Sprache und er denkt wie wir. Er ist außerdem der offizielle Historiker in der Gemeinschaft der Amerikanischen Jagdflieger-Asse, die mit der deutschen Gemeinschaft der Jagdflieger e.V. seit Jahren freundschaftliche Beziehungen unterhält.

Constable (the Sailor) kreuzt auf den Weltmeeren. Wir trafen uns in Kalifornien und hier im Rheinland. Seine Sympathie und seine überaus positive Einstellung dem deutschen Volk gegenüber spiegeln sich wider in dem fairen und vorurteilsfreien Charakter dieses Buches.

Die offenbare Diskrepanz zwischen der Zahl der Luftsiege auf deutscher und auf alliierter Seite, die die Spitzen-Jagdflieger erzielten, wird auch in diesem Buch begründet: die Alliierten kämpften mit ungeheuren personellen Reserven, auf deutscher Seite konnten weder eine große Zahl von Luftsiegen, noch mehrfache Verwundung oder

8- und 10malige Fallschirm-Rettungen ein Grund sein, diese Jagdflieger aus der Front zu nehmen. Es gab einfach keinen Ersatz für sie.

Möge dieses Buch nicht nur ein wertvoller Beitrag für die Geschichte der Luftwaffe im 2. Weltkrieg werden, sondern auch ein Beitrag für die Amerikanisch-Deutsche Freundschaft und für das gegenseitige Verstehen.

16. April 1972

Adolf Galland
Generalleutnant a. D.
General der Jagdflieger 1941–1945

HINTERGRUND EINES OPFERGANGES

»Unsere Asse kämpften, bis sie fielen« – Adolf Galland

Vom ersten bis zum letzten Tage der Auseinandersetzung kämpften die deutschen Jagdflieger des 2. Weltkrieges mit ungebrochener Tapferkeit.

Sie hatten zunächst alle Vorteile auf ihrer Seite – Erfahrung, die bessere Taktik, eine unübertroffene Führung im Kampf, gut erprobte Waffen und schließlich gegen Ende des Krieges einen erheblichen technologischen Vorsprung in der Düsenjägerentwicklung.

Nach fast sechs Jahren endete der Krieg für sie im verzweifelten Kampf gegen den Ansturm der alliierten Flugzeuge, während sich das Heimatland unter ihnen in rauchende Trümmer verwandelte. Die deutsche Luftwaffe brachte die erfolgreichsten Jagdflieger mit den höchsten Abschußergebnissen aller Zeiten hervor. Die Führung der deutschen Jagdwaffe oblag dem General Adolf Galland. Er gehört zu den wenigen herausragenden Persönlichkeiten des Luftkrieges, welche Seite man auch als Maßstab anlegen will.

Trotz Gallands Genius und trotz der Opferbereitschaft seiner Piloten fegte die Niederlage über das Reich, brachen Leiden und Terror aus der Luft über die Bevölkerung herein. Nach einem glorreichen Aufstieg wurden aus den Jagdfliegerverbänden der Luftwaffe in wenigen Jahren jene zusammengewürfelten, gejagten und verzweifelten Einheiten, die am Ende darum kämpfen mußten, wenigstens eine Handvoll Flugzeuge zum Einsatz zu bringen.

Hinter diesem dramatischen Wechsel des Kriegsglücks steht die fast unglaubliche Geschichte tapferer Flieger, die wiederholt von ihrer höchsten militärischen oder politischen Führung im Stich gelassen wurden.

Die Laufbahnen der größten Flieger Deutschlands können weder genau nachgezeichnet noch verstanden werden, ohne den Kampf in der Luft hier noch einmal zu beleuchten.

Unterlassungen, Korruption, Unfähigkeit, das Versagen und mehr als Versagen der maßgeblichen Persönlichkeiten, von denen die Jagdflieger im Hinblick auf ihre Ausstattung mit Flugzeugen, ihre Ausbildung und generelle Führung abhängig waren, haben in diesem Ausmaß in der modernen Militärgeschichte nicht ihresgleichen.

Und doch hat die Bereitschaft, das Leben einzusetzen, bei den Jagdfliegern und insbesondere bei den führenden Assen bis zum Ende bestanden.

Trotz besten Willens, jeder Forderung gerecht zu werden, konnten die Jagdflieger ohne entsprechende Anstrengungen der deutschen Industrie, der deutschen Technologie, der militärischen Planung und der politischen Führung es nicht allein schaffen.

Als schließlich eine genügende Anzahl von Jagdflugzeugen zur Verfügung stand, hatten die Jahre der unverantwortlichen Vernachlässigung des Ausbildungsprogrammes nicht nur zu einem Mangel an Piloten, sondern auch zu einem ständigen und schwerwiegenden Rückgang ihrer Ausbildung geführt. Wenn Industrie und militärische Planung zeitweise eine gemeinsame Basis fanden, so wurde diese Gemeinsamkeit durch irrige Beschlüsse Hitlers wieder aufgehoben. Der deutschen Führung wurden Vorschläge über Vorschläge zur Erhaltung und Verstärkung der Jagdfliegerkräfte der Luftwaffe vorgelegt. Bereits aus dem ersten großen Fehlschlag des Krieges – der Luftschlacht um England – hätte man lebenswichtige Schlüsse ziehen müssen. Die notwendige Verlagerung der Schwerpunkte in der Struktur der Luftwaffe, die Notwendigkeit der Produktionssteigerung, die Einführung neuer Jägertypen und der Ausbau der Schulen wurden von den Kommandeuren der Frontverbände und einigen Angehörigen des Generalstabes der Luftwaffe zwar erkannt, entsprechende Vorschläge fanden allerdings selten bei Göring Gehör.

Bis 1943 blieb die deutsche Luftherrschaft erhalten. Aber dann zeigte sich, daß der Fortbestand der deutschen Industrie und ihres Kriegspotentials ganz von einer schlagkräftigen Jagdwaffe abhing.

Die vorhandene Möglichkeit, hauptsächlich durch die Me 262 wieder zur absoluten deutschen Luftüberlegenheit zu kommen, wurde nicht wahrgenommen.

Die deutschen Jagdflieger flogen in Maschinen, die technisch nicht mehr mithalten konnten.

Auch der tatkräftige, vorausschauende General Adolf Galland stand, trotz Fronterfolg und Gunst bei Hitler, dem verzettelten Wirrwarr und dem Denken, das die deutschen Luftstreitkräfte untergrub, fast machtlos gegenüber.

In der Luft, wo die Tatsachen jeden Tag und jede Nacht zu sehen waren, mußten die Jägerpiloten die tödlichen Konsequenzen dieser Fehlleistungen hinter den Kulissen ausbaden. Eine rückschauende Untersuchung des Ursprungs dieser Fehler ergibt ein ganz anderes Bild von der Luftwaffe als das im Krieg propagierte.

Die deutsche Luftwaffe wurde von dem Jagdflieger Hermann Göring gegründet. Sein Vertrauen in »seine« Luftwaffe stand im umgekehrten Verhältnis zu seinem technischen Verständnis. Hinter diesem Vertrauen standen aber die enorme physische Energie, die mitreißende Überzeugungskraft und die persönliche Wirkung, die von Göring während seiner mittleren Lebensperiode ausgingen.

Diese Qualitäten, verstärkt durch Kräfte, die nur einem politischen Revolutionär zur Verfügung stehen können, machten Göring zur Schlüsselfigur bei der Wiedergeburt der deutschen Luftmacht.

In Görings zupackender Aktivität lag eine der hervorstechendsten Eigenschaften, die einen erfolgreichen Jagdflieger ausmachen. Er erzielte während des 1. Weltkrieges 22 Luftsiege und wurde nach dem Tode des »Roten Kampffliegers« Kommandeur des Richthofen-Geschwaders an der Westfront!

Er zeigte sich mehr als draufgängerischer, denn als überlegter Führer und nimmt somit in der Geschichte keinen mit Richthofen oder Boelcke vergleichbaren Platz als Taktiker und Lehrer ein. Unter seinem Kommando stiegen die Verluste an Piloten und Flugzeugen beim Geschwader steil an.

Fachmännisches Wissen war nie Görings persönliche Stärke, und er konnte auch nie gebührendes Verständnis für diejenigen aufbringen, die sich solche Kenntnisse in der Feuerprobe des Krieges oder aber im Bereich der Industrie erworben hatten.

Bei der Wahl zwischen dem technischen Experten und der »überragenden Persönlichkeit« gab Göring stets der letzteren den Vorzug. In vieler Hinsicht wirkte er wie ein Relikt aus der Ritterzeit. Er war z. B. bestrebt, das Gesetz der Ritterlichkeit in der Luft uneingeschränkt zu erhalten. Sein Augenmerk war mehr auf solche Gesten gerichtet, als auf die realistische Bewertung von Ausrüstung und Jägertaktik. Er wies also seine Jagdflieger an, »einen ehrenhaften Kampf zu führen«. Auf einen am Fallschirm hängenden Piloten oder einen abgesprungenen

Flieger am Boden zu schießen, war absolut verboten. Als alter Jagdflieger, der sein Schicksal einem politischen Stern verschrieben sah, hatte Göring bereits jene Fähigkeit des Politikers entwickelt, Konfrontationen mit Tatsachen oder Situationen auszuweichen oder sie zu ignorieren, wenn sie seine persönliche Stellung gefährden konnten. Unter dem Hitler-Regime bedeutete seine Stellung vieles, was für Göring wichtig war – Geld, Einfluß und die damit verbundene Macht.

Aber er war unfähig, diese Allmacht zum wirklichen Nutzen der von ihm geschaffenen Luftwaffe einzusetzen. Beispielsweise fand er nie Zeit, sich ein tiefergehendes Verständnis für den Einsatz von Luftstreitkräften zu erarbeiten, eine unerläßliche Voraussetzung, um der Aufgabe eines Oberbefehlshabers der Luftwaffe gerecht zu werden.

Er wirkte mehr wie ein Schauspieler, der eine selbstgeschriebene Rolle spielen wollte. Dies führte zu Fehleinschätzungen, die sich beispielsweise bei der Transportfliegerei auswirken sollten.

Jagdflugzeuge standen schon früh im Mittelpunkt des nationalsozialistischen Rüstungsprogramms und hatten in Göring einen interessierten und ehrgeizigen Befürworter. Trotzdem lag der Schwerpunkt der Entwicklung beim Bombenflugzeug.

Die Hauptauseinandersetzung ging bei der jungen Luftwaffe darum, welche Art von Bombenflugzeug entwickelt werden sollte. Jagdflugzeuge wurden vor Beginn des Krieges nur als zweites Element der deutschen Luftmacht angesehen – eine Einstellung, die in den Vereinigten Staaten ihre Parallele hatte.

Wegen des Ruhmes, den die Me 109 im 2. Weltkrieg errang, besteht eine historische Neigung, die Vorkriegsluftwaffe als jagdfliegerorientiert anzusehen. Obwohl die Me 109 das bedeutsamste Jagdflugzeugprojekt der 30er Jahre und in der Welt wegweisend für die Entwicklung von Tiefdeckern in Ganzmetallbauweise war[1], blieben Jagdflugzeuge in den Überlegungen der höheren Luftwaffenführung in dieser wichtigen Zeit eindeutig an zweiter Stelle.

In jeder Arbeit, die sich mit deutschen Jagdfliegern und ihrer Aufgabe im Kriege befaßt, ist es wichtig, auf diese Tatsache hinzuweisen.

Neue auf das Zeitalter der Me 109 zugeschnittene Einsatzmethoden wurden in den Jahren unmittelbar vor dem Krieg entwickelt. Diese bemerkenswerten taktischen Fortschritte werden im Kapitel 3 erläutert, das die Karriere von Werner Mölders schildert, jenes Offiziers, der vorwiegend für diese Neuerungen verantwortlich war.

Die Luftwaffeneinheiten, die im spanischen Bürgerkrieg eingesetzt waren, wurden als Legion Condor bekannt.

In Spanien konnten so hervorragende deutsche Jagdfliegerführer wie Mölders, Galland, Edu Neumann, Trautloft, Oesau, Balthasar und andere die modernste Kampferfahrung sammeln. Sie alle gehörten der neuen Generation an, und über sie soll in diesem Buch berichtet werden.

Die Erfahrungen in Spanien sicherten ihnen einen erheblichen Vorteil über Gegner, denen sie im 2. Weltkrieg gegenüberstehen sollten. Dieser Vorteil bestand sowohl in psychologischer als auch in taktischer Hinsicht.

In den höheren Stäben, wo die Luftwaffe im größeren Rahmen gesehen wurde, hatten fähige Führer wie General Wolfram Freiherr von Richthofen[2] und General Sperrle die Erfahrungen aus Spanien als besten Anschauungsunterricht für die Zukunft bewertet. Einige Erkenntnisse wie z. B. der Wert und der Einsatz taktischer Luftstreitkräfte wurden möglicherweise überbewertet.

Obwohl die Einsätze der Legion Condor in relativ bescheidenem Rahmen stattfanden, waren sie doch in vieler Hinsicht ein Vorspiel im Kleinen für das martialische Konzert, das 1939 begann.

Mit mindestens 6 Jahren Vorbereitung (vier Jahre offiziell plus zwei Jahre geheim) und der Erbschaft an Erfahrungen aus dem spanischen Bürgerkrieg war die Jagdfliegerei der deutschen Luftwaffe damals die am besten ausgestattete, die am besten geführte und kampffähigste Waffe dieser Art in der Welt.

Der amerikanische Ozeanflieger Oberst Charles A. Lindbergh versuchte die Vereinigten Staaten noch rechtzeitig auf diese Tatsache hinzuweisen. Seine Warnungen führten aber nur dazu, daß er als nazifreundlich abgestempelt wurde.

Die Anfang des Krieges errungenen Siege führten zu einer Art Rausch, der die deutsche Führung davon abhielt, notwendige Lehren und die damit verbundenen Konsequenzen aus den bisherigen Erfahrungen zu ziehen. Auf deutscher Seite brach die Blütezeit der taktischen Luftstreitkräfte an – in Worten Gallands ausgedrückt: »Der Erfolg gab jenen recht, die sich ausschließlich für diese Art Luftkrieg stark gemacht hatten...«

Durch die schnelle Niederwerfung der Luftstreitkräfte Polens, Frankreichs, Hollands, Belgiens, Dänemarks und Norwegens in den

Jahren 1939 und 1940 entstand vor den Augen der Welt ein furchterregendes Bild der deutschen Luftüberlegenheit.

Die außerordentlichen Erfolge der Jagdflieger erwirkten die meiste Zeit eine absolute Luftherrschaft.

Sie schufen damit die Voraussetzung für die Einsätze der taktischen Luftwaffe – der im Vorkriegsdenken des Luftkrieges stärksten Offensivkraft.

1939/40 versetzten die Stukas die gegnerischen Armeen in Schrekken. Ihr Einsatz erfolgte ohne jegliche Beeinträchtigung unter dem Schutzschirm der Me 109.

Unter diesem Schutzschirm wurden Armeen methodisch zerschlagen und eine Reihe von Staaten zur Kapitulation gezwungen und besetzt, Tatsachen, die sich in einer erheblichen Stärkung der Kampfmoral der Luftwaffe niederschlugen und sie mit der Aura der Unbesiegbarkeit umgaben.

Die Welt hatte niemals vorher Vergleichbares erlebt. Auf dem Wege von Erfolg zu Erfolg ohne nennenswerte Verluste gab es kaum einen Zweifel an der Gültigkeit der beim Aufbau der Vorkriegsluftwaffe verfolgten Prinzipien. Der Blitzkrieg war ein brillanter Erfolg. Die vollkommenen Siege wurden so leicht errungen, daß es Hitler noch nicht einmal notwendig erschien, vor der Niederwerfung Frankreichs die volle Mobilmachung durchzuführen.

Zu leicht gefallene Siege gegen kleine, schwächere kontinentale Staaten wie Belgien und Holland und gegen das große, gut ausgerüstete, aber schlecht geführte und unentschlossene Frankreich, führten Deutschland zu einer Überschätzung seiner Stärke in der Luft und zum Festhalten an der Struktur und damit am Konzept der Luftwaffe.

Die leichten Siege gegen Nachbarstaaten verschleierten die Hauptschwächen im Aufbau der deutschen Luftstreitkräfte, die sich beim Angriff auf einen geographisch weniger zugänglichen Gegner zeigen mußten, und diese Schwächen traten während der Luftschlacht um England zutage.

Die Hauptschwäche der deutschen Offensivkraft in der Luft hatte ihren Ursprung in der 1937 getroffenen Entscheidung der Luftwaffenführung, keinen viermotorigen Bomber – also keine strategische Waffe – zu entwickeln.

Der deutsche Hang zur taktischen, erdkampfunterstützenden Luftwaffe anstatt der »Schwert- und Dreschflegelkonzeption« einer strategisch und taktisch ausgeglichenen Luftwaffe war ein Fehler auf höchster Ebene. Die Engpässe in der deutschen Vorkriegswirtschaft trugen allerdings erheblich zu diesem Fehler bei.

Unter den gegebenen Umständen hielt man es für besser, kleinere und billigere taktische Bomber zu bauen. Die Jagdflieger hatten letztlich die Konsequenzen dieser Überbewertung der taktischen Luftstreitkräfte zu tragen. Die Auseinandersetzungen über die Bedeutung der Luftschlacht um England werden wohl noch über Jahrzehnte hinweg Wogen schlagen. Die relativen Verluste beider Seiten werden ein ständiges Streitobjekt für hartgesottene Lufthistoriker sein.

Aus der Sicht der Jagdflieger der Luftwaffe, dem Gesichtspunkt dieses Buches, handelte es sich bei der Luftschlacht um England um eine entscheidende Auseinandersetzung.

Die deutschen Jagdflieger sahen sich plötzlich aus ihrer zweitrangigen Rolle hervorgeholt.

Als man deutscherseits den Luftkrieg gegen England plante, wurde klar, daß das Gelingen in erster Linie von den Jagdfliegern abhängen würde. Es war die Frage, ob sie die Jäger der Royal Air Force ausschalten konnten, da die deutschen Bomber über England wenig Chancen hatten, solange das Jagdfliegerkommando der RAF die Lufthoheit behielt.

Andere entscheidende Faktoren lagen im psychologischen Bereich. Die deutschen Piloten hatten bereits einen Vorgeschmack vom Kampfgeist der RAF im Kampf über Frankreich erhalten.

Aus heutiger Sicht waren die relativen Verluste der deutschen Luftwaffe an Jagdflugzeugen im Hinblick auf das Erreichte durchaus vertretbar und auch auszugleichen.

Könnte das Durcheinander der britischen Kriegsunterlagen bezüglich der »verlorenen Flugzeuge« entwirrt werden, so ist anzunehmen, daß die deutschen Jagdflieger entsprechend ihren eigenen Angaben gewertet werden müßten. Auf jeden Fall kann die deutsche Niederlage in der Schlacht um England objektiv in keiner sterilen Vergleichsaufstellung abgeschossener Flugzeuge erfaßt werden.

Für die Jagdflieger der Luftwaffe war aber die Schlacht um England ein an der Kampfmoral zehrendes Moment der Wahrheit.

Erstmals seit dem Einfall in Polen wurden ihre überlegenen Jägerformationen durcheinandergebracht.

Die strikten Anweisungen der hohen Kommandostellen beraubten sie ihrer offensiven Möglichkeiten. Sie mußten im Verband mit den Bombern fliegen, deren Begleitschutz sie waren, und trafen im Kampf auf einen äußerst entschlossenen Gegner.

Bei »freier Jagd« auf die RAF mußten die deutschen Piloten den Luftkampf bzw. die Verfolgung über Südengland oft abbrechen, weil die Treibstoffkapazität der Me 109 nicht ausreichte.

Der technologische Vorsprung der Briten auf dem Radarsektor trug noch zu einer Verschärfung dieser Situation bei. Vom Zeitpunkt des Startens von ihren Plätzen auf dem französischen Festland und dem Sammeln der Verbände vor dem Flug über den Kanal wurde jede Bewegung der Deutschen von dem britischen Radarpersonal überwacht. In den meisten Fällen befanden sich die Jäger der RAF deshalb nach Zeit und Raum in den günstigsten Kampfpositionen, um die deutschen Angriffe abzufangen oder zu stören. Tatsächlich reichte die für die Versammlung großer Jägerformationen benötigte Zeit auf englischer Seite aus, die Abwehr mit Hilfe des Radar zu organisieren.

Der größte Fehlschlag auf deutscher Seite lag sicher darin, daß es nicht gelang, die RAF-Radarstellungen an der Südküste Englands auszuschalten. Sicherlich hätten laufende Tiefangriffe mit Bordwaffen bereits ausgereicht, um das britische Jägerleitsystem zu blenden. Und diese Aufgabe hätte durchaus im Rahmen der den deutschen Jägern gegebenen Möglichkeiten gelegen.

Zunächst im Nachteil durch die Taktik der aus 3 Flugzeugen bestehenden V-Formation, übernahm die RAF sehr schnell die taktischen Flugformationen der Luftwaffe – Rotte und Schwarm – die aus zwei beziehungsweise vier Flugzeugen bestanden.

Die zunächst sehr schlechte Treffsicherheit der RAF-Piloten besserte sich rasch durch die täglich gebotene Angriffspraxis auf die einfliegenden Bomber und Jäger der Luftwaffe.

Galland beschreibt die damalige Situation der deutschen Jagdflieger mit der eines scharfen Hundes, der versucht, an die Kehle seines Gegners zu springen und dabei feststellt, daß seine Kette ihn daran hindert, richtig an diesen heranzukommen. Als sich zeigte, daß die deutschen Jäger nicht in der Lage waren, die RAF-Jäger auszuschalten, kam es zu dem Befehl an die deutschen Bomber, die englischen Jägerplätze anzugreifen. Und nun zeigten sich die schwerwiegenden Schwächen der deutschen Bomberkonzeption der Vorkriegszeit. Die Bombenlasten der Luftwaffenbomber waren völlig unzureichend.

Die 2-Tonnen-Tragfähigkeit der He 111 und die 1-Tonnen-Kapazität der Dornier Do 17 Z lagen weit unter den für die Ausschaltung von Jagdfliegerplätzen und kritischen Produktionszentren erforderlichen Werten. Es sei daran erinnert, daß Hunderte von RAF-Lancaster-Bombern, die mit bis zu 10 Tonnen Tragkraft an Sprengstoff je Flugzeug in Schwärmen nächtlich nach Deutschland einflogen, und Scharen von USAAF-Bombern bei Tage selbst 1944 nicht in der Lage waren, die deutsche Jägerproduktion in ausreichendem Umfange zu zerschlagen! Dieses Jahr erbrachte sogar den größten Produktionsausstoß an deutschen Jagdflugzeugen – und das nach vollen 3 Jahren alliierter Bombenangriffe.

Die britische Jagdabwehr hatte sich auf eine Zurücknahme auf weiter im Inland gelegene Plätze eingestellt für den Fall, daß die Plätze entlang der Südküste unbenützbar würden, und erhielt dadurch eine tiefe Staffelung. Die deutschen Bomber befanden sich in einem schweren Dilemma wegen ihrer unzureichenden Tragfähigkeit einerseits und ihrer Verwundbarkeit bei Tage andererseits.

Hier überrundete die RAF ihre Gegner und mußte zu keinem Zeitpunkt ihre besten Einsatzplätze aufgeben.

Der Stuka Ju 87, der eine ununterbrochene Serie von taktischen Erfolgen über ganz Europa hinter sich hatte, fand sich jetzt ohne Schutz im Einsatz. Der durch die Me 109 gebildete Schutzschirm, unter dem seine Einsätze bis dahin erfolgt waren, konnte nur noch zeitweise und unzureichend für die langsam fliegenden Stukas aufrecht erhalten werden. Die Jäger der RAF holten die Stukas reihenweise vom englischen Himmel. Die Verluste an erstklassigen Stukabesatzungen wurden in kurzer Zeit so schwerwiegend, daß die Ju 87 aus der Schlacht gegen England gezogen wurden.

Ihre begrenzten Einsatzerfolge waren keine Rechtfertigung für die hohen Verlustzahlen. Die Ju 87 behinderten die Me-109-Piloten, die nur bei der freien Jagd auf ihre Gegner noch echte Chancen hatten.

Die Beschränkung durch die unzureichende Reichweite der Me 109, die unzureichende Bombenlast der Bomberverbände der Luftwaffe, und der Fehlschlag der Stukaeinsätze gegen britische Ziele waren jedoch nicht die einzigen deutschen Schwächen, die während der Schlacht um England offenbar wurden.

Auch eines der Lieblingsprojekte Görings, der schwere Jäger oder Zerstörer Me 110, erwies sich als Versager.

Nach den deutschen Luftkriegsvorstellungen der Vorkriegszeit als Bomberbegleitschutz entwickelt, erwies sich die Me 110 weder als Fisch, noch als Fleisch. Major Hartmann Grasser, Luftwaffen-As mit 103 Luftsiegen, erinnert sich an die kühnen Träume Görings in Hinblick auf die Me 110.

Er war ein junger Pilot, als Göring 1939 zu ihm sagte: »Die Me 110, und die sie fliegen, werden wie Hannibals Kavallerie die Elefanten schützen; die Bomber sind meine Elefanten«.

Dieses Konzept des Begleitschutzes für Bomber, wie naiv es auch rückblickend erscheinen mag, war theoretisch kaum zu widerlegen.

Die Amerikaner hatten zu dieser Zeit ähnliche Vorstellungen, aber nur in Deutschland wurde ein schwerer Jäger für die gedachte Aufgabe vor dem Kriege entwickelt und gebaut.

Die Amerikaner haben offensichtlich wenig vom falschen taktischen Einsatz der Me 110 als Begleitschutz gelernt, denn nur nach langem Zögern erlaubten sie ihren eigenen Langstreckenbegleitjägern die freie Jagd über Deutschland.

Dieser Schritt allerdings besiegelte letztlich den Untergang der Jäger der Luftwaffe und den Deutschlands. Die Me 110 konnte die Heinkel 111 und Do 17 zwar auf dem gesamten Weg bis zum Ziel begleiten. Trotzdem schmolz die Theorie und Auffassung von dem schweren Jäger im Feuer des Gefechts schnell dahin.

Hartmann Grasser, der mit der Me 110 gegen Spitfires siegreich blieb, beschreibt die Gefahren des Kampfes in diesem schweren Jägertyp: »Die RAF-Jäger konnten jederzeit aus der Überhöhung angreifen, und das Überraschungsmoment lag unweigerlich auf ihrer Seite. Die Me 110 war einfach zu schwer, um mit der Spitfire oder der Hurricane fertig zu werden. Man mußte Glück haben, um zu überleben.« Die Piloten für die Zerstörerverbände wurden aus den besten Me 109-Staffeln herausgeholt.

Diese überragenden Flieger fanden zu Dutzenden den Tod, weil sie Flugzeuge fliegen mußten, die weder ihrer zugedachten Aufgabe des Begleitschutzes für die Bomber gerecht wurden, noch in der Lage waren, sich selbst gegen die Spitfires und Hurricanes zu schützen.

Wenn jemals Jagdflieger geopfert wurden, dann waren es die Zerstörerbesatzungen während der Luftschlacht um England.

Zu einem erheblichen Teil erwies sich die deutsche Vorkriegsdoktrin und der Konstruktions- und Entwicklungsaufwand für Deutschland während der Schlacht um England als Fehlschluß. Stuka und Me 110 leisteten aber im weiteren Verlauf des Krieges gute Dienste, unter anderen Einsatzbedingungen und an anderen Fronten.

Die Me 109, mit ihrer kurzen Reichweite, wurde bald mit abwerfbaren Zusatztanks ausgerüstet, wodurch ihr Einsatzradius erweitert wurde, und kam an allen Fronten zu weiteren Erfolgen.

Die mittleren deutschen Bomber bewährten sich an der russischen Front, im Mittelmeerraum und auf dem Balkan. Aus der Ju 88 wurde ein geeigneter Nachtjäger.

1940 gegen England erwies sich der Aufbau der Luftwaffe als unzureichend für die gestellte Aufgabe – eine Aufgabe, die Göring gesucht hatte, um seinen Durst nach Ruhm zu stillen.

25 Jahre später ist es leicht zu erkennen, daß die Luftwaffe, wie sie sich 1940 darstellte, überhaupt nicht imstande war, eine Blockade um die britischen Inseln zu legen, die Royal Navy im Ärmelkanal zu vernichten, die englische Zivilbevölkerung und das RAF-Jägerkommando auszuschalten.

Voraussetzung für die Invasion und Eroberung Englands wäre aber zumindest die Luftherrschaft über den Invasionsstränden gewesen. Es wurde aber noch nicht einmal eine Luftüberlegenheit erreicht.

Göring hatte die Aufgabe unterschätzt, und Hitler hatte ihm geglaubt. Die Bomberpiloten der Luftwaffe warfen den Jagdfliegern vor, von ihnen zu wenig geschützt zu werden.

Stukapiloten, die den Kampf überstanden hatten, berichteten, daß sich die RAF-Jäger auf sie stürzten und ihre Verbände aufrieben. Wer die Situation nicht aus eigener Anschauung kannte, kam zu dem Schluß, die Jägerpiloten hätten versagt.

Hitler zog sich von der Durchführung der Operation »Seelöwe« zurück, weil die Mindestforderungen durch die Luftwaffe nicht erfüllt werden konnten. Die Luftüberlegenheit konnte der RAF nicht entrissen werden.

Zum ersten Male wurden die deutschen Absichten vereitelt, und die Luftwaffenpiloten wurden dafür zu Sündenböcken gestempelt. Die deutschen Piloten in ihrer Gesamtheit standen unter diesem Druck.

Sie hatten sich Tag für Tag bis an die Grenzen des Ertragbaren eingesetzt. Hunderte von Jagdflugzeugen der RAF waren ihren Waffen zum Opfer gefallen. Bei der freien Jagd auf die Jäger der RAF erzielten sie außergewöhnliche Ergebnisse, und Asse wie Mölders, Galland,

Lützow, Balthasar und Schöpfel erreichten bemerkenswerte Abschußzahlen. Aber erstmals seit 1939 mußten die deutschen Jagdflieger selbst täglich große Verluste hinnehmen; darunter waren einige ihrer besten Piloten und Führer.

Die RAF konnte über ihrem eigenen Gebiet vom Kontinent aus mit dem Deutschland zur Verfügung stehenden Gerät nicht geschlagen werden. Hinzu kam, daß die RAF-Jagdwaffe ständig durch wiederinstandgesetzte und fabrikneue Flugzeuge und einen ständigen Strom auf ihren Schulen ausgebildeter Jägerpiloten aufgefüllt wurde. Die Deutschen spürten und sahen die wachsende Kraft der RAF, während ihre eigenen Verluste nur allzu langsam ausgeglichen wurden. Diese Umstände wirkten sich erheblich auf die Kampfmoral der deutschen Piloten aus. Die Dynamik der Schlacht hatte den Jagdfliegern den Vorrang im Rahmen des Luftkrieges zudiktiert. Dies bedeutete die Abkehr von den Vorkriegsvorstellungen, wurde aber auf höchster Ebene lange Zeit nicht erkannt.

Selbst ganzer Einsatz auf Seiten der Piloten reichte hier nicht mehr aus. Abhilfe von höchster Stelle war nötig, wenn Heldenmut und Hingabe der Piloten nicht umsonst sein sollten.

Hätten intelligentere und integere Männer die Luftwaffe geführt, so hätten sie mit aller ihnen zur Verfügung stehenden Macht versucht, Mängel auszugleichen, Schwerpunkte zu verlagern und Änderungen durchzuführen. Keine vernünftige Maßnahme dieser Art kam den Jagdfliegern der Luftwaffe zu Hilfe. Die ganze Schwerfälligkeit auf der deutschen Seite wird durch die monatlichen Produktionszahlen für Jagdflugzeuge im Jahre 1941 offenbart, die im Durchschnitt bei 250 Maschinen lagen. Dies, nachdem die Schlacht um England eine deutliche Warnung für die Zukunft gegeben hatte!

Im Kreis der militärischen Führung wegen des Versagens der Luftwaffe im Hinblick auf England scharf kritisiert, ließ Göring seinen Zorn an den Jagdfliegern aus. Ein Mann seines Charakters suchte natürlich Sündenböcke für Fehler, die auf ihn selbst zurückzuführen waren.

Dies zeigte sich schnell, nachdem klar wurde, daß der Luftkrieg gegen England zu keinem neuen Blitzsieg für Deutschland werden würde. Göring beschwerte sich bei Galland, Mölders und anderen jungen Führern über mangelnde Angriffslust der deutschen Jagdflieger. Er beförderte Mölders und Galland sofort zu Geschwaderkommodoren und löste alle Piloten des 1. Weltkrieges als Gruppen- und Geschwaderkommodore ab.

Diese Schritte reichten aber nicht an die Wurzel des Problems heran. Deutschlands beispielloser Luftangriff auf England war ein kapitaler Fehlschlag, verursacht durch falsche Doktrin, Planung und Ausrüstung. Nach heutiger Terminologie war es ein vergeblicher Versuch, strategischen Luftkrieg mit einer auf den taktischen Luftkrieg ausgerichteten Luftwaffe zu führen[3]. Der Versuch, eine insulare Macht vom Festland her aus der Luft zu besiegen, barg von vornherein den Mißerfolg in sich.

Nachdem Görings erste Maßnahmen nicht den erwarteten Erfolg erbrachten, weil sie nicht die tatsächlichen Ursachen berührten, wendete sich seine kleinliche Kritik den Jagdfliegern zu. In der Folgezeit ließ er selten von ihr ab. Seine ganze Antwort auf das deutsche Versagen im Luftkrieg beschränkte sich von diesem Zeitpunkt an hauptsächlich auf diese negative Aktivität. Seine taktischen und strategischen Ideen waren in den meisten Fällen ohne Wert, ja – sie ließen die Vorschläge der Jagdflieger außer acht. Die Folge war der unnütze Tod tausender deutscher Jagdflieger.

Einige von Görings Schachzügen werden in Kapitel 2 beschrieben, welches sich mit der Karriere von Adolf Galland befaßt.

Deutschlands Jäger bestätigten auch 1940 die von Richthofen 1917 aufgestellte Maxime: »Finde den Gegner und schieße ihn ab – alles andere ist Unsinn«. Die Deutschen bewährten sich am besten bei der freien Jagd auf die RAF-Jäger – also in der Angriffsrolle. Aber Anfang 1941 wurden die JG 26, JG 2 und JG 51 durch das verstörte Oberkommando zur Verteidigung von Objekten entlang der französischen Kanalküste eingesetzt.

Dies bedeutete eine Degradierung der Jagdflieger. Diese drastische Umstellung auf Verteidigungsaufgaben führte den deutschen Jagdfliegern den Verlust der Luftüberlegenheit deutlich vor Augen. Danach waren sie nicht mehr in der Lage, ihre offensive Aufgabe zu übernehmen, abgesehen von einigen örtlichen, kurzen und nicht entscheidenden Ausnahmen.

Hitlers Entscheidung, Rußland zu erobern und sich um England später zu kümmern, bedeutete, daß die RAF die erste Runde gewonnen hatte.

Wie es sich zeigte, war dies gleichzeitig die letzte Runde der Luftschlacht um England. Die vielfältigen Probleme, die sich auf deutscher Seite aus der Luftschlacht um England ergaben, einschließlich Produktion, Ausbildung und technischer Entwicklung, waren in ihren Auswirkungen katastrophal. Die Mißachtung dieser Gegebenheiten führte letztlich zum Untergang der Jagdfliegerkräfte der Luftwaffe. So schwerwiegend diese Probleme auch waren, sie gerieten bald in Vergessenheit, als die Luftwaffe als Hauptangriffswaffe der deutschen Streitkräfte über dem Balkan und später in Rußland eingesetzt wurde und zu neuem Ruhm kam. Über dem Balkan standen ihr nur schwache Kräfte entgegen.

Noch einmal beherrschten die Jäger der Luftwaffe den Luftraum und gaben den Weg für den Einsatz der taktischen Luftstreitkräfte frei. Die Reihe aufeinanderfolgender Siege wurde nur durch den zähen Widerstand auf Kreta beeinträchtigt.

Die Verteidigung Kretas durch den neuseeländischen General Freyberg kostete die deutschen Elite-Fallschirmjägerverbände schwere Verluste[4].

Trotzdem war der deutsche Balkanfeldzug ein durchschlagender Erfolg; seine Durchführung wurde durch die Luftwaffe ermöglicht und insbesondere durch die Ausschaltung gegnerischer Jagdflieger. Während des Angriffes auf Rußland stellte sich bei den deutschen Jagdfliegern auf Grund ihres neugewonnenen Elans und ihrer Erfahrung wiederum das erhebende Gefühl der Luftüberlegenheit ein.

In der ersten Woche des Unternehmens »Barbarossa« zerschlugen sie die sowjetische Luftwaffe im Zusammenwirken mit den deutschen Bombern und Erdkampfunterstützungsverbänden.

Annähernd 5000 sowjetische Flugzeuge verschiedener Typen wurden zerstört. Die sowjetische Luftmacht wurde in dem entscheidenden ersten Monat des Angriffs praktisch vernichtet.

Die russischen Jägerpiloten waren für die deutschen Veteranen aus dem Polen- und Westfeldzug und der Luftschlacht um England eine leichtere Beute, als die standhaften Briten, die oft mit durchlöcherten Maschinen und gelichteten Reihen nach Hause gefunden hatten. Zu Beginn der Luftkämpfe waren die sowjetischen Piloten gegenüber den erfahrenen und eingefuchsten Deutschen weit unterlegen. Sowjetische Flugzeuge aller Typen wurden reihenweise abgeschossen. Die Abschußergebnisse über der Ostfront stiegen schneller an, als dies jemals in der Geschichte des Luftkrieges der Fall war. Nach den Aussagen des Generalleutnants Johannes »Macky« Steinhoff war das damals »wie eine Entenjagd«.

Während der ersten Tage des Rußlandfeldzuges kosteten die deutschen Jagdflieger erneut vom schweren Wein des Sieges.

Die russischen Jägerpiloten, Produkt eines Systems, welches jeden Individualismus auszulöschen versuchte, waren nicht in der Lage, den deutschen Gegnern gleichwertig entgegenzutreten. Die Überlegenheit der deutschen Jägerpiloten lag nicht nur auf dem technischen Gebiet, sondern auch auf dem psychologischen. Auch als die Russen später ihre technische Unterlegenheit ausgleichen konnten, blieb den Deutschen der psychologische Vorsprung.

Die oft erstaunenswerten Einzelheiten über die sowjetischen Luftstreitkräfte des 2. Weltkrieges – Umfang, Entwicklung und technischer Stand – werden im einzelnen in den Kapiteln über die Ostfront behandelt.

Diejenigen, welche sich weiterhin einer Selbstzufriedenheit bezüglich eines möglichen sowjetischen technologischen Rückstands hingeben, werden die Wahrheit über die russischen Anstrengungen im Luftkrieg einschließlich der Jägerproduktion nicht förderlich für diese Einschätzung finden.

Deutsche Flieger, die in Rußland kämpften, könnten dem Westen in diesem Zusammenhang einige Lichter aufstecken.

Der deutsche Pilot errang und hielt seine Überlegenheit über den russischen Gegenspieler in erster Linie wegen des »Ego-Faktors«, also wegen seines überlegenen Selbstwertgefühls. Alle Eigenschaften wie persönliche Intelligenz, Selbständigkeit, Initiative und Unternehmungsgeist, die Voraussetzungen für die besonders individuelle Art des Luftkampfes darstellen, wurden bei seiner Ausbildung gefördert und entwickelt. Das sowjetische System mit seiner nivellierenden Ausrichtung und seinem Gegensatz zum Individualismus war kaum die richtige Umwelt für das Heranziehen von Jägerpiloten.

Auch als die Russen im Laufe der Zeit allmählich besser wurden, verlor der deutsche Jagdflieger nie die innere Überzeugung, gegenüber seinem Gegner der Bessere zu sein. Auch dann, als die Russen auf Grund ihrer eigenen Produktion und umfangreicher Leih- und Pachtunterstützung eine überwältigende, zahlenmäßige Überlegenheit erreichten, warfen sich die Deutschen mit erstaunlichem und fortgesetztem Erfolg auf ihre Gegner. Das Vermögen der deutschen Jagdflieger, sich unter solch ungünstigen Bedingungen in der Luft zu behaupten, zeigt, daß sich das Selbstvertrauen des Jagdfliegers zwangsläufig in seiner Leistung ausdrückt.

An der russischen Front brachte die Luftwaffe Jagdfliegerasse mit den höchsten Abschußergebnissen aller Zeiten hervor: Erich Hartmann mit 352 Abschüssen, Gerhard Barkhorn mit 301 Abschüssen und Günther Rall mit 275 Abschüssen. Andere führende deutsche Jagdflieger an der russischen Front waren Otto Kittel mit 267 Luftsiegen, Walter Nowotny mit 258 Abschüssen und Wilhelm Batz mit 237 Siegen.

Diese Männer standen an der Spitze. Es gab aber außerdem eine große Zahl hervorragender Piloten mit niedrigeren Abschußzahlen wie z. B. Johannes »Macky« Steinhoff mit 176 Luftsiegen, Anton Hafner mit 204 Abschüssen und Hermann Graf mit 212 Luftsiegen. Diese Abschußergebnisse muten nach den Vorstellungen der USAAF und RAF aus der damaligen Zeit geradezu ungeheuer an. Deshalb wurden die deutschen Abschußzahlen während der letzten 20 Jahre häufig angezweifelt. Erst in den letzten Jahren, nachdem sich westliche Geschichtsschreiber der Mühe unterzogen haben, die vorhandenen deutschen Unterlagen eingehend zu prüfen, wurde der ganze Umfang der deutschen Leistung auch in den alliierten Ländern anerkannt. Die Autoren dieses Buches verbrachten während der letzten 12 Jahre viel Zeit mit Interviews zahlreicher deutscher Asse, mit der Überprüfung von Aufzeichnungen, Flugbüchern, Kriegstagebüchern der Geschwader und anderen amtlichen Unterlagen, um keinerlei Zweifel an der Sorgfalt und den strengen Maßstäben aufkommen zu lassen, mit denen die Abschüsse deutscher Jagdflieger beansprucht, aufgezeichnet und zugesprochen wurden. Das deutsche System wurde nach wesentlich strengeren Maßstäben als das englische oder amerikanische Abschußanerkennungsverfahren gehandhabt und vermied solche mystischen Zuschreibungen wie ein halber, ein drittel oder dreiviertel Abschuß – die sogenannten geteilten Abschüsse.

Der deutsche Hang zur Genauigkeit war nicht mit der Vorstellung vereinbar, ein Pilot könne ein Drittel oder die Hälfte eines Flugzeuges abschießen.

Diese Vorstellung wurde durch eine Reihe einfacher Regeln ausgeräumt. Waren mehr als ein Pilot an dem Abschuß eines Flugzeuges beteiligt, so mußten die Piloten untereinander ausmachen, wem der Abschuß zuerkannt werden sollte. Wenn dies nicht möglich war, wurde der bestätigte Abschuß der betreffenden Einheit zugeschrieben, ohne Zuordnung zu einem einzelnen Piloten.

Als Beispiel sei ein Fall vom 22. März 1943 angeführt, als Oberleutnant Heinz-Wolfgang Schnaufer, später Nachtjäger-As des Krieges mit 121 Abschüssen, den Abschuß einer RAF-Lancaster beanspruchte. Hauptmann Wilhelm Herget, dem bis Kriegsende 57 Nachtabschüsse und 15 Tagabschüsse zuerkannt wurden, beanspruchte den Abschuß der gleichen Lancaster. Beide Piloten hatten denselben Bomber angegriffen. General Kammhuber entschied, daß beide Piloten den Abschuß auslosen mußten, und Herget war der Gewinner.

Im Gegensatz hierzu konnte nach dem USAAF-Verfahren (im Kriege: USAAF = US Army Air Force; heute: USAF = US Air Force) ein Jägerpilot zum As aufsteigen, ohne jemals einen eigenen eindeutigen Abschuß erzielt zu haben.

Bei dem Verfahren der USAAF konnte eine mathematische Rechnung zum Ersatz für eine echte eigene Leistung werden.

Diese fragwürdige Tradition wird auch heute noch bei der USAF angewandt. Noch 1966 verfälschte die USAF ihr ohnehin suspektes Abschußanerkennungsverfahren darüber hinaus durch die Bekanntgabe, daß Abschüsse, die von einer USAF-Maschine mit 2 Mann Besatzung erzielt werden, zu einer Anerkennung des Abschusses für beide Besatzungsmitglieder führen.

Auf diesem Wege können 5 abgeschossene Feindflugzeuge gleich zwei amerikanische Asse hervorbringen!

Das Verfahren der Luftwaffe war bestimmt vernünftiger und realistischer »Ein Pilot – ein Abschuß« war die unumstößliche Anerkennungsregel, einfach und logisch.

Die Bestätigungsverfahren wurden bei der Luftwaffe ähnlich direkt durchgeführt. Ohne Zeugen hatte der Flugzeugführer der Luftwaffe keine Aussicht auf Bestätigung seiner Abschußmeldung. Eine Abschußmeldung dieser Art wurde, wenn sie vorgelegt wurde, nicht über die Gruppenebene hinaus weitergereicht[5].

Die endgültige Vernichtung oder Explosion eines gegnerischen Flugzeuges in der Luft oder das Abspringen des Piloten mußten entweder auf Film oder zumindest durch Zeugen bestätigt sein.

Zeuge konnte der Rottenkamerad des deutschen Piloten, ein Staffelkamerad oder ein Bodenbeobachter des Gefechts sein.

Die Möglichkeit, einen Abschuß bestätigt zu bekommen, weil man (wie es bei einigen RAF- und USAAF-Piloten geschehen ist) ein Gentleman und Ehrenmann war, bestand nicht.

Die deutsche Regel war einfach: »kein Zeuge – kein Abschuß«. Diese Regel galt selbst bis hinauf zum General der Jagdflieger, Adolf Galland.

Den Autoren dieses Buches liegt die Ablichtung eines Gefechtsberichtes von Galland über einen Abschuß vor.

Diese Meldung schließt mit der folgenden kurzen Feststellung: »Ich verzichte wegen fehlender Zeugen auf die Bestätigung dieses Abschusses«.

Das deutsche Verfahren war unparteiisch, unbeugsam und weniger fehleranfällig als das britische bzw. amerikanische.

Die deutschen Jägerpiloten mußten häufig mehrere Monate, ein Jahr oder manchmal sogar länger warten, bevor sie die Bestätigung eines Abschusses vom OKL erhielten.

Beispiele aus deutschen Unterlagen werden an einigen Stellen dieses Buches wiedergegeben.

Grundsätzlich unterschieden sich die Deutschen auch von den Alliierten durch ihr kompliziertes Punktsystem, das ausschließlich für die Zuerkennung von Auszeichnungen eingeführt wurde. Der Zweck des Punktsystems war die einheitliche Bewertungsgrundlage bei der Zuerkennung hoher Auszeichnungen. Das Punktesystem hatte kein Gegenstück innerhalb der alliierten Luftwaffen.

Die Autoren dieses Buches haben das deutsche Punktsystem bereits in dem Buch FIGHTER ACES[6] beschrieben.

Im Interesse der Verständlichkeit wird hier nochmals eine Zusammenfassung des Punktsystems wiederholt. Das deutsche Punktsystem kam tatsächlich nur an der Westfront ab 1943 zur Anwendung.

Als Grundlage für die Verleihung von Kriegsauszeichnungen wurden die Punkte in folgender Weise vergeben:

Vernichtung eines einmotorigen Flugzeuges	1 Punkt
Vernichtung eines zweimotorigen Flugzeuges	2 Punkte
Vernichtung eines dreimotorigen Flugzeuges	3 Punkte
Vernichtung eines viermotorigen Flugzeuges	3 Punkte

Beschädigung eines zweimotorigen Flugzeuges	1 Punkt
Beschädigung eines drei- oder viermotorigen Flugzeuges	2 Punkte
Endgültige Vernichtung eines beschädigten zweimotorigen Flugzeuges	½ Punkt
Endgültige Vernichtung eines beschädigten viermotorigen Flugzeuges	1 Punkt

Auf deutscher Seite wurde der Fähigkeit der Jagdflieger, einzelne alliierte Bomber von ihren sogenannten »BOX«-Flugformationen zu trennen, große Bedeutung zugemessen.

Aus diesem Grunde wurden einem deutschen Piloten nur Punkte zuerkannt, wenn er einen Bomber beschädigte, den er von seiner »BOX«-Formation abgedrängt hatte – dieses Abdrängen wurde deutscherseits als »Herausschuß« bezeichnet.

Daß dieses Punktsystem für Auszeichnungen mit all seinen verzweigten und komplizierten Regeln oft mit dem normalen Abschußbestätigungsverfahren verwechselt wurde, geht aus dem vielfach in der Vergangenheit veröffentlichten, meist ungenauen Material über Abschußzahlen deutscher Jagdflieger hervor.

Ein praktisches Beispiel dieser beiden Systeme, wie sie während des Krieges angewandt wurden, soll aufzeichnen, wie solche Verwechslungen zustande kamen.

Nehmen wir an: es ist Anfang 1943; zu dieser Zeit benötigte ein Jagdflieger zur Verleihung des Ritterkreuzes vierzig Punkte. Unser angenommener Pilot, Hauptmann Fritz Flugmann hat bereits 22 bestätigte Abschüsse einmotoriger Jagdflugzeuge (22 Punkte), 5 bestätigte Abschüsse zweimotoriger Bomber (10 Punkte) und 2 bestätigte Abschüsse viermotoriger Bomber (6 Punkte).

Hauptmann Flugmann ist ein As mit 29 Abschüssen, aber er hat nur 38 Punkte – nicht ausreichend für das Ritterkreuz.

Am nächsten Tag startet Flugmann und beschädigt eine B-17 und drängt sie von ihrer »BOX-Flugformation« ab, außerdem schießt er eine bereits von einem anderen Piloten angeschossene B-17 endgültig ab. Jetzt hat Hauptmann Flugmann 41 Punkte, genug für die Verleihung des Ritterkreuzes, er erhält die Bestätigung des 30. Abschusses, nachdem er sich mit den anderen am Luftkampf beteiligten Piloten geeinigt hat und ihm der Abschuß eines Bombers zuerkannt worden ist.

Dieses Punkte-Orden-System kam nur an der Westfront zur Anwendung, weil man deutscherseits die Auffassung vertrat, daß es leichter sei, russische Jäger und Bomber der Ostfront abzuschießen, als Mustangs, Thunderbolts und Mosquitos im Westen.

Die alliierten Bomberströme mit ihrer tödlichen Zusammenfassung des Abwehrfeuers und den Horden von Begleitjägern wurden als weit härterer Gegner angesehen, als die sowjetische Luftmacht.

Obwohl das Punkte-Orden-System deshalb an der russischen Front nicht zur Anwendung kam, galten die gleichen Regeln für Abschußbestätigungen.

Gegen Ende des Krieges gab es an der russischen Front Piloten mit mehr als 100 bestätigten Abschüssen, aber ohne Ritterkreuz, für das an der Westfront 40 Punkte benötigt wurden.

Die Qualität der deutschen Jagdflieger und des von ihnen geflogenen Gerätes waren ein überragender Faktor bei der Vernichtung der sowjetischen Luftmacht im Juni und Juli 1941.

Dem Überraschungsmoment muß ein erhebliches Gewicht eingeräumt werden, zumindest für die ersten Tage als die Russen noch ahnungslos waren und enorme Verluste an Flugzeugen, die auf dem Boden abgestellt waren, hinnehmen mußten. Im Verlauf der nächsten beiden Jahre konnte die sowjetische Luftmacht durch die Qualität der deutschen Piloten und Flugzeuge in Schach gehalten werden.

In der Materialschlacht (Abnutzungsschlacht) aber wird immer die Menge vor der Qualität den Ausschlag geben. 1944 hatte sich die Materialschlacht auch in der Luft zu Gunsten der Sowjets gewendet. Diese Wendung zu Gunsten der Sowjets war bei den Erdkämpfen schon einige Zeit vorher eingetreten.

Man darf nicht vergessen, daß die deutschen Jägerpiloten während der Offensive gegen Rußland jede von ihnen geforderte Leistung erbrachten. Sie errangen die Luftüberlegenheit, eine unabdingbare Voraussetzung für den »Blitzkrieg«.

Deutschlands Niederlage war eine Folge der tiefen Staffelung der sowjetischen Verteidigung und des frühen, harten und plötzlich einsetzenden Winters 1941.

Die deutsche Niederlage in Rußland ist nicht dem Versagen der Jagdwaffe zuzuschreiben. Aber die Auseinandersetzung mit Rußland offenbarte wiederum den Hauptmangel der deutschen Luftstreitkräfte, nämlich das Fehlen eines strategischen Bombenflugzeuges, ohne dessen Einsatz Deutschland nicht gegen ein geographisch großes oder entferntes Land gewinnen konnte.

1941 hätte die Luftwaffe dringend den 4-motorigen »Uralbomber« benötigt, um das sowjetische Industriepotential abzuschnüren. Ein entsprechendes Projekt hatte man aber 1937 abgesetzt.

Das russische Kriegspotential lag deshalb, ähnlich wie das englische, außerhalb der Reichweite der deutschen Luftwaffe und schaffte so die Voraussetzung für eine Wiedererstarkung der Sowjet-Union.

Die deutschen Asse, die sich an der Ostfront einen Namen machten und dort ihre Abschüsse erzielten, kämpften unter größten Entbehrungen und Härten. Sie flogen ihre Einsätze von primitiven Grasplätzen, die nur mangelhaft eingerichtet waren.

Nur selten erlebten sie den »Luxus«, in einer Holzbaracke untergebracht zu sein. Zelte oder Löcher im Boden mit darüber ausgebreiteten Zeltplanen waren während fast der gesamten Kriegsdauer ihre Unterkünfte. Besonders in der Winterzeit fanden diese harten Bedingungen nie ihresgleichen im Kampf gegen die Westmächte.

Beim Vergleich der Abschußzahlen, die an der Ostfront und an der Westfront erzielt wurden, ist zu berücksichtigen, daß die Piloten an der Ostfront nicht nur gegen einen zahlenmäßig überlegenen Gegner, sondern auch gegen eine menschenfeindliche Natur zu kämpfen hatten.

Andere deutsche Jagdflieger gaben ihr Bestes im angenehmeren Klima des Mittelmeerraumes und unter der Sonne Afrikas. Diese Verbände waren aber nicht stark genug, um mehr als eine kurzfristige und örtliche Luftüberlegenheit zu erkämpfen.

Die deutschen Luftstreitkräfte in Nordafrika wurden falsch eingesetzt und in mancher Hinsicht verzettelt, was zu einer Abnutzung von Piloten und Flugzeugen führte, die in keinem Verhältnis zu dem Erreichten stand. Trotzdem brachte der Nordafrikafeldzug einen der berühmtesten deutschen Fliegerhelden hervor, Hans Joachim Marseille. Dieser Kriegsschauplatz am Mittelmeer war auch das Einsatzfeld einiger hervorragender deutscher Fliegerführer wie Joachim Müncheberg und Johannes Steinhoff, die alle zu verschiedenen Zeiten Kommodore des JG 77 waren.

In Nordafrika bestätigten sich auch die außergewöhnlichen Führungseigenschaften Edu Neumanns, als dieser sich als Kommodore des JG 27 auszeichnete.

Das Nachschubproblem in Hinblick auf Nordafrika und die ungenügende Jagdflugzeugproduktion während des kritischen Zeitraumes von Rommels Feldzügen, verhinderte einen ausreichenden Aufbau der deutschen Luftstreitkräfte in Nordafrika.

Die britischen Veteranen dieses Kriegsschauplatzes erinnern sich an die deutschen Jagdflieger als faire und harte Gegner.

Mit einer hochwertigen RAF, die es verstand, ihre eigene Versorgungsschlacht erfolgreich durchzustehen, sahen die Deutschen ihr Kriegsglück in Afrika ständig schwinden.

Der Luftkrieg über Nordafrika endete im Mai 1943 mit der Vertreibung der deutschen Luftwaffe aus Tunesien.

Gegen Malta entsprachen die deutschen Jagdflieger wiederum den an sie gestellten Erwartungen im Hinblick auf kombinierte Operationen.

Von Flugplätzen auf Sizilien aus kämpften die deutschen Jäger hart, um die von Malta aus geflogenen Bombereinsätze der RAF zu unterbinden, die sich lähmend auf die Zuführung an Ersatzteilen, neuen Flugzeugen und von Treibstoff an die JG 27 und JG 77 in Nordafrika auswirkten.

Die deutsche Unterlassung, Malta im Frühjahr 1942 zu besetzen –, zu einem Zeitpunkt, als den Achsenmächten genügend Truppen, Lastensegler und Luftüberlegenheit über der Insel zueigen waren, um einen Erfolg zu gewährleisten – muß als ein Hauptversagen des deutschen Oberkommandos im Mittelmeerraum angesehen werden. Bezeichnenderweise gewährleisteten die Jagdflieger der Luftwaffe die für ein solches Unternehmen notwendige Lufthoheit.

Die RAF-Jäger auf Malta wurden durch sie ständig gestört. Häufig mußten die Jäger der RAF zur reinen Selbstverteidigung starten.

Als es den Engländern nach einiger Zeit beim zweiten Versuch gelang, einen neuen Verband Spitfires von dem US-Flugzeugträger »Wasp« aus einzufliegen, konnten die Briten ihre Lufthoheit über Malta wieder herstellen.

Von diesem Zeitpunkt an mußte die Luftwaffe ihre Tagesangriffe einstellen und vergab damit die Möglichkeit einer Landung auf Malta.

Das Pendel der Luftmacht neigte sich von da ab ständig den Alliierten zu, was dazu führte, daß die deutschen Nachschublinien nach Nordafrika laufend unterbrochen wurden. Durch Entscheidungen höheren Orts wurden auf deutscher Seite wiederum Möglichkeiten vergeben, die die deutschen Jagdflieger für die Wehrmacht errungen hatten.

Malta war das letzte Mal, daß sie strategische Vorteile für die höhere Führung herausarbeiten konnten.

Im Frühjahr 1943 standen die deutschen Jagdflieger an allen Fronten mit dem Rücken zur Wand.

Die amerikanischen Luftstreitkräfte nahmen mit zunehmendem Gewicht an der Auseinandersetzung teil.

Die vernichtenden Schläge von Stalingrad und El Alamein hatten in großem Rahmen den Zerfall des deutschen Kriegswillens ausgelöst. In Italien bereitete sich die deutsche Wehrmacht auf einen Abnutzungskrieg ohne ausreichenden Luftschirm vor.

An der Kanalküste beobachteten die Piloten der JG 2 und JG 26 mit Besorgnis den ständigen Aufbau der alliierten Luftstreitkräfte. Ihre eigenen Kräfte nahmen mit jedem Monat ab.

Ende 1943 war den Realisten unter den deutschen Militärs klar, daß die Niederlage nicht mehr abzuwenden war. Langsam setzte sich die Erkenntnis in den maßgeblichen deutschen Kreisen durch, daß die einzige Möglichkeit für die Erhaltung der Industriekapazität und des Kriegspotentials in der Schaffung großer Verbände von Abfangjägern lag.

Im März 1944 geriet die Produktion durch die ständigen alliierten Bomberangriffe in außergewöhnliche Schwierigkeiten und es schien bereits zu spät für irgendwelche entscheidenden Maßnahmen. In diesem Augenblick setzte Feldmarschall Erhard Milch, Görings Stellvertreter, den Jägerstab zur Umorganisation der Flugzeugfertigung ein. Unter der tatkräftigen Leitung von Saur zog der Jägerstab die Produktionszentren auseinander und schuf neue und erweiterte unterirdische Werkhallen und Montageanlagen. Diese Maßnahmen wurden mit Albert Speer, dem damaligen Rüstungsminister, koordiniert.

Trotz den alliierten Bombenangriffen führten diese Maßnahmen zu einem hohen Ausstoß neuer Jagdflugzeuge.

1944 wurden 10 neue Ausbildungsschulen eröffnet.

Im September des gleichen Jahres wurde die erstaunliche Monatsproduktion von 3129 Jagdflugzeugen erreicht.

Wenn diese Maßnahmen gleich nach der Luftschlacht um England ergriffen worden wären, hätten sie möglicherweise den Lauf der Geschichte verändert.

Frühere Versäumnisse der Baumeister der deutschen Luftwaffe sollten jetzt schwerwiegende Folgen zeitigen.

Die Basis für die Ausbildung der deutschen Jagdflieger zu Beginn des Krieges – die Luftwaffe hatte 1939 nur eine Schule für Jagdfliegerausbildung – war zu begrenzt, um der in der elften Stunde geforderten umfangreichen Erweiterung gerecht werden zu können.

Es gab nicht genug erfahrene Ausbilder, und Dutzende von hochqualifizierten Ausbildungsspezialisten wurden dazuhin Knall auf Fall während der mit Stalingrad entstandenen Notlage einfach an die Ostfront versetzt. Dort sind sie geblieben.

Weiterhin wurde die Ausbildung durch den ständigen Mangel an Treibstoffen erschwert. Und da war noch ein unerbittlicher Feind – die Zeit. 1944 gab es nicht genug Jagdfliegerpiloten, um die Tausende von Jagdflugzeugen zu fliegen, die jetzt von der Industrie geliefert wurden.

Der deutsche Durchschnittspilot kam mit weniger als einem Drittel der Ausbildungsflugstunden seines amerikanischen Gegners zum Einsatz[7]. Er ehielt nur eine Minimalausbildung über so anspruchsvolle Sparten wie z. B. Blindflug. Diese Jungens wurden zu Dutzenden abgeschossen, bevor sie jemals Gelegenheit zu einem eigenen Feindabschuß erhielten.

Galland und andere führende Männer konnten nur verbittert auf ihr Drängen, ihre Vorschläge, ihre Bitten, Hinweise und Forderungen im Hinblick auf einen Ausbau der Jägerwaffe hinweisen.

Im November 1944 gab es im Reichsgebiet annähernd 700 Tagjäger und 700 Nachtjäger in ständiger Einsatzbereitschaft.

So wurde ein Höhepunkt erreicht, als man sich dem Ruin näherte, denn jetzt war es zu spät.

Den Nachtjägern der Luftwaffe müssen außergewöhnliche Erfolge zugeschrieben werden. Obwohl die Abschußzahlen der Nachtjägerasse nicht annähernd die der führenden Tagjägerpiloten erreichten, müssen sie unter anderen Wertvorstellungen gesehen werden.

Heinz Wolfgang Schnaufers 121 Abschüsse als Spitzennachtjäger des Krieges bedeuten dreimal mehr Luftsiege als die von den besten britischen und amerikanischen Jagdfliegern bei Tage erzielten Abschußzahlen. Schnaufers Abschußergebnis liegt immer noch fast zwei-

Eduard Ritter von Schleich, Träger des Pour le Mérite, 42 Luftsiege im ersten Weltkrieg, war bei Beginn des zweiten Weltkriegs Kommodore des JG 26 (links).

Hartmann Grasser (links), damals Adjutant bei Mölders, erläutert einen Abschuß, den er als Rottenflieger von Mölders erzielte (Mitte).

Mölders hat den 100. Luftsieg erkämpft – nach der Landung will jeder gratulieren und den historischen Augenblick im Bild festhalten (unten).

Der Experte unter den Experten. Generalleutnant Adolf Galland gehörte zu den Ersten und den Letzten unter den deutschen Jagdfliegern. Er begann den Krieg als Staffelkapitän, brachte es zum General der Jagdflieger und beendete den Krieg als Chef des mit Me 262 ausgerüsteten J. V. 44 – und damit war er wieder so etwas wie Staffelkapitän (rechts).

Göring und Galland im Gespräch an der Kanalküste. (Links von Göring: Oesau, Bodenschatz, Hüth) (Mitte).

Alarmbereitschaft an der Kanalküste (unten).

mal so hoch wie das des erfolgreichsten alliierten Tagjägers des Krieges, Iwan Koschedub, Oberst der sowjetischen Luftstreitkräfte.

Helmut Lents 102 Nachtabschüsse gegen westliche Bomber sichern ihm einen historischen Platz unter den bemerkenswertesten Piloten des Krieges.

Werner Streib, der manchmal der »Vater der Nachtjagd« genannt wird, erzielte 65 Abschüsse in seiner Einsatzzeit als Nachtjäger.

Wir werden mit diesen bemerkenswerten Charakteren in Kapitel 10 dieses Buches »Die Ritter der Nacht« bekannt werden.

Die Jagdflugzeuge mit Düsenantrieb und Raketenantrieb, die Deutschland im 2. Weltkrieg zum Einsatz brachte, zeigten den klaren technischen Vorsprung der deutschen Konstrukteure vor denen der Alliierten.

Me 262 und Me 163 kamen trotz der 1944 in Deutschland bestehenden Schwierigkeiten zum Einsatz.

Aber schlechtes Management und Unfähigkeit an höchster Stelle ließen die deutschen Jägerpiloten wiederum in Stich.

Sie wurden von ihrem eigenen Oberkommando und von ihren wirklichkeitsfremden politischen Führern von der Nutzung der technischen Überlegenheit ausgeschlossen, die die deutsche Luftfahrtforschung, Entwicklung und Erfindergeist möglich gemacht hatten. Einzelheiten über die Düsenjäger und die Männer, die sie flogen, werden in den Kapiteln 14 und 15 wiedergegeben.

Kurzsichtigkeit und Eitelkeit auf höchster Ebene untergruben Adolf Gallands Bemühungen um einen höchsten Nutzen aus der Jägerwaffe. Typisch für diese »Sabotage« auf höchster Ebene ist die Anweisung Hitlers vom 20. Juni 1944, derzufolge alle verfügbaren Jäger nach Frankreich geschickt werden sollten, um dort die Invasion zu stoppen.

Diese Entscheidung fiel gerade zu dem Zeitpunkt, als sich die Wirkung des Zusammenspiels zwischen dem Jägerstab und Speer positiv bemerkbar machte.

Die Jagdflugzeugproduktion stieg steil an, und die Ausbildung konnte in einem Umfange erfolgen, der Verluste ausglich und Reserven zu bilden half.

Von der Wirkung massierter Jagdfliegerangriffe auf die alliierten Bomberströme überzeugt, wartete Galland mit großem Interesse auf das Anwachsen der Reserven, die ihm solange vorenthalten wurden.

Sein Ziel: Moralerschütternde Angriffe gegen die Bomber, wie sie am 17. August und 14. Oktober 1943 durchgeführt wurden.

Dabei wurden über Schweinfurt jedesmal 60 oder mehr amerikanische Bomber abgeschossen und Hunderte beschädigt[8].

In der Zwischenzeit hatten die Amerikaner den Winter 1943/44 genutzt, um die deutsche Jagdflugzeugproduktion anzugreifen. Sie flogen dabei im schlechten Wetter, in dem die schlecht ausgebildeten deutschen Jägerpiloten nicht voll einsatzfähig waren. Außerdem hatten die Amerikaner ihren Langstreckenjagdschutz eingeführt.

Unter Berücksichtigung aller Tatsachen stand Galland kurz vor dem Entschluß, erneut massierte Angriffe auf die Bomber durchzuführen, als seine Jagdwaffe endgültig nach Frankreich befohlen wurde. Der »große Schlag«, von dem der junge General geträumt hatte, wurde daraufhin im Ringen mit den alliierten Luftstreitkräften über den Schlachtfeldern der Normandie vertan.

Die Alliierten ließen sich die Luftherrschaft in diesem Gebiet nicht mehr nehmen. Beim Einsatz von unbekannten Behelfsflugplätzen, die ständig unter Angriffen lagen, wurden die deutschen Piloten zu nutzlosen Opfern eines erneuten Durchhaltebefehls Hitlers. Während der Ardennen-Offensive kam es zur Wiederholung dieser unverantwortlichen Verschwendung der Luftstreitkräfte.

Zwischen Juni und November 1944 hatten der unermüdliche Galland und sein ihm ergebener Stab wiederum eine Reserve an Piloten und Flugzeugen aufgebaut. Es war der Plan Gallands, blitzartig einen Schlag mit 2000 Jägern gegen die amerikanischen Bomber zu führen.

Er war sich sicher, daß dies die Moral der alliierten Flieger und ihrer Generale erschüttern würde.

Hitler schaltete sich ein. Er befahl, daß diese kampfkräftige Jagdwaffe zur Erdkampfunterstützung bei der Ardennenoffensive zum Einsatz kam.

Unter ungünstigsten Wetterbedingungen und Verzettelung ihrer Kampfkraft verschliß sich die Jägerwaffe wiederum gegen nicht entscheidende taktische Erdziele.

Die Verluste an Flugzeugen und Piloten waren schwer und standen in keinem Verhältnis zu den erzielten Ergebnissen.

In der Zwischenzeit flogen die amerikanischen Bomber täglich mit immensen Abwurflasten nach Deutschland ein und brachten Verderben über die deutsche Bevölkerung.

Der letzte Schlag, den die Jäger der deutschen Luftwaffe führten, war der Einsatz »Bodenplatte« am Neujahrstag 1945.

Fünfzehn alliierte Flugplätze waren das Ziel von im Tiefflug in voller Stärke der noch zur Verfügung stehenden Jägerverbände der Luftwaffe geführten Überraschungsangriffen.

Die deutschen Verluste betrugen etwa 150 Jagdflugzeuge. Auf alliierter Seite wurden mehr als 800 Flugzeuge zerstört oder schwer beschädigt.

Zu diesem Zeitpunkt des Krieges waren die Alliierten aber durchaus in der Lage, einen einmaligen Verlust in dieser Höhe zu verkraften. Für die Luftwaffe dagegen war dies der letzte Schlag.

Alles was blieb, waren einige letzte und trotzige Einsätze von zerschlagenen Flugplätzen aus und die ruhmreichen aber nutzlosen Einsätze des JV 44, der Me 262 fliegenden »Staffel der Experten« Gallands.

Damit hatte sich für die großen deutschen Asse wie Galland, Bär, Lützow, Steinhoff und Rudorffer, die die Düsenjäger der Luftwaffe in den letzten Tagen des Krieges flogen, der Kreis der Luftüberlegenheit von 1939/40 geschlossen.

Mit der Me 262 nahmen sie noch einmal jede Herausforderung ihrer Erzfeinde an und besiegten sie: die gehaßten Mosquitos und die amerikanischen Schweren – endlich verwundbar durch eine überlegene Maschine und ihre Waffen – aber auch die überall gegenwärtigen Mustangs und Thunderbolts, durch die die alliierte Luftoffensive erst ihr volles Gewicht erreicht hatte.

Als die »Experten« der alten Jagdwaffe in der Me 262 wieder zu Siegen über die besten alliierten Flugzeuge kamen, zeigte sich ein Schimmer von dem, was hätte sein können.

Besser als jeder andere wußten sie, wie anders der Lauf der Geschichte gewesen wäre, wenn ihre höchste Führung mit dem Instrument, das sie in der Hand hatte, etwas Vernünftiges hätte anfangen können. Das war der gute Stern der Alliierten, obgleich selbst bei ihnen Fehler dieser Art begangen wurden.

Die Ursachen kriegsentscheidender Vorgänge liegen mehr im menschlichen als im technischen Bereich.

Der Fortschritt der Waffentechnik steht stumm vor dem Menschen, der die Entscheidung treffen muß.

Die Deutschen brachten überragende Führer in der Luft und Jagdflieger mit unvergleichlichen Leistungen hervor.

Aber wie bei der leichten Brigade vor Balaclava »war es nicht ihre Sache, nach dem Warum zu fragen«.

Aus heutiger Sicht erscheint diese Haltung in einem schwer verständlichen Kontrast zu der deutschen Niederlage im Luftkrieg.

Deswegen ist es nach Ansicht der Autoren unerläßlich, die Lebensläufe der deutschen Flieger-Asse vor dem Hintergrund des fast ständigen Versagens der höchsten militärischen Stellen und der politischen Führung zu sehen.

Die Hingabe, das Können und die Leistungen der besten deutschen Jagdflieger als Soldaten im Dienste ihres Landes wurden durch eine Führung zunichte gemacht, von der die Geschichte sagen wird, daß sie nicht einmal imstande war, die eigenen Schuhe zu putzen.

Vom fernen, eisigen Norden, wo das Polargeschwader JG 5 unter unglaublichen Belastungen seinen Aufgaben gerecht wurde, bis zu der sengenden Wüste Nordafrikas, wo das JG 27 so hart um Treibstoff zu kämpfen hatte, brachte die Jagdwaffe der Luftwaffe einige unvergeßliche Piloten, Verbandsführer, Persönlichkeiten und »Charaktere« hervor.

Es ist an der Zeit, einige von ihnen näher kennen zu lernen!

ADOLF GALLAND – KÄMPFENDER GENIUS

Der wichtigste Zweig der Luftfahrt ist die Jagdwaffe, die um die Luftherrschaft kämpft und sie erringt.
                    U.S.-Brigadegeneral William Mitchell 1920

Der bei weitem bekannteste deutsche Jagdflieger und Fliegerführer des 2. Weltkrieges, Generalleutnant Adolf Galland, ist eine vielschichtige Persönlichkeit.

Er gehört zu jenen ungewöhnlichen Männern, die während der Auseinandersetzung auf beiden Seiten zu hohem Ansehen kamen. Die Hauptrolle, die Galland während dem Hin und Her des deutschen Luftkriegsglückes zukam, macht ihn zu einem interessanten Studienobjekt für Luftkriegshistoriker. Zweifellos wird er deren Interesse auf Generationen hinaus finden.

Klug, aufnahmefähig, tapfer und gewissenhaft wie er war, wurde ihm die Last der hohen Führungsverantwortung bereits mit 30 Jahren auferlegt. Trotz seinen Verpflichtungen als Inspekteur der Jagdflieger, allgemein als »General der Jagdflieger« bekannt, nahm er auch in dieser Position im weiteren Verlauf des Krieges selbst an Luftkämpfen teil.

An Gelegenheiten für Luftkämpfe fehlte es über Deutschland nicht, selbst nicht für einen General. Er beendete den Krieg kämpfend. Diese genaue, persönliche Kenntnis aller Probleme, denen seine Jagdflieger gegenüberstanden, machte Galland zum wirklichkeitsorientiertesten Fliegergeneral überhaupt.

Von seinen Piloten hat er nie mehr verlangt, als er selbst bereits geleistet hatte. Die Geschichte hat die Genauigkeit seiner Einschätzung des Luftkriegsverlaufes in strategischer und taktischer Hinsicht bestätigt.

Als brillanter Pilot, außergewöhnlicher Schütze und Spitzentaktiker war Galland in der Lage, seine Gaben zu jener Erkenntnis und Nutzung der strategischen Zusammenhänge zu vereinen, die für die Führung einer Jagdwaffe notwendig sind. Nur wenige Männer in der Geschichte des Luftkrieges waren in der Lage, den Übergang vom erfolgreichen Jagdflieger zum erfolgreichen hohen Kommandeur zu finden. Es gibt viele bekannte Versager. Göring und Udet gehören dazu.

Die Macht der Persönlichkeit, die Göring zum Flieger-As des 1. Weltkriegs werden ließ und ihn später zum erfolgreichen politischen Revolutionär stempelte, versagte vor den Anforderungen an der Spitze der Luftwaffe. Ähnlich war Ernst Udet ein überragender Jagdflieger, der aber mit den Belastungen und den Intrigen beim Aufbau der deutschen Luftstreitkräfte nicht fertig wurde. Sie versagten, obwohl in beiden Fällen der Persönlichkeit die mildernde Wirkung der Reife zugute kam.

Im Gegensatz dazu wurde Galland General der Jagdflieger, bevor er dreißig war. Er ist höchstwahrscheinlich der Einzige, der mit der hohen Kommandostelle und der Last der Berühmtheit gleichzeitig fertig wurde.

Er entsprach den grundlegenden Forderungen an das Genie: Das Vermögen, tiefer in die Dinge zu sehen und weitblickender zu sein als seinesgleichen und gleichzeitig diese Erkenntnisse in die Praxis umsetzen zu können, war ihm eigen.

An ihn wird man sich immer als unerschrockenen Anwalt der Jagdflieger einerseits und als Mann mit 104 bestätigten Abschüssen, die er ausschließlich gegen von Briten und Amerikanern geflogene Flugzeuge errungen hat, erinnern. Nur einige deutsche Jagdflieger überlebten Abschüsse von 100 gegnerischen Flugzeugen an der Westfront.

Galland entstammt hugenottischen Vorfahren, wie seinem französischen Namen zu entnehmen ist.

Er wirkt als Endfünfziger noch erstaunlich jung. Strähnen von Grau finden sich zwar in seinem Haar. Aber sein ganzer Elan ist ihm erhalten geblieben. Er ist das klassische Beispiel einer anziehenden Persönlichkeit. Für sich selbst ist er der bescheidenste Mensch, den man sich vorstellen kann.

Als Gesellschaftslöwe und weil er von seinen ehemaligen Kriegskameraden geschätzt wird, wird er immer zu ihren Zusammenkünften eingeladen. Er versucht, bei diesen Gelegenheiten unauffällig zu bleiben. Meistens setzt er sich mit ein oder zwei Freunden in eine Ecke und kehrt dem Raum den Rücken zu, um möglichst nicht erkannt zu werden. Diese Versuche schlagen fast immer fehl. Innerhalb von Minuten wirkt er als Magnet. Dann bleibt er Mittelpunkt des Interesses bis zu seinem Gehen. 1963 hat er das Rauchen aufgegeben. Bis dahin waren seine schwarzen Zigarren sein Erkennungsmerkmal. Gerhard Schöpfel (40 Abschüsse), einst zu Gallands Gruppe im JG 26 gehörend, erinnert sich noch an den in Gallands Me 109 eingebauten Zigarrenhalter, auf dem er seine Zigarre ablegen konnte, wenn er mit Sauerstoffmaske flog.

Seine geliebten Zigarren aufzugeben, war nicht leicht für ihn. Heute ist ein Zahnstocher häufig Ersatz, und wenn er seine Beech Bonanza die Startbahn auf dem Flugplatz Köln/Bonn hinunterjagt, dreht sich der Zahnstocher zwischen seinen Lippen wie ein zweiter Propeller.

Ein scharfer Geist und ein außergewöhnlicher Sinn für Humor verhalfen ihm auch im zivilen Leben zu Ansehen. Diese Qualitäten sind ein Gegengewicht zu der tigerhaften Energie, die er sowohl zum Kämpfen als auch zum Befehlen mitbrachte. So ist er ein Mensch von außergewöhnlicher Ausgeglichenheit, einem Wesenszug seines Charakters, der ihm während des Krieges zustatten kam, als er im Mittelpunkt vieler widerstreitender Kräfte stand, die einen Schwächeren zermahlen hätten.

1912 geboren, wollte Galland schon in früher Jugend Pilot werden und fing in den Zwanziger Jahren mit Segelfliegen an. Nach dem Abitur am humanistischen Gymnasium in Buer/Westfalen erhielt er ein eigenes Segelflugzeug. Schon vorher hatte er als Berufswunsch »Verkehrspilot« angegeben. Einer der berühmtesten deutschen Piloten des 1. Weltkrieges, Oberst Keller, war Leiter der deutschen Verkehrsfliegerschule in Braunschweig, als Galland im Jahre 1932 dort Schüler wurde.

Unter Kellers Leitung, der während des 1. Weltkrieges die schweren Bomberangriffe auf London geführt hatte und dafür mit dem Pour le Mérite ausgezeichnet worden war, erhielten viele der bekanntesten deutschen Jagdflieger des 2. Weltkrieges ihre erste Ausbildung. Obwohl Keller[9] zu dieser Zeit Zivilist war, waren die jungen Piloten von seiner hohen Kriegsauszeichnung und seiner Kriegserfahrung beeindruckt.

Während der Tarnperiode, als unter verschiedenen Vorwänden deutsche Militärpiloten ausgebildet wurden, um die durch den Versailler Vertrag auferlegten Einschränkungen zu umgehen, wurde Galland zur militärischen Pilotenausbildung nach Italien geschickt. Eine entsprechende Absprache bestand damals zwischen Göring und dem italienischen Luftfahrtminister Balbo. Sie sollte eine mit den Russen geschlossene Vereinbarung ablösen, unter der deutsche Piloten und Flugzeugbesatzungen in Lipezk in der Sowjet-Union ausgebildet wurden.

Wegen der typischen Art, wie Göring die Dinge anging, kam es zu einem Mißverständnis über den Ausbildungszweck. Galland wurde zu dem Flugplatz Grotaglia in Süditalien geschickt. Dort gehörte er zu einer Gruppe von annähernd 30 deutschen Piloten, die alle mit Ausnahme Gallands alte Flieger oder in der Sowjetunion ausgebildete Piloten waren. Im Durchschnitt hatten alle 10 Jahre Flugerfahrung.

Göring hatte den Italienern den Eindruck vermittelt, daß es sich hier um Flugschüler oder besonders schlechte Piloten handele. In dem Bemühen, diese Piloten von ihren Fehlern zu befreien, setzten die Italiener für diese bereits hochqualifizierten deutschen Piloten ein Grundschulprogramm an, wie z. B. Rollen am Boden und ähnliche Anfangs-Manöver.

Dieses Fiasko wurde aber bald behoben, wenn auch Galland und seine Kameraden während dieser Zeit viel Spaß hatten.

Die Ausbildung in Italien war von großem Wert. Galland sagt über diese Zeit: »Wir hatten Gelegenheit, alle wichtigen, modernen italienischen Flugzeugtypen zu fliegen. Zusätzlich hatten wir Kunstflug, Zielübungen und Scharfschießen in einem Umfange, wie es in Deutschland nicht möglich gewesen wäre.«

Die italienischen Militärflugzeuge waren zwar nicht sehr beeindruckend, aber in jedem Falle besser als keine.

Ende 1934 erfolgte Gallands offizielle Versetzung zu der immer noch geheimen Luftwaffe. Er war nun voll ausgebildeter Pilot und Ausbilder an der Jagdfliegerschule in München-Schleißheim.

Diese Schule wurde bezüglich der Kunstflug- und Schießübungen ausschließlich nach den Richtlinien des 1. Weltkriegs geführt. Galland hegte in diesem Zusammenhang erhebliche Zweifel, wurde aber im April 1935 zu dem ersten Jagdgeschwader der Luftwaffe, dem JG 132 »Richthofen« (später JG 2) versetzt. Zwei Jahre später meldete er sich freiwillig zum Einsatz mit der Legion Condor in Spanien.

Er bezeichnete sich als »Fremdenführer« von 400 Deutschen, die sich auf dem Wege nach Spanien befanden – einer eigenartig anzusehenden Gruppe von Touristen, die von Hamburg aus in See stachen, um Francos Truppen zu unterstützen. Gallands Einführung in den Luftkrieg erfolgte in der Uniform eines Hauptmanns, da die Angehörigen der Legion Condor spanisch aussehende Uniformen von besonderem Schnitt trugen und Offiziere formell den nächst höheren

Dienstgrad erhielten. Gallands Kriegslaufbahn begann genauso, wie sie 8 Jahre später – 1945 – endete, in der Lage der Luftunterlegenheit gegenüber dem Gegner.

Seine Jagdstaffel 3 flog den veralteten Heinkel He 51 Doppeldecker, während die republikanischen Streitkräfte mit den weit überlegenen amerikanischen Curtiss und den russischen Polikarpov I-15 und I-16 »Rata« Jagdflugzeugen ausgerüstet waren.

Deshalb wich die Staffel Gallands Luftkämpfen zu diesem Zeitpunkt aus. Die Staffel beschränkte sich notgedrungen auf die Erdkampfunterstützung für Francos Bodentruppen.

Andere Staffeln der Jagdgruppe J 88 der Legion Condor säuberten zu dieser Zeit den Himmel mit Me 109, aber Galland hatte keine Gelegenheit, zu einem Luftsieg in Spanien zu kommen[10].

Gelegentlich wurde seine He 51 durch die überlegen gegnerischen Jäger in Luftkämpfe verwickelt. Während einer solchen Begegnung erhielt Galland seine Feuertaufe.

Diese seltenen Luftkämpfe hatten wenig Einfluß auf seine weitere Laufbahn, wenn man sie mit seiner Neigung zur Erdkampfunterstützung vergleicht, die dem spanischen Bürgerkrieg entstammt und die Aufmerksamkeit des Luftwaffenoberkommandos erstmals auf ihn zog.

Das erste Zusammentreffen zwischen Galland und Werner Mölders fand in Spanien statt. Die 3. Staffel stand vor dem Problem, Galland zu ersetzen, der persönlich seinen ersten Ersatzmann wieder ablöste und nach Deutschland zurückschickte.

Ein zweiter Ersatzmann fiel bei einem Zusammenstoß in der Luft. Auf Grund dieser Umstände kam Werner Mölders nach Spanien, um Galland abzulösen – ein Vorgang, der eine historische Bedeutung für die späteren Laufbahnen der beiden großen Fliegerführer haben sollte.

Das deutsche Oberkommando nahm Gallands Anforderung von besserem Ersatz zur Kenntnis, war aber nicht gewillt, weiterhin unbegrenzt Auswahlsendungen zu schicken. So erging folgende Weisung an ihn: »Dies ist der letzte Ersatz, den Sie erhalten. Mölders ist der beste Mann, den wir haben. Wir erwarten, daß Sie mit ihm auskommen.«

Galland erinnert sich, daß er über diesen Befehl aus Deutschland nicht sehr glücklich war.

»Den Gedanken, diesen Mann behalten zu müssen, mochte ich nicht«, erinnert sich Galland. »Die Empfehlung, die da vom Oberkommando kam, erschien als eine Art Herausforderung.«

Dies ist der Ursprung der Kühle, mit der Galland den Neuankömmling empfing, als sie sich in dem bekannten Hotel »Christina« in Sevilla begegneten. Zu diesem Zeitpunkt wußte er nicht, daß er dem Mann gegenüberstand, der sein größter Rivale und zugleich sein Freund werden sollte – ein Mann, der mit ihm in die Geschichte eingehen würde.

Gallands anfängliche Kühle ging bald in Begeisterung über, als sich herausstellte, daß der neue Staffelführer genau das war, was das Oberkommando von ihm behauptete. Als Galland die 3. Staffel der J 88 und Spanien 1938 verließ, war Werner Mölders sein Nachfolger.

Es wurde durch Jahre hindurch immer wieder von verschiedener Seite behauptet, daß Mölders ein Flugschüler Gallands in München-Schleißheim gewesen sei und sie sich dort bereits kannten. Tatsache ist aber, daß sich Galland und Mölders bis zum Bürgerkrieg in Spanien nicht kannten, wo sie sich unter den hier beschriebenen Umständen trafen.

Während seines Einsatzes in Spanien schrieb Galland eine Reihe von Erfahrungsberichten über direkte Erdkampfunterstützungseinsätze. Mit diesen Berichten, die seine Erfahrungen in über 300 Einsätzen in Spanien festhielten, hatte er praktisch ein Handbuch zu diesem Thema erstellt.

Seine Arbeit wurde in hohen Luftwaffenkreisen gut aufgenommen. Seine Erfahrungen bestärkten die Grundzüge taktischer Gedankengänge, die im Hinblick auf den neuen Sturzkampfbomber angestellt wurden. Johannes Jeschonnek, bereits einflußreich als Kommandeur eines besonderen Erprobungsgeschwaders und bald darauf Chef des Generalstabes der Luftwaffe, zeigte eine fast besessene Neigung zum Sturzangriff und zum Sturzbomber.

In dieser Hinsicht wurde Jeschonnek stark durch Udet beeinflußt, der den Gedanken des Sturzkampfbombers aus Amerika mitgebracht hatte. Jeschonnek sah in diesem Flugzeug den Schlüssel zur erfolgreichen Bekämpfung kleiner Ziele.

Dieses Denken war typisch für eine beachtliche und wachsende Zahl von Offizieren, die die junge deutsche Luftwaffe formten. Gallands unmittelbar vor dem Kriege vorgelegte Arbeiten über die Erdkampfunterstützung brachten ihn in den Gesichtskreis der Luftwaffenhierarchie.

Der Lohn für seine Arbeit war nicht, was er erwartete, und nicht, was er erhoffte. Er fand sich an einem Schreibtisch im Reichsluftfahrtministerium wieder. Man sagte zu ihm: »Sie haben diese bemerkenswerten Berichte geschrieben; jetzt setzen Sie sie in die Tat um.« Dies bedeutete Richtlinien für den Aufbau der Jagdverbände und die Ausbildung der Jagdflieger für Einsätze zur Erdkampfunterstützung auszuarbeiten.

Der dynamische junge Flieger verfluchte die Enge seiner neuen Verwendung. Er sehnte sich zurück zu seiner Staffel.

Als er endlich damit beauftragt wurde, zwei neue Erdkampfunterstützungs-Staffeln organisatorisch aufzubauen, auszubilden und auszurüsten, die den Einmarsch in das Sudetenland 1938 unterstützen sollten, war er froh, wieder eine praktischere Aufgabe zu haben.

Die neuen Staffeln sollten aus den veralteten Heinkel He 45, Henschel Hs 123 und Heinkel He 51 bestehen. Sie mußten zu modernen Schlachtgeschwadern zusammengeschweißt werden und in der Lage sein, wenn nötig, gegen die tschechische Armee zu kämpfen.

Der unablässig treibende Galland verwandelte die bunt zusammengewürfelten Haufen in annähernd brauchbare Kampfeinheiten, indem er die Piloten einer Sonderausbildung in der neuen Technik unterwarf.

Der Münchener Pakt von 1938 machte es nicht mehr notwendig, diese alten Maschinen in den Kampf zu werfen.

Im folgenden Jahr diente Galland als Staffelkapitän bei einer Schlachtgruppe in Schlesien, als seine Einheit zum Einsatz beim Einmarsch in Polen befohlen wurde. Von den ursprünglichen 5 Gruppen, die er im vorangegangenen Jahr zu zwei Schlachtgeschwadern geformt hatte, war nur noch eine übrig. Die anderen waren aufgelöst worden. Mit Hs 123 (Doppeldecker-Stuka) ausgerüstet, nahm Gallands Einheit an dem ersten wirklichen Versuch der Anwendung von Luftstreitkräften zur Erdkampfunterstützung als wichtiges Element des Blitzkrieges teil.

Die Wirkung war vernichtend. Die polnischen Luftstreitkräfte wurden am Boden zerstört und setzten die polnische Infanterie, Kavallerie und Transportmittel auf Gedeih und Verderb der deutschen Luftwaffe aus. Annähernd einen Monat lang brachten die Jäger der Luftwaffe und die Erdkampfunterstützungsverbände im Tiefflug Verderben über die polnischen Streitkräfte.

Das Transportwesen der polnischen Armee, zum größten Teil bespannt, wurde durch die tödlichen Tiefangriffe abgeschnürt.

Von der polnischen Luftwaffe unbehindert brachen die Stukas und die tieffliegenden zur Erdkampfunterstützung eingesetzten Jäger der Luftwaffe die Moral der polnischen Armee.

Die Schule des spanischen Bürgerkrieges machte sich bezahlt. Galland war sowohl Zeuge des Erfolges der Erdkampfunterstützungstechnik, die er selbst angeregt hatte, und Teilnehmer an Luftkämpfen.

Während der 27 Tage des Polenfeldzuges flog er ununterbrochen bis zu 4 Einsätze am Tag. Er wurde mit dem Eisernen Kreuz 2. Kl. ausgezeichnet. Der Erfolg dieses Feldzuges zwang Galland zu einer schwerwiegenden persönlichen Entscheidung.

Mit großer Wahrscheinlichkeit würde er seine Tage nun im Rahmen der Schlachtfliegerei zubringen. Er war ein anerkannter Fachmann auf diesem Gebiet. Er war zu wertvoll geworden und stand sich damit selbst im Wege, denn er wollte ja unbedingt Jagdflieger werden.

Es war ihm klar, daß er weiterhin zweit- und drittklassige Flugzeuge fliegen und niemals zu richtigen Luftkämpfen kommen würde, wenn er nicht etwas Drastisches unternahm, um von der Schlachtfliegerei frei zu kommen. Er hatte Jägerblut in den Adern, sein Instinkt war auf Verfolgungsjagd ausgerichtet.

Galland griff zu einem alten Soldatentrick, um sein Schicksal selbst ein wenig zu korrigieren. Nach dem Polenfeldzug schützte er Rheumatismus vor. Der Arzt seiner Gruppe schickte ihn zur Behandlung nach Wiesbaden. Der behandelnde Arzt dort war ein Freund, der die Probleme des jungen Piloten verstand. Das medizinische Urteil: »Kein Fliegen mehr in offenen Cockpits.« Damit kam Galland automatisch aus der Schlachtfliegerei in die reguläre moderne Jagdfliegerei.

Das Zwischenspiel in Wiesbaden war für den zukünftigen deutschen Jägerkommandeur auch in zweiter Hinsicht vorteilhaft.

Er traf dort zum drittenmal auf Werner Mölders.

Die beiden hatten sich in Spanien kennengelernt und ein weiteres Mal bei der Parade der Legion Condor nach Beendigung des spanischen Bürgerkrieges getroffen.

Mölders hatte schon eine Anzahl alliierter Flugzeuge abgeschossen. Er war der anerkannte Meister im Luftkampf.

Galland nahm Unterricht bei seinem ehemaligen Untergebenen und gibt heute offen zu: »Werner Mölders brachte mir das Schießen in der Luft und das Abschießen von Flugzeugen bei.«

Kurz darauf wurde Galland zum JG 27 nach Krefeld kommandiert, dessen Chef Oberst Max Ibel war.

Galland wurde sehr enttäuscht. Er wollte Einsätze fliegen, mußte aber Adjutant bei Oberst Ibel, dem Geschwaderkommodore und Teilnehmer des 1. Weltkrieges, spielen und seine Schlachten wieder einmal im Papierkrieg austragen.

Es verdroß ihn zusehen zu müssen, wie seine Kameraden zum Einsatz starteten, während er durch die Verwaltungsarbeit an den Boden gebunden war. Er sagt über diese Zeit: »Ich mußte mich buchstäblich heimlich zu jedem Einsatzflug wegstehlen, den ich machen wollte. Was andere ausschließlich als ihre tägliche Pflicht ansahen, konnte ich nur durch Tricks und Schleichwege erreichen.«

Am 12. Mai 1940 errang Galland in Belgien, westlich von Lüttich, seinen ersten Luftsieg. Zwei weitere folgten am gleichen Tage. Es handelte sich um Hawker Hurricanes der Royal Air Force, die – mit Unbekümmertheit geflogen – fast wie Tontauben abzuschießen waren. Jahrelang war Galland der Meinung, daß es sich bei diesen ersten Abschüssen um Flugzeuge der belgischen Luftwaffe gehandelt habe. Spätere Kontakte zwischen Galland und RAF-Piloten der beteiligten Staffel haben ohne jeden Zweifel bestätigt, daß diese drei ersten Abschüsse britische Flugzeuge waren. Er schämt sich fast über die Leichtigkeit, mit der er diese Abschüsse erzielte.

In seinem Buch »Die Ersten und die Letzten« stellt er sie späteren harten Kämpfen mit britischen und amerikanischen Jägern gegenüber, wo jeder Sieg zu einem ehrlichen Hochgefühl berechtigte.

Während des Frankreichfeldzuges fielen weitere britische und französische Flugzeuge den Kanonen Gallands zum Opfer. Im Juni 1940 wurde er dann zum JG 26 versetzt und erhielt das Kommando über die III. Gruppe.

Das JG 26 kämpfte während des ganzen Krieges ausschließlich an der Westfront. Viele alliierte Piloten, die mit Me 109 und Fw 190 mit gelben Motorhauben an anderen Plätzen zusammentrafen, schworen dann, daß es sich hier um die besten Jagdflieger Deutschlands – die »Yellow Nose Boys« handelte, weil das JG 26 mit gelben Nasen geflogen war.

Galland verschaffte sich einen eindrucksvollen Einstand bei seiner neuen Einheit, indem er gleich am ersten Tage zwei gegnerische Jäger abschoß. Gerhard Schöpfel, Staffelkapitän in der III. Gruppe des JG 26, kann sich noch lebhaft an diese Zeit erinnern: »Mit Galland begann eine völlig neue Zeit. Er löste von Berg, einen Veteranen aus dem

1. Weltkrieg, als Gruppenkommandeur ab, und nun änderte sich alles.

Galland hatte eine gute Nase für den Gegner, sicherlich deshalb, weil die Jagd zu seinen liebsten Beschäftigungen zählte und ihm auch heute noch Spaß macht.

Galland holte uns aus den Höhen von über 6000 Meter herunter, in denen wir schon aus Gewohnheit zu kämpfen pflegten. Von da ab verlegten wir die Jagd mit Erfolg auf niedrigere Höhen. Aber es war nicht leicht, mit ihm zu fliegen. Er flog über Dover und dem Süden Englands in 1000 m Höhe ohne Rücksicht auf die heftig schießende Flak, deren überall auftauchende Sprengwölkchen schrecklich an den Nerven zerrten. Aber er war der Führer und Lehrer, und wir folgten ihm. Für mich war er der hervorragendste Jägerführer.«

Schöpfels Erfahrungen schließen eine hohe Erfolgsliste während der Luftschlacht um England mit 29 bestätigten Abschüssen bis zum Dezember 1940 ein.

Wir werden später wieder auf ihn zurückkommen.

Am 18. Juli 1940 zum Major befördert, blieb Galland über die kritischsten Phasen der Luftschlacht um England hinweg beim JG 26.

Bis zum September 1940 hatte er 40 bestätigte Abschüsse errungen und war einer der führenden Jagdflieger der Luftwaffe.

Er erhielt das Ritterkreuz zum Eisernen Kreuz am 1. August 1940 und wurde am 25. September 1940 als 3. Soldat der deutschen Wehrmacht mit dem neu eingeführten Eichenlaub zum Ritterkreuz ausgezeichnet, das ihm Hitler persönlich überreichte. Die beiden Eichenlaubträger vor ihm waren General Dietl und Freund Werner Mölders.

Nach seinem 50. Luftsieg wurde Galland zum Oberstleutnant befördert und am 1. November 1940 zum Kommodore des JG 26 ernannt. Nominell hatte er das Geschwader schon seit 22. August geführt, als er Gotthardt Handrick, den deutschen Olympiasieger von 1936, ablöste.

Gallands Beförderung stand im Zusammenhang mit Görings Plan, die älteren Geschwader- und Gruppenkommandeure aus der Zeit des 1. Weltkrieges durch erfolgreiche Angehörige der jungen Generation zu ersetzen. Göring wollte an der Spitze seiner Geschwader Männer mit hohen Abschußzahlen sehen.

Diese Richtlinie führte unter anderen Galland, Mölders, Trautloft, Schöpfel, Balthasar, Lützow, Nordmann, Oesau, Hrabak und Wilcke in jungen Jahren zu hohem Rang und schwerer Verantwortung.

Noch bevor sie dreißig wurden, waren sie Kommodore. Galland war ein ritterlicher Soldat, wie die große Mehrheit der deutschen Berufssoldaten. Er war und ist ein passionierter Verfechter des »fair play«.

Ritterliche Traditionen bestimmten sein Denken und sein Handeln gegenüber seinen Gegnern in der Luft und am Boden.

Als Göring 1941 im Hinblick auf einen Befehl bei ihm vorfühlte, wonach am Fallschirm schwebende Feindpiloten beschossen werden sollten, explodierte Galland vor Empörung. Schon der Gedanke an so etwas war für ihn unvorstellbar.

»Ich würde einen solchen Befehl als Anstiftung zum Mord betrachten«, sagte er zu Göring, »und ich würde alles in meiner Macht stehende tun, um diesen Befehl nicht auszuführen.«

Seine Reaktion war ein Zeichen jener ablehnenden Haltung gegenüber solch barbarischem Ansinnen, die bei allen deutschen Jagdfliegern vorherrschte. Man darf mit Fug und Recht daran zweifeln, daß ein deutscher Pilot jemals einen am Fallschirm niedergehenden Gegner bewußt beschossen hat, obwohl in der Hitze des Gefechts so ziemlich alles möglich ist.

Die Anweisung an deutsche Jagdflieger lautete: niemals auf am Fallschirm niedergehende Flieger zu schießen.

Unglücklicherweise kann die gleiche Versicherung nicht im Hinblick auf amerikanische Jagdflieger gegeben werden, die nur allzu häufig gegen diese Tradition des Luftkampfes verstießen und sogar im Falle deutscher, am Fallschirm niedergehender Me 262-Piloten Befehl hatten, keine Rücksichten zu nehmen.

Ein typisches Beispiel für Galland's Ritterlichkeit ist sein Zusammentreffen mit dem abgeschossenen Wing Commander (später Group Captain) Douglas Bader, dem beinamputierten As der Royal Air Force.

In einem wilden Gefecht über dem Pas de Calais zusammen mit einigen Staffelkameraden abgeschossen, fiel Bader in deutsche Gefangenschaft. Galland war einer der deutschen Piloten, die bei diesem Einsatz Abschüsse erzielen konnten. Aber das Durcheinander des Gefechts machte es unmöglich, genau zu sagen, wer Baders Bezwinger war.

Wie mancher britische Berufssoldat dieser Zeit war Bader offenbar auch sehr dienstgradbewußt. Der berühmte Brite wollte unbedingt den Rang des deutschen Piloten wissen, der ihn bezwungen hatte.

Auf beiden Seiten, der britischen wie der deutschen, flogen Unteroffiziere als Jagdflieger. Und die Möglichkeit, von einem Nichtoffizier abgeschossen worden zu sein, erweckte in Bader den Wunsch, die Person seines Bezwingers kennenzulernen.

Die Deutschen waren froh, den berüchtigten »Stationsvorsteher« von Tangmere auf den Boden heruntergeholt zu haben, und waren stolz auf ihren Fang.

Über die Grenzen des schrecklichen Kriegsgeschehens hinweg nahm der ritterliche Galland Rücksicht auf Baders Gefühle.

Dem Engländer wurde versichert, er sei von einem Offizier abgeschossen worden.

Einer der siegreichen deutschen Offizierspiloten wurde zum Erfolgsschützen ausgewählt und Bader als dessen Bezwinger vorgestellt. Als Bader darum bat, ein Ersatzpaar Beinprothesen von England herüberfliegen zu lassen (die Prothesen, die er trug, waren bei dem Absturz beschädigt worden), gab Galland diesen Wunsch sofort befürwortet an die Luftflotte zur Genehmigung weiter.

Göring erteilte die Erlaubnis und bot sicheres Geleit für ein Flugzeug an, das die Prothesen bringen sollte.

Die britische Auffassung von Ritterlichkeit war offenbar durch die Bombenangriffe auf London etwas in's Wanken geraten – und so kam es, daß die RAF Baders Zweitprothesen zusammen mit einigen gezielten Bomben über dem Flugplatz des JG 26 abwarf.

Einige britische Quellen bestreiten, daß Bomben geworfen wurden. Bei den Deutschen, die sich zu dieser Zeit auf dem Flugplatz befanden, bestehen keine Zweifel über das, was abgeworfen wurde. Die Geschichte sollte über diese Begebenheit kein zu hartes Urteil fällen, zumal es sich hierbei ohnehin um einen Sturm im Wasserglas handelte.

Am Rande der Begegnung zwischen Bader und seinen Gegnern vom JG 26 hat sich folgende bemerkenswerte Begebenheit zugetragen:

Bader erhielt die Erlaubnis, sich in das Cockpit einer Me 109 zu setzen, und fragte, ob er einige Platzrunden fliegen dürfe. Galland mußte diese Bitte höflich abschlagen.

Bader erzählte später, ein deutscher Offizier habe ständig die Hand an seiner Pistole gehabt, solange Bader in der Me 109 saß. Das britische As hatte den Eindruck, daß man ihn bei einem Fluchtversuch sofort auf kürzeste Entfernung erschossen hätte. Es kam sogar zur Verbreitung eines Bildes, auf dem der betreffende Offizier »mit jederzeit

Stab / J.G.26
(Dienstelle)

Einsatzort, den 18.11.1941

Oberstlt. Galland 94. Abschuß
Stab J.G.26 91. "

ABSCHUSSMELDUNG

J. G. 26   903. Abschuß

1. Zeit (Tag, Stunde, Minute) und Gegend des Absturzes : 18.11.41 12.32 Uhr
   Höhe : 4000 Meter :   20 km westl. Boulogne
2. Durch wen ist der Abschuss/Zerstörung erfolgt ? — Obstlt. Galland
3. Flugzeugtyp des abgeschossenen Flugzeuges : Spitfire
4. Staatsangehörigkeit des Gegners : engl.
   Werk-Nr. bzw. Kennzeichen : Kokarde
5. Art der Vernichtung :
   a.) Flammen mit dunkler Fahne, Flammen mit heller Fahne,
   b.) Einzelteile weggeflogen, abmontiert (Art der Teile erläutern), rechtes Querruder auseinandergeplatzt abgeschossen
   c.) zur Landung gezwungen (diesseits oder jenseits der Front, glatt bzw. mit Bruch)
   d.) jenseits der Front am Boden im Brand geschossen
6. Art des Aufschlages (nur wenn dieser beobachtet werden konnte)
   a.) diesseits oder jenseits der Front
   b.) senkrecht, flachen Winkel, Aufschlagbrand, Staubwolke in See abgestürzt
   c.) nicht beobachtet, warum nicht ?
7. Schicksal der Insassen (tot, mit Fallschirm abgesprungen, nicht beobachtet
8. Gefechtsbericht des Schützen ist in der Anlage beigefügt.
9. Zeugen :
   a.) Luft : Lt. Hilgendorff
   b.) Erde :
10. Anzahl der Angriffe, die auf das feindliche Flugzeug gemacht wurden ; 1
11. Richtung, aus der die einzelnen Angriffe erfolgten ; in scharfer Rechtskurve
12. Entfernung, aus der der Abschuss erfolgte ; 50 m
13. Takt. Position aus der der Abschuss angesetzt wurde ; Kurvenkampf
14. Ist einer der feindl. Bordschützen kampfunfähig gemacht worden ?
15. Verwandte Munitionsart ; S.m.K.v.,P.m.K.v.,M.H 1,Br.Spr.FF,Panzer Spr.151/20
16. Munitionsverbrauch ; 62 MG 17/22 MG FF/2 cm, 14 MG 151/20 2cm M 151/20,Br.Spr.151/2
17. Art und Anzahl der Waffen, die bei dem Abschuss gebraucht wurden ?   1 MG 151/20
18. Typ der eigene Maschine ; F 6 U .   2 MG FF/2 cm
19. Weiteres taktisch oder technisch Bemerkenswertes ;   2 MG 17
20. Treffer in der eigenen Maschine ; ./.
21. Beteiligung weiterer Einheiten (auch Flak) ;

(Unterschrift)

Kopie einer Abschußmeldung (94. Luftsieg von Oberstleutnant Galland) (oben) und der dazugehörigen Gefechtsmeldung (nächste Seite).

Obstlt. Galland,
Stab J.G.26
Gefechtsstand, 18.11.1941

Gefechtsmeldung.

Ich flog mit meiner Staffel auf Flakfeuer in Gegend Boulogne. Plötzlich sah ich genau auf Gegenkurs 500 m unter mir 2 Spitfire. Ich setzte mich nach Abschwung sofort dahinter. Inzwischen sah ich 6 Spitfire. Es entwickelte sich ein wilder Kurvenkampf. Die Spitfire zeigten sich sehr angriffslustig und bewiesen ausgezeichnete fliegerische Fähigkeiten. Inzwischen griffen noch 15 Bf 190 in den Luftkampf ein mit dem Erfolg, daß sich die eigenen Jäger äußerst behinderten und gefährdeten.

Nach mehreren Ansätzen kam ich in scharfer Rechtskurve auf nächste Entfernung hinter eine Spitfire und feuerte mit ungeheurem Vorhaltemaß darauf los.

Ein Kanonentreffer riß der Spitfire ein großes Loch aus dem rechten Querruder. Kurz darauf flog etwa die Hälfte des Querruders weg. Die Spitfire ging in Rollen gedrückt auf See zu. Ich blieb hinter ihr. Der Pilot gewann die Gewalt über die Maschine nicht wieder. Ich bekam die Spitfire infolge der wilden Flugfiguren auch nicht wieder ins Revi, verfolgte sie aber bis zum Aufschlag. Kurz vorher versuchte der Pilot auszusteigen. Der halbgeöffnete Schirm war an der Aufschlagstelle noch länger zu sehen.

Lt. Hilgendorff
Stab J.G.26
Gefechtsstand, 18.11.1941

Luftkampfzeugenbericht
zu dem Abschuß Obstlt. Galland vom 18.11.41

Am 18.11.41 flog ich als Rottenflieger bei Obstlt. Galland. Um 12.32 Uhr beschoß Obstlt. Galland eine Spitfire aus einer scharfen Rechtskurve. Die Höhe betrug 4000 m. Der Spitfire riß durch den Beschuß das rechte Querruder ab. Der Pilot versuchte die Maschine wiederholt zu fangen, doch schmierte sie ihm flach ab und schlug 20 km westlich Boulogne ins Wasser. Der Pilot stieg nicht aus.

griffbereiter, umgeschnallter Pistole« gezeigt wurde. Der Offizier war Oberst Joachim Huth, der bereits im 1. Weltkrieg selbst ein Bein verloren hatte.

Der arme alte Huth mußte ständig sein Holzbein stützen und hält in dem fraglichen Bild seine Hand an der Hüfte. In dieser Hand hält er dabei seine Handschuhe. Diese Handschuhe, am unteren Rand des Bildes sichtbar, das Bader im Cockpit der Me 109 zeigte, ähneln sicherlich einem Pistolenlauf. Zahlreiche Untersuchungen der Begebenheit durch die Autoren haben ohne Zweifel ergeben, daß Huths Handschuhe mit einer Pistole verwechselt wurden.

Hätte Bader das Flugzeug gestartet, so wäre der einbeinige Huth – weit davon entfernt, das schnelle Ziehen einer Pistole zu demonstrieren – sicherlich als Erster der Länge nach auf das Rollfeld gestürzt. Die britische Auslegung der Begebenheit ist eine jener Geschichten, die, einmal in Umlauf, kaum noch aufzuhalten sind.

Gallands Siegesbilanz stieg mit den zunehmenden Gelegenheiten zum Luftkampf.

Kurz nach seinem 70. Luftsieg hat es den jungen Geschwaderkommodore erwischt. Es war, wie er selbst ausdrückt, »die schrecklichste Erfahrung meines Lebens.«

Am 21. Juni 1941 hatte Galland nordöstlich von Boulogne eine Spitfire aus einer Formation herausgeschossen. Der britische Jäger brannte, und Galland folgte ihm nach unten, um den Aufschlag einwandfrei zu beobachten, da er allein flog. Er machte den Fehler, den er bei Neulingen rügte: er kümmerte sich zu sehr um den brennenden Engländer und zu wenig um sein eigenes Heck.

Er wurde überraschend angegriffen.

Er erzählt das Ereignis so:

»Es krachte fürchterlich in meinem Karton. Jetzt haben sie mich erwischt... Ein harter Schlag trifft meinen Kopf und rechten Arm. Die Maschine ist übel zugerichtet. Die Flächen sind von Kanonentreffern zerfetzt. Ich sitze halb im Freien... die recht Rumpfseite ist aufgerissen. Treibstofftank und Kühler laufen aus... Instinktiv habe ich nach Norden weggekurvt. Fast beruhigt stelle ich fest, daß meine schwer angeschlagene Me mit abgestelltem Motor noch leidlich fliegt und einigermaßen steuerbar ist. Ich habe noch einmal Glück gehabt, denke ich, und werde versuchen im Gleitflug nach Hause zu kommen. Ich bin auf 6000 m Höhe.

Mein Arm und mein Kopf bluten. Aber ich fühle keine Schmerzen. Keine Zeit dafür. Auf jeden Fall keine edleren Teile verletzt. Eine scharfe Detonation reißt mich aus meinen Betrachtungen. Der Tank, der bis dahin leise vor sich hingekokelt hat, explodiert plötzlich. Das ganze Rumpfende steht sofort in Flammen. Brennendes Benzin strömt in die Kabine. Es wird ungemütlich heiß.

Da blieb nur ein Gedanke: Raus! Raus! Raus! Kabinen-Notabwurf! – Funktioniert nicht – muß verklemmt sein. Soll ich hier drin lebendig verbrennen? Ich reiße meinen Anschnallgurt auf. Ich versuche, das Kabinendach zu öffnen. Der Fahrtwind drückt dagegen. Überall Flammen um mich. Ich muß es aufkriegen! Ich darf hier drin nicht zu Tode schmoren! Grauenhafte Angst überfällt mich. Dies waren die schrecklichsten Sekunden meines Lebens. Mit letzter Kraft stemme ich mich gegen das Dach. Da klappt es auf und wird durch den Luftstrom fortgerissen... Ich ziehe hoch.

Ein Stoß gegen den Knüppel wirft mich nicht – wie erhofft – aus dem brennenden Sarg, der eben noch meine geliebte und treue Me 109 war. Mein Sitzfallschirm hat sich am feststehenden Teil der Kabinenabdeckung verhakt. Das ganze Flugzeug steht in Flammen und stürzt mit mir in die Tiefe. Einen Arm um den Antennenmast geschlungen, drücke und schiebe ich gegen alles Erreichbare. Vergebens! Soll ich im letzten Augenblick verloren sein? Ich weiß nicht, wie ich am Ende frei kam.

Plötzlich falle ich.

Ich überschlage mich mehrmals in der Luft. Gott sei Dank! In meiner Aufregung betätige ich beinahe das Schnelltrennschloß anstatt der Reißleine. Im letzten Augenblick bemerke ich, daß ich das Schloß schon entsichert habe. Nochmals ein Schock. Der Fallschirm und ich wären separat angekommen... Langsam und sachte schwebe ich der Erde zu. Unter mir kennzeichnet eine Rauchsäule den Platz, wo meine Messerschmitt aufgeschlagen ist.

Eigentlich hätte ich als Baumaffe im Wald von Boulogne landen müssen, aber mein Fallschirm streift nur eine Pappel und fällt in sich zusammen. Ich lande glücklicherweise auf einer weichen, sumpfigen Wiese. Bis jetzt stand ich unter größter Nerven- und Kraftanstrengung. Jetzt klappte ich zusammen. Ich fühlte mich zerschlagen wie ein Hund. Angesengt, und an Kopf und Arm blutend, mit einem schmerzhaft verstauchten Knöchel, der stark anzuschwellen begann, war ich unfähig zu gehen oder aufzustehen.«

Der angeschlagene und blutende Galland wurde schließlich durch ein Fahrzeug abgeholt. Nach einer Verarztung durch Dr. Heim im Marinelazarett in Hardinghem und einigen Schluck Cognac befand er sich auf dem Wege der Besserung.

Nach kurzer Zeit flog er wieder und wurde als erster Offizier der Wehrmacht mit den Schwertern zum Eichenlaub des Eisernen Kreuzes ausgezeichnet[11].

Die Rivalität zu Mölders wird besonders dadurch illustriert, daß dieser die Schwerter am darauffolgenden Tag verliehen bekam.

Während des Krieges erhielt Galland von den Engländern den Spitznamen »The fighting Fob«.

Sein Hang zu Feinschmeckerei und guten Zigarren zeichnete in britischen Augen das Bild eines Dandies.

Seine auffallende Erscheinung in Uniform mit allen Auszeichnungen trug zu diesem Eindruck bei und wurde noch durch die vielen Bilder unterstrichen, die verbreitet wurden.

Galland genießt immer noch die guten Dinge des Lebens, er hat eine Sauna und ein Schwimmbad im Untergeschoß seines Hauses in Oberwinter, einem Vorort Bonns.

Aber niemals ließ er sich durch seine Vorliebe für gute Dinge bei seinen eigentlichen Aufgaben im Kriege beeinflussen.

Manchmal war er in der Lage, beides mit seltenem Elan zu vereinen, und schuf so Voraussetzungen zur Legendenbildung.

So ein Fall war Theo Osterkamps Geburtstag am 15. April 1941. Das Jagdflieger-As aus dem 1. Weltkrieg war zu dieser Zeit Jagdfliegerführer (Jafü)[12] in Le Touquet. Es wurde eine Feier für »Onkel Theo«, den wir in Kapitel 13 treffen werden, vorbereitet. Galland war eingeladen.

Der »Fighting Fob« stopfte in Brest einen großen Korb mit Hummer und Sekt in seine Me 109.

Mit Oberleutnant Westphal als Rottenkamerad startete er zur Feier nach Le Touquet via England – ein kühner Umweg für einen Jagdflieger, der sein Flugzeug mit Hummer und Sekt beladen hat. Das Glück ist mit den Tapferen und war es auch bei dieser Gelegenheit. Die zur Feier fliegenden Deutschen trafen über Kent auf einen Verband von 6 Spitfires, die offensichtlich gegen einfliegende Feindmaschinen angesetzt waren.

Galland schoß ein britisches Flugzeug westlich von Dover brennend ab, nachdem er es überraschend angegriffen hatte. Das Glück war ihm weiter hold. Der fliegende Kavalier griff eine zweite Spitfire an, ohne zu wissen, daß sein Rottenkamerad wegen technischer Schwierigkeiten nicht in der Lage war, ihm gegebenenfalls zur Hilfe zu kommen. Galland begriff schnell, als sich die Spitfires den Deutschen zuwandten, die das Gefecht sofort abbrachen und mit Volldampf in Richtung französische Küste abzuhauen versuchten. Die sektbeladene Me 109 flog sich schwerfällig bei diesem Luftkampf. Galland fragte sich, ob es nicht klüger gewesen wäre, direkt nach Le Touquet zu fliegen.

Nach einigen Minuten Angst kam Galland schließlich aus dem Bereich der hartnäckigen RAF-Piloten heraus. Westphal war nirgends in Sicht, und der bereits überfällige Geschwaderkommodore schickte sich an, in Le Touquet zu landen.

Auf dem Platz gab es keine Sprechfunkanlage. Als Galland im Tiefflug wackelnd herankam, wunderte er sich über die aufsteigenden roten Leuchtpatronen und das aufgeregt abwinkende Bodenpersonal. Er flog erneut zur Landung an. Wieder rote Leuchtkugeln. Die Bedeutung des verzweifelten Abwinkens wurde Galland langsam klar. Sein Fahrwerk war eingefahren; es mußte bei der wilden Verfolgungsjagd ausgefahren gewesen sein. Er hätte beinahe eine Bauchlandung fabriziert, keinesfalls die rechte Art für einen Geschwaderkommodore, eine Ladung Sekt abzuliefern.

Wie er selbst zugibt, hat er nicht immer solches Glück gehabt. Ein solcher Fall ereignete sich am 2. Juli 1941, kurz nach seiner vorher geschilderten schweren Verwundung.

Strikte Befehle von Hitler und Göring hatten Flugverbot über ihn verhängt. Eine Zeitlang hatten diese Befehle keine Bedeutung, weil er physisch nicht in der Lage war zu fliegen.

Von dem Augenblick an, als er wieder mobil war, fing er mit »Werkstattflügen« an.

Sein Bodenpersonal war ihm treu ergeben. Feldwebel Meyer, sein persönlicher erster Wart, war über die Kopfverletzung seines Geschwaderkommodore zu Tode erschrocken gewesen. Meyer brachte insgeheim eine Panzerplatte hinten im Cockpit an, um eine Wiederholung dieser fast tödlichen Verwundung zu verhindern.

Als Galland unter Mißachtung ergangener Befehle am 2. Juli 1941 bei St. Omer sein Geschwader gegen RAF-Bomber mit schwerem Geleitschutz führte, wußte er nichts von der durch Meyer zusätzlich angebrachten Panzerung.

Als er in seine Maschine sprang, stieß er sich prompt seinen ohnehin wunden Kopf an der neuen Panzerplatte. Wütend und noch auf Meyer fluchend, startete er. Er schoß eine Blenheim ab und warf sich gerade gegen die Begleit-Spitfires, als ihn ein anderer britischer Jäger angriff und seine Me 109 mit einem Strom von Treffern eindeckte.

Ein stechender Schlag auf den Kopf und plötzlich über sein Gesicht strömendes Blut zeigten ihm an, daß er schwer verwundet war.

Sein Instrumentenbrett war in Trümmern, aber seine Me 109 reagierte noch auf das Ruder.

Starr vor Angst, daß er das Bewußtsein verlieren könnte, drückte Galland an, kam aus dem Gefecht heraus und war in der Lage, seine schwer beschädigte Maschine auf dem Platz des JG 26 zu landen. Eine Untersuchung der beschädigten Maschine zeigte, daß Meyers Umbau bereits ihren Wert bewiesen hatte.

Die Panzerplatte hatte die Hauptwirkung einer 20-mm-Granate abgehalten – die sonst den zukünftigen General der Jagdflieger seines Kopfes beraubt hätte.

Ein reuevoller und dankbarer Galland gab Meyer 100 Mark plus Sonderurlaub, nachdem er wieder einmal von dem Kummer gewohnten Dr. Heim vernäht und verbunden worden war.

Kurz danach beging Ernst Udet Selbstmord, und Galland wurde nach Berlin beordert, um mit fünf anderen führenden deutschen Jagdfliegern, Oesau, Falck, Schalk und Müncheberg, die Totenwache zu halten.

Mölders sollte auch kommen, wurde aber aufgehalten.

Es war ein trauriger Anlaß – der Abschied von einem alten Jagdflieger, der so etwas wie ein Held und gleichzeitig Kamerad der neuen Generation war.

Aber die neue Generation sollte von einem noch schwereren Schlag heimgesucht werden. Werner Mölders kam als Fluggast in einer He 111 auf dem Wege von der Krim zum Begräbnis Udets bei einem Flugzeugabsturz ums Leben.

Galland fand nicht einmal Zeit, nach Udets Begräbnis zu seiner Einheit an den Kanal zurückzukehren.

Er wurde von einem kleinen Flugplatz bei Lippe nach Berlin zurückgerufen und stand innerhalb weniger Tage wieder Ehrenwache – diesmal für seinen Freund.

Überwältigt durch das schreckliche Erleben wurden Gallands

schlimmste Befürchtungen wahr, als er am Grabe stand, aufsah und bemerkte, daß Göring ihn von der Ehrenwache wegrief.

Auf der Stelle machte ihn der Reichsmarschall zum General der Jagdflieger. Er war der Nachfolger seines Freundes.

Durchgreifende Änderungen folgten in Gallands Leben und Laufbahn. Vorbei war die tägliche Erregung der Luftkämpfe beim JG 26 am Kanal. Galland hatte die Abneigung des Frontsoldaten gegen Stabsarbeit und Papierkrieg. Er war zuerst und vor allem Jagdflieger.

Und trotzdem war er während der kommenden drei Jahre dem Kampf seines Lebens ausgesetzt – einem ständigen Kampf gegen Intrigen, Korruption, politische Einflußnahme und Fehlleistungen seiner Vorgesetzten.

Nach seiner Ernennung zum General der Jagdflieger und bevor der wirklich schwerwiegende Niedergang der deutschen Luftwaffe einsetzte, hatte Galland eine hervorragende Gelegenheit, seine Fähigkeit als General unter einigermaßen ausgeglichenen Bedingungen unter Beweis zu stellen.

Der geplante Durchbruch der deutschen Schlachtschiffe »Scharnhorst« und »Gneisenau« und des schweren Kreuzers »Prinz Eugen« durch den Ärmelkanal, hing in erster Linie von dem Jagdschutz ab.

Galland widmete sich dieser Aufgabe mit verbissener Entschlossenheit. Ohne Aufrechterhaltung des Jägerschirms mußten die Schiffe ein Opfer der selbstmörderischen Angriffe der britischen Marineluftwaffe und der RAF werden. Nur die JG 2 und JG 26 standen an der Kanalküste zur Verfügung. Mit den Nachtjägern und Jägern, die von Ausbildungsverbänden zusammengeholt wurden, standen Galland 250 voll einsatzfähige Flugzeuge für diese Schutzaufgabe zur Verfügung.

Die deutschen Jäger waren also gegenüber dem, was die Engländer gegen die Schlachtschiffe ansetzen konnten, zahlenmäßig unterlegen. Mit ihrem Anspruch auf die Kontrolle der Meere war zu erwarten, daß die britische Seite alles Verfügbare in die Schlacht werfen würde. Durch genauestes Abstimmen von Ankunfts- und Abflugzeiten der einzelnen Jägerwellen über den Schiffen hoffte Galland, mindestens 32 Jagdmaschinen ständig über den Schiffen zu haben. Dieser Plan verlangte nicht nur Präzision bei der Navigation, sondern auch höchsten, laufenden Einsatz von den Jägerpiloten.

Hitler selbst hatte die Rückführung der Schiffe aus Brest befohlen. Auf einer Besprechung in der Wolfsschanze, bei der jeder der beteiligten Kommandeure zur strengsten Geheimhaltung verpflichtet wurde, verlangte er eine ins Einzelne gehende Beratung des Planes. Die Teilnehmer waren sich darüber einig, daß der Erfolg der Operation ausschließlich von der Wirksamkeit des Luftschirmes abhing.

Hitler nahm seinen 29jährigen Jäger-General zur Seite und bat ihn um eine offene Beurteilung der Chancen. Galland sagte unverblümt seine Meinung: »Es hängt alles davon ab, wieviel Zeit die Engländer haben werden, um ihre RAF gegen die Schiffe zu mobilisieren. Wir brauchen absolute Überraschung und etwas Glück bei der Geschichte. Meine Jäger werden das Beste geben, wenn sie wissen, worum es geht.«

Das Unternehmen »Donnerschlag« wurde mit Hitlers voller Unterstützung angesetzt. Der Erfolg sicherte Galland einen guten Ruf bei Hitler, als selbständiger und gerader junger Führer.

Sicherlich war »Donnerschlag« ein Beispiel dafür, was deutsche Soldaten und Offiziere erreichen können, wenn sie nicht durch eine Taktik behindert werden, die von der Astrologie abhängig ist. Jeder beteiligte Mann stand unter dem Eindruck, für etwas Größeres zu kämpfen.

Dieser Geist herrschte auch bei den Jagdstaffeln vor, von denen so sehr viel abhängen sollte. Unter Gallands mitreißender Führung konnten sich die Piloten des JG 2 und JG 26 von dem moralischen Handicap lösen, das ihnen während der letzten Monate des Verschleißkampfes gegen eine überlegene RAF an der Kanalküste aufgezwungen worden war.

Unterstützt von schlechtem Wetter, schlechten Sichtverhältnissen und einer geradezu unglaublich späten Reaktion der Engländer auf den Durchbruch begannen die Deutschen das kühne Unternehmen.

Am 12. Februar 1942, um 10 Uhr, sichtete ein Jagdflugzeug der RAF die Schlachtschiffe in dem gesamten Verband von ca. vierzig Schiffen und meldete die Position der deutschen Schiffe über Funk an seine Leitstelle.

Gallands Funküberwachung fing diese Meldung ab. Damit wußte der deutsche Jägerkommandeur, daß der Tanz nun losgehen würde. Mit der Selbstbeherrschung des großen Taktikers sorgte Galland auf der eigenen Seite für Funkstille. Dies war eine seltene Leistung, denn die Luftwaffenpiloten waren allgemein für ihre Redelust in der Luft bekannt und waren in dieser Hinsicht kaum unter Kontrolle zu bringen. Aber für das Unternehmen »Donnerschlag« blieben sie ruhig.

Auf Grund der Funkstille hatte Galland dem großen Schiffsverband weitere 35 Meilen ungestörte Fahrt sichern können, und zwar zu dem kritischen Zeitpunkt, als sich die Schiffe im engsten Teil des Kanals befanden.

Es vergingen annähernd zwei Stunden von der ersten Sichtung durch die RAF bis zum ersten britischen Luftangriff.

Stundenlang tobten die Luftkämpfe um die Schiffe herum. Die deutschen Jagdflieger und die starke Schiffsflak schossen mehr als 60 britische Flugzeuge aller Typen ab.

Die Schlachtschiffe beendeten ihren Durchbruch erfolgreich und erreichten trotz einiger Minentreffer am 13. Februar 1942 sicher Wilhelmshaven.

Der Führungserfolg beim Unternehmen »Donnerschlag« war besonders der persönlichen Tatkraft Gallands zuzuschreiben.

Er hatte eine bemerkenswerte und vielleicht sogar entscheidende Rolle bei dem ersten Durchbruch eines großen fremden Flottenverbandes durch den Ärmelkanal während der letzten zweieinhalb Jahrhunderte gespielt.

Das Unternehmen demoralisierte die Engländer und hob die deutsche Moral. Unglücklicherweise war das Unternehmen »Donnerschlag« dann der Wendepunkt in Gallands Laufbahn als Fliegerführer – soweit es um wirklich wirksame Schläge gegen den Feind ging.

Er sollte nie mehr die Spannung eines Einsatzes dieser Größenordnung erleben, trotz der vielen Tage und Wochen, in denen seine Jäger erfolgreich gegen alliierte Luftstreitkräfte kämpften. Von da ab sollte er seine Hauptkämpfe mit der Unfähigkeit der eigenen Seite und seinem Hauptgegenspieler Göring auszufechten haben.

Ende 1942 hatte sich das Kriegsglück gewendet. Stalingrad in Rußland und El Alamein in Nordafrika waren die Fanale. Die Luftwaffe mußte bei diesen Gelegenheiten schwere Rückschläge hinnehmen, nicht nur an Menschen und Material, sondern auch bezüglich des Ansehens, das sie bis dahin in Hitlers Augen genossen hatte.

Hitler hatte den Punkt erreicht, wo er die Luftwaffe für die großen Niederlagen seiner eigenen Strategie verantwortlich machte.

Die Unterlassungssünden eines Jahrzehnts fielen während der Katastrophe um Stalingrad auf Göring zurück und auf alle jene, die seine Abneigung gegen die Transportfliegerei geteilt hatten.

Die Bemühungen, die eingeschlossenen deutschen Truppen aus der Luft zu versorgen, mußten scheitern.

Der zur Verfügung stehende Transportraum war unzureichend.

Jeschonnek, Generalstabschef der Luftwaffe und Apostel der taktischen Luftwaffe, hatte Hitler zu seinem Gott erhoben. Die niederschmetternde Tragödie zeigte nicht nur die Falschheit des Gottes, sondern auch die Fehlkalkulation im »Alles-oder-Nichts«-Denken im Hinblick auf die taktische Fliegertruppe. Jeschonnek beging Selbstmord. Sein Tod erschütterte die Kampfstaffeln, wo er als ehemaliger Pilot sehr beliebt war, obwohl er offensichtliche Fehler begangen hatte.

Die Luftwaffe kam in eine kritische Periode, in der sich die hohe Führung keine Fehler mehr leisten durfte.

Galland erkannte in diesem Umschwung des deutschen Kriegsglücks die »Stunde des Jagdfliegers.«

Die Verteidigung der von Deutschland besetzten Gebiete, die Unterstützung der zurückgehenden deutschen Armeen, der Schutz des eigenen Landes gegen die alliierten Bombenangriffe ließ nur einen Schluß hinsichtlich der richtigen Verwendung der Jagdwaffe zu.

Galland war nicht für eine passive Verteidigung.

Jäger mußten seiner Auffassung nach im Angriff eingesetzt werden, selbst wenn sie eine Verteidigungsaufgabe zu erfüllen hatten. Das Unternehmen »Donnerschlag« war ein klassisches Beispiel dafür gewesen. Die Jäger, die die deutschen Schlachtschiffe verteidigten, hatten sich wild gegen die angreifenden Engländer geworfen und hatten gewonnen.

Es war Gallands Ziel, Deutschland in der Luft mit den gleichen Mitteln einer Angriffstaktik zu verteidigen.

Die Tausend-Bomber-Angriffe der RAF und die zunehmende Stärke der Tagesangriffe der USAAF-Bomber lösten mächtige Impulse zur Verstärkung der Jagdwaffe der Luftwaffe aus, selbst wenn andere Gesichtspunkte dabei außer acht gelassen werden mußten.

Es gab keinen Zweifel, daß der Hauptstoß der Alliierten im Westen aus der Luft erfolgen würde.

Rational denkende Männer, wie das Produktionsgenie Albert Speer, hatten keinerlei Schwierigkeiten, den Kern des Problems zu erkennen, wie er von Galland dargestellt wurde. Es ging um die Frage der Dezentralisierung und Steigerung der Flugzeugproduktion.

Aber der Jägergeneral hatte es auf der Ebene, wo die großen Entscheidungen gefällt wurden, nicht mit rational denkenden Menschen zu tun.

Hitlers frühere Erfolge wurden nun durch eine Reihe von Niederlagen abgelöst.

Seine Reaktionen zeigten nicht nur das Ausmaß seiner Neurose, sondern auch das Vergebliche im Bemühen, einen solchen Menschen mit rationalen Überlegungen zu überzeugen. Selbst angesichts der alliierten Bombendrohung blieb Hitler wirklichkeitsfremd und bestand weiter auf dem Primat der Bomberwaffe.

Vergeltungsbombenangriffe auf englische Städte waren sein Ziel und seine fixe Idee im Hinblick auf den Luftkrieg.

Die Jägerwaffe der RAF und USAAF über England war aber zu jener Zeit schon so stark, daß jeder größere Bombereinsatz der Luftwaffe reiner Selbstmord gewesen wäre. Nadelstich-Angriffe, die noch den einzig möglichen Bombereinsatz gegen englische Ziele darstellten, hatten keinerlei Wirkung auf das Anwachsen des alliierten Kriegspotentials.

Diese Tatsachen, jedem jungen Jägerpiloten an der Kanalküste einleuchtend, wurden in Hitlers Anweisungen für deutsche Luftwaffeneinsätze und die Flugzeugproduktion einfach ignoriert.

Es war nicht die einzige Unvernunft, mit der Galland fertig werden mußte.

Göring bestand aus politischen Gründen auf einer peripheren Luftverteidigung des Reiches.

Er war in erster Linie daran interessiert, seine früheren Zusicherungen zu rechtfertigen, wonach keine alliierten Bomben auf deutsches Gebiet fallen würden.

Die Stärke der Luftwaffe ihren Aufgaben anzupassen, war für ihn eine mehr akademische und zweitrangige Überlegung.

Im Gegensatz dazu forderte Galland eine zentrale Jagdverteidigung, stark, schlagkräftig und in der Lage, die angreifenden Bomberverbände durch Konzentration der Kräfte an einem entscheidenden Punkt zu zerschlagen.

Er forderte den »Großen Schlag.« Er vertrat die Auffassung, die Bombenangriffe würden für die Alliierten einfach zu teuer, wenn es gelänge, die Jägerstärke rein zahlenmäßig auf das Vierfache der Bomberstärke zu steigern.

In seltenen Fällen war Galland in der Lage, solche Konzentrationen zu erreichen. Die Wirkung war dann vernichtend.

Im Februar und März 1944 verlor die USAAF in verschiedenen Fällen über sechzig schwere Bomber bei Tagesangriffen – ein Verlust von annähernd sechshundert hochausgebildeten Besatzungsmitgliedern in jedem Falle.

Bei Nacht wurde ein ähnlicher Erfolg vom 30. auf den 31. März erzielt, als massierte deutsche Nachtjäger über 90 RAF-Bomber aus einem Verband von annähernd 800 Maschinen beim Angriff auf Nürnberg herausschießen konnten.

Gallands an Clausewitz orientiertes Idealbild der Zusammenfassung machte sich gelegentlich auch gegen USAAF-Bomber mit starkem Begleitschutz bezahlt.

Am 10. Februar 1944 wurden 169 B-17 gegen Braunschweig eingesetzt. Schlechtes Wetter beeinflußte die Genauigkeit ihres Bombenwurfs. Schlechtes Wetter erschwerte auch beim Rückflug das Zusammentreffen mit den eigenen Begleitjägern. Ca. 350 deutsche Jäger fanden die Bomber und profitierten sogar von deren dicken Kondensstreifen. Diese Kondensstreifen als Deckung nutzend, führten die Deutschen Angriff auf Angriff. Acht Begleitjäger und 29 Bomber wurden abgeschossen; 111 der zurückkehrenden B-17 hatten Treffer erhalten.

Die genannten Luftkämpfe werden ausführlich in den Kapiteln beschrieben, die sich mit den deutschen Jagdfliegern befassen, die diese Einsätze flogen. Galland mußte sich weiterhin hauptsächlich mit Göring herumschlagen, der allmählich seine Unabhängigkeit verloren hatte und sich zu einem unterwürfigen Lakaien des Diktators wandelte. Görings Entscheidungen brachten den eigenen Jagdfliegern nur schwere Verluste, ohne die alliierten Bombenangriffe fühlbar zu stoppen.

Göring beschuldigte die Jäger dann fortlaufend der Feigheit – eine Beschuldigung, zu der sich nur ein Mann hergeben kann, der selbst nie mit Bomberformationen fertig werden mußte. Galland riskierte nicht nur seine Laufbahn, sondern auch seinen Kopf, als er seine Piloten leidenschaftlich gegen die unbegründeten Vorwürfe verteidigte. Für Göring müssen diese wiederholten Zusammenstöße mit Galland eine bittere Erfahrung gewesen sein. Jahrelang hatte Göring verlangt, starke Persönlichkeiten ohne Rücksicht auf Fachwissen in Führungspositionen einzusetzen. In seinem jungen Jägergeneral stand Göring eine starke Persönlichkeit *und* ein technischer Fachmann als dynamisches Paket gegenüber.

Galland hatte die Gabe des Drauflosgehens, wie man es bei einem angriffslustigen Jagdflieger erwartete; außerdem war er ein bemerkenswerter Diskussionspartner.

Wenn es um den Kampf in der Luft ging, dann stand Göring eben einem jungen General gegenüber, der eine eindrucksvolle Reihe von Abschüssen vorzuzeigen hatte – und einem, der weiterhin flog und kämpfte, wann immer sich eine Möglichkeit bot. Als Luftkriegstaktiker war er unübertroffen.

Im strategischen Bereich führte das Versagen von Görings periphärer Verteidigung, wie von Galland vorausgesehen, zu solch unglaublichen Schreckensnächten, wie bei den Hamburger Brandangriffen.

Im Gegensatz dazu stiegen die Erfolgsaussichten der Jagdflieger der Luftwaffe im gleichen Verhältnis zu den alliierten Verlusten, wenn Galland freie Hand hatte.

Bezeichnend für die Zustände im Reich während des Krieges und vernichtend für den egozentrischen Göring war die Tatsache, daß er selbst Galland wegen seiner besonderen Fähigkeiten und seinem Können ausgesucht und auf seinen Posten gesetzt hatte. Nun war er ein Gefangener seiner Eitelkeit.

Görings Reaktion konnte nur in einer Richtung erfolgen – der Schmähung der Jagdflieger. Häufig lud er die Schuld auf den armen toten Udet, der ja auch von Göring selbst auf diesen Posten gezwungen worden war.

Aber meistens wurden die Jagdflieger beschuldigt; die Skala der Behauptungen Görings reichte von verlogenen Abschußzahlen bis zum fehlenden Einsatzwillen und dem Fehlen des Mutes. Wie sein Meister Hitler hatte Göring seit langem das Vermögen für rationales Denken und Tun verloren. Eine der Tragödien der modernen Zeit ist, daß die deutsche Nation durch diese kranken Individuen in den Krieg und den Untergang gezogen wurde, weil deren Positionen in einem von ihnen geschaffenen Polizeistaat unantastbar blieb.

Gallands niederschmetterndes Los war es, bei diesem Geschehen in der ersten Reihe zu stehen, ohne die Macht, den Lauf der Dinge zu ändern. Am Ende wurde ihm öffentlich von Göring die Schuld für das Versagen der Luftwaffe bei der Verteidigung Deutschlands zugeschoben.

Im Dezember 1944 standen annähernd 5000 alliierte Bomber zur Verfügung, um das Reich ständig mit Angriffen einzudecken. Scharfe

Auseinandersetzungen mit Göring, vorwiegend über den Einsatz der Me-262[13]-Düsenjäger führten dazu, daß Galland als General der Jagdflieger im Januar 1945 von seinem Posten enthoben wurde.

Hitler schaltete sich in die Kontroverse zwischen Göring und Galland mit einer Entscheidung ein, die dem jungen General einige Genugtuung verschaffte. Seine Entlassung war zwar eine zwischen Hitler, Himmler und Göring abgesprochene Sache. Aber jetzt war es Hitler, der darauf bestand, Galland die Erlaubnis zur Aufstellung einer Jägereinheit mit Me 262 zu geben, diese in den Kampf zu führen und den Beweis für seine Auffassung anzutreten, oder bei dem Versuche zu sterben. Die Entscheidung brachte Galland zurück an die Front und rettete möglicherweise sein Leben, so eigenartig das klingen mag.

Er führte seine Elite-Einheit, JV 44, bis zum 26. April 1945, als er zur Landung gezwungen wurde und den Krieg in einem Erdloch mit Granatsplittern im Bein beendete. Die Geschichte des JV 44 wird im Kapitel 4 über Steinhoff behandelt und außerdem im Kapitel 15. Diese beste Jägereinheit des 2. Weltkrieges und vielleicht sogar aller Zeiten, war der passende Platz für einen kämpfenden Soldaten wie Galland, um die dramatische Phase seines Lebens zu beenden.

Er begann den Krieg 1939 als Oberleutnant und Staffelkapitän. Bei Kriegsende, 1945, war er wieder Staffelkapitän mit dem Rang eines Generalleutnants. Kein anderer Jägergeneral des Krieges, egal auf welcher Seite, kann eine Laufbahn mit ähnlichem Auf und Ab für sich beanspruchen. Galland geriet in Gefangenschaft und blieb zwei Jahre lang hinter Stacheldraht. Nach seiner Entlassung 1947 lebte er etwa ein Jahr lang in Norddeutschland in der Nähe von Kiel. Dann erhielt er einen Vierjahresvertrag der argentinischen Regierung. Das war im Jahre 1948. Er sollte beim Aufbau der argentinischen Luftstreitkräfte mithelfen und dabei seine Kriegserfahrungen verwenden.

Ein weiterer Dreijahresvertrag folgte dem ersten. So war er von 1948 bis 1954 als Berater für die argentinischen Luftstreitkräfte tätig und in der Hauptsache mit Organisation, Ausbildung und Einsatz befaßt. Seine umfangreiche Erfahrung war von erheblichem Nutzen, und außerdem umging er die Übergangsjahre, in denen die meisten seiner Kameraden in Deutschland keinerlei Verbindung mehr zur Fliegerei hatten.

Als er 1955 nach Deutschland zurückkehrte, trat er nicht in die neue deutsche Luftwaffe ein. Allgemein besteht in Deutschland die Ansicht, daß die eine politische Richtung ihn wollte, während die andere Richtung Kammhuber vorzog. Es wurden große Anstrengungen unternommen, seine einmalige Begabung wieder in einer hohen Kommandostelle zu verankern. Aber es kam nicht dazu.

Auch heute fliegt er noch viel. Seine Beechcraft Bonanza ist nicht so »heiß« wie eine Me 262. Aber er sagt: »Ich bin jetzt älter.« Er ist Berater der Luft- und Raumfahrtindustrie und hat sein Büro in Bonn in einem weiträumigen alten Gebäude an der Koblenzer Straße – günstig zum Verteidigungsministerium und allen wichtigen militärischen und politischen Nervenzentren gelegen. Außerdem fungiert er als deutscher Repräsentant für eine Anzahl führender amerikanischer Firmen.

Sein Zimmer mit der hohen Decke ist mit den Trophäen des Jägers und Sportsmannes geschmückt. Es gibt nur einige Erinnerungen an den Krieg; dazu gehören Bilder seiner Brüder Paul und Wilhelm, die beide während des Krieges als Jagdflieger gefallen sind.

Äußerlich ist Galland der typische, erfolgreiche deutsche Geschäftsmann, und dazu gehört auch, daß er gern Stöße von Bildern seines Sohnes bei Freunden und alten Kameraden herumzeigt. Hoch in den Bergen im nahen Oberwinter hat er ein komfortables, gemütliches Heim mit einer Bar im Keller und angrenzendem Schwimmbad und Sauna. Alte Jagdflieger und Besucher aus aller Welt haben sich überall auf den Wänden verewigt.

Galland ist eine lebende Legende. In unserem Jahrhundert ist ihm auf beiden Seiten und in beiden großen Weltkonflikten kaum einer in der Gesamtheit seiner Eigenschaften als Jagdflieger, Kommandeur, Taktiker, Stratege und Apostel der Luftmacht gleichgekommen. Die Jagdwaffe der deutschen Luftwaffe wäre ohne ihn nicht geworden, was sie schließlich war. Er war die Verkörperung und der Ausdruck ihres Geistes.

Nur wenige unter den Überlebenden hatten größeren Einblick in die Zusammenhänge von Konsequenzen, die entstehen können, wenn krankes Denken die nationale Macht kontrolliert und unbegrenzte Autorität ausübt.

SIE NANNTEN IHN »VATI«.

»Wir waren nur Jagdflieger. Werner Mölders war mehr als das.«
Generalmajor Dietrich Hrabak

»Sie werden ja seekrank. – Sie werden nie Flieger werden können.« Diese Worte des Arztes drangen in das vernebelte Bewußtsein von Werner Mölders wie ein Todesurteil. Zitternd und bleich sackte der 20 Jahre alte Heeresleutnant auf dem Sitz des Zentrifugaltestgerätes zusammen. Das Gerät hatte zwar aufgehört sich zu drehen, aber in Mölders Kopf drehte sich alles weiter. Er beugte sich vornüber und hätte sich fast übergeben müssen.

Der Arzt schüttelte seinen Kopf und bemerkte mit spitzer Zunge: »Sie tun besser dran, beim Heer zu bleiben, Herr Mölders. Sie sind zum Fliegen nicht tauglich.«

Daß sein erster Versuch, 1933 in die Luftwaffe einzutreten, so katastrophal enden sollte, hatte der junge Mölders nicht vorausgesehen. Aber echte Führungstalente kann man nicht so leicht von der Verfolgung ihres Zieles abbringen.

Er ist nur dieses eine Mal durchgefallen.

Acht Jahre später, 1941, war er Deutschlands erfolgreichster Jagdflieger mit 115 anerkannten Abschüssen[14].

Er war der erste Mann, der die »Rekordzahl« von Richthofen mit 80 Luftsiegen übertraf. Außerdem sollte Mölders der Erste sein, der 100 feindliche Flugzeuge im Luftkampf abschoß.

So brillant diese Leistungen im Gefecht auch sein mögen, so geben sie doch nur eine Hälfte der Geschichte Mölders' wieder.

Seine außergewöhnliche Begabung als Führer und Organisator, wie auch als Taktiker und Lehrer waren die Voraussetzung dafür, daß man ihn im unglaublichen Alter von 28 Jahren zum General der Jagdflieger machte. Er bekam Startverbot für Einsatzflüge, da er für eine außergewöhnliche Aufgabe in der Führungsspitze vorgesehen war. Aber bevor er seinen 29. Geburtstag feiern konnte, trug man ihn unweit der Ruhestätte des Freiherrn Manfred von Richthofen auf dem Invaliden-Friedhof in Berlin zu Grabe. Ein Flugzeugabsturz in schlechtem Wetter hat

Deutschland um Werner Mölders beraubt, lange bevor seine einzigartigen Fähigkeiten voll zur Entfaltung kommen konnten.

Nur Galland kam ihm gleich. Noch ein Vierteljahrhundert nach dem Tode von Mölders sind die beiden großen Jagdflieger und Kommandeure bei ihren Männern Rivalen im Hinblick auf Anhänglichkeit und Wertschätzung.

Schon als Junge wollte Mölders Soldat werden. Nachdem ihn sein Onkel einmal zu einem Rundflug mitgenommen hatte, gab es nur noch eines für ihn: er wollte Militärflieger werden. Auf diesem Wege gab es zwar einen kurzen Stop, als man feststellte, daß er leicht luftkrank wurde. Nach der ersten ärztlichen Ablehnung begann Mölders, gegen diese Veranlagung anzugehen. Bei seinem zweiten Versuch auf der »Drehscheibe« mußte er sich nicht mehr übergeben und konnte verbergen, daß er sich schlecht und elend fühlte wie je.

Er wurde für »bedingt fliegertauglich« befunden und mußte bald feststellen, daß mehr Schwierigkeiten zu überwinden waren als sich an den Ärzten vorbeizumogeln.

Die Flugausbildung fand an der Verkehrsfliegerschule in Kottbus statt. Während des ersten Monats gehörte es zum täglichen Leben von Mölders, daß er sich übergeben mußte. Stechende Kopfschmerzen und Schwindelgefühl machten das Fliegen für ihn zur fortgesetzten Qual. Er hätte jederzeit aufgeben können und wäre damit alle Sorgen um sein rebellisches Innenleben losgeworden.

Mölders gab aber nicht nach. Langsam aber sicher triumphierte der Wille. Das Übelkeitsgefühl und die Kopfschmerzen wurden seltener und ließen in ihrer Stärke nach. Und schließlich waren diese Zustände völlig überwunden. Ein Jahr nach seinem Eintritt in die Luftwaffe wurde er Ausbilder. Die Luftwaffe war keine Tarnorganisation mehr.

Während seiner Tätigkeit als erfolgreicher Ausbilder hätte Mölders gerne aus echter Kampferfahrung gesprochen. Der spanische Bürgerkrieg bot Gelegenheit dazu. Diese Auseinandersetzung wurde die Probe für den 2. Weltkrieg und bildete ein ideales Versuchsfeld für neue Waffen und Taktiken. Deutschlands wichtigster Beitrag zur Sache Francos war die Legion Condor, die sich aus Freiwilligen der Luftwaffe zusammensetzte. Die Jagdgruppe J 88 der Legion Condor hat als äußerst erfolgreiche Einheit den zukünftigen »Assen« wie Wilhelm Balthasar, Edu Neumann, Herbert Ihlefeld, Walter Oesau die Erfahrungen eines modernen Luftkrieges aus erster Hand vermittelt.

Wie bereits berichtet wurde, benötigte die 3. Jagdstaffel einen neuen Staffelkapitän als Ablösung für Galland, der darauf sah, daß nur ein erstklassiger Mann in seine Fußstapfen treten konnte. Nachdem ein Nachfolger durch einen Flugzeugzusammenstoß in der Luft ums Leben gekommen war, hatte Galland einen anderen seines Postens wieder enthoben und nach Deutschland zurückgeschickt.

Daraufhin suchte das OKL Mölders als den besten zur Verfügung stehenden Mann aus.

Mölders kam im April 1938 mit einem Pappkoffer als »Kraft-durch-Freude«-Tourist in Spanien an und erhielt dort den ersten Vorgeschmack auf das, was kommen sollte.

Gallands anfänglich frostige Einstellung gegenüber Mölders machte bald einer ehrlichen Anerkennung Platz, als der Neuankömmling seine Flug- und Führungsfähigkeiten unter Beweis stellte.

Als Galland im Mai 1938 wegging, schrieb er über diesen Mann eine glänzende Beurteilung: »Oberleutnant Mölders ist ein hervorragender Offizier und großartiger Flugzeugführer mit außergewöhnlichen Führungseigenschaften.« Zwei Monate, nachdem Mölders die 3. Jagdstaffel übernommen hatte, begann deren Umrüstung auf die neueste Variante der Me 109. Dieses überragende Flugzeug war die richtige Waffe für einen Jagdflieger vom Kaliber Mölders, und er stellte dies sofort unter Beweis. Es war der Beginn einer außergewöhnlichen Karriere, die seinen Namen weltberühmt machen sollte.

Die langsamen He 51-Doppeldecker, die die 3. Jagdstaffel zuvor geflogen hatte, waren den von Rußland an die Republikaner gelieferten Polikarpov I-15 und I-16 »Rata« nicht gewachsen. Jetzt änderte sich die Situation zu Gunsten Mölders' und der 3. Jagdstaffel erheblich.

Am 15. Juli 1938 sichtete Mölders einen Verband von I-16 und begann die Jagd.

Der junge Deutsche schwelgte im Hochgefühl der überlegenen Flugeigenschaften des neuen Jagdflugzeuges, während seine Me 109 schnell an den Gegner herankam.

Mit stieren Augen, rebellierendem Magen und klopfendem Herzen stellte sich bei dem jungen Mölders ein klassischer Fall von Jagdfieber ein. Sein erster Feuerstoß lag weit hinter der russischen Maschine. Wütend ob seiner eigenen Fehlleistung ließ Mölders von der ersten I-16 ab und wandte sich der nächsten zu. Die wichtigsten Stellen der Ausbildungsvorschrift standen ihm vor Augen, als er auf nächste Schußentfernung herankam. Als die I-16 den Rahmen seiner Frontscheibe ganz ausfüllte, drückte Mölders auf die Auslöseknöpfe seiner Bordwaffen. Das Polikarpov-Jagdflugzeug bäumte sich unter den Treffern aus den 3 Maschinengewehren der Me 109 auf und verschwand dann in einer Wolke von Feuer und Rauch. Mölders beobachtete, wie dieser Gegner abstürzte, und verfolgte seinen Weg bis zum endgültigen Aufschlag auf dem Boden. Er hatte den ersten von insgesamt vierzehn Luftsiegen im spanischen Bürgerkrieg errungen.

Mölders ging aus dem spanischen Konflikt als erfolgreichster deutscher Jagdflieger[15] hervor. Die Me 109 hatte in Spanien ihre Feuerprobe bestanden. Auf Grund der Erfahrungen wurden viele Änderungen an dem Flugzeug durchgeführt, die sich bewährten, als es zum 2. Weltkrieg kam.

Mölders war hauptsächlich für die Verbesserung der Bewaffnung dieses berühmten Jagdflugzeuges verantwortlich. Die wichtigste Änderung war hier der Austausch des im Motorkanal eingebauten 7,9-mm-Maschinengewehres gegen eine 20-mm-Kanone. Die größte Leistung der Legion Condor lag in ihrem umwälzenden Beitrag auf dem Gebiet der Einsatzkriterien.

Der Sprung vorwärts zum modernen Luftkampf, für den Mölders in erster Linie verantwortlich zeichnete, ließ die anderen Weltmächte weit zurück. Im militärischen Bereich findet man – egal in welchem Land – nur wenige Männer mit der Voraussicht, Einsicht und Kraft der Persönlichkeit, die erkennen, welche umfangreichen Neuerungen erforderlich sind, um neue Einsatzgrundsätze einer neuen Technologie anzupassen. Mölders war ein solcher Mann.

Göring hatte die Luftwaffe als unabhängigen Wehrmachtszweig aufgebaut – das war sein Hauptbeitrag zur Wiedergeburt der deutschen Luftmacht.

Als neue Waffengattung war die Luftwaffe stark in der deutschen Fliegertruppe des 1. Weltkrieges verwurzelt. Diese Bindungen waren keineswegs ausschließlich traditioneller Art, obwohl den berühmten Fliegern des 1. Weltkriegs der gebührende Respekt und teilweise immer noch begeisterte Anerkennung zuteil wurde.

In der neuen Luftwaffe befehligten solche Männer bis hinunter zur Ebene der Geschwader, Gruppen und sogar der Staffeln.

Eduard Ritter von Schleich (35 Abschüsse im 1. WK), Karl August von Schoenebeck (8 Abschüsse im 1. WK), Theo Osterkamp (32

Abschüsse im 1. WK) und Werner Junck (5 Abschüsse im 1. WK) sind nur einige der alten Asse, die in den dreißiger Jahren wieder aktiv bei den Jägern der Luftwaffe flogen oder ausbildeten. Später stiegen diese ausgezeichneten Männer dann in hohe Kommandostellen der neuen Luftwaffe auf. Sie waren es, die die Luftkriegstaktik im Rahmen oder im Bezug auf den 1. Weltkrieg sahen und ausrichteten. Mölders sah, daß die tote Hand der Vergangenheit schwer auf der Gegenwart ruhte und sah sie den Weg in die Zukunft blockieren. Spanien hatte gezeigt, daß eine neue Dynamik des Luftkrieges nach Änderungen verlangte. Die Einführung des Ganzmetalltiefdeckers rief nach einer umfassenden Umwandlung der Luftkriegsführung.

Mölders initiierte nun eine neue Ära der Jagdfliegertaktik, genau wie Galland neue Denkweisen im Hinblick auf die taktische Anwendung der Luftstreitkräfte beisteuern sollte.

Boelcke und Richthofen hatten auf der deutschen Seite im 1. Weltkrieg das Fliegen im Verband eingeführt und weiter entwickelt. Ihre Neuerung hatte den Jagdflieger als Alleinkämpfer verdrängt und das Zeitalter der Luftschlachten zwischen großen Verbänden eröffnet. Der geschlossene Jägerverband wurde allmählich auf beiden Seiten eingeführt, so daß es gegen Ende des 1. Weltkrieges zu Massenluftschlachten zwischen großen Zahlen von Jagdmaschinen kam.

Die Neigung, an großen Verbänden zu kleben, hatte sich auch in der neuen Luftwaffe fortgesetzt. In engen Verbänden bestanden die letzten aktuellen Kampferfahrungen der alten Asse, die jetzt die Me-109-Verbände führten.

Mit Unterstützung anderer junger deutscher Jagdflieger entwickelte und erprobte Mölders in Spanien das, was seitdem als »Vierfinger-Schwarm« bekannt geworden ist, weil er den Fingern der ausgestreckten menschlichen Hand gleicht.

Diese Formation heißt heute bei der USAF Doppelangriffssystem, aber ursprünglich wurde diese Taktik von den Deutschen erfunden[16]. Jagdflieger flogen nun paarweise. Jedes Paar wurde Rotte genannt. Zwischen beiden Flugzeugen der Rotte wurde ein großer Abstand eingehalten, und zwei Rotten bildeten einen Schwarm.

In jeder Rotte führte ein Pilot die eigentliche Angriffsaufgabe durch, während sein Rottenkamerad ihn deckte. Der Führer jeder Rotte sollte der fähigere und erfahrenere Pilot, der bessere Schütze und Beobachter sein. Dieser Pilot war frei, um seine ganze Aufmerksamkeit dem Gegner zu widmen. Ähnlich wurde im Schwarm verfahren, wo eine Rotte die Angriffsrolle übernahm, während die andere gegen Angriffe des Gegners deckte, wie immer es sich aus der Situation ergab.

Durch die Höhenstaffelung der einzelnen Verbände konnte man auf das nervenzehrende Einhalten des präzisen engen Verbandsfluges verzichten, das bereits während des 1. Weltkrieges eine gefährliche Sache gewesen war. Dabei mußte der einzelne Pilot die Aufmerksamkeit zwischen dem Verbandhalten und dem Ausmachen des Gegners teilen. In jenen Tagen war diese Teilung der Aufmerksamkeit nicht von der Bedeutung, die sie gegen Ende des 2. Weltkrieges erreichen sollte. Die Flugzeuge des 1. Weltkrieges hatten nicht die notwendige Geschwindigkeit, um einen auf große Entfernung gesichteten Gegner einzuholen. Aber mit den 560 km/h eines modernen Jagdflugzeuges war es möglich, eine gegnerische Maschine in ein Gefecht zu ziehen, auch wenn sie zuerst nur als kleiner Fleck am Himmel erschien. So wurde jeder Flugzeugführer in den neuen Verbänden unter Mölders auf die neue Taktik ausgerichtet.

Große Teile des Himmels wurden nun nicht mehr der Sicht des einzelnen Piloten durch die Tragflächen Dutzender in engem Verband fliegender eigener Flugzeuge entzogen.

Eigene Initiative macht den erfolgreichen Jagdflieger aus – ihr wurde der größtmögliche Spielraum in der Vierfingerformation eingeräumt.

Solche Verbände konnten von der Kampfkraft und vom Auge her einen größeren Luftraum überwachen, als dies im 1. Weltkrieg möglich war. Im Hinblick auf die Hauptaufgabe – den Gegner zu finden und abzuschießen – waren sie um ein Vielfaches wirksamer. Mit der Einführung dieser Taktik schränkte Mölders auch die eigene Verwundbarkeit ein. Die verheerende Wirkung der zusammengefaßten Feuerkraft der Bordwaffen bedeutete im engen Verbandsflug ein Risiko, das an Selbstmord grenzte. Der Sprechfunk erübrigte, daß Flugzeuge auf Sicht flogen und trug somit zur Abrundung der neuen Taktik bei.

Da sich alle diese Faktoren in einer Steigerung der Kampfleistungen der Verbände summierten, hatte die neue Taktik die gleiche Bedeutung wie eine Anhebung der zahlenmäßigen Stärke.

Wenn sich Verbände aus modernen gegnerischen Jägern weiterhin an die alten Methoden klammerten, mußten sie unterlegen sein. Mölders' Voraussicht als Taktiker wird durch das Gewicht seiner Nachahmer erst ins rechte Licht gesetzt.

Die RAF und die USAAF zogen während des 2. Weltkrieges mit der Einführung des Vierfingerverbandes nach. Für die RAF sollte das erste Zusammentreffen mit diesem Verbandstyp eine mehr als unangenehme Überraschung werden.

Alte Vorstellungen sind nicht so ohne weiteres zu begraben. Hier entstammten sie echten Luftkämpfen und galten zu ihrer Zeit als erprobt und zutreffend. Jetzt waren sie überholt, aber ihre Anhänger beherrschten noch den aktiven Flugdienst.

Die Zeit für neue Vorstellungen war gekommen, Mölders war der Mann, sie durchzusetzen.

Sein Erfolg als Jagdflieger in Spanien, trotz seiner Jugend, gab ihm den persönlichen Rückhalt. Er verbesserte diese Taktik noch, um sie den neuen technologischen Gegebenheiten anzupassen.

Ausgerüstet mit dieser Taktik, war die Luftwaffe gegenüber der übrigen Welt in der Vorhand, als 1939 der 2. Weltkrieg ausbrach. Bei seiner Rückkehr aus Spanien Ende 1938 genoß Mölders ein Ansehen in der Luftwaffe, das in keinem Verhältnis zu seinem Alter und seinem Dienstgrad stand. Seine persönliche Kampferfahrung machte ihn zu einem Favoriten Görings. Aber auch ohne diese Rolle hätte er seinen Weg gemacht.

Als Mann, der ständig an seinen Talenten als Pilot und Einheitsführer arbeitete, hatte er andere Qualitäten.

Er wurde als strenggläubiger Katholik erzogen. Von dieser religiösen Grundlage hat er sich nie abgewandt. Hierdurch hatte er einen moralischen und ethischen Rückhalt, der denen fehlte, die allein die nationalsozialistische Ideologie als ihre Religion ansahen. Mölders sprach offen mit seinen jungen Kameraden über das, was seiner Meinung nach Auswüchse des Hitlerregimes waren. Er war gegen alles, was im reinen Materialismus und im Haß wurzelte. Er war ein furchtloser Streiter bei der Verteidigung des Guten und Wahren in allen Menschen – bei Freund und Feind.

So war Mölders ein über die Maßen ausgeglichener Mensch, dessen Achtung der inneren Werte des Lebens eine beherrschende Rolle bei der Formung seiner Persönlichkeit spielte. Er wirkte weit über seine Jahre hinaus gereift. Schon 1939, als er Staffelkapitän der 1. Staffel des JG 53 war, wurde er von seinen Piloten fast nur »Vati Mölders« genannt.

Dieser Spitzname entsprach natürlich dem Ausdruck der Hochachtung und der Bewunderung seiner Piloten gegenüber dem jungen »Alten«, der sie führte.

Der deutsche Ausdruck »Vati« führte wegen der Ausspracheähnlichkeit des englischen »Fatty« dazu, daß Mölders auch heute noch in vielen englischsprachigen Büchern als »Fatty«, also als »Dicker« bezeichnet wird. Zu Unrecht, denn er war ein dunkelhaariger Mann von schlankem Wuchs und mittlerer Größe, der etwa 145 Pfund wog.

Ein mit dem Autor befreundeter Arzt, der Mölders vom Jahr 1940 her gut kennt, beschreibt ihn folgendermaßen:

»Er war ein sehr hübscher Mann, fast zu schön für einen Mann. Er hatte fein geschnittene Züge und ein Profil, das die Leute veranlaßte ihn anzustarren. Die hübscheste Frau hätte die Haut von ihm borgen können. Aber sonst war nichts Feminines an ihm.

Sein zupackender Blick und seine unmißverständliche Auffassung und Ausübung von Autorität veranlaßten Untergebene, Gleichgestellte und Vorgesetzte gleichermaßen zuzuhören und im gegebenen Fall zu gehorchen.« Das war Mölders' physische Seite.

Major Hartmann Grasser war während der Luftschlacht um England und in Rußland Mölders' Adjutant im JG 51. Selbst ein As mit 103 Abschüssen, bewahrt sich Grasser noch eine warme, bewundernde Erinnerung an seinen früheren Kommandeur.

»Werner Mölders war ein sehr gut erzogener, hochintelligenter Mann mit einem außergewöhnlich festen Charakter. Er hatte ein logisch scharfes Denkvermögen und war ein glänzender Analytiker. Seine Führungseigenschaften zeigten sich mit darin, daß er immer ein offenes Ohr für jeden einzelnen Mann in seinem Geschwader hatte. Er hielt ohne Härte auf gute Disziplin und hatte Verständnis für die Fehler anderer – aber er hatte kein Verständnis für Verstöße gegen die Gefechtsdisziplin[17].«

Er war ein außergewöhnlicher Lehrer und Ausbilder. Seine ganze persönliche Aufmerksamkeit gehörte den Neuzugängen im Geschwader. Er kümmerte sich selbst um diese jungen Männer und führte sie in die Bedingungen und Forderungen des Luftkampfes ein.

Sein Wahlspruch war: »Es ist das wichtigste für einen Jagdflieger, den ersten Luftsieg ohne großen eigenen Schock zu erringen.«

»Ich verdanke mein Leben ausschließlich Werner Mölders. Er zeigte mir nicht nur, wie man in der Luft kämpft, er zeigte mir, wie man am Leben bleibt und von einem Einsatz heil zurückkommt. Seine Männer waren ihm treu ergeben. Ich glaube, wäre Mölders am Leben geblieben, dann wäre er der Mann mit dem Charakter und den intellektuellen Fähigkeiten gewesen, um seine Vorstellungen gegen die bestehende Führung und gegen die Politiker durchzusetzen...«

Mölders kam am 20. September 1939 zu seinem ersten Luftsieg im 2. Weltkrieg, als er einen Curtiss-Jäger der französischen Luftstreitkräfte abschießen konnte.

In der darauffolgenden Woche wurde er zum Gruppenkommandeur der III./JG 53 [18] ernannt.

Zum Kampfauftrag des JG 53 gehörte die endgültige Vernichtung der französischen Luftmacht. Am 5. Juni 1940 – einem Tage, an dem er bereits 2 Luftsiege für sich verbucht hatte – flog Mölders einen weiteren Einsatz über dem Wald von Chantilly, als er auf einen Ebenbürtigen traf.

Ein französischer Jagdflieger, der die Grundregeln des Luftkampfes noch nicht vergessen hatte, flog einen perfekten Überraschungsangriff aus der Sonne. Die Me 109 des Deutschen wurde von den Waffen des Franzosen voll eingedeckt.

In wenigen Sekunden war das Flugzeug Mölders' vom Bug bis zum Heck von Kanonen- und MG-Treffern durchsiebt. Wie durch ein Wunder unverletzt, merkte der erschrockene »Vati«, daß seine Maschine abzuschmieren begann. Aus dem angeschossenen Motor strömte Rauch in die Kabine. Es gab nur einen Ausweg – abspringen! Mit dem Stoßgebet, daß der Geschoßhagel des Franzosen seinen Fallschirm verschont haben möge, stieg Mölders aus. Er kam auf französischem Gebiet herab und wurde von der französischen Armee gefangengenommen. Es war der Tag, an dem er seinen 25. Abschuß erzielt hatte.

Seine Gefangenschaft war nur von kurzer Dauer. Zwei Wochen später kapitulierten die Franzosen, und er wurde entlassen, um nach Deutschland zurückzukehren. Dort erwartete ihn eine bemerkenswerte Beförderung. Er war der neue Kommodore des JG 51 und zugleich der jüngste Geschwaderkommodore in der Luftwaffe.

Vom Zusammenbruch Frankreichs an war Mölders mit dieser Einheit im fast ununterbrochenen Einsatz gegen die RAF. Auf der deutschen Seite war er eine der führenden Figuren in der Luftschlacht um England.

Tägliche Einsätze gegen den Süden Englands und Kämpfe am Rand der Reichweite gegen die sich heftig wehrende RAF, verlangten einen schweren Zoll vom JG 51.

Mölders war beides, Einsatzpilot und Verbandsführer. Mit Genugtuung sah er, wie die RAF ihre altmodische Taktik aufgab und sich seiner eigenen zuwandte.

Bis zum 12. Oktober 1940 hat er, Spanien nicht eingerechnet, 46 Abschüsse erzielt und 196 Kampfeinsätze geflogen.

Das JG 51 hatte zu diesem Zeitpunkt über 500 bestätigte Abschüsse erreicht.

Während dieser Zeit mit ihrer intensiven und ständig andauernden Spannung hat Mölders zum ersten und einzigen Mal in seiner Laufbahn den Kopf verloren. Auf ärztliche Anweisung wegen einer schweren Grippe mit Startverbot belegt, hörte der in Schweiß gebadete, unruhige junge Geschwaderkommodore am 11. November 1940 den Funksprechverkehr des JG 51 während eines Einsatzes über dem Gebiet der Themsemündung ab. Sein Freund Oberleutnant Claus war abgeschossen worden. Die zurückkehrenden Piloten bestätigten, daß Claus über dem Wasser niedergehen mußte. Fieberhaft gab Mölders überhastete Befehle an die Seenotrettungsflieger. Als diese sich außerstande erklärten, diese Befehle auszuführen, befahl er, sein eigenes Jagdflugzeug startklar zu machen.

Im Stab konnte niemand vernünftig mit ihm reden. In Begleitung von Leutnant Eberle brauste er über den englischen Kanal und unternahm einen vergeblichen Flug über der Themsemündung, um nach einer Me 109 zu suchen, die schon lange im Wasser versunken sein mußte.

Auf diesem gefährlichen Flug nahe der englischen Küste war der »Stolz der Luftwaffe«, krank und niedergeschlagen wie er war, ein sehr verwundbares Ziel für die RAF. Aber er kam zurück.

Als Hitler sich dann Rußland zuwandte, wurde das JG 51 an die Ostfront verlegt. Mölders' Abschußzahl stieg auf 101. Er war der erste, der die magische Marke »100« im Luftkampf übersprang. Auf Grund eines persönlichen Befehls Görings wurde ihm verboten, weiterhin Einsätze zu fliegen. Aber er hielt sich nicht strikt daran.

Im Alter von 28 Jahren wurde er General der Jagdfliegerwaffe.

Er befehligte eine aus Stukas, Jägern und Jagdbombern bestehende Schlachtgruppe, als Ernst Udet Selbstmord beging. Zu dieser Zeit versuchten die Deutschen, nach Süden zur Krim vorzustoßen. Die

Kämpfe waren sowohl am Boden als auch in der Luft außergewöhnlich schwer.

Major (heute Generalleutnant) Günther Rall, der dritte Mann an der Spitze Deutschlands und der Welt mit 275 Abschüssen erinnert sich an diese Zeit: »Jeden Morgen flog Mölders mit einem Fieseler Storch die Front ab. Er hatte sein eigenes Funksprechgerät. Er landete, nahm in einem Schützenloch Deckung und sprach von dort aus mit seinen Flugzeugführern in der Luft. Er wurde so zum vorgeschobenen Fliegereinsatzoffizier und zum Bahnbrecher dieser Methode, mit der er uns genau auf gegnerische Positionen einwies und ansetzte.

Am Abend flog er zurück und hielt eine Kommandeursbesprechung ab. Er besprach die Einsätze dieses Tages und sagte uns, was wir richtig gemacht hatten und wies uns auf die von uns begangenen Fehler hin.« Dies war eine Zeit schwerer, entscheidender Kämpfe. Drei Tage, bevor er zu Udets Beerdigung flog, hatte er entscheidende Nachschubschwierigkeiten. Er bekam nicht genug Munition, Treibstoff und Ersatzteile. Er wollte nach Deutschland fliegen und das Oberkommando angehen. »Ich brauche Unterstützung«, sagte er.

In dieser Situation erhielt Mölders die Nachricht von Udets Tod und Görings Befehl, nach Berlin zu kommen. Er sollte der Ehrenwache angehören.

Er startete bei schlechtem Wetter mit einer He 111 vom Flugplatz Tschaplinka. Er war froh über die Gelegenheit, die Mängel und Unzulänglichkeiten persönlich vortragen zu können, die die Einsätze über der Krim behinderten. Die He 111 wurde von Oberleutnant Kolbe, einem äußerst erfahrenen Piloten – und wie Mölders selbst – einem Veteranen der Legion Condor, geflogen. Kolbe mußte sein ganzes fliegerisches Können aufbringen, um den Bomber durch das außerordentlich schlechte Wetter hindurch nach Deutschland zu bringen. Mölders wollte so schnell wie möglich nach Berlin kommen. Als die He 111 auf Grund des schlechten Wetters in Lemberg zur Landung gezwungen wurde, bat Kolbe Mölders, den Flug nicht fortzusetzen. Die Wettermeldungen sprachen von noch schlechteren Bedingungen zwischen Lemberg und Berlin.

Der junge Jagdfliegergeneral entschied sich gegen eine Aufgabe oder eine Verzögerung des Fluges. Die Männer kletterten wieder zurück in den Bomber.

Ein unheimlicher Gegenwind warf die Maschine hin und her. Kolbe flog mit voller Leistung der Motoren, um überhaupt vorwärts zu kommen. Die Treibstoffanzeige sank tiefer und tiefer.

In der Nähe Breslaus blieb ein Motor stehen, und Kolbe hungerte das angeschlagene Flugzeug durch dichte Wolken und peitschenden Regen nach unten. Sein Anflug war zu tief und zu kurz.

Verzweifelt versuchte der Pilot, den einen intakten Motor auf volle Leistung zu bringen und mußte feststellen, daß der nun auch ganz wegblieb. Eine neben dem Flugplatz verlaufende Drahtseilbahn kam durch die dichte Waschküche auf sie zu. Der Bomber kam gerade noch über die Kabel, dann schmierte er ab, und er schlug donnernd auf dem Boden auf.

Mölders und Kolbe waren sofort tot. Der Funker und Mölders' Ordonanzoffizier wurden lebend aus dem Wrack geborgen und halfen den Fliegertod von Mölders rekonstruieren.

Der Verlust von Mölders war sicherlich die schwerwiegende Folge des Selbstmords von Udet, obwohl Mölders möglicherweise auch ohne Görings Befehl auf Grund der vorherrschenden militärischen Lage nach Berlin geflogen wäre.

Die Autoren hatten Zugang zu Mölders Flugbuch und sehen in ihm ein besonderes Beispiel exakter Aufzeichnungen.

Das Flugbuch bietet einen außerordentlich interessanten Vergleich mit der Karriere des amerikanischen Asses Robert S. Johnson[19] und sollte weiterhin dazu dienen, jene Behauptungen zu entkräften, daß deutsche Abschußangaben übertrieben seien, weil die Gesamtzahlen so viel höher sind als bei den alliierten Assen.

Ein Vergleich zwischen Bob Johnsons 28 Abschüssen bei 91 Einsätzen und Werner Mölders' Luftsiegen, wie sie in seinem Flugbuch festgehalten sind, erscheint interessant und aufschlußreich:

Auszug aus dem Flugbuch von Robert S. Johnson

Einsatz	Luftsieg	Datum	Typ	Einsatzraum
11	1	13. 6.43	1 Fw 190	Dünkirchen
30	2	24. 8.43	1 Fw 190	Paris (beanspruchter „möglicher", wurde bestätigt)
42	3	8.10.43	1 Fw 190	Bremen
43	4	10.10.43	1 Me 110	Münster
	5		1 Fw 190	Münster

45	6	3.11.43	1 Me 109		Wilhelmshaven
50	7	22.12.43	1 Me 109 (oder 209)		Osnabrück
53	8	20.12.43	1 Fw 190		Ludwigshafen (Beanspr. beschädigt, bestätigt als zerstört)
54	9–10	31.12.43	2 fw 190		Kerlin-Bastard (Brest)
56	11	5. 1.44	1 Fw 190		Elberfeld
59	12	21. 1.44	1 Fw 190		Rouen/Frankreich
62	13	30. 1.44	1 Me 210		Braunschweig
	14		1 Me 109		Braunschweig
64	15–16	20. 2.44	2 Me 110		Hannover
70	17	6. 3.44	1 Me 109		Berlin-Einsatz nahe Braunschweig
71	18–19	8. 3.44	2 Me 109		Berlin-Einsatz nahe Braunschweig
73	20–21	15. 3.44	2 Fw 190		Braunschweig
			1 Me 109		Braunschweig
80	23	9. 4.44	1 Fw 190		Kiel
83	24–25	13. 4.44	2 Fw 190		Strasburg
88	26	4. 5.44	1 Me 109		Berlin-Einsatz (beanspr. beschäd., Bestätigung zerstört)
91	27–28	8. 5.44	1 Fw 190 1 Me 109		Berlin-Einsatz (beanspr. als beschädigt, bestätigt als zerstört)

Johnson war eines der tödlichsten amerikanischen Asse, und Werner Mölders war einer der Besten Deutschlands.

Der Teil seines Flugbuches, der hier abgedruckt ist, zeigt seine Luftsiege über von Franzosen, Engländern und Belgiern geflogene Flugzeuge verschiedener Typen auf. RAF-Spitfires und Hurricanes machen den größten Teil seiner Beute aus.

Auszug aus dem Flugbuch von Werner Mölders (26. 8. 39–8. 5. 41)

Datum	Zeit	Flugzeugtyp	Feindflug Nr.	Luftsieg Nr.	Ort
21. 9.39	13.10–14.33	1 Curtiss	6	1	
30.10.39	10.20–11.35	1 Blenheim	19	2	
23.11.39	14.35–16.00	1 Morane	35	3	
22.12.39	14.15–15.40	1 Morane	41	4	
2. 3.40	11.35–12.45	1 Hurricane	53	5	
3. 3.40	13.34–14.45	1 Morane	56	6	
26. 3.40	14.05–15.35	1 Morane	68	7	
2. 4.40	11.30–12.50	1 Hurricane	71	8	
20. 4.40	11.25–12.35	1 Curtiss	74	9	

Datum	Zeit	Typ	Nr	#	Ort
23. 4.40	10.30–11.55	1 Hurricane	78	10	
14. 5.40	15.45–17.08	1 Hurricane	94	11	
19. 5.40	08.45–09.55	1 Curtiss	104	12	
20. 5.40	18.35–20.50	1 Vickers	107	13	
21. 5.40	16.03–20.05	3 Morane	110	14, 15, 16	
22. 5.40	17.50–22.50	1 Potez 63	111	17	
25. 5.40		1 Morane	114	18	
27. 5.40		2 Curtiss	116	19, 20	
31. 5.40		1 Leo 45	119	21	
3. 6.40		1 Spitfire	123	22	
		1 Curtiss		23	
5. 6.40		1 Potez 63	127	24	
		1 Bloch		25	
28. 7.40		1 Spitfire	129	26	
26. 8.40	12.55	1 Spitfire	140	27	
28. 8.40	10.40	1 Curtiss	142	28	
	18.40	1 Hurricane	143	29	
31. 8.40	09.50	3 Hurricane	146	30, 31, 32	
6. 9.40	14.40	1 Spitfire	161	33	über Folkstone
7. 9.40	18.30	1 Spitfire	165	34	über London
9. 9.40	18.45	1 Spitfire	166	35	über London
11. 9.40	17.05	1 Hurricane	167	36	über SO London
14. 9.40	17.40	1 Spitfire	169	37	SW London
16. 9.40	08.50	1 Hurricane	173	38	über London
20. 9.40	12.34	2 Spitfire	179	39, 40	bei Dungeness
27. 9.40	17.00	1 Spitfire	180	41	bei Maidstone
28. 9.40	15.00	1 Spitfire	181	42	bei Littlestone
11.10.40	12.30	1 Spitfire	193	43	bei Folkestone
12.10.40	10.40	1 Hurricane	195	44	Liquizue
	10.45	1 Hurricane		45	Cauberberg
	14.12	1 Hurricane	196	46	Dungeness
15.10.40	09.15	1 Hurricane	197	47	Kneleig
17.10.40	16.25	1 Spitfire	201	48	London
22.10.40	15.10	3 Hurricane	204	49, 50, 51	Maidstone
25.10.40	10.45	1 Spitfire	205	52	NW Dover
	13.10	1 Spitfire	206	53	Margate
29.10.40	13.55	1 Hurricane	208	54	Dungeness
1.12.40	15.15	1 Hurricane	220	55	Ashforth
10. 2.41	17.29	1 Hurricane	227	56	5 km NNO Calais
20. 2.41	16.56	1 Spitfire	239	57	
	16.59	1 Spitfire		58	
25. 2.41	15.20	1 Spitfire	242	59	N von Dravelines
26. 2.41	18.22	1 Spitfire	245	60	SW Dungeness
12. 3.41	19.15	unbekannt	259	61	bei Dungeness
13. 3.41	15.22	1 Spitfire	261	62	SW Boulogne
15. 4.41		1 Spitfire	273	63	Boulogne
16. 4.41		1 Hurricane	274	64	S von Dungeness
		1 Spitfire		65	S von Le Touquet
4. 5.41		1 Hurricane	286	66	O von Canterbury
6. 5.41		1 Hurricane	290	67	Dover
8. 5.41		1 Spitfire	292	68	Dover

Diese Zusammenstellung wurde aus dem größeren Rahmen einer den Autoren zur Verfügung stehenden Sammlung ausgewählt, da sie einen fairen Vergleich von 2 führenden Jagdfliegern zuläßt. Die Ergebnisse eines jeden wurden unter Angriffsbedingungen an der Westfront erzielt.

Johnson brauchte einundneunzig Einsätze, um 28 bestätigte Abschüsse zu erzielen. Mölders benötigte 142 Kampfeinsätze, um seine ersten 28 Abschüsse zu erzielen. Johnson kommt bei diesem Vergleich sehr gut weg, dies besonders, wenn man berücksichtigt, daß Mölders bereits im spanischen Bürgerkrieg ein As mit 14 Abschüssen war, lange bevor Johnson fliegen lernte. Mölders begann den 2. Weltkrieg als »fertiges As«[20].

Mölders' Weg zu seinen ersten 60 Abschüssen erweist sich als langer, harter Pfad. Es waren 245 Einsätze, meistens gegen die RAF geflogen, nötig, um dieses Ergebnis zu erreichen.

Dieses Flugbuch ist ein wirkungsvoller Beweis gegen die Behauptung vieler amerikanischer Autoren, daß deutsche Asse die Motoren der von ihnen abgeschossenen Feindmaschinen gezählt hätten, um sie bei ihren Abschußzahlen mitzurechnen, oder daß Staffelführer die Abschüsse ihrer Piloten für sich persönlich in Anspruch genommen hätten. Mölders hat die von ihm beanspruchten Luftsiege natürlich selbst errungen.

Johnson befand sich von seinem ersten bis zum letzten Abschuß nur 11 Monate im Einsatz. Dann wurde ihm verboten, weitere Einsätze zu fliegen. Wenn seine Leistung auf einen Zeitraum von 5 Jahren projiziert wird, vorausgesetzt, daß man Abschußzahlen überhaupt solchen Zahlenspielen unterziehen kann, so könnte er über 100 Abschüsse erreicht haben wie viele Jäger der Luftwaffe, die von 1939 bis 1945 geflogen sind. Diese Annahme unterstellt natürlich, daß Johnson überlebt und genügend Gelegenheiten zum Luftkampf gehabt hätte[21].

Die deutschen Abschußergebnisse resultierten aus den längeren Einsatzzeiten, die für alliierte Asse weder möglich noch zulässig waren. Die große Erfahrung der Deutschen brachte Jagdflieger mit meisterhaftem Können hervor, so daß es einer großen Anzahl der Spitzenasse der Luftwaffe gelang, den Krieg zu überleben – obwohl eine zahlenmäßige Übermacht von alliierten Jägern gegen sie angesetzt war.

Mölders ging auf dem Weg der Einhundert-und-mehr-Abschüsse voran. Seine Kameraden sind aber der einstimmigen Meinung, daß seine Fähigkeiten als Organisator seinen Talenten als Jagdflieger in nichts nachstanden. Folglich erwartete man viel von ihm, als er zum General der Jagdflieger ernannt wurde. Nicht lange vor seiner Berufung in dieses hohe Amt diskutierte er die Zukunft mit seinem Freund, Rivalen und Kameraden Adolf Galland.

In einer lebhaften Diskussion verglichen die beiden jungen Kommandeure die Beiträge der beiden führenden deutschen Flieger des 1. Weltkrieges – von Richthofen und Boelcke. Galland bewunderte Richthofen als den vollendeten Jäger und Kämpfer. Mölders hatte größere Bewunderung für Oswald Boelcke, der sich dafür eingesetzt hatte, den deutschen Jagdflieger des 1. Weltkrieges technisch überlegen auszustatten. Mölders beendete die Diskussion, indem er sagte: »Du kannst der Richthofen der Luftwaffe sein, Adolf. Ich werde ihr Boelcke sein.«

Solange die Geschichte des Luftkrieges studiert wird, wird es Leute geben, die Überlegungen anstellen, was geworden wäre, wenn Mölders den Krieg überlebt hätte.

Die Geschichte der Luftwaffe verlief nicht gerade glücklich. Besonders wegen der ständigen politischen Einmischung in die technischen Angelegenheiten. Mölders hätte möglicherweise mehr erreicht als Galland, obwohl dies niemand mit Sicherheit behaupten kann. Galland und Mölders werden sicherlich als die beiden herausragenden Persönlichkeiten der Jagdflieger der Luftwaffe des 2. Weltkrieges anzusehen sein.

Der höchste Tribut für Werner Mölders liegt sicherlich in dem Platz, den er in den Gedanken und Erinnerungen seiner Kameraden einnimmt, und in dem Ruhm, der ihm auch nach seinem Tode noch zufällt.

Als Außenstehende hatten die Autoren unzählige Male Gelegenheit in den letzten Jahren, zahlreiche deutsche Asse und Jagdfliegerführer kennenzulernen. Darauf aufbauend war es möglich, einen objektiven Vergleich zwischen Mölders und Galland anzustellen, der für den Leser interessant sein dürfte.

Mölders suchte und wünschte sich die Aufgaben, die sich ihm im Verfolg des Leitbildes Boelcke zeigten. Im Gegensatz dazu war Galland der Urtyp des Jägers der Lüfte – zuerst, zuletzt und immer Jäger, dem der Reiz des Nachsetzens, des Verfolgens und des Siegens in fairem Kampf zum Lebensbedürfnis wurde.

Mölders ging die Probleme des hohen Kommandos mit Zielstrebigkeit und Ausdauer an. Galland strebte niemals nach hoher Kommandogewalt, haßte Papierkrieg und Schreibtischstrategie. Er wehrte sich dagegen, vom Einsatz ferngehalten zu werden und nahm jede Gelegenheit wahr, am Kampf der Luft teilzunehmen.

Mölders war ernst und ruhig, ein Mann, der selten lächelte und kaum lachte. Er nahm sich seine Verantwortung zu Herzen und legte seine ganze Energie in seine Arbeit.

Galland war ein fröhlicher junger Führer, draufgängerisch, galant und eine einnehmende Erscheinung. Galland hat einen ausgesprochenen Sinn für Humor. Er ist ein Mann, der lachen kann.

Mölders blieb ausgeglichen und bezog seine ernsthafte, energiegeladene Lebensauffassung aus seiner starken religiösen Bindung. Er zeigte dies nicht nach außen, aber er lebte mit seiner stillen christlichen Gläubigkeit, die keine Niedrigkeit brechen konnte. Mölders' innere Kraft, gepaart mit seinem beachtlichen fliegerischen Können und seinen taktischen und organisatorischen Führungseigenschaften, machten ihn ihm wahren Sinne des Wortes zum wirklichen Mann.

Gallands Ausgeglichenheit entstammt seinem Sinn für Humor. Aber seine Aufgeschlossenheit und Herzlichkeit schmälern in keiner Weise die Schärfe seiner Intelligenz. Er war ein weit besserer General, als er selbst dachte. Mölders litt vielleicht unter seiner humanen Einstellung. Aber auch Galland mußte sich immer wieder zu unbequemen Entscheidungen, bei denen es um Menschenleben ging, durchdringen, Entscheidungen, vor denen Mölders möglicherweise zurückgeschreckt wäre.

Beide hatten einen klaren Verstand und ein starkes Herz. Für Deutschland wäre die Zusammenarbeit dieser beiden Rivalen von großem Nutzen gewesen.«

Dies ist die Ansicht von Hartmann Grasser, der in den Stäben beider Männer diente. Viele andere erfolgreiche deutsche Jagdflieger fühlen ähnlich.

Wie immer es sei, Galland wurde mit der Aufgabe Boelckes konfrontiert, während Mölders den Fliegertod wie Richthofen fand.

Was zum Nachteil ihrer Gegner herauskommen konnte, wenn sich die beiden zusammensetzten, geht aus folgender Episode hervor:

1940 gingen im Kampf gegen die Spitfires besorgniserregend viele Me 109 verloren. Galland und Mölders überlegten, was da zu tun sei.

Die Me 109 war der wendigeren Spitfire an Steigvermögen und Spitzengeschwindigkeit überlegen.

In einer lebhaften Diskussion beleuchteten sie diese Gegebenheiten und stellten sich die Frage, warum sie sich mit der Spitfire auf Kurvenkampf einlassen sollten, wenn diese hierbei besser abschnitt. Sie beschlossen eine Taktik, den Angriff und das Trennen vom Gegner mit hoher Geschwindigkeit zu fliegen und somit den Vorteil der Spitfire im Kurven auszuschalten. Die Staffeln an der Kanalfront erhielten die entsprechenden Befehle, und die hohen Verlustzahlen an Me 109 gingen zurück.

Die Situation war ähnlich wie die zwischen der Curtiss P-40 Warhawk und der japanischen Zero zwei Jahre später im Pazifik.

Als die Amerikaner gelernt hatten, daß es fast den sicheren Tod bedeutete, mit der Zero einen Kurvenkampf einzugehen, wogegen der schnelle Angriff mit sofortigem Trennen Erfolg bedeutete, verringerten sich die amerikanischen Verluste und die japanischen stiegen an.

Obwohl Mölders bereits am 22. November 1941 gefallen ist, ist er bis auf den heutigen Tag das bekannteste deutsche Jagdflieger-As in der englisch sprechenden Welt geblieben. Seine taktischen Neuerungen und Leistungen wurden auch bei seinen Gegnern in hohem Maße anerkannt. Das Bemerkenswerteste an Mölders ist vielleicht die Tatsache, daß man sich sowohl seiner vielen charakterlichen Eigenschaften als auch seiner Leistungen als Flieger erinnert. Er ist eine der überragenden Persönlichkeiten der Luftwaffe, und er wird als Offizier und Mensch in die Geschichte eingehen.

Die »Me 109« war berüchtigt dafür, daß sie bei Start und Landung ihre Mucken hatte. Diese hier ist auf die Nase gefallen (oben).

Johannes Steinhoff als junger Ritterkreuzträger (unten links).

25 Jahre später: der Generalleutnant Johannes Steinhoff (176 Luftsiege im 2. Weltkrieg) überreicht auf dem USAF Stützpunkt Luke Air Force Base in Arizona, USA, dem Hauptmann Peter Hufnagel, einem der ersten Piloten der Bundesluftwaffe mit 1000 Flugstunden auf der F-104 G »Starfighter«, eine Plakette (unten rechts).

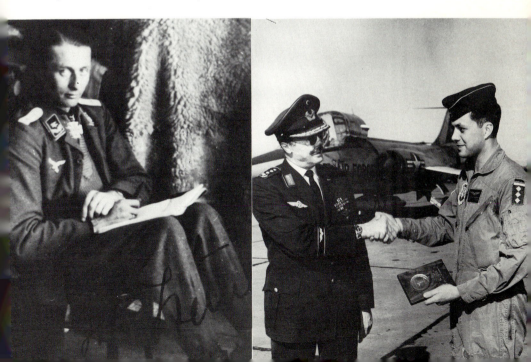

Der »Stern von Afrika« Hans-Joachim Marseille – nach 158 Luftsiegen über der Wüste Nordafrikas beim Sprung aus seiner in Brand geratenen Maschine tödlich verunglückt (oben links).

Oberst Edu Neumann in Afrika (oben rechts).

Joachim Müncheberg mit seinem Dackel »Afrika«. Nach 135 Luftsiegen stürzte Müncheberg tödlich ab, als sich an seiner Maschine im Luftkampf die Tragflächen lösten (rechts).

VOM DOPPELDECKER ZUR RAUMFAHRT – JOHANNES STEINHOFF

»Das Flugzeug taugt für den Sport, ist aber wertlos für eine Verwendung in der Armee.«

Ferdinand Foch 1911

Zwei Jahre, nachdem der Marschall Foch die Fliegerei mehr den Sportlern als den Soldaten anempfohlen hatte, kam in Thüringen ein Junge zur Welt, für den die Luft das Leben bedeuten und das Flugzeug die faszinierendste Erfindung der Zivilisation werden sollte.

Johannes »Macky« Steinhoff wurde im Sinne von Fochs Ausspruch zum Sportler. Er war auch ein hervorragender Soldat und ist in jeder Hinsicht eine der fähigsten Führerpersönlichkeiten, die seine Generation hervorgebracht hat. Wenn auch weniger berühmt als Galland oder Mölders, kommt Steinhoff doch ein besonderer Platz unter den Führern und Formern der Luftwaffe zu.

Mit einer vielseitigen Karriere und 176 bestätigten Abschüssen steht er an 22. Stelle unter den Jagdfliegern Deutschlands und der Welt. Im aktiven Dienst »vom Anfang bis zum Ende« 1939–45, überlebte er einen schrecklichen Absturz am Kriegsende, um später einer der Hauptorganisatoren der neuen deutschen Luftwaffe zu werden. Während dies geschrieben wurde, stand Steinhoff als Inspekteur an der Spitze der deutschen Bundesluftwaffe, war ihr Befehlshaber. Er war damit der erste Jagdflieger, der diesen Posten einnahm. Er überbrückte die historische Skala vom Doppeldecker bis zur Raumfahrttechnik, obwohl er auf Umwegen in den Pilotensitz fand. Ein jugendliches Interesse an Sprachen führte ihn von 1932 bis 1934 zum Studium der Philologie an die Universität Jena. 1934 trat er zur Offiziersausbildung in die deutsche Marine ein. Flugbegeistert ließ er sich 1936 zu der schnell wachsenden Luftwaffe versetzen. Er wurde zum Jagdflieger ausgebildet und war bei Kriegsausbruch mit 26 Jahren Staffelkapitän.

Damals zeigte er schon überdurchschnittliche Führungseigenschaften und eine Neigung zu eigenen Entscheidungen. Er ist einer der wenigen und erfolgreichen deutschen Jagdflieger von 1939, die den 2. Weltkrieg überlebten und anschließend in eine hohe Kommandostelle der neuen deutschen Luftwaffe aufrücken konnten. Während seiner Laufbahn gehörte er einigen der berühmtesten deutschen Jägerverbände an. Dazu gehören: JG 26 (»Abbéville-Jungens«), JG 52, JG 77 und Gallands JV 44 Düsenjägerverband, die Staffel der »Experten«.

Steinhoff gehörte auch zum Aufstellungspersonal des NJG 1, und nur sein Drang nach Unabhängigkeit hielt ihn davon ab, Nachtjäger zu bleiben. Er flog in der Schlacht um England, an der Ostfront, in Nordafrika, an der Mittelmeerfront und dann schließlich bei der Reichsverteidigung.

26 Luftsiege errang er im Westen, 148 in Rußland.

Steinhoffs jugendliches Interesse an der Philologie hat sich für seine amerikanischen Freunde bezahlt gemacht. Mit seiner einnehmenden Persönlichkeit und einem eher britischen Sinn für Humor kann Steinhoff mehr gute Geschichten über die Luftwaffe und ihre Persönlichkeiten auf englisch erzählen, als irgendein anderer den Autoren bekannter deutscher Flieger.

Er ist etwa 1,80 m groß und wiegt um 85 kg. Sein Gewicht hält er gewissenhaft.

Er ist immer noch eine sportliche Erscheinung und fällt durch eine dynamische Ausstrahlung auf. Er bestand darauf, seine Einsatzqualifikationen für alle gegenwärtigen Düsenflugzeuge zu erhalten und hat über einhundert verschiedene Flugzeugtypen vom Doppeldecker der früheren Luftwaffe bis zum heutigen an der Schwelle der Raumfahrt stehenden Düsenflugzeug geflogen.

Eine Geschichte, die er gerne erzählt, bezieht sich auf die Tage der Luftschlacht um England.

Ein Verband angeschlagener deutscher Jäger kehrte nach einem Tageseinsatz als Begleitschutz über England nach Frankreich zurück.

Die mit Steinhoff fliegenden Piloten hielten Funkstille, da sie keinen Wert auf ein weiteres Zusammentreffen mit der RAF legten.

In ihren Kopfhörern vernahmen sie plötzlich die klagende Stimme eines versprengten deutschen Kameraden:

»Ich bin allein... Ich bin ganz allein«, stöhnte der.

Dann hörte Steinhoff, wie eines der Sprechfunkgeräte seines Verbandes eingeschaltet wurde.

»Sei ruhig, du dummer Hund«, schrie einer der Staffelkameraden

Steinhoffs »du bist nicht allein. Eine Spitfire hängt an deinem A...« Das Jammern hörte sofort auf. Im Äther wurde es still. Steinhoff meint, daß dies zwar kein feiner, aber ein wirksamer Weg war, um einen durchdrehenden Piloten davor zu bewahren, Selbstmord zu begehen – aus der Rückschau gesehen, nicht ohne Humor.

In Rußland erreichte er als Gruppenkommandeur eine stattliche Reihe von Abschüssen.

Heute sagt er, der Luftkrieg über Rußland war verglichen mit den Einsätzen über der Westfront doch mehr nur ein Scheibenschießen, dies zumindest in der Zeit als er dort war. Nach vielen Monaten Ostfront wurde Steinhoff nach Nordafrika versetzt.

»Ich brachte eine Menge schlechter Angewohnheiten aus Rußland mit«, sagt er. »Sie waren begründet in einem gewissen Leichtsinn oder Nichternstnehmen des Gegners – ein Ergebnis des Kampfes gegen die schlecht ausgebildeten sowjetischen Piloten der Jahre 1941/42.«

»In Afrika kam man mit dieser Einstellung nicht weit«, stellt er fest. »Prompt schoß mich die RAF ab und brachte mich damit auf den Boden der Wirklichkeit zurück.«

Später, nach dem Verlust Nordafrikas, befehligte Steinhoff das JG 77 in Italien. In diesem Kommando bewies er Zivilcourage und Unabhängigkeit. Der Unzahl oftmals unsinniger, ja widersprüchlicher Befehle, die sich von Göring und dem Oberkommando über ihn ergossen, folgte er nur scheinbar.

Steinhoff ist das Produkt der Marine- und Luftwaffenschulen der Vorkriegszeit und verkörpert das Offizier- und Gentlemankonzept des Berufssoldatentums jener Zeit. Fairness, Ritterlichkeit und Anständigkeit wurden gelehrt und neben den militärischen Fähigkeiten und dem Einsatzwillen verlangt. Auf das Wort eines Offiziers mußte man sich verlassen können.

Steinhoff unterwarf sich dieser Verpflichtung in vollem Umfang. Das führte zum Beispiel im Herbst 1943 während des Feldzuges in Italien zu folgender interessanter Begebenheit: Steinhoff schoß eine P-38 ab, landete sofort, fand den amerikanischen Piloten und nahm ihn für die Nacht in seinem eigenen Zelt auf. Steinhoffs Männer wollten den Amerikaner fesseln und das Ende des Stricks am großen Zeh ihres Kommodore befestigen. Der deutsche Geschwaderkommodore fragte den Amerikaner: »Geben Sie mir Ihr Ehrenwort, daß Sie nicht fliehen werden?« Der Amerikaner nickte.

Zwei Gegner, die nur wenige Stunden vorher versucht hatten, sich gegenseitig mit Kanonen und MGs vom Himmel zu fegen, legten sich nieder und schliefen Seite an Seite im gleichen Zelt – nur gebunden an die alte militärische Tradition des Ehrenwortes.

Am nächsten Morgen frühstückten beide Männer zusammen. Beide hatten einen Brummschädel und tranken große Mengen schwarzen Kaffees.

»Ich muß Sie jetzt der Wache übergeben, die Sie in ein Gefangenenlager bringt«, sagte Steinhoff. Der amerikanische Pilot war bestürzt. »Kann ich nicht bei Ihnen bleiben, Oberst Steinhoff?« fragte er. »Ich fürchte, es wird keinen Schnaps und keinen guten Kaffee im Kriegsgefangenenlager geben.«

Vor Beginn des 2. Weltkrieges war Steinhoff einer Erprobungs-Nachtjagdstaffel zugeteilt. Nach Ausbildung, Vorliebe und Gefühl ganz Tagjagdflieger, begegnete er der Nachtjagd mit größter Skepsis. Er war von ihrer Wirksamkeit nicht überzeugt und war sich ihrer Gefahren und Mängel bewußt. Einige Tage nach Ausbruch des 2. Weltkrieges wurde er nach Berlin befohlen, um dort an einer Konferenz über Nachtjagdtaktik teilzunehmen. Anwesend waren eine Anzahl Generale, unter ihnen Ernst Udet. Göring präsidierte. Steinhoff hatte seinen Platz am unteren Ende des Tisches. Göring ging dozierend auf und ab und verbreitete sich über die Nachtjagdtaktik. Er entwickelte eine Mischung aus Ideen des 1. Weltkrieges und einer phantastischen Zukunft und redete über eine Stunde.

Als einziger Nachtjäger und aktiver Pilot der Gruppe hob Steinhoff vorsichtig seinen Finger und bat ums Wort.

Als Göring kurz nickte, stand Steinhoff auf und begann: »Die Dinge haben sich seit den großen Tagen Richthofens erheblich verändert.« Göring unterbrach ihn sofort. »Setzen Sie sich wieder auf Ihren kleinen Hintern, junger Mann«, sagte der Reichsmarschall. »Bevor Sie mitreden können, müssen Sie noch ein wenig Erfahrungen sammeln.« Steinhoff setzte sich wieder.

Später war Steinhoff Staffelkapitän in einer Me 109-Gruppe, die zum NJG 1, dem ersten Nachtjagdgeschwader der Luftwaffe, gehörte. Versuche, englische Bomber während der Nacht im Zusammenspiel mit Scheinwerfern anzugreifen, erwiesen sich als im höchsten Maße unbefriedigend. Es gab dabei viele Verluste an Flugzeugen und keine nennenswerten Erfolge. Wolfgang Falck erhielt als Hauptmann das Kommando über das Nachtjagdgeschwader Nr. 1 (NJG 1) und den Befehl, diesen Verband aufzubauen. Falck erhielt carte blanche für die Auswahl der Offiziere. Göring verlangte, daß der Major, der Steinhoffs Gruppe befehligte, abzulösen sei. Falcks Wahl des Nachfolgers fiel auf Steinhoff.

Beide Männer kannte man als erfolgreiche Staffelführer aus der im Dezember 1939 über der deutschen Bucht gegen englische Bomber ausgetragenen Luftschlacht –, Falck als Staffelkapitän mit Me 110 und Steinhoff als Staffelkapitän mit Me 109.

Auch nach seiner Ernennung zum Gruppenkommandeur hatte Steinhoff noch immer eine starke Abneigung gegenüber der Nachtjagd. Er vertrat die Auffassung, daß neues Gerät und weitere technische Entwicklungen notwendig seien, um die Nachtjagd für die Piloten sicherer und im Hinblick auf den Gegner wirkungsvoller zu gestalten. Aus seiner unabhängigen Meinung heraus machte Steinhoff offen und oft Einwände.

Sein neuer Geschwaderkommodore Wolfgang Falck ist heute einer seiner engsten Freunde. Er sagt über diese Zeit: »Macky Steinhoff war und ist ein empfindlicher Mann. Er konnte nicht ertragen, daß gute Männer sinnlos geopfert wurden. Das war es hauptsächlich, was ihn an der Nachtjagd störte.«

Der dauernd meckernde Steinhoff war in Krefeld stationiert. Falck in Düsseldorf sah die Zeit für eine Aussprache gekommen. Steinhoff wurde langsam zum Problem. Falck beabsichtige, ein Ultimatum zu stellen – entweder würde Steinhoff seine Einstellung ändern, oder er würde gehen müssen. Steinhoff schwante es, daß man ihn möglicherweise wegversetzen wolle, als er zu Falck befohlen wurde. Philosophisch stopfte er sein Gepäck in seine Me 109 und startete bei schlechtem Wetter. Er sollte genau zur Mittagszeit vor seinem Geschwaderkommodore auf dem Flugplatz Düsseldorf erscheinen, wo sich zu dieser Zeit der Gefechtsstand des NJG 1 befand.

Gegen 11 Uhr 30 begann er seinen Landeanflug in das schlechte Wetter hinein. In 200 m Höhe stieß er durch tiefhängende Wolken.

Im gleichen Augenblick hörte er in seinen Kopfhörern eine alarmierende Meldung. Der Flugplatz wurde angegriffen. Ein Bristol-Blenheim-Bomber der RAF belegte den Platz mit Bomben und griff Gebäude und abgestellte Flugzeuge mit Bordwaffen an. Die Meldung wurde noch durchgegeben, als Steinhoff die Blenheim sichtete, die immer wieder aus der zerrissenen Wolkenuntergrenze auftauchte und wieder verschwand. Sofort nahm er die Verfolgung auf.

Die britische Maschine wurde wieder von der Waschküche verschluckt, aber Steinhoff jagte hinter ihr her und versuchte sich vorzustellen, wie der Bomber zu einem neuen Bombenanflug ansetzen würde. Eine halbe Minute später konnte er durch seine nasse Frontscheibe den Bomber tatsächlich ausmachen.

Er fluchte leise vor sich hin. Das britische Flugzeug war noch zu weit entfernt. Er zuckte zusammen, als die Bombeneinschläge durch den Dunst blitzten. Irgendwer da unten wurde schwer eingedeckt. Dann stieg die Blenheim wieder in die schützenden Wolken, Steinhoff hinterher. In der Suppe war nichts mehr zu erkennen. Da war nur eine wattige, weiße Wand. Vergeblich starrte er durch seine verregneten Scheiben und ärgerte sich, daß er den Angreifer nicht packen konnte. Nach einigen Blindflugkurven zog er den Knüppel an den Bauch. Weiter oben gab es vielleicht einige Anhaltspunkte für die Position des Bombers. Alles was er brauchte, war nur ein kurzes Sichten. Bei seinem Steigflug durchstieß er einige Wolkenschichten. Direkt vor sich fand er die steigende Blenheim im Abflug.

Die überlegene Geschwindigkeit des deutschen Jägers verringerte schnell den Abstand zwischen beiden Flugzeugen. Bis auf kürzeste Entfernung herangehend, jagte Steinhoff einige Feuerstöße in die Blenheim. Der Bomber geriet in Brand und stürzte ab. Sehr zufrieden flog Steinhoff den Flugplatz erneut an und landete genau zur Mittagszeit. Durch den Luftkampf hatte er etwa 20 Minuten verloren. Obwohl er schnell aus seiner Maschine kletterte und mit dem Wagen abgeholt wurde, kam er mit Verspätung in Falcks Gefechtsstand an. Ohnehin schon psychologisch angeheizt, weil er sich mit einem Querkopf auseinandersetzen mußte, war Falck nun auch noch wegen Steinhoffs Unpünktlichkeit erbost. Schulmeisternd belehrte ihn der Geschwaderkommodore über die Tugenden der Pünktlichkeit.

Aufgeregt kamen einige Herren von Falcks Stab durch die Tür und entschuldigten sich für das Eindringen mit einer Meldung. Der britische Bomber, der vor einer knappen Stunde den Flugplatz angegriffen hatte, war abgeschossen worden. Er war nur einige Kilometer entfernt abgestürzt.

Falck strahlte. Dies waren gute Neuigkeiten.

Da mußte die Flak wohl den Engländer erwischt haben. »Denn wer zum Teufel würde überhaupt bei so lausigem Wetter fliegen?« sagte Falck.

»Ich«, erwiderte Steinhoff, »ich habe den Bomber kurz vor meiner Landung abgeschossen. Das war auch der Grund für meine Verspätung.« Falck mußte nun lachen, nahm sich aber schnell zusammen und sagte mit ernster Miene: »Nun Steinhoff, trotz Briten haben Sie pünktlich bei mir zu erscheinen.«

Beide Männer nahmen sich einen Pkw und fuhren zum Wrack der Blenheim. Falck erzählt: »Dort lagen auch die Leichen der Besatzung. Ein großer, dicker, wichtigtuender Polizist und einige Zivilisten waren bereits da. Sie stießen mit den Fußspitzen an die toten Briten. Ich wurde fuchsteufelswild. »Das sind tote Menschen«, brüllte ich, »das sind Soldaten, die ihre Pflicht getan haben, wie wir unsere jeden Tag tun müssen. Wenn sie sich nicht anständig um diese Toten kümmern, knalle ich Sie über den Haufen.« Ich hatte meine Beherrschung verloren, während Steinhoff still zuschaute.

Wir werden Wolfgang Falck als den »glücklichen Falken« in Kapitel 8 kennenlernen.

Als Mann von außergewöhnlichem Charakter konnte er die Steinhoff gegenüber zur Schau getragene ablehnende Haltung nach diesem Abschuß nicht länger aufrechterhalten.

Beide Männer hatten eine lange Unterredung über Steinhoffs Abneigung gegen und seine Unzufriedenheit über die Nachtjagd. Falck konnte den Standpunkt seines aufrechten Staffelkapitäns verstehen und veranlaßte später dessen Rückkehr zur Tagjagd.

So öffnete der »glückliche Falke« den Weg für Steinhoffs steile, zukünftige Laufbahn.

In der Luftwaffe war es nicht immer leicht, Versetzungen zu erreichen. Während der Luftschlacht um England war Steinhoff eine Zeitlang Vorgesetzter eines typischen Berliners namens Hans-Joachim Marseille. Dieser junge Flugzeugführer errang später weltweiten Ruhm als »Jäger von Afrika«. Wir lernen ihn im nächsten Kapitel kennen.

Für Steinhoff war er ein Problem. »Marseille sah außergewöhnlich gut aus. Er war ein sehr begabter Pilot und Jäger – aber er war unzuverlässig. Überall hatte er Freundinnen, die ihn so in Anspruch nahmen, daß er oft so erledigt war, daß man ihm keine Starterlaubnis geben konnte.

Seine oftmals unverantwortliche Pflichtauffassung war der Hauptgrund, warum ich ihn rausschmiß. Aber er hatte einen unwiderstehlichen Charme.«

Steinhoff wurde Marseille los, bevor der beredte Junge andere Staffelkameraden mit seiner leichtlebigen Art anstecken konnte. So kam es, daß Steinhoff, der selbst mit Falcks Unterstützung aus der Nachtjägerei herausgekommen war, hauptsächlich für die Versetzung verantwortlich war, die Marseille nach Nordafrika und zum Ruhm führte.

Wie Galland war auch Steinhoff bei den Ersten und den Letzten. Aber beinahe hätte es ihn am Ende noch erwischt.

Am 18. April 1945, drei Wochen vor Deutschlands Kapitulation, gehörte er als Oberst zum JV 44, der »Staffel der Experten«, und flog Me 262 Düsenjäger unter dem Kommando von Adolf Galland.

An diesem Tage startete er in einer Kette, die höchstwahrscheinlich als die Eliteeinheit in der Geschichte der Luftwaffe anzusehen ist – Steinhoff (176 Abschüsse), General Galland (104 Abschüsse) und Gerhard Barkhorn (301 Abschüsse) – drei Piloten mit zusammen 581 Abschüssen.

An Steinhoffs Me 262, die 48 Raketen unter den Flächen trug, wurde beim Start das rechte Fahrwerk in einem flachen Bombenkrater abgerissen. Beide Triebwerksgondeln schleiften am Boden und gerieten in Brand. Die Maschine hob kurz vom Boden ab, aber Steinhoff konnte sie nicht in der Luft halten. Das Flugzeug schlug auf und explodierte. Steinhoff zog sich schwere Brandverletzungen, besonders im Gesicht zu. Zwei lange Jahre mußte er sich vielen Hautübertragungen und sehr schwierigen plastischen Operationen unterziehen. »Der bestaussehende Mann in der Luftwaffe«, wie Falck ihn nannte, mußte von da an seinen Weg mit einem völlig anderen, vernarbten Gesicht gehen[22].

Nach seiner Entlassung aus dem Lazarett im Jahre 1947 mußte Steinhoff wie viele andere feststellen, daß ehemalige aktive Offiziere nach dem Zusammenbruch in Deutschland nicht sonderlich beliebt waren.

Unbeirrt wandte er sich der Wirtschaftswerbung zu. Auch bei dem Übergang von hohem Kommando zur freien Wirtschaft blieb ihm der Erfolg treu. Als die Bundesluftwaffe aufgebaut werden sollte, wurde er zum Kanzleramt gerufen, wo er die vorbereitenden Arbeiten übernahm, die der Aufstellung der Verbände vorausgingen.

1955, zehn Jahre nach seinem verheerenden Unfall, kam er im Alter von 42 Jahren zur Wiederauffrischungsausbildung auf Düsenflugzeugen nach Amerika.

Wieder gelang ihm der erfolgreiche Übergang in einen neuen Lebensabschnitt, als er 1956 stellvertretender Stabschef der deutschen Luftwaffe wurde. 1958 zum Brigadegeneral und 1962 zum Generalmajor befördert, diente das »Jet-As« mehrere Jahre lang als deutscher Vertreter beim Nato-Lenkungsausschuß in Washington, D.C. Als er auf diesen Posten gestellt wurde, waren viele seiner Gegenspieler in Deutschland überzeugt, daß sein von Narben entstelltes Gesicht sein Wirken bei der Nato in Amerika behindern würde. Das Gegenteil war der Fall.

Steinhoffs dynamische Persönlichkeit zeigte sich der Aufgabe mehr als gewachsen.

Er hat viele Freunde in Amerika gewonnen, und die Autoren bezweifeln, ob irgendein anderer Deutscher in Washington seit dem Kriege mehr für Deutschland erreichen konnte als er.

Bestimmt bewunderte man keinen Deutschen in der amerikanischen Hauptstadt mehr als »Macky« Steinhoff. Sein vernarbtes Gesicht war keineswegs ein Handicap oder ein Hindernis bei seiner Arbeit. Es wurde von seinen früheren Gegnern als Merkmal der Tapferkeit und Zeichen der Charakterstärke Steinhoffs angesehen. Viele amerikanische Jagdfliegerasse sind seine Freunde. Ohne Ausnahme achten und bewundern sie ihn.

Zusätzlich zu dem auf persönlichen Erfahrungen begründeten, umfangreichen Material für dieses Buch und vielen Hinweisen stammen folgende Episoden des Luftkrieges im 2. Weltkrieg aus seiner Feder:

Man hatte das Dach vergessen

»Der 15. September 1940 war der Tag unseres Sieges.«

Dieses Wort Churchills, ausgesprochen nach dem Zusammenbruch Deutschlands, mag für viele im ersten Augenblick unverständlich sein. Und doch enthält es für uns Flieger, die wir an diesem denkwürdigen 15. September beteiligt waren, eine große Wahrheit.

Einen langen heißen Sommer hindurch waren wir im Verlauf der sogenannten *»battle of Britain«* über der Insel geflogen und hatten im Kampf um die Luftherrschaft den besten Teil der Jäger und noch mehr der Kampfflieger (Bomber) verbraucht. Einen Monat lang schien es, als sei das Ziel der angestrebten Luftüberlegenheit erreicht. Wir flogen in dem sicheren Gefühl, tatsächlich den Luftraum von Calais bis London zu beherrschen. Diese enorme Kraftanstrengung hat allerdings unsere physischen und moralischen Reserven fast völlig aufgebraucht. Tatsache jedoch war, daß Ende Juli die englische Jagdfliegerei schwere Verluste erlitten hatte.

Dann aber wendete sich die Situation! Buchstäblich wie aus heiterem Himmel kam die Überraschung, und wir wußten: »Sie sind wieder da!« Man hatte da drüben auf der Insel nicht geschlafen – im Gegenteil!

Am 15. September begleiteten wir in den Morgenstunden einen Bomberverband zum Angriff auf die südlichen Bahnhöfe von London. Gleichsam als Demonstration war alles in die Luft gebracht, was an deutschen Bombern und Jägern verfügbar war. Als dann der Verband, nachdem er sich gesammelt hatte, den Flug zur Insel antrat, vermochte er wohl Respekt einzuflößen! Wir ahnten damals nicht, daß uns die »andere Seite« drei Jahre später zeigen würde, *wie* die Verwirklichung der Theorie des großen Lufttaktikers aus dem ersten Weltkrieg, General Douhêt, tatsächlich aussehen würde, der die Forderung »des starken Verbandes von fliegenden Festungen« aufgestellt hatte.

Bei Überfliegen der Sperren von Dover erblickten wir bereits eine bis dahin ungewohnt hohe Anzahl von »Spitfire« (dem besten englischen Jagdflugzeug) über uns, die in einer für uns unerreichbaren Höhe unseren Verband begleiteten. Der Himmel war zerfurcht von einer Unzahl der langen weißen Kondensstreifen. Blitzartig wurde uns allen klar, was hier gespielt wurde. Die Engländer hatten zum Gegenschlag ausgeholt.

Als wir das Ziel erreicht hatten, stand für uns alle fest, daß dieses Treffen schiefgehen mußte, denn die Zahl der »stummen Begleiter« war unübersehbar groß geworden.

Mögen ungünstige Wetterumstände und andere unvorhergesehene Ereignisse sich zugunsten des Feindes ausgewirkt haben – auch ohne sie wäre diese Begegnung in der Luft so ausgegangen, wie sie am Ende eben ausging.

Wir mußten auf dem Rückweg den Bomberstrom hinter uns lassen und taten es mit dem Gefühl, daß jetzt alles seinen Lauf nehmen müsse. Der Betriebsstoff der Jäger ging zu Ende, seit einer Stunde flogen wir ohne jede Orientierung, und es bestand die Gefahr, daß wir, die gesamte Jägerei, die französische Küste nicht mehr erreichten.

Am Abend dieses Tages meldete der englische Rundfunk den Abschuß von 99 deutschen Bombenflugzeugen! Das war die Revanche für den erlittenen Schlag in der »Luftschlacht über der Deutschen Bucht« im Dezember 1939!

Ob diese Bilanz einer leichtsinnigen Luftkriegsführung Hitler und Göring im gleichen Maße erschüttert und deprimiert hat wie seinerzeit uns Flieger, ist nach allem, was später kam, unwahrscheinlich.

Der 15. September 1940 aber hätte für Hitler der Anlaß sein müssen, zum mindesten in der Luft defensiv zu planen.

Die Engländer hatten in genialer Konsequenz eine Maßnahme durchgeführt, die für die Inselverteidigung notwendig war: Jeder Pilot – bis auf eine kleine Gruppe von erfahrenen Nachtfliegern und Nachtbombern, dem Stamm der aufzubauenden Nachtbomberflotte, die bereits im kommenden Jahr ihre Tätigkeit aufnahm –, gleichgültig ob Aufklärer, Schlachtflieger oder Bomber, wurde in Schnellkursen zum Jäger umgeschult. Die Industrie bekam den ausschließlichen Bau von Jagdflugzeugen auferlegt. Und so gelang es, die aufgerissene Lücke zu stopfen und noch mehr: Mit einem Schlag war die vorübergehend verlorengegangene Lufthoheit wieder hergestellt.

Niedergang der Jägerei

Wie ein roter Faden zieht sich nun eine Folge von Inkonsequenzen und Kompromissen durch alle Maßnahmen in der Planung und Fertigung der deutschen Flugzeugindustrie. Noch wollte die Führung nicht wahrhaben, daß der »stärksten Luftwaffe der Welt« nach so glänzendem Anlauf das Heft aus der Hand genommen war.

Brachten die Massenabschüsse im begonnenen Rußlandfeldzug auch für die dort wirkenden Luftwaffeneinheiten und wohl willkommenerweise auch für die Führung auf begrenzte Zeit das *falsche* Bild einer Überlegenheit, erschien gerade Hitler geneigt, *absichtlich* nicht zu sehen, wie inzwischen am Kanal die dort verbliebenen drei Jagdgeschwader einen unmenschlich harten und mit der Zeit hoffnungslosen Kampf führten.

Es scheint so, als ob Hitler dennoch die Notwendigkeit der Schaffung einer wirklich starken Jagdwaffe vorübergehend erkannt hätte, denn die geplante Aufstellung neuer Jagdgeschwader gab uns an der Front wieder etwas Hoffnung. Aber stand heute der Bau von Jagdflugzeugen als »Nr. 1« auf dem Programm der Industrie, so war es eben üblich, daß dieses Programm morgen schon eine Einschränkung erfuhr. Nicht nur wir Flieger an der Front, auch die Wirtschaftsführer und Konstrukteure faßten sich ob dieser katastrophalen Planlosigkeit an den Kopf und führten dann letzten Endes resignierend nur noch Befehle aus. Oft versuchten sie aus eigener Initiative, das Schlimmste zu verhindern.

So kam, was kommen mußte, wenn auch früher als erwartet und von Göring in maßloser Unterschätzung bagatellisiert, nämlich der Zeitpunkt, an dem der erste Verband viermotoriger amerikanischer Bomber die Kanalküste überflog. Dieses Ereignis traf die deutsche Jägerei vernichtend und brachte selbst die Führung aus der Fassung.

Nun begannen die Massen-Angriffe und Bombenteppiche dieser Entscheidungswaffe, die uns Jägern in Jahresfrist die Rolle einer Feuerwehr aufzwang, die durch Europa und Hitlers Festung gehetzt wurde bis zum totalen Verbrauch von Mann und Maschine.

1944 hatte Churchill gesagt: »Hitler hat zwar eine Festung Europa gebaut, aber das Dach hat er vergessen.«

»Daran hat natürlich keiner von Ihnen gedacht...«

Im Frühjahr 1943 ging wie ein Lauffeuer an der Front das Gerücht um, daß die Industrie ein Flugzeug fertiggestellt habe, das sich nicht mit der althergebrachten Form des Propeller-Antriebs vorwärtsbewege, sondern den in Turbinen komprimierten Luftrückstoß benutze, um zu fliegen und bisher nicht erflogene Geschwindigkeiten zu erreichen. Das Gerücht war Tatsache! Der Chefpilot der Messerschmittwerke hatte die ersten Flüge auf dieser Maschine durchgeführt, und bald nach ihm war der General der Jagdflieger, *Galland*, eingestiegen und hatte begeistert vom »Jäger der Zukunft« gesprochen. Noch aber waren viele technische Fragen zu lösen, ehe der Serienbau begonnen und an die endliche Frontverwendung gedacht werden konnte.

In erster Linie aber mußten die Mittel für die Weiterentwicklung bewilligt werden, und dazu brauchte man das Einverständis Hitlers.

Weder der Konstrukteur, Professor Messerschmitt, noch die Luftwaffenführung hatten bis dahin auch nur eine Sekunde daran gezweifelt, daß diese neue Maschine etwas anderes sein könne als ein Jagdflugzeug. Die später erfolgte Zweckentfremdung dieses kurz als

»Turbo« bezeichneten Typs, *Messerschmitt Me 262*, ihre Verwendung in allen nur möglichen Zweigen der Luftwaffe außer in der Jägerei, beleuchtet nur einmal mehr die Tatsache, wie wenig Hitler und Göring die gebotenen Möglichkeiten erkannten und wie in den letzten drei Jahren der Kriegführung des »Wild-um-sich-Schlagens« auch die besten Gedanken und Ideen sinnlos verpuffen mußten.

Im Herbst 1943 fand auf dem Flugplatz in Insterburg in Ostpreußen eine der bei den Notabeln der Wehrmacht und Industrie so beliebten Vorführungen neuester Waffen statt – darunter auch der Messerschmitt 262. Nach eindrucksvoller fliegerischer Vorführung bestaunten wir Flieger, Wehrwirtschaftsführer, Generalstäbler, Begleitoffiziere und Ingenieure andächtig die Maschine und warteten auf das allerhöchste Urteil. Nachdem Hitler sich bei Messerschmitt über die fliegerischen Leistungen, die Reichweite und den Benzinverbrauch erkundigt hatte, fragte er weiter, ob dieses Flugzeug auch Bomben tragen könne. Als dies von Messerschmitt zögernd bejaht wird, wendet er sich mit großartiger Geste an die Herren der Luftwaffenführung: »Daran hat natürlich keiner von Ihnen gedacht, daß hier das Bombenflugzeug steht, mit dem ich die Invasion abwehren werde – das ist mein Vergeltungsbomber.«

Mit diesem Wort Hitlers waren für den General der Jagdflieger, Galland, alle Hoffnungen zerstört. Das Wort bedeutete Verzicht und Absage an den Gedanken, die Jagdwaffe könne noch einmal die Rolle des starken Verteidigers spielen. Die Piloten der Bomberwaffe bekamen Auftrieb. So, wie die Tagbomber bereits 1940, hatten auch die Nachtbomber 1942–43 kapitulieren müssen, weil die Engländer es verstanden hatten, um England ein Netz der Abwehr zu spannen, in dem sich schließlich jeder Angreifer fing. Was uns schon früher klargeworden war, das erkannte man zu spät: nämlich, daß die Luftwaffenführung nach Beendigung des Frankreich-Feldzuges einen tiefen Schlaf getan hatte, aus dem sie nun um so grausamer geweckt wurde!

Das große Tauziehen

So saß nun ein Großteil der Kampfgeschwader in der Heimat und wartete auf die Geburt des von Hitler versprochenen neuen Bombers – der Bomber kam aber nicht!

Nach der Vorführung in Insterburg begann ein Tauziehen um dieses

Flugzeug, das oft unwürdig war, denn nicht nur die Führung, sondern im gleichen Maße die Frontflieger lieferten sich erbitterte Kämpfe – hie Jagdflieger, hie Kampfflieger – um den ersehnten neuen Flugzeugtyp zu erhalten. Unermüdlich war inzwischen Galland bemüht, wie vorher Udet, Göring zu überzeugen, daß die Kampfmoral der Jäger *allein* im Luftkampf nicht genüge, um den Ansturm der 4-Motorigen zu stoppen. Vergeblich auch, daß er sich schützend vor seine Jäger stellte und bessere Flugzeuge, unentwegt den »Turbo«, forderte. Man schien taub und blind zu sein, während man auf der anderen Seite die Meisterleistung vollbrachte, die größte Produktion an Jagdflugzeugen in der Welt zu erreichen!

4800 Jäger in einem Monat!

So unglaubwürdig es klingt: Im Oktober 1944 erreichte die hart angeschlagene und behinderte deutsche Industrie die gewaltige Fertigung von 4800 Messerschmitt- und Focke-Wulf-Jägern! Aber es war ein Produktionsrekord von *schon lange minderwertig gewordenen* Flugzeugen, die als traurige Zeugen eines großen Irrtums nach Kriegsende die Chausseen und Autobahnen säumten.

Gallands konsequente Haltung, von Göring nur als Sturheit ausgelegt, schuf ihm Gegner, die einflußreich waren. Im Hauptquartier der »Ja-Sager«, in der Führung, in der man nur noch nach dem Leitsatz: »Kritik unerwünscht« arbeitete, wurde seine Stellung als General der Jagdflieger nach außen kaum merklich aber bewußt untergraben. Wann er gehen mußte, war nur eine Zeitfrage.

Schon längst suchte Göring den Sündenbock für die Katastrophe der Reichsverteidigung.

So, wie Galland, hatten andere markante Vertreter der Jagdfliegerei wie Oesau, Trautloft und Lützow vergeblich versucht, sich Gehör zu verschaffen für ihre berechtigten Sorgen. Vor allem aber war es Galland, dessen Bild so oft verzeichnet erscheint. Galland war nicht nur ein außerordentlicher Flieger, er war ebenso ein klar denkender Realist, der genau wußte, was führungsmäßig zu geschehen hatte.

Längst hatte er sich bei Göring unbeliebt gemacht, weil er nicht schweigen konnte, wenn es um die Belange der Jägerei ging. Aus persönlichen Gesprächen mit Galland weiß ich dies sehr genau wie auch andere Flieger, die mit ihm dienstlich zu tun hatten. Er war kein »behaglicher« Chef, mit dem man leicht verhandeln konnte. So kameradschaftlich er als »Kollege» war, so unerbittlich war er als General der Jagdflieger. Das hatten viele erfahren. Auch Göring, der Galland mehr fürchtete, als er zugeben durfte.

Immer wieder erzählen jene, die nicht dabei waren, von uns »leichtlebigen Jagdfliegern.« Märchen, die leider zu gern geglaubt wurden! Ein Blick in die Liste der Gefallenen und Verwundeten dürfte ein anderes Bild vermitteln. Wir waren Soldaten, die weiter nichts als ihre Pflicht taten, wie alle anderen, die Toten und die Lebenden. – Einige von uns taten noch mehr, was sehr unpopulär war, ja fast gefährlich: wir sagten nach oben hin unsere Meinung! In unserem Bereich als Erster: Galland.

Erster Flug mit dem »Turbo«

Ende Juli 1944 war ich zur Meldung ins Hauptquartier befohlen, um nach meinem 150. Abschuß die Schwerter zum Ritterkreuz des Eisernen Kreuzes in Empfang zu nehmen. Ich rief sofort Galland an und bekam die Erlaubnis, über Augsburg-Lechfeld zu fliegen, um dort beim Versuchskommando der 262 zu erfahren, wie weit der »Turbo« fronttauglich sei, und um einen Probeflug zu machen. Galland: »Du kannst dann Hitler gleich sagen, was an dem Vogel wirklich dran ist. Ich habe ja bei ihm nichts mehr zu melden.« Das in Lechfeld inzwischen aufgestellte Jägerversuchskommando sollte auf höchsten Befehl aus – 2 »Turbos« bestehen. Daß tatsächlich etwa zehn Maschinen auf dunklen Wegen zusammengekommen waren, hüteten wir wie ein Geheimnis.

So stieg ich nach kurzer technischer und fliegerischer Erklärung in die Messerschmitt 262 ein und flog zum erstenmal, etwas unvorbereitet, dieses Flugzeug, auf das wir schon so lange warteten. Sofort nach dem Start faßte mich der Rausch bis dahin noch nie erlebter Geschwindigkeit. War ich bis dahin im Jäger gewohnt gewesen, daß der Geschwindigkeitsmesser bis 400 Stundenkilometer ging, und war mir diese Geschwindigkeit dabei schnell vorgekommen, so hatte ich nun das Gefühl, auf einem durchgehenden Rennpferd zu sitzen. Kein sonst gewohntes Motorengeräusch beeinträchtigte den Genuß. Nur das Rauschen der Luft, die ich mit Geschossesschnelle durchschnitt, war hörbar. Fassungslos war ich, daß es möglich war, plötzlich doppelt so schnell wie vorher zu sein, und zugleich die Möglichkeit zu haben, Kurven, Turns und alle Formen des Kunstflugs, der für den Jäger so wichtig ist, zu fliegen. Alles ging zwar weiträumiger und mit erheblicher körperlicher Belastung vor sich, aber es war ein fliegerischer Genuß in höchster Vollendung. Galland sagte nach seinem ersten Turboflug: »Es ist, wie wenn ein Engel schiebt...«

Nun war ich entschlossen, bei Hitler für den »Turbo« erneut eine Lanze zu brechen. Es war mir klar, daß dieses Flugzeug sämtlichen Frontjägern der Amerikaner und Engländer weit überlegen war.

Am nächsten Tag

Hitler machte im Gegensatz zu vorausgegangenen »Audienzen« einen gereizten, aggressiven Eindruck. Als der anwesende Heeresadjutant den Vorschlag machte, einen General der Luftwaffe als Sachverständigen zu dieser Besprechung zuzuziehen, schrie Hitler: »*Ich will überhaupt keinen von Euch hier sehen – ich will jetzt nur die Wahrheit hören!*« Worauf der Adjutant sich aus dem Zimmer drückte. Und zu uns gewandt begann Hitler sofort: »Sind wir den amerikanischen und englischen Jägern unterlegen oder nicht?«

Bühligen, der Kommodore eines Jagdgeschwaders im Westen, der mit mir zur Meldung erschienen war, antwortete wie aus der Pistole geschossen: »Seit fast zwei Jahren kämpfen wir mit zahlenmäßiger Unterlegenheit. Unsere Flugzeuge sind außerdem statt schneller langsamer geworden. Rund 70 Stundenkilometer sind die Jäger der Amerikaner und Engländer schneller als wir.«

Betretenes Schweigen. Darauf Hitler in bösartigem Tonfall zu mir gewandt: »Was wollen Sie denn eigentlich – etwa ein neues Flugzeug?« und sofort platzte ich heraus: »Jawohl, den Turbinenjäger!« Hitler: »Turbinenjäger, Turbinenjäger – der spukt Ihnen in den Köpfen herum –, ich will das nicht mehr hören! Das ist kein Jagdflugzeug, und Sie werden damit nicht jagen können. Mein Arzt (Morell) hat mir gesagt, daß in den engen Kurven, die Sie ja im Luftkampf fliegen müssen, Teile des Gehirns einfach aussetzen. Dieses Flugzeug ist noch nicht reif, und wenn es soweit ist, dann bekommen es die Jäger nicht. – Für sie habe ich andere auf Grund der alten technischen Erfahrungen und gesünder entwickelte Flugzeuge! Reden Sie mir nicht mehr von diesem Turbinenjäger, es ist sinnlos!« Er sagte es, als wenn damit die Unter-

Erich Hartmann als Oberleutnant und Eichenlaubträger. Damals hat er sicher nicht gedacht, daß er mit 352 Luftsiegen als erfolgreichster Jagdflieger aller Zeiten aus dem Krieg hervorgehen würde (oben links).

Dietrich Hrabak, lange Zeit Kommodore der JG 52 an der Ostfront. 125 Luftsiege (oben rechts).

Gerhard Barkhorn, der zweite Jagdflieger, der mehr als 300 Luftsiege erringen konnte (301) (links).

Günther Rall, der »dritte Mann« mit 275 Luftsiegen. Das Foto datiert vom März 1945, nachdem ihm im Luftkampf über Berlin ein amerikanischer P-47 Pilot den Daumen der linken Hand weggeschossen hatte (rechts).

Gratulation nach dem 200. Luftsieg von Günther Rall; Walter Krupinski neben ihm freut sich mit (Mitte).
Diese Il-2 »Stormowik« machte Bruch bei dem Versuch einer Notlandung nach schweren Treffern durch deutsche Jagdflieger (unten).

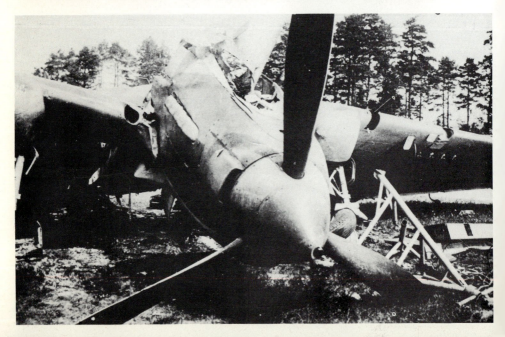

haltung beendet sein sollte. Noch einmal versuchte ich einen Einwand, der mir aber den Zorn des Allmächtigen zuzog: »Ich habe dieses Flugzeug gestern geflogen und möchte sagen, daß es ein hervorragendes und überlegenes Jagdflugzeug ist, das wir unbedingt haben müssen...« Weiter kam ich nicht. Begleitet von wütenden Blicken, unterbrach er mich: »Hören Sie auf! Es ist zwecklos, mich überzeugen zu wollen. Ich weiß das besser!« Noch am gleichen Tag ging an alle Verbände der Luftwaffe ein Fernschreiben, das alle Anzeichen eines autoritären Systems enthielt: »Jedes Gespräch über das Thema, ob Me 262 ein Jagdflugzeug ist oder nicht, verbiete ich. Der Reichsmarschall.«

Versuchskommando »Nowotny«

Die Invasion wurde nicht abgeschlagen. Das Auftreten der Me 262 mit einer 250-kg-Bombe beladen – »Blitzbomber« genannt – erregte zwar für kurze Zeit die Gemüter auf der anderen Seite, aber da diese Bombe wenig Schaden anrichtete und das Flugzeug, obwohl mit vier Kanonen bewaffnet, dem Gegner in der Luft nicht gefährlich werden konnte, weil keine Jäger am Steuer saßen, fand man sich bald mit der Tatsache ab, daß ein paar Flugzeuge mehr, und zwar erstaunlich schnelle, die Luft bevölkerten.

Im August fand man bei einem englischen Piloten, der abgeschossen wurde, ein Rundschreiben der englischen Luftkriegsführung, in dem diese lakonisch feststellte: »Die Deutschen haben nunmehr ein Turbinenflugzeug an die Front gebracht, das an Geschwindigkeit unseren Typen weit überlegen ist. Es ist unverständlich, daß sie es nicht verstehen, diese Waffe richtig einzusetzen.«

Der Blitzbomber-Mißerfolg, der weitere konstante Niedergang der Jagdverteidigung und die Tatsache, daß die Me 262 nun in größeren Mengen gebaut wurde, mögen den Ausschlag gegeben haben, Galland *endlich* ein Versuchskommando in Stärke einer Staffel (12 Flugzeuge) zu geben.

Nachdem dieses Kommando unter der Führung des Majors Nowotny in kurzem Fronteinsatz schon Erfolge zeigte, mit denen die Führung nicht gerechnet hatte, schien auch Hitler in seiner festgesetzten Meinung erschüttert zu sein.

Nowotny aber, einer der besten und erfolgreichsten Jagdflieger, fiel bei der Durchführung seiner Aufgabe.

Im November 1944 wurde die Aufstellung des ersten Turbinen-Jagdgeschwaders befohlen. Ich wurde mit seiner Führung beauftragt. Daß diese Maßnahme zu spät erfolgte, sah ich bald genug ein. Im Eisenbahntransport trafen die »Turbos« auf unserem Flugplatz bei Berlin ein, um dort zusammengesetzt zu werden. Längst war der Verkehr durch den Luftkrieg lahmgelegt. Bald fehlte es an Betriebsstoff, bald an Ersatzteilen –, und Weihnachten 1944 waren wir kaum einen Schritt weitergekommen.

Da traf aus heiterem Himmel die Nachricht ein, daß Galland seines Postens enthoben und beurlaubt wurde. Am Tage darauf erhielt auch ich das Fernschreiben, das meine Dienstenthebung befahl.

Jagdverband Galland

Im Januar 1945 war Göring zur Berichterstattung im Führerhauptquartier. Längst war uns bekannt, daß auch er dort nicht der sogenannte »starke Mann« war. Hitler, mit sich und der Welt unzufrieden, überhäufte ihn mit Vorwürfen, und Göring, schwach, wenn es galt, Farbe zu bekennen, wand sich und suchte nach Ausflüchten.

Mit weit hergeholten Argumenten gelang es Göring nun, Hitler klarzumachen, daß die Ablösung Gallands als General der Jagdflieger eine Notwendigkeit war. Zwischen Hitler und Göring entwickelte sich wörtlich folgender Dialog:

Hitler: »Aber Sie können doch Galland nicht einfach unbeschäftigt herumlaufen lassen!«

Göring: »Was soll ich denn mit ihm anfangen? Er lehnt jeden von mir vorgeschlagenen Einsatz ab und will nur noch fliegen.«

Hitler: »Gut. Galland, Steinhoff und andere haben behauptet, diese Turbo sei ein Jagdflugzeug, sollen sie es beweisen.«

Göring: »Was soll ich Galland denn für einen Verband geben, ein Korps, ein Geschwader, eine Gruppe oder eine Staffel?«

Hitler: »Das ist mir ganz egal.«

Göring wählte das billigste und ungefährlichste und beauftragte den unbequemen Galland mit der Aufstellung einer »Turbo«-Staffel für erfahrene Jagdflieger. Zum gleichen Zeitpunkt wurde auch meine endgültige Versetzung zu Galland ausgesprochen, denn ich »lief ja auch nur so herum.«

In den Stunden der »Verbannung« war längst der Plan geboren worden, einen kleinen Eliteverband aufzustellen, in dem nur »Asse« der Jägerei fliegen sollten, um zu zeigen, wie recht wir »Turbo-Anhänger« mit unserer Auffassung hatten. Keineswegs geknickt über unsere Dienstenthebung, war uns längst klar, daß der Krieg sich bis zu einem gefährlichen Punkt entwickelt hatte. Darum schien uns der Weg, als einfacher Flugzeugführer das unvermeidliche Ende zu erleben, der einzig würdige.

Schulflug an der Ostfront

Endlich, Mitte Februar, konnten wir beginnen, unsere Flugzeugführer auf den »Turbo« umzuschulen. Tatsächlich, wenn auch zögernd und nach endlosem Betteln, unter Anwendung von Wegen, die nicht immer der Dienstweg waren, hatte man uns ein paar »Turbos« zugestanden. Wir lagen bei Berlin und hatten die Front vor der Haustüre. Die Russen standen an der Oder und ihre Luftwaffe tummelte sich dort munter. Einige Jäger wagten sich über Berlin und lösten dort einen Alarm nach dem anderen aus.

Ich hatte den Auftrag, einen der jungen Flugzeugführer im Verbandsflug einzuweisen. Sofort nach dem Start nahm ich Ostkurs, denn es war nicht befohlen, *wo* ich den Schulflug durchführte. Nach zehn Minuten lag die Oder unter uns. Im Anflug schon bot sich das bekannte Bild wildkurvender russischer Flugzeuge aller Typen. Unversehens tauchten wir in diesen Bienenschwarm hinein. Es war ein noch nie erlebtes Gefühl, gleichsam wie unbeteiligt zwischen den offensichtlich entsetzten »Roten Adlern« spazieren zu fliegen. Wie in einem Lehrfilm sprach ich den Begleittext im Funksprech: »Links Ratas, unter uns Jak 2, – das waren eben Schlachtflieger...« und so ging es fort. Als wir an den Heimflug denken mußten, rief ich: »Aufpassen« und feuerte auf ein Pünktchen, das in Sekundenschnelle als ausgewachsener Jäger vor mir hing. Wie der Blitz sauste ein Gewirr von Blechen an meiner Kabine vorüber: der Rest des einstigen »Adlers« ging als Fackel in die Tiefe.

Als wäre der Teufel los, stürzten die Russen mit Vollgas nach Osten, um über die rettende Oderlinie zu kommen. Einer nur, ein Jäger, hatte den Anschluß verpaßt und flog im Tiefflug über einer Straße nach Westen. Als die Geschosse meiner Kanonen rings um ihn einschlugen, verlor er die Nerven und rammte einen Baum... Nun wußte ich, wie's gemacht wird. Nun wußte ich, daß ich in einem Flugzeug sitze, dem keines der Gegenseite gewachsen ist.

Ende März gibt die Führung unserem Drängen nach und verlegt unseren Verband nach München-Riem.

In den Morgenstunden des 31. März 1945 startete der kleine Verband geschlossen zum Flug nach dem Süden. Bei diesem letzten Überlandflug stellten wir einen neuen Strecken-Rekord auf: Berlin-München in 42 Minuten!!

Verband der Experten

Nun können wir endlich an die Verwirklichung unserer alten Idee gehen, ein Team von »Assen« der Jägerei zusammenzustellen. Zur Führung ist jede Verbindung gerissen, Berlin hat mit sich selbst genug zu tun – und Göring auch. Es hat sich längst herumgesprochen, daß wir »Kanonen« brauchen. Wer nicht freiwillig kommt, den holen wir aus Erholungsheimen, wo sie resigniert auf das Ende warten. Galland und das Zauberwort »Turbo«, die Möglichkeit, einmal noch die »große Fliegerei« zu erleben (nicht um zu »siegen« oder um dem Krieg eine Wendung zu geben, wie es Wahnsinnige glaubten), noch einmal beweisen zu können, was fliegerische und kämpferische Erfahrung vermag, lockt selbst Männer, die vom Standpunkt des Fliegerarztes alles andere als fliegertauglich sind. Wer in den letzten Tagen zu uns nach Riem kam, ob Offizier der Führung, ob Rückzügler oder Schlachtenbummler auf dem Weg in die geplante »Festung Alpen«, sie alle waren geblendet von so viel Orden und Auszeichnungen auf einem Haufen und bestaunten die eigenartige Zusammensetzung dieses Verbandes:

Ein General (ein General als Staffelkapitän ist sicher eine einmalige Dienststellung gewesen!), zwei Obersten, ein Oberstleutnant, drei Majore, zwei Hauptleute und acht Leutnante bildeten mit etwa der gleichen Anzahl Unteroffiziere das fliegende Personal.

Da war Oberst *Lützow* zu uns gekommen, der wegen seines mutigen Verhaltens gegen Göring bis dahin in der Verbannung saß. Da kam Major *Bär*, ein brillanter Schütze und hervorragender Einzelkämpfer. Da kam *Barkhorn*, der im Osten über 300 Luftsiege errang, mit ihm kamen *Hohagen*, *Schnell* und *Krupinski*, die wir aus den Lazaretten gelockt hatten. Alle waren vom ersten Kriegstag an im Einsatz. Alle waren einmal oder öfter verwundet und trugen nicht nur die hohen

Orden, sondern auch die Spuren dieser Zeit, die vom Soldaten das letzte in körperlicher und seelischer Hinsicht abverlangte. Aber jeder von ihnen will nach diesen Jahren des Fliegens in oft beschämender Unterlegenheit noch einmal das Gefühl auskosten, fliegerisch überlegen zu sein, auch wenn er dieses »letzte Abenteuer« mit dem Leben bezahlen sollte.

Wir reiten durch den Bomberstrom

Mit nervöser Hast werden die Vorbereitungen für den Einsatz getroffen. Es eilt. Die Amerikaner kämpfen bei Crailsheim. Von einer Front ist keine Rede mehr, alles ist im Fluß.

Am Abend nach der Ankunft in Riem haben wir über den Einsatz gegen den viermotorigen Bomberstrom gesprochen. Das in Brandenburg verbliebene Turbinengeschwader ist uns um diese Erfahrung bereits voraus. Unter der Führung von *Weissenberger* (der in diesen Tagen mit seinem Rennwagen auf dem Nürburgring tödlich verunglückt ist) hatte dieser Verband bereits in den ersten Einsätzen Erfolge erzielt, die ahnen ließen, welche vernichtenden Folgen ein planvoller Einsatz zur richtigen Zeit gehabt hätte.

Uns aber sagt Galland: »Laßt die Mustangs und Thunderbolts (amerikanische Jagdflugzeuge) links liegen, kümmert euch nicht um sie, und wenn sie euch vor dem Visier hängen – welche Chancen wir gegen die Festungen haben, die tausenden Hilflosen auf der Erde den Tod bringen, das will ich genau wissen.

Am nächsten Morgen sind von den zehn gelandeten »Turbos« drei gefechtsklar. Mit diesen dreien soll ich den ersten Einsatz fliegen. Mit mir Fährmann, mein »Kaczmarek« seit zwei Jahren, ganz eleganter Gefühlsflieger, der jeden meiner Entschlüsse intuitiv mitfühlt, und als dritter Mann Krupinski, fünfmal verwundet, schwer verbrannt, der mit beneidenswerter Nonchalance immer wieder in die Maschine steigt.

Lightnings (amerikanische Jäger) kommen über die Alpen und fliegen in den Raum ein. Galland sagt: »Vorbei lassen.«

Wenig später beginnt der »Mustangrummel«. Der Gefechtsstand meldet: »Viele Mustangs fliegen von Westen ein.«

Galland: »Das sieht wie Vorausjagd aus; ich glaube, die Viermotorigen folgen!« Nürnberg meldet Bombenabwurf von Zweimotorigen. »Nerven behalten, die kommen bestimmt.«

Gegen Mittag ist die Lage klar: »Großer Kampfverband bei Frankfurt/Main, Kurs Ost.« Also, da sind sie! – Eine Stunde später befiehlt Galland: »Steinhoff, los!«

Bis zur Donau – der Verband wird uns genau nördlich München gemeldet – ist der Luftraum leer. Dann meldet Fährmann: »Achtung, links von uns ein ganz ›dicker Hund‹« (Fliegersprache: starker Verband). Da walzt von Westen der Strom heran, von 6000 bis 8000 Meter gestaffelt. Als wir über der Spitze stehen, können wir das Ende noch nicht absehen. Vorn fliegen die Liberators, Bomber älteren Typs, leichter verwundbar und deswegen in dieser geschützten Position dem Verband vorgespannt. Dann folgen die Boeings, vor denen wir aus Erfahrung Respekt haben.

Am Ende des Konvois biege ich in großer Rechtskurve, die mich bis 9000 Meter trägt, auf den Bomberkurs ein und rufe: »Fertig machen!« Dann Hinuntertauchen zum Angriff auf den letzten Pulk. Der Geschwindigkeitsmesser zeigt über 900 Stundenkilometer, als ich in der Horizontalen die Punkte vor mir als Flugzeuge ausmache, die in einer unglaublichen Geschwindigkeit vor meinem Visier stehen.

Ein Feuerstoß aus vier Kanonen auf den Linksaußen einer Kette, und dann muß ich am Knüppel reißen, um nicht ins Leitwerk zu geraten. Rückwärts blickend sehe ich schwarzen Qualm und Flammen aus den Motoren. Aus!

Zugleich brennt die mittlere Maschine, die sich Fährmann aufs Korn nahm. Anflug und Abschuß: alles ist nur eine Frage von Sekunden! Krupinski, der »dritte Mann«, wirkt allein und auf seine Weise. Er pickte sich eine Boeing heraus. Mustangs und Thunderbolts, die in der vorgeschriebenen taktischen Position über dem Verband hängen, machen Anstalten, von allen Seiten auf uns herunterzustürzen. Das sieht grotesk aus, wenn sie wie Ballons in der Luft gleichsam stillstehen, denn unser Geschwindigkeitsüberschuß ist immerhin 400–500 Kilometer.

Wir reiten buchstäblich durch den Bomberstrom! Ich weiß nicht, wie viele Abschüsse wir hatten. Der Ritt war zu rasant.

Dann habe ich Waffenhemmung, während Fährmann noch eine Boeing abschießt. Im Hochziehen zur Kehrtkurve schreit er hinter mir: »Meine rechte Turbine steht!«

Fährmann wird langsamer und langsamer, erneuter Notruf: »Meine linke Turbine will auch nicht mehr!« und schon hängt eine muntere

Verfolgungsjagd von Thunderbolts hinter ihm. Als ich kehrt mache, um ihm zu helfen, bleibt – Duplizität der Fälle – auch meine rechte Turbine stehen. Nun muß ich an mich denken und nehme Kurs München-Riem.

Nach Minuten bin ich über dem Platz. Vorher habe ich dem Gefechtsstand meine halbe Kampfkraft gemeldet. »Möglichst nicht in Riem landen«, antwortet man mir, »Platz wird von Mustangs überwacht.«

Aber ich habe noch Treibstoffreserven genug und will mich erst überzeugen, ob's wirklich so gefährlich ist. Da blinken schon unter mir die blankpolierten Flächen von vier Mustangs, die in prächtiger Exerzierformation den Platz überfliegen.

Schnell bin ich entschlossen, auch diese gebotene Chance noch zu nutzen, und wenn's mit einer Turbine ist. Von den Mustangpiloten hat keiner die Annäherung gemerkt. Nur eine meiner Kanonen schießt, aber sie sägt einer Mustang die halbe Fläche weg. Die anderen drei werfen hastig ihre Zusatztanks ab und suchen das Weite.

Nach meiner Landung kommt Anruf von Fährmann, der an der Donau mit Fallschirm landete. Krupinski ist bereits zu Hause und meint lakonisch: »Das macht Spaß, können wir nicht tanken und gleich nochmals fliegen – die holen wir bestimmt noch ein!«

Der Beweis

Mitte April endlich können wir unsere »Turbos« mit einer neuen zusätzlichen Bewaffnung versehen, von der wir uns viel Erfolg versprachen: unter jede Fläche der Maschine wurden 24 Raketen in Flugrichtung aufgehängt. Diese Raketen hatten nach dem Abschuß bis auf eine Entfernung von 1200 Metern eine gesteckte Flugbahn und verteilten sich auf diesem Weg in ein Feld von 15 × 30 Metern. (Die Amerikaner haben diese Bewaffnung zur Bekämpfung von Bomberverbänden übernommen!) Nach unserer Berechnung mußte beim gleichzeitigen Abschuß sämtlicher Raketen auf eine Bomberkette diese unweigerlich getroffen werden, wenn nicht zersprengt oder gar vernichtet. Nur an wenigen Flugzeugen noch kann das Gerät angebaut werden – irgendwo in Norddeutschland wurden die Raketen hergestellt, irgendwo in der Tschechoslowakei das Gerät zum Einhängen. An Nachschub war nicht zu denken. Im Nachtflug muß eine Transportmaschine die Munition von der Ostsee heranschaffen. Ein Flug gelingt noch, dann ist der Flugplatz an der Küste in Feindeshand.

Beim ersten Versuch des Raketenbeschusses auf einen geschlossenen Bomberpulk kann Galland eindrucksvoll demonstrieren, daß wir – fünf Minuten vor 12 Uhr – das Mittel in der Hand haben, diese Verbände, die bisher beinahe unangreifbar waren, zu sprengen und zu vernichten.

Wie ein Schrotschuß einen Entenschwarm trifft, so jagt der Raketenschuß zwischen die Bomber. Zwei dieser Riesen neigen sich zueinander, torkeln schwer krank noch ein Stück Wegs – dann klatschen sie Rumpf an Rumpf zusammen und ziehen sich gegenseitig in die Tiefe.

Der Verband ist in unbeschreibliche Verwirrung geraten, als wieder ein Raketenbeschuß hineinfährt und gleich zwei »Festungen« auseinanderreißt.

Wie besessen arbeiten wir nun Tag und Nacht an unseren verwundeten »Turbos«. Auch wir haben Treffer genug bekommen, aber noch haben wir keinen Piloten verloren. Es fehlt hinten und vorn an technischem Nachschub, und in der Nacht kreisen die gefürchteten Mosquitos über dem Platz.

Wir streiten uns, wer zunächst fliegen darf. Die wenigen Flugzeuge sind der Dauerbeanspruchung nicht gewachsen, und wenn wir mit sechs »Turbos« fliegen können, sind wir schon stolz. Bei Nürnberg, bei Augsburg, über der Donau und über den Alpen holen wir die »Festungen« vom Himmel – es sind nur zwei oder drei bei jedem Einsatz, aber wir wissen beim Start schon, daß wir ohne Abschuß nicht landen.

Mitte April ist plötzlich unsere Sorge um den Nachschub behoben. Von allen Seiten werden wir mit »Turbos« beschenkt. Die Aufklärer, Bomber und Schlachtflieger, die wir so lange um diese Flugzeuge beneiden mußten, stellen ihre Flugzeuge neben die unseren und sagen: »So, die schenken wir euch, ihr könnt sie ja brauchen!«

Wenn nur die Amerikaner uns das Leben nicht so schwer machen wollten. Das ist nur noch ein Wettlauf vom Splittergraben zur Maschine, ein geschicktes Erfassen des Zeitpunktes, in dem man ungefährdet starten und aus dem Platz schleichen kann – bis der Geschwindigkeitsmesser über 500 Kilometer zeigt.

Ein Versuchskommando von 4 Me 262 landet; jede der Maschinen ist mit einer 5-cm-Kanone bewaffnet. Diese 5-cm-Kanone ist die Verwirklichung einer Idee Hitlers. Es ist um diese Kanone zur Bomberbekämpfung viel gestritten worden – wir hatten inzwischen bewiesen, daß die Zeit der Kanone vorbei war.

So haben wir, die noch vor einem Monat um jeden »Turbo« betteln mußten, am Ende 70 dieser Flugzeuge auf unserem Platz stehen.

Absturz

Am 18. April 1945 stehen wir mit sechs »Turbos« am Start. Es ist ideales Flugwetter für die Jagd. Eine Stunde schon sitzen wir angeschnallt in unseren Maschinen, ohne uns entschließen zu können, auf welchen der vielen einfliegenden Verbände wir starten sollen, bis Galland, der den Verband führt, die Geduld reißt. Die Turbinen werden angelassen, und in einer gewaltigen Staubwolke sehe ich die vor mir startenden Maschinen.

Dann schiebe ich die Gashebel auf volle Leistung und rolle an. Quälend langsam hoppelt der schwer beladene »Turbo« über den Rasen. Ich habe als zusätzliche Belastung Raketen unter den Flächen, und die Tanks sind bis oben hin voll.

Der Bombenangriff vom Vortage hat auf dem Rollfeld tiefe Narben hinterlassen. Und sobald ich durch diese notdürftig zugeschütteten Löcher rolle, wird meine Fahrt beängstigend abgebremst. Als endlich im letzten Drittel des Anlaufs der Rückstoß voll wirkt und der Geschwindigkeitsmesser beinahe 200 Stundenkilometer zeigt, neigt sich langsam die linke Fläche. Die Maschine beginnt zu »schieben.« Das kann nur, wenn es gut geht, mit einem furchtbaren Bruch enden; ein Fahrwerk ist weggebrochen.

Ich komme aus der Startrichtung. Die Geschwindigkeit nimmt nicht mehr zu, sie reicht nicht zum Fliegen. Die Straße, die den Flugplatz säumt, kommt näher. Nun ist der Bruch unvermeidlich. Und das mit dieser Ladung! Das weiß ich in Sekundenschnelle und kann doch – ein Gefangener der Maschine – nichts mehr ändern am Lauf des Schicksals, das sich nun gleich entscheiden wird! Schon ist die Straße da, die den Flugplatz umsäumt. Die Maschine rennt gegen die Böschung, wird 50 Meter in die Luft geschleudert, um sich dann in einem dumpfen Krach in den Acker jenseits der Straße zu bohren. Aus!

Ich sitze in der Stichflamme, die mir immer ihre Brandspuren hinterlassen wird. Noch heute vermeine ich, manchmal das gemeine Brodeln der Flamme zu hören. Ich weiß nur noch, daß ich wie durch eine blutrote Brille sah, eingeklemmt im »Turbo« (den ich so hartnäckig ersehnt und verteidigt hatte!) saß und instinktmäßig mir selber laut zuschrie: »Raus, raus!«

Wie ich nach außen gelangte, weiß ich nicht mehr. Wie ein Getriebener bin ich von der Maschine weggelaufen, gerannt, denn ich wußte, daß jeden Augenblick die gesamte Munition in die Luft gehen mußte. Ich hörte nur noch die Explosion, dann weiß ich von nichts mehr.

Im Lazarett am Tegernsee vollzieht sich dann der letzte Abschnitt des Krieges in gleichgültigem Dämmerzustand. Am 26. April trägt man einen neuen Patienten in mein Zimmer – Galland. Ein Geschoßsplitter ist ihm durchs Knie gefahren. Auch für ihn ist der Krieg nun zu Ende.

Wie ein Wirbel hat der Zusammenbruch den verwaisten Verband in Riem erfaßt. Die Amerikaner haben München erreicht. Noch einmal wird ein Sprung nach rückwärts gemacht: 70 Turbos werden nach Salzburg geflogen, und am 3. Mai 1945 werden die geballten Ladungen unter den sauber in einer Reihe ausgerichteten Maschinen gezündet.

Während ein »Turbo« nach dem anderen in Flammen aufgeht, rollen die ersten amerikanischen Panzer auf den Flugplatz...«

Steinhoff hat zwischen 1939 und 1945 insgesamt 993 Kampfeinsätze geflogen. Er wurde zwölfmal abgeschossen. Das hätte gereicht, um mindestens zwei alliierte Jagdflieger zum »As« zu machen. In allen zwölf Fällen gelang ihm eine Notlandung; er stieg kein einziges Mal mit dem Fallschirm aus.

Seine Karriere führte ihn im 2. Weltkrieg bis zum Geschwaderkommodore und von dort zum Flugzeugführer in einem Düsenjäger, zu dem Göring ihn »ernannte«, um ihn zu demütigen. Auf seine Nachkriegsverwendung in Washington folgte die Berufung zum Stabschef der Nato-Luftstreitkräfte, deren Hauptquartier sich in Paris befand. Während der Kontroverse innerhalb der deutschen Luftwaffe, die 1966 zum Rücktritt des Generals Panitzki als Inspekteur führte, wurde Steinhoff dieses höchste Amt angeboten.

Nach 10 Tagen Bedenkzeit, in deren Verlauf er diese Ernennung unter den ihr eigenen politischen, wirtschaftlichen und militärischen Aspekten gründlich beleuchten konnte, erklärte er sich zur Übernahme dieser Aufgabe bereit.

Als er sein Amt im August 1966 antrat, bahnte sich die völlige Umorientierung der deutschen Bundesluftwaffe an.

Die alte Luftwaffe, von ihrem Aufbau am Bomber – und Jagdbomber – orientiert, wurde langsam dazu gezwungen, Jäger-orientiert zu werden, bevor es zu spät war.

Josef Kammhuber, erster Inspekteur der neuen deutschen Luftwaffe, kam aus dem Kreis der Kampfflieger (war allerdings ab 1940 als Chef der Nachtjagd auch in der Jagdfliegerei tätig); sein Nachfolger, General Panitzki, war überhaupt nie Jagdflieger gewesen. Steinhoff war Jagdflieger, aber mit einer Blickweite, wie man sie bei Jagdfliegern nicht zu finden erwartet.

Erstmals seit ihrem Aufbau stand die deutsche Luftwaffe unter Leitung eines Mannes, der einer der Wegbereiter des Düsenjägers war und sich gleichermaßen als außergewöhnlicher Kommandeur und Einsatzpilot bewähren konnte.

Deutschland verfügte nur über wenige Männer von Steinhoffs Können und Ausstrahlung. Man kann keinen alten deutschen Jagdflieger oder amerikanischen Freund Steinhoffs finden, der ihm etwas Böses wünscht. Man konnte aber auch keinen finden, der seinen Posten haben wollte[23].

Einmal sagte er nach einem Vortrag über seine Kriegserfahrungen vor einer Gruppe amerikanischer Fliegerasse in Washington: »Es ist doch eine seltsame Welt, wenn es möglich ist, daß ein Mann, der jahrelang gegen Sie gekämpft hat, hierher eingeladen wird, um über seine Erfahrungen zu sprechen. Wenn mir jemand irgendwann vor zwanzig Jahren gesagt hätte, daß dies heute möglich sei, so hätte ich ihn für verrückt gehalten. Ich war immer schon von der Toleranz, der Menschlichkeit und Aufgeschlossenheit beeindruckt, die für diese große Nation Amerika so charakteristisch ist. Wir Deutschen verdanken es in erster Linie den Vereinigten Staaten, daß wir wieder als Gleichberechtigte in die Gemeinschaft der freien Nationen aufgenommen wurden.«

Den besten alliierten Jagdfliegern ein ebenbürtiger Gegner im Kriege, ist »Macky« Steinhoff im Frieden ein verläßlicher Freund, wie man kaum einen besseren findet.

MARSEILLE »DER STERN VON AFRIKA«

»Ein richtiger Kampf in der Luft, wie Journalisten und Schriftsteller ihn sich vorstellen, muß als Mythos abgetan werden.
Aufgabe der Fliegerei ist es, zu sehen, und nicht, zu kämpfen.«

Der deutsche Generalstab, Oktober 1914.

Wenn Hans-Joachim Marseille vor der Erfindung des Pulvers auf die Welt gekommen wäre, so hätte er bestimmt seinen Spaß an der romantischen Zeit der Minne und der ritterlichen Kämpfe gehabt.

Statt dessen geriet er in einen immer hektischer ablaufenden, hoch technisierten Weltkrieg und wurde in die enge Welt militärischer Disziplin gezwungen, die kein Verständnis für seine Lebensart aufbrachte.

General Adolf Galland schreibt in seinem Buch »Die Ersten und die Letzten«, daß Marseille einen kometenhaften Aufstieg hatte.

Marseille trat im Alter von 18 1/2 Jahren in die Luftwaffe ein. Mit 22 Jahren fand er den Tod. Dazwischen lag eine Kette von außergewöhnlichen Leistungen.

In seinem letzten Lebensjahr errang er nicht nur Deutschlands höchste Kriegsauszeichnung, die Brillanten zum Ritterkreuz mit Eichenlaub und Schwertern. – In jedem Land außer Deutschland würde er zu den unvergessenen Helden zählen.

Auch ein Vierteljahrhundert nach seinem Tode ist sein in Nordafrika erworbener Ruhm und seine Berühmtheit ungeschmälert. Ein Buch über die deutschen Jagdflieger wäre Fragment, wenn Marseille nicht der gebührende Platz eingeräumt würde.

Von achtundzwanzig anderen deutschen Assen wird er im Hinblick auf die Zahl seiner Luftsiege übertroffen, aber nur Galland und Mölders genießen größere Berühmtheit.

Überall, wo Kenner des Luftkrieges zusammenkommen und sich unterhalten, springt ein Funke über, wenn der Name Marseille fällt. Wo liegen die Quellen des magischen Zaubers um Marseille?

Obwohl er 1919 als Sproß einer Soldatenfamilie geboren wurde, hatte er eine Abneigung gegen militärische Ideale. Er wuchs unter militärischen Traditionen auf, aber er entwickelte sich zu einem ziemlich unbekümmerten Offizier von etwas legerer Dienstauffassung. Sein Vater diente beim Heer, die Eltern lebten voneinander getrennt. Dies mag einen Teil seiner Aversion gegen den »Kommiß« erklären. Er war höchstwahrscheinlich derjenige unter den führenden deutschen Assen, der zumindest am Anfang seiner Laufbahn eine sehr eigenwillige Vorstellung von Disziplin hatte. Seine jugendliche Begeisterung für das Fliegen veranlaßte ihn im Alter von 18 1/2 Jahren, in die Luftwaffe einzutreten. Deshalb kam ihm noch die vollständige, gründliche Friedensausbildung zugute.

Anscheinend hat er das militärische Leben als notwendige und untrennbare Voraussetzung für das Fliegen akzeptiert. Er ertrug das eine, um in den Genuß des anderen zu kommen.

Während der Ausbildungszeit ist er vor allem durch Verstöße gegen die Disziplin hervorgetreten.

Als junger Pilot sollte der Oberfähnrich Marseille dann die RAF in der Luftschlacht um England besiegen helfen.

Seine Leistungen im Jahre 1940 unter Steinhoffs Kommando waren zwar anerkennenswert, ließen aber noch keine Schlüsse auf kommende Ereignisse zu.

Obwohl er mindestens sieben britische Flugzeuge abschoß, hatte er nur für drei Abschüsse Zeugen. Dies beleuchtet seine Neigung zur Einzelgängerei. Sein Eigensinn führte zu ständigen Verstößen gegen die Flugdisziplin. Sechsmal mußte er aussteigen. Am Ende seines ersten Jahres in der Luftwaffe war seine Personalakte mit schlechten Beurteilungen übersät.

Wenn Marseille in der heutigen Zeit gelebt hätte, wäre er sicher ein »Beatle« geworden. Er hat in dieser Hinsicht manches vorweggenommen. Er trug seine Haare lang (nach damaligen Maßstäben). Er benahm sich wie ein Bohemien. Bei seinem guten Aussehen liefen ihm die Mädchen nur so nach.

Im Januar 1941 wurde er zur I./JG 27 nach Döberitz versetzt. Kurz darauf wurde Marseilles Gruppe nach Nordafrika verlegt.

Nach seiner Ankunft in Nordafrika hatte das JG 27 im Frühjahr 1941 die Aufgabe, Unterstützung für das Afrikakorps zu fliegen, das unter General Rommel, dem »Wüstenfuchs«, einen spektakulären Siegeszug antrat.

Nur Rommel überragt Marseille heute noch in den Augen der deutschen Soldaten des Afrikakorps.

Sack- und bündelweise brachte die Post Briefe von Bewunderinnen. Angefangen von der Bitte um eine Locke Marseilles bis zum Angebot von Gunstbeweisen war alles in diesen Briefen zu finden, die bei den Piloten in Marseilles Staffel immer wieder mit großer Belustigung zur Kenntnis genommen wurden. Italien zeichnete den Berliner mit dem schlanken Gesicht mit seiner goldenen Tapferkeitsmedaille aus. Diese Auszeichnung wurde im 2. Weltkrieg nur zweimal an Deutsche verliehen.

Der andere Deutsche war auch Jagdflieger, Hauptmann (später Major) Joachim Müncheberg, Kommodore des JG 77, der sich unter Galland seine Sporen verdient hatte. Sogar Rommel mußte sich mit der Silberklasse dieses Ordens zufrieden geben.

Zahlreiche Asse geben heute zu, daß zu einem gewissen Zeitpunkt, den sie heute noch genau nennen können, eine plötzliche und deutliche Leistungsverbesserung im Schießen auf Luftziele bei ihnen eintrat. Häufig wurde dieser Punkt erst nach einer langen Zeitspanne mittelmäßiger und enttäuschender Leistungen erreicht.

Nachdem Marseille also »den Bogen heraus hatte«, erwies sich sein sicheres Auge als eines der tödlichsten in der Geschichte des Luftkampfes überhaupt[24]. Er war in der Lage, im Bruchteil eines Augenblicks aus einer dreidimensional verlaufenden Bewegung heraus den exakten Augenblick des Schießens und den Zielpunkt am leeren Himmel zu bestimmen, an dem seine Geschosse und das gegnerische Flugzeug zusammentreffen mußten. Niemand, der ihn auf diese Weise mit Vorhaltemaß schießen sah, wird seine tödliche Präzision vergessen.

Marseille war jedoch viel mehr als nur ein überragender Schütze. Seit seinen zaghaften Anfängen als junger Pilot hatte er laufend geübt und sich derart hervorragende Fähigkeiten im Kunstflug angeeignet, daß er sogar erfahrene ältere Kameraden begeistern konnte.

In dieser Hinsicht ähnelte er Nishizawa, dem führenden japanischen As des 2. Weltkrieges. »Der Teufel« konnte sogar die kampferprobten Asse des berühmten LAE-Geschwaders in Neu-Guinea mit seinen Kunstflügen zu Begeisterung hinreißen.

Marseille hatte ein Sehvermögen wie ein Adler, zeigte eine Furchtlosigkeit und einen Angriffsgeist in der Luft, der allein schon seine Gegner häufig entnervte. Für den fliegerischen Laien mag dieser Angriffsgeist in der Luft gleichzusetzen sein mit der häufig erschreckenden Einstellung und Erbarmungslosigkeit eines rücksichtslosen Autofahrers, der seinen Weg durch den Verkehr erzwingt und anderen durch die Entschlossenheit und Rücksichtslosigkeit seiner Fahrweise seinen Willen aufzwingt.

Beides, Aggressivität und Furcht, zeigt sich in der Luft deutlicher als im Verkehr. Die Analogie ist aber trotzdem gegeben. Im Luftkampf schien Marseille beim Schießen über unheimliche Kräfte zu verfügen. Die Präzision, mit der seine Geschoßgarben aus beinahe unglaublichen Lagen in seine Ziele fetzten, wurde nur durch ihre Wirksamkeit übertroffen. Die mit ihm geflogen sind und die Waffenwarte, die sein Flugzeug in Nordafrika betreuten, berichten, daß er oft von einem Einsatz zurückkam und weniger als die Hälfte seiner Munition verschossen hatte. Und dies nach Einsätzen, bei denen er bis zu sechs Abschüsse erzielen konnte!

Für die Skeptiker sei hier die Erfahrung angeführt, die Major (jetzt Generalmajor) Günther Rall machte. Mit 275 Abschüssen während des 2. Weltkrieges steht Rall an 3. Stelle unter den Jagdfliegern Deutschlands und der Welt. Während des Krieges war er eine Zeitlang im Stabe Gallands mit der Auswertung der detaillierten Gefechtsberichte der deutschen Piloten befaßt. Sie enthielten Angaben über Zeugen aus der Luft, Zeugen am Boden, eigene Schilderung des Luftkampfes, Typ des gegnerischen Flugzeuges und verschossene Munitionsmenge. Rall sagt: »Das Abfassen dieser Berichte war uns ein Grauen. Als ich aber zum Stabe Gallands gehörte, konnte ich feststellen, wie wertvoll sie manchmal sein konnten. Wir stellten fest, daß Marseille im Durchschnitt nur 15 Schuß für einen Luftsieg benötigte. Das ist geradezu ungeheuerlich. Kein anderer Flieger erreichte ihn in dieser Hinsicht auch nur annähernd. Marseille war der Ideal-Typ: ein ausgezeichneter Pilot und ein hervorragender Schütze. Ich glaube, er war der beste Schütze in der Luftwaffe.« Beim Angriff auf britische Verbände über der Wüste zeigte sich Marseille völlig gelöst und unbekümmert. Seine Technik war, sich auf den Gegner zu stürzen und mit der Heftigkeit seines Angriffes Verwirrung und Unsicherheit unter den britischen Piloten hervorzurufen. Nachdem er einen so »verschreckten« Piloten von seinem Verband abgedrängt hatte, schoß er ihn mit einem seiner kurzen, tödlichen Feuerstöße ab und warf sich danach auf den nächsten Gegner. Sein Rottenflieger Rainer Pöttgen erinnert sich, wie schwierig es war, mit dem tatendurstigen Berliner mitzuhalten. Die genaue Bestätigung und Festlegung der Aufschlagstellen der kurz hintereinander folgenden Abschüsse war eine aufreibende Aufgabe für einen Rottenflieger. Zu dieser Belastung kamen die tollkühnen Flugmanöver Marseilles und die nervenstrapazierende Aufgabe, den Rücken dieses Draufgängers von gegnerischen Jägern freizuhalten. Es war schwierig, mit ihm zu fliegen.

In seiner Gefechtstaktik verstieß Marseille häufig gegen einen der klassischen Grundsätze des Luftkrieges, demzufolge im Luftkampf mit voller Motorleistung zu fliegen ist.

Sein Rottenkamerad Pöttgen und andere, die mit ihm flogen, berichteten, daß er häufig die Leistung seiner Me 109 bis an die Grenze des »Abschmierens« zurücknahm und sogar die Landeklappen ausfuhr, um engere Kurven fliegen zu können und eine Schußposition unter seinem Gegner zu finden.[25] Von dort jagte er dann seinen kurzen aber tödlichen Feuerstoß in die Unterseite des Gegners. Danach schob er den Gashebel auf volle Leistung und stürzte anderen feindlichen Flugzeugen nach.

Die Aufgabe der deutschen Jagdflieger in Nordafrika war nicht leicht. Monat für Monat setzte sich die mörderische Schinderei fort, während die alliierte Luftüberlegenheit ständig zunahm. Trotz seiner Leidenschaft für den Luftkampf und obwohl er noch sehr jung war, zeigte sich auch bei Marseille die Anstrengung dieser hektischen Wochen. Er wirkte noch schmaler im Gesicht und machte einen zunehmend müderen und erschöpften Eindruck, als der fortgesetzte Kampf seinen Zoll forderte.

Es war die unorthodoxe Lebensauffassung des Bohemien, die ihn aufrecht hielt. Diese Haltung erfuhr aber durch seinen Status als Nationalheld keine Änderung. Das mit dieser Position verbundene Ansehen erlaubte ihm jedoch, seinem Geschmack nun offen zu frönen. Es gab nichts Förmliches bei ihm. Hohe deutsche und italienische Offiziere waren häufig seine Gäste und fanden sich auf Tuchfühlung mit Marseilles Staffelkameraden. Ein Besuch bei Marseille wurde so etwas wie ein Statussymbol bei den Stäben der Achsenmächte.

Die Kaffeehaus-Atmosphäre in Marseilles Unterkunft wurde durch die Einrichtung einer roh gezimmerten Bar noch vervollständigt. Zum Neid aller Besucher gut gefüllt, wurde die Bar von Matthias, einem Neger aus Transvaal, betreut.

1942 hatte Marseille hohen Besuch aus Deutschland, den General der Jagdflieger Adolf Galland, der sich an diese Gelegenheit folgendermaßen erinnert: »Kurz nachdem ich General der Jagdflieger geworden war, besuchte ich das JG 27 in Nordafrika, das unter dem Befehl von Eduard Neumann stand. Marseille war einer seiner Staffelkapitäne. Der Feldflugplatz befand sich auf einem Felsplateau, und die Staffel war in einem nahe gelegenen Tal untergebracht.

Als ich mit Neumann in einem Jeep zum Lager von Marseilles Staffel fuhr, sahen wir Schilder an Bäumen und Büschen, die den Weg zur »besten Jagdstaffel der Welt« wiesen. Die humorvollen Untertitel und Texte zeigten die hohe Kampfmoral von Marseilles Einheit. Er begrüßte mich mit Anstand und Begeisterung, und auch ich spürte sofort die ganze Wirkung seines Charmes und sein natürliches Führungstalent. Wir unterhielten uns bis lange in die Nacht hinein. Am Ende der Unterhaltung sprach ich davon, daß ich einer wichtigen menschlichen Verrichtung nachgehen müsse, bevor ich mich nach einem letzten Schluck schlafen legen wollte. Marseille besorgte sofort einen kleinen Spaten und sagte: »Gehen Sie 60 Schritte geradeaus vom Zelt weg, dann 20 Schritte nach rechts und benutzen Sie den Spaten, Herr General!« Ich befolgte gehorsam seine Anweisungen. Am Morgen nach dem Wecken trat ich aus dem Zelt, um den Spaten wieder zu benutzen. Ich war erstaunt, jetzt Wegweiser vorzufinden. Das letzte Schild hatte einen großen Pfeil nach unten und die Aufschrift: »An dieser Stelle antwortete am 22. September 1942 der General der Jagdflieger dem Ruf der Natur.«

Er war ein guter Kamerad in der Luft und am Boden ein fröhlicher Mensch mit einem Hang zur Romantik.

Seine Laufbahn erreichte ihren Höhepunkt am 1. Sept. 1942 während der heftigen Lufttätigkeit, die die Schlacht von Alam El Halfa – manchmal später auch »Stalingrad der Wüste« genannt – begleitete. Marseilles bemerkenswertestem Tag im Kampf wird man am besten durch die Wiedergabe eines deutschen Dokumentes aus jenen Tagen gerecht. Das Buch »Die Wehrmacht« wurde 1942 vom deutschen Oberkommando veröffentlicht. Dort findet man nachstehenden Beitrag:

EIN MANN SCHLÄGT EINE SCHLACHT

Der größte Tag des Hauptmanns Marseille

Die Leistungen der Luftwaffe im nordafrikanischen Feldzug gehören auf ein besonderes Ruhmesblatt, wenn die Geschichte dieses Krieges einmal geschrieben wird. Sie sind den Tagen der auf der Erde kämpfenden Truppe ebenbürtig. Aber ohne die Luftwaffe – die Jagdflieger, die Kampfflieger, die Nah- und Fernaufklärer, die Transporter – wäre vieles, wenn nicht alles undenkbar, was Rommels Soldaten und die Soldaten Italiens auf diesem ihnen so fremden Boden und in diesem ihnen so ungewohnten Klima in Angriff und Abwehr geleistet haben. Dazu kommt die indirekte Unterstützung der im Wüstensand oder Steingeröll Libyens kämpfenden Achsensoldaten: Die Bekämpfung der Mittelmeergeleitzüge, die dem Feind Munition, Material und Proviant zu liefern bestimmt waren, die Niederhaltung Maltas, der Flugzeugmutterinsel, deren Kampfflugzeuge den deutschen und italienischen Nachschub zu stören drohten.

Im folgenden erzählt der Kriegsberichter Oberleutnant Fritz Dettmann nur über einen von ihnen, den erfolgreichsten, Hauptmann Hans Joachim Marseille, Staffelkapitän in einem Jagdgeschwader, der nach 158 Abschüssen unbesiegt sein junges Fliegerleben für Deutschland gab. Es wird erzählt nur von einem einzigen Tag aus diesem Fliegerleben, dem 1. September 1942, an dem es Marseille gelang, allein siebzehn feindliche Flugzeuge abzuschießen – eine Leistung, die in der jungen Geschichte des Luftkrieges noch nicht da war und so bald wohl auch nicht zum zweitenmal zu verzeichnen sein wird.

Wenn diese Tat auf den folgenden Seiten ihre besondere Würdigung erfährt, so sei dazu bemerkt, daß sie – wenn ein Gleiches einem andern auch nicht gelang – bezeichnend für den Geist ist, der in der deutschen Luftwaffe herrscht, auch wenn sie unter Bedingungen zu kämpfen hat, die – wie eben in Nordafrika – ganz besondere Anforderungen an jeden einzelnen stellt.

Vor uns liegt ein Aktenstück. Es ist die stumme Aussage über die größte Leistung, die im bisherigen Verlauf des Krieges ein Jagdflieger vollbrachte. Das Aktenstück spricht, sachlich wie Akten sind, vom Einsatz einer Staffel am 1. September 1942, dem Tage, da der zweiundzwanzigjährige Hauptmann Hans-Joachim Marseille bei drei Starts siebzehn britische und amerikanische Gegner, ausschließlich Jagdmaschinen, vernichtete. Wir blättern und spüren schon nach wenigen Minuten, wie stark das stumme Wort doch wirken kann. Da schlug ja ein einziger Mann eine Schlacht, da war ja ein Soldat am Himmel über El Alamein, der wie ein beflügelter Kriegsgott in die Schwärme seiner Gegner brach.

Als Hauptmann Marseille, damals noch Oberleutnant, an diesem 1. September 07.30 Uhr zum Liegeplatz hinausfuhr, deutete nichts darauf hin, daß dieses ein besonderer Tag zu werden versprach. Marseille war energiegeladen, die ganzen letzten Tage schon, das Wetter so klar wie immer über dem sommerlichen Nordafrika. Schon am Morgen brannte die Sonne fast unangenehm warm, und vom Meer wehte nur eine leichte Brise. Die Staffel hatte den Befehl, für einen Stukaeinsatz mit Ziel südlich Imayid Begleitschutz zu geben. Um 07.30 Uhr hatte die Staffel unweit vom Platz Anschluß an den Stukaverband genommen. Mit Ostkurs flogen die Maschinen in das klarblaue Gewölbe des Kampfraumes ein.

Sie waren, nahe dem Ziel, auf 3500 Meter geklettert, als der Chef durch Funkspruch die Annäherung feindlicher Jagdkräfte meldete. Er zählte zehn Maschinen, winzige Punkte, die eilends näher kamen. Als sie bis auf wenige Kilometer heran waren, setzten die Stukas zum Angriff an. Marseille zog in einer kurzen Rechtskurve hoch. Dann hörten die anderen: »Ich greife an!« Drei Atemzüge darauf sah sein Rottenflieger, wie der Staffelkapitän aus einer Linkskurve sich hinter die letzte der plötzlich abdrehenden Curtiss setzte und aus hundert Meter Entfernung schoß. Von einer jäh zupackenden Faust aus der rasenden Fahrt gerissen, kippte das feindliche Flugzeug über die linke Fläche ab und stürzte fast senkrecht wie ein Stein mit Aufschlagbrand zu Boden. Der Pilot hatte sich nicht retten können. Der Rottenflieger, Oblt. Schlang, blickte, als unten der Rauchpilz aufstieg, auf die Uhr. Es war 08.20 Uhr. Dann verglich er den Kartenausschnitt: 18 Kilometer SSO El Imayid.

Er brauchte den Chef nicht lange zu suchen. Marseille hatte unmittelbar nach dem ersten Angriff aus der Linkskurve von der abgeschossenen Curtiss auf die nächste übergewechselt. Da, zwei Kilometer weiter östlich, fiel eine Maschine, einen schwarzen Flor hinter sich lassend, aus dem Himmel. Es war 08.30 Uhr. Die Flammen des zweiten Aufschlagbrandes schlugen nur wenige hundert Meter entfernt von der vor wenigen Minuten vernichteten Maschine auf. Auch diesmal haben die Schüsse genau in der Kabine gesessen.

Die Bomben der Stukas sind gefallen. Die Kameraden haben schon auf Heimatkurs abgedreht und fliegen in etwa 100 Meter Höhe zurück. Die Staffel, inzwischen gesammelt, drückt in steiler Fahrt nach unten. Es ist höchste Zeit. Eine Curtiss hatte unbemerkt nach Norden abgedreht und versuchte eben, im Tiefflug an die deutschen Sturzkampfflieger heranzukommen. Um 08.33 Uhr, als eben der Gegner zum Angriff ansetzen wollte, war der Hauptmann dran. Aus einer scharfen Linkskurve kam sein Feuerstoß millimetergenau ins Ziel. Nur hundert Meter tiefer flammte die Wüstenlandschaft auf, plötzlich durchzuckt von einem Blitz, vom Feuer, das Mann und Maschine fraß. Das war 1 km SO Imayid.

Eben wollte die Staffel auf Westkurs abgehen, da kam der Ruf »Spitfire«. Die anderen Besatzungen waren schon vorn bei den Stukas, Marseille mit seinem Rottenflieger allein, als die sechs Gegner, geschlossen wie eine Phalanx, von hinten oben auf den Staffelkapitän losstürmten. Marseille kannte seinen Augenblick, er hatte die Nerven, auf den richtigen Bruchteil einer Sekunde zu warten. Den Kopf nach hinten links geneigt, hatte er die Maschine im Auge, die jetzt von den anderen abgesetzt, fast auf Schußentfernung heran war. Er sah deutlich die Mündungen der Kanonen und MG.s auf sich gerichtet, und er wußte: Solange ich direkt in die Mündungen sehe, kann mir nichts passieren. Ja, wenn er mehr vorhielte! Jetzt zuckten die Flammen aus den Mündungen, und die feinen, seidigen Fasern der Rauchspuren durchzogen die Luft. Bis auf 150 Meter war der Engländer, ständig schießend, herangekommen. Da plötzlich riß Marseille sein Flugzeug in einer scharfen Linkskurve herum, so daß die Spitfires mit mächtiger, überschüssiger Fahrt unter dem Hauptmann und seinem Rottenkameraden wegscherten. Das war der Moment, den Spieß umzudrehen und den großen Kurvenradius auszunutzen, den die Briten fliegen mußten, um erneut in Angriffsposition zu kommen. Marseilles Rechnung stimmte. Er kurvte nach rechts, war gleich darauf achtzig Meter an den letzten

Engländer heran, schoß und traf. Senkrecht und eine Fahne schwarzen Rauches flatternd hinter sich herziehend, fiel der Gegner zu Boden. Auch diesmal konnte die Hand des Besiegten das Kabinendach nicht mehr zum rettenden Absprung lösen. Es war 08.39 Uhr, als 20 km Ost-Süd-Ost El Imayid die Reste einer zertrümmerten Spitfire ausbrannten.

Um 09.14 Uhr landete die Staffel Marseille. Die Bord- und Waffenwarte kamen heran und gratulierten dem Chef. Ohne Aufregung wohlgemerkt, denn es war nichts Besonderes, daß Marseille bei einem Einsatz vier Gegner abschoß. Der Waffenwart wechselte die Gurte aus, die Bordwarte arbeiteten schon am Motor, und der Elektriker überprüfte die Leitungen. Der Waffenwart stellte beim Gurten fest, daß der Chef für jeden Abschuß im Durchschnitt 20 Schuß Kanone und 60 Schuß MG. verbraucht hatte. Auch das war nichts Besonderes. Es entsprach dem normalen, erstaunlich geringen Durchschnitt, den der Kapitän immer aufwies. –

Alam el Halfa ist weder eine Stadt noch eine Siedlung. Es ist ein Punkt in der Wüste, dreißig bis vierzig Kilometer südöstlich der Küste, mit einem Brunnen vielleicht und ein paar vom Winde zernagten Eingeborenenhütten. Hier sollte Marseille knapp zwei Stunden später seinen größten Triumph erleben. Seine Staffel war abermals angesetzt, einem Stukaverband zum Angriff in diesem Raum Schutz zu geben. Um 10.20 Uhr war der Chef mit nur einer Kette gestartet. Kurz vor dem Angriffsziel der Stukas, nur acht bis zehn Kilometer südlich seines Standortes, sah Marseille plötzlich zwei britische Bomberverbände mit je fünfzehn bis achtzehn Flugzeugen und zwei große Pulks von je 25 bis 30 Jägern als Begleitschutz. Der Staffelkapitän war nicht der Mann, den die überlegene Zahl des Gegners jemals beeindruckt hatte. Mein Gott, wenn er hier angefangen hätte zu addieren: 30 Kampfflugzeuge, 50 Jäger. Doch solche Bilder kannte er schon aus den ersten Tagen in Afrika, und sie waren seitdem selten abgerissen. Nicht die Menge entscheidet schließlich, sondern der Bessere.

Marseille wartete einige Sekunden ab. Dann sah er, was er sehen wollte. Eine Staffel des britischen Jagdschutzes mit acht Curtiss P 46 verließ den Bomberverband, um die Stukas anzugreifen. Auf halbem Wege war Marseille mit seinen beiden Kameraden heran. Die Briten hatten gesehen, was kommen sollte. Sie kurvten plötzlich und formierten sich zum Abwehrkreis. Dieses taktische Mittel reichte wohl im

Normalfall, nicht aber gegen Marseille. Die Fahrt angeglichen, saß er plötzlich mitten im Karussell des Gegners und schoß auf 50 Meter aus einer scharfen Linkskurve heraus eine Curtiss ab. Eine halbe Minute später fiel fast aus der gleichen Angriffsbewegung heraus der zweite Gegner. Jäh waren drüben bei denen die Nieten gesprengt, die so lange den Abwehrkreis gehalten hatten. Der Staffelführer hatte die Nerven verloren. In mehrere Rotten löste sich der Rest auf und zog nach Nordwesten drückend davon. Zwei Minuten später war Marseille wieder auf 100 Meter heran. Der dritte fiel. Die übrigen fünf drehten nach Osten ab, jetzt wieder eng aufgeschlossen. Im Zickzack jagte Marseille seine Gegner durch den Raum. Als sie abermals Kurs Nordwesten nahmen, um aus 3500 Meter Höhe herüber zum Meer zu drücken, waren es nur noch vier. Zwei Minuten später, um 11.01 Uhr ging der fünfte in die Tiefe. Unter Kanonenvolltreffern platzte die britische Maschine zu Fetzen zerrissen in der Luft auseinander. Der sechste fiel um 11.02 Uhr, als der Staffelkapitän aus einer hochgezogenen Linkskurve einem seiner Rottenkameraden den Gegner wegschoß, der dem Deutschen schon im Nacken saß.

Währenddessen hatte das Gefecht die Kämpfenden wieder nach Osten getragen. Marseilles Rotte war geschlossen beisammen und ging auf Höhe, als unter ihr weitere Curtiss mit Ostkurs auftauchten. Der Gegner hatte die Deutschen nicht bemerkt. Im Geradeausflug stieß Marseille wie ein Pfeil von rechts hinten heran. Die beschossene Curtiss explodierte im Rumpf. Jetzt führte der Kapitän seine Rotte auf Nordkurs, um dann zum Platz zurückzufliegen. Da zog wenige hundert Meter unter ihnen eine Curtiss mit weißer Rauchfahne nach Osten davon. Marseille griff sofort an, schoß aus achtzig Metern und sah, wie die Einzelteile vom Rumpf und Leitwerk sich lösten. Trudelnd ging der Rumpf nach unten, und im Vorbeiziehen konnte der Sieger erkennen, daß der Pilot tot in seinem Sitz zusammengesunken war.

Acht Gegner waren unter seinen Schüssen gefallen. Marseille hatte innerhalb von zehn Minuten eine ganze Staffel im Luftkampf besiegt. Erst die nebeneinander gestellten Abschußzeiten geben ein wirklich deutliches Bild von dieser übermächtigen Leistung: 10.55, 10.56, 10.59, 11.01, 11.02, 11.03 und 11.05 Uhr.

Eine halbe Stunde darauf erschien Marseille im Geschwader-Gefechtsstand. Feldmarschall Kesselring war gekommen. Marseille meldete seine Staffel mit 12 Abschüssen vom Einsatz zurück.

»Und wieviel davon haben Sie?« fragte der Feldmarschall.
»Zwölf, Herr Feldmarschall!«
Der Generalfeldmarschall drückte dem Offizier die Hand, nahm einen Stuhl und setzte sich wortlos.
Der Tag war jetzt heiß und drückend. Jeder andere hätte es genug sein lassen. Gewiß auch Marseille an einem anderen Tag. Aber heute fühlte er, daß seine Energien noch längst nicht erschöpft waren, er fühlte noch Kraft genug in sich, weiterzukämpfen. Er wartete drüben im Bunker seiner Staffel auf den nächsten Einsatz. Doch beim Start um 13.58 Uhr mußte er zurückbleiben, weil ein Reifen platzte.
Erst gegen 17 Uhr startete Marseille mit seiner Staffel zum dritten Einsatz. Wieder handelte es sich um Begleitschutz für einen Kampfverband, Ju 88 diesmal, nach Imayid. Was sich jetzt abspielte, glich den Vorgängen in den Morgenstunden. Ein Pulk von 15 Curtiss P 46 versuchte, die im Sturz auf ihr Ziel befindlichen Ju 88 anzugreifen. Marseille fuhr mit seiner Staffel dazwischen und sprengte den Verband. Sechs Minuten dauerten die nun folgenden Luftkämpfe, wobei der Hauptmann zwischen 1500 und 100 Metern fünf Gegner abschoß. Die ersten vier fielen in Abständen von genau je einer Minute zwischen 17.45 und 17.50 Uhr, der fünfte um 17.53 Uhr. Die Abschußorte lagen 7 Kilometer S, 8 km SO, 6 km SO, 9 km SSO und 7 km SSW von Imayid.
Mit also insgesamt 17 Abschüssen an einem Tage (im Wehrmachtbericht wurden 16 genannt, weil ein Abschuß erst zwölf Stunden später durch Zeugenaussage bestätigt wurde) hatte Hauptmann Marseille eine Leistung vollbracht, die einen Vergleich nicht mehr finden läßt. Eine Leistung von einer eindeutigen Größe, ein großer, strahlender Sieg auch deshalb, weil seine Staffel diesen kampfreichen Tag ohne Verluste beendet hatte.
Marseilles Leistung wurde nur von einem Piloten übertroffen. Major Emil Lang erzielte an der Ostfront an einem Tage 18 bestätigte Luftsiege. Gegen die RAF ist Marseilles Leistung allerdings einmalig. Diese ungeheuer anmutende Abschußzahl britischer Flugzeuge war seit Kriegsende wiederholt Anlaß zu skeptischen Kommentaren.
1964 untersuchten die Autoren eingehend die deutschen Unterlagen über diesen Einsatz. Dies geschah in Deutschland als Teil einer langen und umfassenden Untersuchung der deutschen Angaben über erzielte Luftsiege. Die Unterlagen waren im Krieg genau und ausführlich er-

stellt worden, so wie sie in »Die Wehrmacht« dargestellt sind. Die Zuerkennung der Abschüsse erfolgte mit äußerster Sorgfalt. Beweise dieser Art müssen die Zweifel an Marseilles großem Tag ausräumen.

Nach diesem phantastischen Beginn machte der junge deutsche Jagdflieger den letzten Monat seines Lebens zu einem wilden Feuerwerk. Er erzielte weitere 37 Abschüsse während der nächsten vier Wochen und erreichte damit im September 1942 eine Gesamtzahl von 54 Abschüssen.

Die Ereignisse im September zeigt folgende Liste:

1. September 17 Luftsiege
2. September 5 Luftsiege
3. September 6 Luftsiege
5. September 4 Luftsiege
6. September 4 Luftsiege
7. September 2 Luftsiege
11. September 2 Luftsiege
15. September 7 Luftsiege
24. September Beförderung zum Hauptmann
28. September 7 Luftsiege

54 Luftsiege.

Nach seinem 125. Abschuß wurde Marseille mit den Brillanten ausgezeichnet. Die diamantenbesetzte Auszeichnung sollte auf eine spezielle Anweisung des Führers angefertigt werden. Hitler hatte beschlossen, sie Marseille persönlich bei einer im späteren Verlauf des Jahres abzuhaltenden Verleihungszeremonie zu überreichen. Der Tod kam dieser Absicht zuvor. Soweit die Autoren feststellen konnten, kam es nie dazu, daß die Brillanten wenigstens an seine Familie ausgehändigt wurden.

Nach den hinter ihm liegenden hitzigen vier Septemberwochen und der zusätzlichen Auszeichnung, der jüngste Hauptmann der Luftwaffe zu sein, kletterte Marseille am 30. September in seine »Gelbe 14«, um in den Raum Kairo zu starten. Das Flugzeug war eine fabrikneue Me 109-G.

Das Afrikakorps war am Ende und erwartete bei EL ALAMEIN den unvermeidlichen Angriff der Alliierten. Das JG 27 versuchte, in der Luft die Initiative zu behalten. Marseilles Maschine hatte einige Abänderungen zur Leistungssteigerung erfahren. Marseille hoffte, mit diesem Leistungsüberschuß auch weiter überlegen zu bleiben. Aber auf diesem ersten Flug nahm kein RAF-Jäger diese Herausforderung an. Der 30. September sah für den angriffslustigen jungen deutschen Hauptmann nach einem Tag ohne Erfolg aus. Zögernd drehte der enttäuschte Marseille ab und begann, seinen Schwarm zurück zum eigenen Platz zu führen.

Um 11.35 Uhr bemerkten die Kameraden von Marseille, daß seine Maschine eine dünne, weiß bis hellgraue Rauchfahne hinter sich herzog. Gleichzeitig meldete Marseille über Sprechfunk: »Ich habe Rauch in der Kabine.« Er beendete diese Durchsage mit einem scharfen Husten. Der Rauch strömte dicker aus der Maschine. Marseille riß die Kabinenentlüftung auf der linken Seite auf. Dicke Rauchwolken quollen aus der Öffnung. Man konnte beobachten, wie Marseille sich in seinem Sitz hin und her warf und seinen Kopf verzweifelt von einer Seite zur anderen drehte. Sein Gesicht war kalkweiß. Seine beunruhigten Staffelkameraden versuchten ihn zu führen, indem sie ihm Richtungsangaben über Sprechfunk übermittelten. »Ich kann nichts sehen... Ich kann nichts sehen«, kam die erstickte Antwort.

Die deutsche Bodenstation hörte mit zunehmender Sorge den Sprechfunkverkehr zwischen Marseille und seinen Kameraden. Oberst Eduard Neumann, Kommodore des JG 27, erreichte die Bodenstation mitten in der sich anbahnenden Tragödie.

Neumann nahm das Mikrophon und versuchte sich Klarheit über Marseilles Schwierigkeiten zu verschaffen. Er richtete seine Fragen an die »Gelbe 14«.

Marseille gab keine Antwort. Höchstwahrscheinlich versuchte er, mit seinem angeschlagenen Flugzeug irgendwie zurück auf deutsches Gebiet zu kommen. Von der gegnerischen Armee gefangengenommen zu werden, wäre nicht der passende Abschluß der Laufbahn des »Jägers von Afrika« gewesen. Vielleicht dachte er daran. Was auch immer seine Gründe waren, Marseilles Entschluß, in der Maschine zu bleiben, bis er über den eigenen Linien war, sollte ihm das Leben kosten. Der mit dem Ersticken kämpfende Marseille legte sein Flugzeug auf den Rücken, um die Kabinenhaube abzuwerfen. Sie löste sich und wirbelte blitzend aus dem Rauch. Jetzt versuchte der schlanke Junge aus Berlin herauszuklettern. Aber wegen des abgeworfenen Kabinendachs wurde er durch den Fahrtwind in das Cockpit gepreßt. Durch den Rauch und die Atemschwierigkeiten war er schon geschwächt. In einem flachen Gleitflug mit fast 640 km/h mußte die Me 109 zu seinem Sarg werden, wenn er nicht freikam. Während seine Kameraden unter Qualen zusahen, befreite sich die schlanke Gestalt Marseilles allmählich aus dem Cockpit.

Der Freudenschrei, der in den Kehlen seiner Kameraden aufstieg, erstickte in plötzlichem Schock. Marseilles Körper schlug gegen das Leitwerk des Jagdflugzeuges.

Er fiel wie ein Stein dem Wüstenboden entgegen. Seine Kameraden warteten vergebens darauf, daß sich der Fallschirm öffnete. Der Körper des unbesiegten jungen Adlers wurde sieben Kilometer südlich der Moschee von Sidi Abd el Rahman, die den Fliegern beider Seiten als Orientierungspunkt diente, gefunden.

Er wurde in Derna beerdigt. Eine Steinpyramide in der Wüste bezeichnet die Stelle, wo er fiel. Er stand zwei Monate vor seinem 23. Geburtstag. Nach Abschüssen gerechnet, steht er immer noch an 27. Stelle unter den deutschen Jagdfliegern. In einer besonderen Hinsicht übertraf er sie alle, einschließlich den Richthofen des 1. Weltkrieges. Hans-Joachim Marseille schoß mehr britische Flugzeuge ab, als jeder andere deutsche Flieger. General Adolf Galland prägte den Namen »Virtuose unter den Jagdfliegern« für Marseille. Ein seltenes Tribut von einem Mann, der immerhin selbst ein großes As gewesen war.

Marseille war nie das, was man sich in den Witzblättern unter einem preußischen oder gar faschistischen Offizier vorstellt. Wohl entsprach das Äußere dieses jungen, blonden, strahlenden »Kriegsgottes« ganz dem rassischen Propagandaklischee der NSDAP, aber dank seines ausgeprägten Individualismus, seinem leichten Hang zum Exzentrischen war er dem Typ des ewigen Hitlerjungen entwachsen. Gerade diese Züge seines Wesens sind es, die ihn heute so sympathisch erscheinen lassen.

Oberst Eduard Neumann[26], der während der Ruhmestage Marseilles Kommodore war, sah Marseille aus einer ungewöhnlichen Perspektive. Neumanns Position als einer der wichtigsten Führer und Ausbilder der Luftwaffe und seine aus dem spanischen Bürgerkrieg stammende Erfahrung verleihen seinem Urteil zusätzliches Gewicht:

»Als Marseille zum JG 27 kam, brachte er einen sehr schlechten Ruf als Soldat mit und er war alles andere als ein sympathischer Kerl. Er versuchte anzugeben und betrachtete seine Bekanntschaft mit vielen Filmstars als sehr wichtige Sache. In Afrika wurde er im guten Sinne ehrgeizig und änderte seinen Charakter vollständig. Er war zwar zu temperamentvoll, um ein guter Führer und Lehrer zu sein, aber seine Piloten bewunderten ihn. Er dankte ihnen, indem er sie beschützte und sicher nach Hause brachte. Er war eine Mischung aus frischer Berliner Luft und französischem Champagner, ein Gentleman[27].«

DER KLUB »300«

Das Fliegen von Jagdflugzeugen ist der Gipfel allen Fliegens.
Generalmajor Barry Goldwater USAF Reserve

Wenn es ihn gäbe, dann hätte ein exklusiver Klub nur zwei Mitglieder, und es wäre unwahrscheinlich, daß sich jemals ein weiteres Mitglied für die Aufnahme qualifizieren könnte. Vetternwirtschaft, Reichtum oder ererbte Rechte könnten die Tore dieses Klubs nicht öffnen.

Die beiden »Mitglieder« sind Erich Hartmann und Gerhard Barkhorn, von denen jeder mehr als dreihundert Flugzeuge im Luftkampf abgeschossen hat. Hartmann erhielt 352 Abschüsse zugesprochen, darunter sieben von Amerikanern geflogene Mustangs. Fünf Mustangs schoß er bei einem Einsatz kurz vor Kriegsende über der südlichen Tschechoslowakei ab. Seine übrigen 345 Luftsiege errang er gegen die sowjetische Luftwaffe. Barkhorns 301 Abschüsse waren sämtlich an der Ostfront von Russen geflogene Flugzeuge. Er war an der Westfront während der Luftschlacht um England und auch während der letzten Monate des Krieges eingesetzt, ohne aber einen bestätigten Abschuß gegen die westlichen Alliierten zu erzielen. Lange flogen die beiden erfolgreichsten Jagdflieger aller Zeiten zusammen im JG 52 in Rußland. Im Oktober 1944 wurde Hartmann Staffelkapitän in der II./JG 52, die von Barkhorn geführt wurde. Als Barkhorn das JG 52 verließ, um Kommodore des JG 6 zu werden, wurde Hartmann mit seiner Vertretung als Kommandeur der II./JG 52 betraut, um am 1. Februar 1945 Kommandeur des I./JG 52 zu werden. Beide überlebten den Krieg und sind seit einem Vierteljahrhundert Freunde.

Sie sind auch gegenseitige Bewunderer. Hartmann und Barkhorn haben viele Gemeinsamkeiten in ihren Laufbahnen. Sie sind aber unterschiedliche Persönlichkeiten.

Jeder hat seine besondere Auffassung vom Leben, der Pflicht und der Umwelt. Beide würden sich aus einer Gruppe von Menschen hervorheben, dies aber aus unterschiedlichen Gründen.

Die beiden Mitglieder des Klubs »300« sind Beispiele höchster

Männlichkeit, einer Tugend, die beim Aufbau der Jagdwaffe im Vordergrund stand.

Erich Hartmann ist nach seinem Aussehen der Typ des Deutschen, wie man ihn sich in Großbritannien und Amerika vorstellt. Er hat kräftiges, blondes Haar und kräftige sympatische Züge. Mit seiner Größe von 1,74 Meter und den kraftvollen Bewegungen eines durchtrainierten Körpers sieht man ihm seine 50 Jahre, von denen er nach dem Kriege mehr als zehn Jahre in russischen Gefangenenlagern verbrachte, nicht an.

Für seine Freunde und Kameraden ist er der »Bubi«. Dieser Spitzname, der dem blonden, jungenhaften, schlanken Flugschüler Anfang der vierziger Jahre gegeben wurde, blieb bis heute an ihm hängen. Heute wirkt er mindestens 10 Jahre jünger als Gleichaltrige, die ihn auch heute noch »Bubi« nennen. Wenn man ihm aber die Hand schüttelt, weiß man sofort, daß man es nicht mit einem Jungen zu tun hat. Seine blauen Augen blicken einen direkt an. Er war stark genug, um seine Maschine während des Krieges hart herannehmen zu können. Wie alle erfahrenen Piloten dieses Krieges wissen, war die körperliche Kraft für den erfolgreichen Jagdflieger genau wie gute Augen von entscheidender Bedeutung.

Er ist ein Mann, der nicht zögert, der wägt und schnell entscheidet, um dann auf eine Sache loszugehen. Ob es darum geht, eine gesellschaftliche Einladung zu organisieren oder seine Ansichten über die jetzige deutsche Luftwaffe zu äußern, Hartmann ist direkt, entschlossen und zu keinem Kompromiß bereit.

Er ist von Kopf bis Fuß Jagdflieger, in seinem Herzen und Denken, wie nach Instinkt und Ausbildung.

Er sagt, was er denkt. Wenn er auch im Grunde genommen ein freundlicher und zugänglicher Mensch ist, läßt er sich nicht gern für dumm verkaufen. Er war vielleicht der aufrichtigste Offizier in der heutigen Luftwaffe, wo man mit Offenheit unter Umständen auch ein Risiko übernimmt.

Gerd Barkhorn ist etwa 5 cm größer als Hartmann und ist vielleicht zehn oder fünfzehn Pfund schwerer als dieser.

Barkhorn ist so dunkel, wie Hartmann blond ist, und seine olivfarbene Haut steht im Kontrast zu seinen durchdringenden, stahlblauen Augen. 1919 geboren, ist Barkhorn 3 Jahre älter als Hartmann. aber auch ihm sieht man weder sein Alter noch die durchgestandenen Strapazen an. Barkhorn wirkt freundlicher, wenn auch etwas zurückhaltender als Hartmann.

In der Vorkriegsluftwaffe ausgebildet, trägt Barkhorn bis heute deutlich den Stempel dieser Ausbildung.

Nach der Erfahrung der Autoren sind solche Menschen bemerkenswert ausgeglichene Persönlichkeiten, und Barkhorn ist dafür ein typisches Beispiel.

Er spricht zwei Sprachen und kennt und interessiert sich für die Welt außerhalb Deutschlands. Er versteht sich gut mit Menschen anderer Nationalität, sucht den Kontakt mit ihnen. Er ist ein Vorbild im gesellschaftlichen wie im beruflichen Auftreten.

Bezüglich seiner erstaunlichen Leistungen als Jagdflieger ist er mehr als bescheiden; Historikern gegenüber ist er hilfsbereit und aufgeschlossen. Er ist ruhig, ein solider Familienvater und ein Gentleman.

Hartmann ist eine mit beiden Beinen auf der Erde stehende Persönlichkeit. Er kann den ganzen Tag über seine Erfahrungen sprechen, wenn man es versteht etwas aus ihm herauszulocken und die richtigen Fragen zu stellen. Von sich selbst spricht er mit einer fast klinisch sezierenden Einstellung.

Über seine alten Luftwaffenkameraden spricht er fair und leidenschaftslos, so wie ein Fachmann von anderen spricht.

Nur wenn er von Gerd Barkhorn spricht, zeigt sich seine Zuneigung, und eine ernstgemeinte Bewunderung und Begeisterung tritt zutage. Der Präsident des Klubs »300« ist sicherlich der größte Bewunderer seines Vizepräsidenten.

1922 in Stuttgart geboren, verbrachte Erich Hartmann einen Teil seiner Jugendzeit in China, wo sein Vater in den zwanziger Jahren als Arzt praktizierte. Seine Mutter, Elisabeth Machtholf, gehört zu den Fliegerpionieren Deutschlands. Sie war für seine frühen Kontakte zur Fliegerei verantwortlich.

Frau Hartmann war Sportfliegerin. Nach Hitlers Machtübernahme wurde das Segelfliegen gefördert. Sie half 1936 bei der Gründung eines Segelfliegerklubs in Weil im Schönbuch bei Stuttgart.

Der junge Erich lernte schon als Junge das Segelfliegen und war bereits 1938 Segelfluglehrer. Heute sagt er, daß ihm diese frühe Berührung mit dem Fliegen dazu verhalf, einen sechsten Sinn für Fehler in Flugzeugen zu entwickeln: »Wenn irgend etwas an einem Flugzeug, das ich fliege, nicht in Ordnung ist, so weiß ich, daß etwas nicht stimmt, bevor es die Instrumente anzeigen oder sonstige, direkt spürbare Hinweise auf den Fehler auftreten.« Diese Intuition rettete ihn mehrfach während des Krieges und war ihm bei seiner Tätigkeit als Tactical Evaluation Expert (taktischer Überprüfungsleiter) der neuen deutschen Luftwaffe von Nutzen.

Im Alter von 17 Jahren warf der flachshaarige Erich 1939 bereits ein Auge auf die fünfzehnjährige, dunkelhaarige Schülerin Ursula Pätsch. Das zukünftige As war damals noch nicht so aggressiv, wie es später werden sollte. Zwei Monate danach, im September 1939, rang er sich durch, sie anzusprechen. Ursula war in Begleitung ihrer Freundin auf dem Schulweg in Korntal bei Stuttgart, als Erich mit seinem Fahrrad angebraust kam. Er sprang dicht neben den beiden Mädchen vom Rad, blickte direkt in Ursulas Augen und stellte sich etwas schüchtern vor: »Erich Hartmann!« Diese Begebenheit war der Anfang einer Liebesgeschichte, die – hätte sie jemand erfunden und einem Verlag oder einer Filmgesellschaft vorgelegt – als altmodisch und unwirklich abgelehnt worden wäre. »Usch« wurde seine feste Freundin. Aber erst am 10. September 1944, nach dem 301. Luftsieg Hartmanns, konnten sie heiraten. Gerd Barkhorn und Willi Batz waren Trauzeugen. In der Zeit, in der sie getrennt waren, malte er ein blutendes Herz auf den Rumpf seiner Me 109, als Symbol. Aber eine weit härtere Trennung sollte noch folgen. Im April 1945, nach dem Zusammenbruch des Reiches marschierte Hartmann mit seiner Gruppe westlich in Richtung Heimat und genau in die Arme einer vorgeschobenen Panzereinheit von General Pattons 3. US-Armee.

Er geriet in Gefangenschaft, wurde aber schon nach kurzer Zeit auf Grund der zwischen Roosevelt und Stalin getroffenen Abmachungen von den Amerikanern an die Russen ausgeliefert. Er verbrachte dann 10 1/2 Jahre in russischen Gefängnissen und Lagern, seiner elementarsten Rechte beraubt. Aus Deutschland konnte er nur sporadisch Post erhalten. Einige Postkarten und manchmal einen Brief. Diese Briefe wurden oft mißbraucht, um seinen Willen zu brechen. Während er in Gefangenschaft war, starb 1948 in Deutschland sein drei Jahre alter Sohn Peter Erich. Hartmann erfuhr erst 1950 von diesem Verlust. Als er endlich 1955 entlassen wurde, hatte er fast ein Drittel seines Lebens in Gefangenschaft verbracht.

Sein kleiner Sohn und sein Vater waren inzwischen gestorben. Aber seine geliebte Usch hatte auf ihn gewartet.

Ihren Glauben an seine Rückkehr und an sein Überleben hatte sie nie aufgegeben. Heute sagt er, daß ihn nur das Vertrauen in seine Frau aufrechterhalten hat.

Häufig hat man den Willen aufrechter deutscher Männer in der Abgeschlossenheit der russischen Gefängnisse gebrochen, indem man ihnen mitteilte, daß sich ihre Frauen in Abwesenheit von ihnen scheiden ließen.

Während der späten vierziger und frühen fünfziger Jahre, fast 10 Jahre nach Kriegsende gab es für die gefangenen Deutschen immer noch keine Gewißheit, ob sie ihre Familien oder ihre Heimat jemals wiedersehen würden. Ihren Frauen war kaum ein Vorwurf zu machen, wenn sie versuchten ein neues Leben zu beginnen. Usch Hartmann gab ein leuchtendes Beispiel für Vertrauen.

Obwohl ein großer Teil ihres Lebens verloren schien, haben Erich und Usch Hartmann neu angefangen. Sie haben heute eine lebhafte Tochter, die nach ihrer Mutter Ursula heißt. Ihr Spitzname ist »kleine Usch« oder »Butz«.

Während diese Zeilen geschrieben wurden, diente Hartmann als Oberst in der neuen deutschen Luftwaffe. Der Wunsch seines Lebens war es, genau wie sein Vater Arzt zu werden. Nach den langen Jahren der Gefangenschaft war er aber zu alt, um noch mit dem Studium zu beginnnen.

Hartmanns Laufbahn wird nicht im einzelnen in diesem Buch geschildert, da die Autoren seine Biographie in einem gesonderten Buch vorlegen. Im Augenblick sollte der folgende kurze Abriß seiner Laufbahn ausreichen.

Hartmann hatte das Glück, die volle Jagdfliegerausbildung der Luftwaffe zu durchlaufen, die am 15. Oktober 1940 begann, als er in das Luftwaffenausbildungs-Regiment 10 in Neukuhrn bei Königsberg in Ostpreußen eintrat. Zur fliegerischen Ausbildung kam er im März 1941. Sie erfolgte an der Luftkriegsschule 2 in Berlin-Gatow. Zu dieser Zeit entschieden seine Lehrer, daß er sich zum Jagdflieger eigne.

Nach der ein Jahr später abgelegten Abschlußprüfung vergewisserte er sich in Stuttgart, daß niemand mit seinem »Schatz« davongelaufen war. Er bat Usch, auf ihn zu warten. Vielleicht würde die Situation bald besser und damit günstiger für eine Heirat werden. Die dunkelhaarige junge Dame stimmte zu.

Dann wurde er zur Jagdfliegerschule 2 nach Zerbst versetzt. An seinem zwanzigsten Geburtstag machte er den ersten Alleinflug in einer Me 109. Im August 1942 wurde er zum JG 52 nach Rußland versetzt. Das Geschwader befand sich westlich von Mosdok auf der Nordseite des Kaukasus im Einsatz. Kommodore war Dietrich Hrabak, den wir im Kapitel 12 treffen werden.

Hartmann war von Hrabak, einem der hervorragendsten Geschwaderkommodore der Luftwaffe beeindruckt. Er wurde der 7. Staffel zugeteilt. Das Vertrautmachen mit Frontbedingungen und praktische Taktik folgten. Zu diesem Zwecke wurde Hartmann der Obhut des Oberfeldwebels (später Leutnant) Edmund »Paule« Rossmann anvertraut, der als einer der besten Schwarmführer an der Ostfront anerkannt war.

Rossmann geriet nach 93 Luftsiegen bei einer Notlandung über russischem Gebiet in sowjetische Gefangenschaft.

Bei seinem dritten Einsatz mit Rossmann kam es für den Rottenflieger Hartmann zur ersten Feindberührung. Rossmann meldete über Sprechfunk einige gegnerische Jäger und führte die Rotte in einen Sturzflug über 1800 m. Hartmann erinnert sich an diesen Einsatz:

»Ich selbst konnte zuerst keine gegnerischen Flugzeuge sehen. Als wir mit hoher Geschwindigkeit in den Geradeausflug gingen, erkannte ich in etwa 2000 m Entfernung etwas höher vor mir zwei dunkelgrüne Flugzeuge.

Mein erster Gedanke war: »Jetzt mußt du den ersten Abschuß erzielen.« Ich ging auf volle Leistung und zog an meinem Führer vorbei, um vor ihm in Schußposition zu kommen. Ich kam schnell heran und eröffnete das Feuer auf eine Entfernung von etwa 300 m. Ich beobachtete, wie meine Geschosse hoch links am Ziel vorbeigingen, ohne Treffer zu erzielen.

Das Ziel vor mir wurde so schnell größer, daß ich den Knüppel zurückreißen mußte und hochzog. Sofort war ich ringsum von dunkelgrünen Flugzeugen umgeben, die hinter mir eindrehten. Nun wurde mir schwummrig. Ich hatte Sichtkontakt zu meinem Rottenführer verloren. Ich stieg durch eine Wolkendecke und war plötzlich allein.

Dann kam Rossmanns Stimme über Sprechfunk: »Nur keine Angst. Ich habe Sie beobachtet. Jetzt habe ich Sie verloren. Durchstoßen Sie die Wolkendecke nach unten, damit ich Sie wieder sehen kann.«

Ich kam aus der Wolkendecke heraus und sah ein Flugzeug, das in etwa 1200 bis 1500 m Entfernung genau auf mich zuhielt. Ich erstarrte vor Angst und ging in einen schnellen Abschwung nach Westen über. Dabei schrie ich nach meinem Führer und meldete, daß ein unbekanntes Flugzeug hinter mir saß. Rossmanns Stimme kam zurück: »Kurven Sie nach rechts, damit ich näher komme.« Ich drehte nach rechts, aber die mir folgende Maschine drehte in meine Kurve hinein. Jetzt drehte ich richtig durch. Volle Leistung, runter auf Tiefflug und dann Richtung Westen. Ich konnte Rossmanns Worte nicht mehr hören. Ich zog meinen Kopf hinter die Panzerplatte der Kabine wie ein Vogel Strauß ein und wartete auf das Krachen der Einschläge gegnerischer Geschosse in mein Flugzeug. Das andere Flugzeug blieb hinter mir und nach einiger Zeit hörte ich die Stimme Rossmanns, der mir sagte, daß jetzt kein Flugzeug mehr hinter mir sei. Ich stieg auf Höhe, um meinen Standort zu ermitteln. Zu meiner Linken sah ich den Elbrus und fand mich wieder zurecht. Dann sah ich die rote Warnlampe für Treibstoff vor mir aufglühen. Nach fünf Minuten Flugzeit machte der Motor bong, bong, bong und blieb stehen. Ich hatte keinen Treibstoff mehr.

Unter mir waren riesige Sonnenblumenfelder und eine Straße, auf der einige Lkws fuhren. Der Boden kam schnell näher. Ich machte eine Bauchlandung inmitten einer gewaltigen Staubwolke, öffnete die Kabinenhaube und nahm meine persönliche Ausrüstung aus der Maschine. Kameraden vom Heer brachten mich zu dem 30 km entfernt gelegenen Flugplatz Soldatskaja zurück.

An diesem Abend gab es einen langen und stimmgewaltigen Anpfiff durch den Gruppenkommandeur, Major von Bonin, und dann eine Belehrung durch Rossmann über Rottentaktik, denn ich hatte alle Kardinalsünden eines Neulings begangen. Sie bestanden in folgenden Punkten:

1. Trennung von meinem Führer ohne Befehl.
2. In die Schußposition meines Führers hineinfliegen.
3. Durchsteigen der Wolkendecke.
4. Verwechslung des Führers mit einem gegnerischen Flugzeug.
   (Der »Gegner«, vor dem ich nach dem Durchstoßen der Wolkendecke nach unten floh, war Rossmann).
5. Rossmann's Befehl zum Sammeln nicht befolgt.
6. Orientierung verloren.
7. Verlust meines Flugzeuges, ohne dem Gegner Schaden zugefügt zu haben.

Ich erhielt für drei Tage Startverbot und war während dieser Zeit zum Dienst beim Bodenpersonal eingeteilt. Ich fühlte mich schrecklich.«

Bei dieser Verwendung hat er wahrscheinlich einiges über Wartung von Flugzeugen hinzugelernt.

Viele Jahre später hat Hartmann als Kommodore des JG 71 Richthofen in Ahlhorn in den Jahren 1959–1962 ein modernes Instandsetzungssystem mitentwickelt. Der »blonde Ritter« meint aber, der von seinem alten Freund Oberst Toliver vom 20. Jabogeschwader in Wethersfield geleisteten »Schützenhilfe« einen großen Anteil an der bekannt leistungsfähigen Instandsetzungsorganisation des JG 71 zu verdanken.

Die Karriere des Piloten, der der Welt erfolgreichster Jagdflieger werden sollte, begann also mit dramatischen Vorzeichen.

Diese Erfahrung wirkte ernüchternd und niederschmetternd. Als Hartmann wieder fliegen durfte, war er entschlossen, einmal gemachte Fehler nicht zu wiederholen.

In den nächsten zweieinhalb Wochen flog er als Rottenflieger und wartete auf seine Chance, während er allmählich das richtige Gefühl für das Verhalten im Luftkampf bekam. Diese Chance kam am 5. November 1942. Gegen Mittag wurde der Schwarm aus vier Jagdflugzeugen, zu dem er gehörte, im Alarmstart gegen zehn LaGG-3 Jäger und achtzehn Il-2 Schlachtflieger eingesetzt.

Der russische Verband wollte wahrscheinlich die Vormarschstraßen der deutschen Truppen angreifen. Die deutschen Jäger sichteten die Flugzeuge ostwärts der Stadt Digora. Hartmann kann sich noch gut an den Luftkampf erinnern:

»Wir befanden uns hinter und über unseren Gegnern in Position. Wir teilten den Schwarm in 2 Rotten auf und griffen im Sturzflug an. Wir schossen durch die Jäger hindurch und griffen die Schlachtflieger an. Ich nahm die am weitesten links außen fliegende Maschine aufs Korn. Ich kam sehr schnell näher und eröffnete das Feuer aus 70 bis 100 m Entfernung. Die Trefferlage war gut, aber die Geschosse prallten von der Il-2 ab. Die schwere Panzerung dieser Il-2 widerstand sogar 20-mm-Kanonentreffern.

Beim zweiten Angriff auf die gleiche Maschine setzte ich mit einem Sturzflug an und kam dann von unten und von hinten an sie heran. Dieses mal ging ich noch dichter heran, bevor ich das Feuer eröffnete, und erzielte einen Treffer im Ölkühler! Aus der Il-2 quoll schwarzer Rauch, aus dem ständig längere Flammen herausschlugen. Das Feuer fegte unter dem Rumpf nach hinten. Ich war jetzt allein, weil das Flugzeug, das ich angegriffen hatte, aus dem Verband ausscherte und nach Osten zu entkommen versuchte.

Ich saß noch hinter ihm, und wir drückten beide flach nach unten weg. Dann explodierte etwas unter der Tragfläche des Russen, und gleichzeitig gab es in meinem eigenen Flugzeug einen schweren Knall. Rauch strömte in mein Cockpit und ich sah Flammen unter der Motorabdeckung. Es blieb nicht viel Zeit. Ich handelte wie bei einer Übung. Flughöhe: Tiefflug hinter den deutschen Linien. Schnell die Leistung rausnehmen, den Haupttreibstoffhahn schließen und die Zündung ausschalten. Dies geschah gerade noch rechtzeitig. Schon rutschte die Maschine auf dem Bauch durch ein Feld und wirbelte dabei einen Schauer von Dreck und Staub hoch, der das Feuer schnell erstickte.

Als ich aus meinem Cockpit kletterte, schlug mein erster Abschuß 3 km entfernt auf.«

Zwei Minuten später wurde Hartmann von einem Wehrmachts-Lkw aufgelesen und zu seinem Flugplatz zurückgebracht. Bei diesem Luftkampf hatte er sich als wesentlich besserer Pilot gezeigt, aber trotzdem hatte er beim Abschuß der Il-2 sein eigenes Flugzeug verloren.

Zwei Tage später bekam er Fieber und mußte 4 Wochen im Lazarett verbringen. Erst am 27. Januar 1943, als er einen MiG-Jäger abschoß und sicher zurückkehrte, kam er zu seinem nächsten Erfolg. Bis Ende April 1943 konnte er 11 Abschüsse, darunter seine erste Doublette, erzielen. Das waren 2 LaGG-3 am 30. April 1943 gewesen.

Er hatte sein Lampenfieber überwunden, machte immer weniger Fehler und entwickelte nun seine eigenen Kampfmethoden.

Am 7. Juli 1943 errang er an einem Tag sieben Abschüsse. Es waren vier LaGG-5 und drei Il-2. Die Tage, an denen er es nur auf einen Abschuß brachte, wurden immer seltener. Ständig flog er bis zu vier Einsätze am Tag, manchmal sogar mehr.

Die Luftkämpfe fanden bereits einige Minuten nach dem Start statt, und es kam häufig alle 15 Minuten zu Alarmstarts, um sowjetische Flugzeuge abzufangen, die im Anflug auf die Front waren.

Während der ersten Monate seines Einsatzes an der Ostfront flog er mit einigen berühmten Kameraden, die ihm gegenüber einen erheblichen Vorsprung an Abschüssen hatten. Die III. Gruppe des JG 52 stand Anfang 1943 unter dem Kommando von Major Hubertus von Bonin, einem Veteran aus dem spanischen Bürgerkrieg. Von Bonin hatte damals schon 4 Abschüsse erzielt. Als er im Dezember 1943 im Einsatz fiel, hatte er insgesamt 77 bestätigte Abschüsse. Im JG 52 stand Günther Rall an der Spitze. Am 29. August 1943 schoß er sein 200. Feindflugzeug ab und war damit der dritte Pilot der Luftwaffe, der dieses Abschußergebnis erreichte. Zu diesem Zeitpunkt hatte Hartmann bereits 90 Luftsiege. Ein anderer »Experte« dieser Gruppe war Walter Krupinski, mit dem Hartmann während seiner ersten Einweisungszeit als Rottenflieger geflogen ist. Hartmann erzielte seine ersten 10 Abschüsse als Rottenflieger bei Krupinski und Rossmann.

Krupinski lag damals auch noch weit vor Hartmann. Zum JG 52 gehörte auch Gerd Barkhorn, der am 30. November 1943 als Gruppenkommandeur der II./JG 52 seinen 200. Abschuß erzielt hatte.

Nachdem er sein Lampenfieber einmal überwunden hatte, erzielte Hartmann seine Abschüsse in schöner Regelmäßigkeit und manchmal mit Brillanz. Rall, Krupinski und Barkhorn wurden später an die Westfront versetzt[28], wo es nicht so oft zu Einsätzen mit raschen Erfolgschancen kam und wo die Abschüsse schwerer zu erzielen waren.

Alle diese Männer wurden verwundet und damit häufig für unterschiedliche Zeitspannen aus dem Rennen geworfen. Unermüdlich flog Hartmann etwa 1400 Einsätze und kam bis zum Ende des Krieges auf 800 Luftkämpfe. Er wurde nie verwundet. Er war einer der am häufigsten fliegenden deutschen Jägerpiloten. Seine Luftsiege waren allerdings in etwas anderem begründet, als in den zahlreicheren Chancen für Luftkämpfe.

Seine Auffassung vom Schießen unterschied sich von derjenigen Ralls, Marseilles, Rudorffers und anderen mit »Vorhalten« schießenden Artisten der Luftwaffe. Hartmann ist selbst nicht der Meinung, daß er ein besonders guter Schütze auf große Entfernung war. Abgesehen davon hielt er nie viel von dieser Angriffsart.

Seine Auffassung war es, so nahe wie möglich an das andere Flugzeug heranzukommen, bevor er das Feuer eröffnete. Es war ein Rückgriff auf die Vorstellung von Richthofen.

Hartmann gibt folgende Begründung dafür: »Meine ganze Taktik bestand darin, zu warten bis sich eine Angriffschance gegen den Gegner bot, um dann mit hoher Geschwindigkeit heranzugehen. Ich eröffnete das Feuer erst, wenn die ganze Windschutzscheibe von dem Gegner ausgefüllt wurde. Abwarten, bis der Gegner die ganze Windschutzscheibe bedeckt, dann geht kein einziger Schuß vorbei! Je weiter man von dem Gegner entfernt ist, desto geringer wird die Durchschlagskraft der Geschosse. Mit der Taktik, die ich beschrieb, wird das gegnerische Flugzeug von der vollen Wirkung der eigenen Waffen auf geringste Entfernung getroffen. Dabei spielt es überhaupt keine Rolle, ich welchem Winkel man sich zu ihm befindet oder ob man kurvt oder irgend ein anderes Flugmanöver ausführt. Wenn er so von allen eigenen Waffen getroffen wird, geht er runter. Man selbst hat dabei Munition gespart.«

Hartmann unterstreicht, wie wichtig es für einen Jagdflieger ist zu lernen, ohne Furcht vor einem Zusammenstoß nahe an den Gegner heranzugehen.

»Im Anfang glaubt man, mit 100 m schon zu nahe dran zu sein. Mit zunehmender Erfahrung lernt man dann, daß man bei 100 m Abstand von der anderen Maschine noch zu weit entfernt ist. Der unerfahrene Pilot dreht aus Angst vor einem Zusammenstoß dann ab. Der erfahrene Pilot bringt seine Maschine viel näher heran und wenn er dann schießt, geht die andere Maschine herunter.« Hartmann kennt die unzähligen Geschichten, die über seine Schießkunst verbreitet werden, wo immer Jagdflieger und Fans zusammenkommen. Er geht mit einer Handbewegung über diese Geschichten weg und bestreitet solch bewunderungswürdiges Geschick, wie es ihm zugesprochen wird[29]. Andere Asse haben eine andere Auffassung vom Schießen in der Luft. Im nächsten Kapitel wird Günther Rall seine gegenteilige Meinung darlegen.

»Bubi« fand später, daß seine Ansichten besonders bei US-Fliegern vertreten waren. Während der Auffrischungsausbildung in Amerika wurden den zu Besuch weilenden deutschen Piloten Schießfilme erfolgreicher amerikanischer Jagdfliegereinsätze vorgeführt. Hartmann stellte fest, daß diese Kampffilme nicht nur die Abschüsse bestätigten, sondern auch seine eigentümliche Auffassung vom Schießen in der Luft.

»Die großen Erfolge des 2. Weltkrieges genau wie im Koreakrieg wurden erzielt, wenn man den Gegner so groß vor sich hatte, daß er die ganze Windschutzscheibe ausfüllt. Wenn man dann schießt, sieht man was geschieht; wie Teile vom anderen Flugzeug weggesprengt werden und die Maschine explodiert. All die anderen aus großer Entfernung aufgenommenen Filme zeigen zwar einige Treffer, aber man kann nie sehen, daß der andere abstürzt. Man kann computergesteuerte Zielgeräte oder andere haben – ich glaube trotzdem, daß man auf kürzeste Entfernung an den Gegner herangehen und ihn auf direkte Schußentfernung abschießen muß. Aus nächster Nähe erwischt man ihn. Auf große Entfernung ist das fraglich.

Amerikas Spitzenas auf dem europäischen Kriegsschauplatz, Oberst Francis S. Gabreski[30] glaubte fest an Hartmanns Taktik. Er erzielte 28 Luftsiege gegen die Deutschen. Die computergesteuerten Zielgeräte bezeichnete er als Unsinn.

Der modus operandi des blonden »Bubi« war nicht ohne Gefahren. In mindestens 8 von 16 Fällen, in denen Hartmann notlanden mußte, wurde seine Maschine zum Runtergehen gezwungen, weil er in die Trümmer der russischen Flugzeuge hineingeflogen war, die er auf kürzeste Schußentfernung zur Explosion gebracht hatt. Trotz dieses Risikos kam er ohne Verwundung durch den Krieg. Am nächsten streifte ihn der Tod, als er beinahe von einem deutschen Infanteristen erschossen worden wäre – die Kugel schlug knapp neben ihm ein.

Am 20. August 1943 mußte Hartmann hinter den russischen Linien notlanden und wurde von den sowjetischen Truppen gefangengenommen. Er täuschte eine Verwundung vor und nützte die erste Gelegenheit zur Flucht.

Indem er sich tagsüber versteckte und nur bei Nacht marschierte, arbeitete er sich langsam an die Front heran. Als er in der Dunkelheit einen Hügel hinaufstolperte, tauchte plötzlich ein schwarzer Schatten vor ihm auf, schrie auf deutsch »Halt!« und schoß gleichzeitig mit dem Gewehr.

»He Landser«, rief Hartmann, »schieß doch nicht auf eigene Leute.«

Der Posten hatte bereits die zweite Patrone im Lauf. Wieder rief er »Halt«. Hartmann merkte, daß die Stimme des Soldaten vor Nervosität zitterte. »Verflucht, ich bin ein deutscher Flieger.« Der Posten hatte Angst, aber glücklicherweise schoß er nicht noch einmal, sonst gäbe es keinen Hartmann, der in die Geschichte eingehen sollte.

Hartmann ist auf etwas besonders stolz. Er sieht es als echte Leistung an, 1400 Einsätze geflogen zu haben, ohne einen Rottenkameraden zu verlieren. Er gab sich bei der Erziehung der jungen Piloten, die direkt von den Schulen an die Front kamen, alle Mühe. Die meisten hatten weniger Ausbildung aufzuweisen als er damals, als er seine ersten schrecklichen Fehler machte.

Der einzige Verlust unter den Dutzenden von Rottenkameraden, die von Hartmann in die Einsatzroutine eingewiesen wurden, war Major Capito, ein gegen Ende des Krieges zum JG 52 versetzter Bomberpilot. Er hatte sich noch nicht an die größere Wendigkeit der Me 109 gegenüber den von ihm bis dahin geflogenen Bomber gewöhnt, als er zusammen mit Hartmann in einen Luftkampf mit Airacobras verwickelt wurde. Hartmann schildert dies folgendermaßen: »Wir wurden von einem höher fliegenden russischen Verband angegriffen. Ich ließ sie bis auf Schußentfernung herankommen und gab Capito die Anweisung, ganz dicht bei mir zu bleiben.

Als die Russen schossen, ging ich in eine Steilkurve, aber Capito schaffte es nicht bei mir zu bleiben. Er flog eine normale Bomberkurve. Nach einer Kurve von 180° waren er und die Airacobras genau gegenüber von mir. Ich rief ihm zu, scharf in Gegenrichtung zu drehen, damit ich den Gegener aufsplittern könne. Bei der für Bomber üblichen Kurvengeschwindigkeit wurde er getroffen. Ich befahl ihm sofort auszusteigen, was er auch tat.

Ich kam hinter die Airacobra und schoß sie mit einem kurzen Feuerstoß ab. Das sowjetische Flugzeug stürzte brennend ab und schlug mit einer ungeheuren Explosion etwa drei Kilometer von der Stelle entfernt auf, an der Capito gelandet war. Ich flog zum Platz zurück, nahm einen Wagen und holte ihn unverletzt ab. Dies war das einzige Mal, daß ich meinen Rottenkameraden verlor. Glücklicherweise war er nicht zu Schaden gekommen und lebt heute in Deutschland.« Nach Hartmanns Meinung ist es die größte Sünde eines Jagdfliegers, einen Sieg zu erringen und dabei seinen Rottenkameraden zu verlieren.

»Es war meine Ansicht, daß kein Abschuß das Leben eines Rottenkameraden wert war. Viele von ihnen waren jung und unerfahren. Piloten meiner Einheit, die aus diesem Grunde Rottenkameraden verloren, wurden als Rottenführer abgelöst[31]. Statt dessen mußten sie als Rottenkamerad fliegen«.

Hartmann traf während des Krieges dreimal mit Hitler persönlich zusammen. Anlässe waren die Verleihung des Eichenlaubs, der Schwerter und der Brillanten.

Der junge Flieger bemerkte die dramatischen Veränderungen in Hitlers Verhalten und Auftreten im Verlauf des Krieges.

Zum ersten Male traf er mit dem »Führer« in dessen Haus auf dem Obersalzberg zusammen. »Hitler kannte sich in der Luftwaffe aus und war gut informiert. Er sagte uns, daß wir an den Endsieg glauben sollten. Er überreichte die Auszeichnung und fragte nach meiner Familie. Er wollte wissen, ob ich einen persönlichen Wunsch hätte. Bei unserem späteren Zusammentreffen waren die Dinge ganz anders.«

Die Schwerter und Brillanten erhielt Hartmann jeweils im Führerhauptquartier in Ostpreußen. Die Brillanten erhielt er kurz nach dem Attentat vom 20. Juli 1944. Er erzählte:

»Das Führerhauptquartier war in drei Zonen eingeteilt. Niemand durfte die dritte Zone ohne vorherige strenge Durchsuchung durch Offiziere der Wache betreten. Ich sagte dem Offizier der Wache, er sollte Hitler sagen, ich wolle die Brillanten nicht, wenn er kein Vertrauen zu seinen Frontoffizieren habe.

Darauf erwiderte mir Hitlers Luftwaffenadjutant, Oberst von Below, ich dürfe die dritte Zone ohne Durchsuchung betreten und könne auch meine Pistole mitnehmen. Während meiner Unterhaltung mit Hitler hing meine Pistole vor dem Konferenzraum. Hätte ich gewollt, so hätte ich sie in meiner Tasche mitnehmen können.«

Hartmanns furchtlose, direkte Art, Probleme anzugehen zeigt sich deutlich in dieser Begebenheit.

Die Haltung Hartmanns war einfach: Hitler kann sich seine Brillanten an den Hut stecken, wenn er mir nicht traut. Hartmann war und ist nicht der Mann, der unbequeme Gedanken für sich behält. Er spricht sie offen aus und vertritt sie furchtlos.

So kam es also, daß der junge Jagdflieger hineingehen konnte und seine Waffe dabei in der gewohnten Weise trug, obwohl es strikt verboten war, in Hitlers Nähe eine Pistole zu tragen. Er legte sie ab, als sie im ersten Konferenzraum Kaffee tranken, schnallte sie aber wieder um, als er mit Hitler zum Essen in ein benachbartes Gebäude ging.

Als Hartmann die Brillanten von Hitler überreicht bekam, dachte der »Führer« nicht mehr an den Sieg. Er sagte dem jungen Piloten, daß der Krieg im militärischen Sinne verloren sei. Er vertrat die Ansicht, daß die Differenzen zwischen Amerika und Großbritannien auf der einen Seite und der Sowjetunion auf der anderen Seite nicht zu überbrücken seien. Er hoffte auf eine Annäherung zwischen Deutschland und dem Westen, um dann gemeinsam gegen den russischen Bären zu gehen.

Diese Träume waren illusorisch. Als sich das JG 52 Schritt für Schritt aus russischem Gebiet zurückzog, wußten Hartmann und seine Männer, daß für sie die größte Gefahr in der Gefangennahme durch die Rote Armee lag.

Der Major Hartmann, erfolgreichster Jagdflieger des Krieges, wußte als Gruppenkommandeur der I./JG 52, daß alle Hoffnungen auf einen weiteren Widerstand sinnlos waren. Es blieben nur noch eine Handvoll flugbereiter Flugzeuge. Am 8. Mai 1945 flog Hartmann seinen letzten Kampfeinsatz und erzielte dabei einen Abschuß. Er wußte, daß es das Ende war. Der Flugplatz lag unter russischem Artilleriefeuer. Er erhielt Meldungen, daß eine amerikanische Panzereinheit 16 km nordwestlich gesichtet worden sei. Die Amerikaner rückten in Richtung Flugplatz vor. Graf und Hartmann gaben den Befehl, alle übriggebliebenen Flugzeuge und die Munition in Brand zu stecken. Die gesamte Gruppe sollte dann den anrückenden Amerikanern entgegenmarschieren. Wegen der großen Zahl Frauen und Kinder bei der Einheit – Frauen und Familien des Gruppenpersonals, die vor den vorrückenden Russen geflüchtet waren, hatte Hartmann die Möglichkeit aufgegeben, auf amerikanisch besetztes Gebiet zu fliehen.

Zwei Stunden später marschierte er über Feldwege und führte seine Einheit und ihre Familien dahin, wo er dachte, daß die Freiheit sei. Die Rauchpilze hinter ihm und die explodierende Munition zeigten das Ende des erfolgreichsten Jagdgeschwaders des Krieges an. Die 90. U.S.-Infanteriedivision nahm die Übergabe Grafs und Hartmanns und seiner Einheit in der Stadt Pisek in der Tschechoslowakei an. Am 8. Mai 1945 um 13 Uhr war Erich Hartmanns Krieg vorüber. Aber seine Schwierigkeiten sollten erst beginnen. In der Welt jener Tage fehlte die Vernunft. Die Geschichte wird den auf hoher Ebene beschlossenen Austausch, demzufolge deutsche Soldaten und ihre Familien, die sich in amerikanischer Hand befanden, an die Sowjets übergeben wurden, einmal als wahnsinnige Barbarei bezeichnen. Die Russen konnten jetzt ihren Haß an der machtlosen Bevölkerung auslassen. Die Massen grausamer Soldaten, die über das deutsche Land hinwegschwärmten, wurden von Ilja Ehrenburg, dem »russischen Göbbels« aufgestachelt: »Nehmt die blonden deutschen Frauen, die euch die harten Kämpfe vergessen lassen.«

Am Morgen des 16. Mai 1945 wurde Hartmann mitgeteilt, daß seine ganze Einheit einschließlich der Frauen und Kinder an die Russen übergeben werden müßte. Sie wurden in Lastwagen zur Roten Armee gebracht. Hartmanns Soldaten wurden dort alle Sachen abgenommen, die in irgendeiner Weise verwertbar schienen. Kleider, Stiefel, Verpflegung, Landkarten – alles wurde ihnen weggenommen. Die Russen trennten die Frauen und Mädchen von den Männern. Neben der Straße und in nahegelegenen Feldern machten die Russen dann die Aufforderung ihres Propagandisten Ehrenburg auf schreckliche Weise wahr.

Die Frauen, die jungen Mädchen – manche fast noch Kinder – wurden ihrer Kleider beraubt und vergewaltigt, während die Deutschen unter Qualen zusehen mußten.

Eine Streitmacht von 30 russischen Panzern war um das Kriegsgefangenenlager herum aufgefahren, um die »Ordnung« während dieser Vorgänge aufrechtzuhalten. Die psychischen Höllenqualen, die die deutschen Männer durchmachten, als ihre Frauen, Freundinnen und Töchter im hellen Tageslicht vergewaltigt wurden, sind nicht zu beschreiben. Viele Frauen wurden in Fahrzeugen der Roten Armee weggebracht und wurden nie wieder gesehen. Die übrigen wurden ihren verstörten und gebrochenen Männern und Vätern zurückgegeben. Ganze Familien begingen während der Nacht Selbstmord, weil die russischen Soldaten immer wieder in das Lager eindrangen. Am folgenden Tag erschien ein hoher sowjetischer Offizier und verbot die Ausschreitungen. Aber Hartmann bezeichnet diesen unglaublichen ersten Tag in russischer Gefangenschaft als »die schlimmste Erinnerung meines Lebens«.

Über zehn Jahre lang stand er in ständigem Kampf des Willens und des Geistes mit seinen sowjetischen Wärtern.

Er unternahm Hungerstreiks und wurde dann von den Russen zwangsernährt, damit er am Leben blieb. Einzelhaft in voller Dunkelheit wurde wiederholt über ihn verhängt. Als er zur Arbeit gezwungen wurde, führte Hartmann häufig die Wachen an der Nase herum und rief zur Sabotage gegen die Zwangsarbeit auf. Während die besten Jahre seines Lebens dahinrannen, war Hartmanns Durchhaltewillen in dem Vertrauen begründet, daß Usch ihn nicht aufgeben würde. Dieses Vertrauen wurde nicht nur gerechtfertigt, sondern auch erwidert. Dieses Buch wird auch andere Erfahrungen deutscher Offiziere in sowjetischer Gefangenschaft schildern, aber Hartmanns Vertrauen in seine

Frau war die Grundlage für seinen Widerstand gegen die Russen. Er wird immer von der desolaten Bruderschaft der Kriegsgefangenen in sowjetischen Lagern als einer ihrer hervorragendsten Vorbilder und Führer verehrt werden.

Als Bundeskanzler Adenauer 1955 nach Moskau fuhr, um allgemeine Abmachungen mit der Sowjetunion zu treffen, war die Entlassung der Kriegsgefangenen eine der Konzessionen, die er zu erreichen suchte. Adenauer war erfolgreich. Die Entlassung der Männer, die für mehr als eine Dekade illegal eingekerkert waren, wurde nun Wirklichkeit.

Als Erich Hartmann nach Westdeutschland zurückkehrte, wartete seine geliebte Usch auf ihn. Er benötigte natürlich eine Übergangszeit, um sich wieder an das freie Leben zu gewöhnen und seine physischen Kräfte zurückzugewinnen. Hartmanns erstaunliche Elastizität brachte ihn über alles hinweg. 2 Wochen nachdem er zu Hause angekommen war, war Walter Krupinski am Telefon und drängte Hartmann, mit ihm und Barkhorn zu einem Auffrischungslehrgang auf Düsenflugzeugen mit nach England zu kommen. Hartmann stellt heute trocken fest: »Dies war nach gerade zehn Jahren Gefangenschaft etwas viel verlangt.«

Neben vielen alten Kameraden drängte ihn auch Hrabak, in die neue Luftwaffe zu kommen. Er war zu alt, einen neuen Beruf zu beginnen, und willigte deshalb nach einiger Zeit ein. Er erhielt eine Auffrischungsausbildung in den Vereinigten Staaten und wurde ausgewählt, das Kommando über das Richthofen-Geschwader der neuen Luftwaffe zu übernehmen. Es war das erste Jagdgeschwader, das nach dem Kriege aufgestellt wurde. Er brachte für diesen Posten den richtigen Geist mit und zeichnete sich dabei erneut aus und wurde dann als »tactical evaluation expert« eingesetzt.

Im Gegensatz zu dem, was man erwarten könnte, ist Erich Hartmann kein Rußlandhasser. Er hat mehr Sympathien für die russische Bevölkerung, als man jemals in amerikanischen Zeitungen findet. Er erinnert sich gut, wie die russische Bevölkerung gelegentlich die Gefangenenlager umstand und die sowjetischen Wachen beschimpfte, weil sie die Deutschen einsperrte, oder, wie sie dabei verlangte, daß man sie nach Hause schicken solle. Hartmanns Kontakte zu diesen russischen Zivilisten und den zahlreichen Dorfbewohnern, die er während des Krieges kennengelernt hatte, bilden die Grundlage für seine

Ansichten über die Sowjetbevölkerung. Seine bitteren Auseinandersetzungen mit der russischen Geheimpolizei spielen dabei keine Rolle. Aus praktischer Erfahrung heraus weiß er mehr über russische Psychologie als die meisten akademisch gebildeten Theoretiker auf diesem Gebiet. Er spricht englisch und russisch und ist deshalb in der Lage, die Sprachbarrieren zwischen seinem eigenen Land, dem Westen und Rußland zu überwinden.

Heute hält er sich nicht mehr für einen Tiger, sondern eher für einen alten Kater. Umgeben von seiner kleinen, glücklichen Familie verbringt er das ruhige, zurückgezogene Leben eines pensionierten Offiziers. Seine Überschwenglichkeit sparte er für so besondere Gelegenheiten auf, wie die Beförderung seines alten Freundes und Kommandeurs Günther Rall zum Brigadegeneral, oder die Ernennung von »Macky« Steinhoff zum Inspekteur der deutschen Bundesluftwaffe. Nur wenige Leute in Deutschland kennen heute seinen Namen. In der Öffentlichkeit wird er selten erkannt, außer von Angehörigen der ehemaligen Luftwaffe.

Seine amerikanischen Freunde, die die Situation in Deutschland und auch ihn kennen, haben das Gefühl, daß die jetzige deutsche Luftwaffe auf Grund mancher Gegebenheiten nicht in der Lage war, diesen talentierten vielseitigen Mann richtig zu verwenden. Dies sieht man schon daran, daß er 1967 immer noch im Rang eines Oberstleutnants[32] stand, obwohl er der einzige Träger der Brillanten in der heutigen deutschen Bundeswehr war. Junge Piloten, die er im Richthofen-Geschwader ausgebildet hat, standen als Oberste rangmäßig über ihm.

»Bubi« mag als Endvierziger kein Tiger in der Luft mehr sein, aber er bringt außergewöhnliche Gaben mit, um einer am Boden zu sein. Er braucht einen Platz, wo seine direkte Offenheit, Tatsachen zu erkennen und beim Namen zu nennen, von Nutzen ist. Hartmann war zu alt, um sich in den Typus des anpassungsfähigen, politisch ausgerichteten Offiziers zu verwandeln, der heute in der neuen deutschen Luftwaffe gut ankommt. Aber er ist jung genug, um einer Organisation, die stur und schwerfällig ist, noch Impulse zu verleihen. Seine Freunde meinen, daß seine besten Tage noch kommen müßten.

Erich Hartmann war noch ein 16jähriger Schuljunge, als Gerd Barkhorn im März 1938 bereits seine Flugausbildung begann, die im Oktober 1939 darin gipfelte, daß er auf die Me 109 umsteigen durfte. Barkhorn flog in der Luftschlacht um England im JG 2 Richthofen. Aber es sollte einige Zeit vergehen, bevor er seinen ersten bestätigten Abschuß erzielen konnte.

Im August 1940 wurde Barkhorn zur II./JG 52 versetzt; bis Januar 1945 sollte er dem JG 52 angehören. In der Luftschlacht um England flog er in derselben Staffel wie Marseille. Er hatte 120 Einsätze hinter sich, als er am 2. Juli 1941 seinen 1. Abschuß an der Ostfront erzielte. Von diesem Zeitpunkt an blieb er erfolgreich, bis er am 5. Januar 1945 seinen 300. Luftsieg errang.

Gerd Barkhorn gehörte an der Ostfront nie zu denen, die bei einem einzigen Einsatz zahlreiche Abschüsse erzielten. Sein bester Einzeleinsatz am 20. Juli 1942 erbrachte 4 Abschüsse – eine »bescheidene« Beute für die Verhältnisse an der Ostfront. 7 Abschüsse an einem Tag waren seine beste Leistung; er brauchte mehrere Einsätze hintereinander dazu. An seinem anstrengendsten Tag flog er 8 Einsätze von Behelfsflugplätzen in Rußland und wurde bei allen 8 Einsätzen in Luftkämpfe verwickelt. Er hatte ein unerschütterliches Vertrauen in die Me 109, die er der Fw 190 vorzog und in der er sich glücklicher fühlte, als in einem Me 262-Düsenjäger. Nach seiner Ansicht war die Me 109 G 14 die beste der zahlreichen gebauten Varianten. Er unterstreicht aber, daß dies persönliche Ansichtssache sein mag.

»Die Me 109 G 14 konnte höllisch steigen und kurven. Sie war leichter als andere Me 109 und war besonders gut mit der 20 mm-MG 151-Kanone. Ich fühlte, daß ich alles mit ihr anfangen konnte.«

In 1104 Kampfeinsätzen und mindestens 1800 Starts traf Barkhorn auf jeden von den Sowjets eingesetzten Jägertyp einschließlich der in England gebauten Spitfires und Hurricanes und der in den USA gebauten Airacobras, und konnte sie abschießen. Die sowjetische Jak 9 war nach Barkhorns Erfahrung das beste russische Flugzeug. Dabei unterstreicht er jedoch, daß es sehr darauf ankam, wer als Pilot in diesen Flugzeugen saß. »Einige der russischen Piloten flogen, ohne nach rechts oder links oder hinter sich zu schauen. Ich schoß eine ganze Menge dieser Leute ab, die noch nicht einmal wußten, daß ich hinter ihnen war. Einige waren so gut wie andere westeuropäische Piloten, aber die meisten waren im Luftkampf nicht schnell genug. Einmal führte ich 1943 mit einem tollen russischen Gegner 45 Minuten lang einen Luftkampf und konnte ihn nicht erwischen. Der Schweiß strömte an mir herunter, als wäre ich gerade aus der Dusche gekommen, und ich fragte mich, ob der andere wohl in der gleichen Verfassung war. Er hatte eine LaGG 3, und wir flogen jedes Kunstflugmanöver, das wir kannten, und erfanden noch einige dazu. Ich konnte ihn nicht festnageln, genau wie er mich nicht kriegen konnte. Er gehörte zu einem der Garderegimenter, in denen die Russen ihre besten Piloten zusammengezogen hatten. Die Nase seines Flugzeuges war rot angemalt. Wir kannten die Namen von einigen sowjetischen Assen, den »Stalinfalken«, aber ich habe keine Ahnung, wer der Pilot war, der ein Unentschieden mit mir ausfocht.«

Barkhorns erstaunliche Zahl von 301 Luftsiegen wurde nicht ohne Mühen errungen. Er wurde neunmal abgeschossen, mußte einmal aussteigen und wurde zweimal verwundet.

Barkhorn gibt zu, daß er als Mann, der über elfhundertmal startete, um den Gegner zu suchen, viel Glück hatte, den Krieg zu überleben. Bei einer Gelegenheit im Mai 1944 flog er für den zähen Stukapiloten Hans-Ulrich Rudel[33] Begleitschutz und mußte anschließend vier Monate im Lazarett verbringen. Der Stukaeinsatz war glatt verlaufen, und Barkhorn befand sich auf dem Rückflug. Es war 6 Uhr nachmittags, und es war sein 6. Einsatz an diesem Tag, der um 2 Uhr nachmittags begonnen hatte. »Ich erhielt die Meldung, daß russische Jäger in der Gegend seien, aber ich war müde und ein bißchen fahrlässig. Ich schaute nicht hinter mich. Ich hatte zu diesem Zeitpunkt 273 Luftsiege, und ich kann mich erinnern, daß ich daran dachte, 275 und vielleicht später 300 zu erzielen. Unglücklicherweise sollte ich selbst der nächste Abschuß sein.«

Ein russischer Jäger griff ihn von hinten an, schoß ihn ab und zog ihn damit für 4 Monate aus dem Verkehr. Ohne diesen unglücklichen Vorfall wäre Barkhorn möglicherweise als Spitzenas aus dem Kriege hervorgegangen. Zu diesem Zeitpunkt lag Hartmann mit etwa 200 Abschüssen in dem Rennen um die Spitze weit hinter ihm. In den vier Monaten zwischen Barkhorns Absturz und seiner Rückkehr zum Einsatz errang »Bubi« den Vorsprung und gab ihn nicht wieder ab.

In manchen Geschichten findet man die Behauptung, daß erfolgreiche Jagdflieger zahlreiche Abschüsse an Staffelkameraden abgetreten hätten. Objektive Untersuchungen solcher Fälle haben dann immer ergeben, daß das fragliche As hinter jedem Abschuß her war, den er für sich selbst verbuchen konnte, ohne einen abzugeben, und dies zu Recht. Unter den Ausnahmen ist Gerd Barkhorn.

Anstatt eine Münze zu werfen oder um einen Abschuß zu streiten, der ihm oder einem anderen Piloten zustehen könnte, sprach Barkhorn den strittigen Abschuß immer dem anderen zu. Wenn er ein gegnerisches Flugzeug abgeschossen und keinen Zeugen hatte, dann sagte er mit einem Lächeln: »Gebt diesen da dem armen Volk.«

Die allgemeine Achtung, die Gerd Barkhorn bei seinen Kameraden genießt, ist ein zutreffender Hinweis auf seinen Charakter und auf seine persönlichen Qualitäten, unabhängig von seinen Leistungen als Flieger.

Generalleutnant Johannes »Macky« Steinhoff sagt über ihn: »Gerd Barkhorn ist meine Wahl von allen Jagdfliegern des 2. Weltkrieges. Er war der Beste oder unter den Besten und er war außergewöhnlich zuverlässig. Wenn er einen Abschuß für sich beanspruchte, dann gab es keinen Zweifel. Ich kann mich an keinen einzigen Anspruch Barkhorns erinnern, der nicht bestätigt wurde.« Andere bestätigen Steinhoffs Meinung von Barkhorn. Er hätte wahrscheinlich noch mehr Abschüsse erzielt, wenn er nicht zum JG 6 an die Westfront versetzt worden wäre und später zu Gallands JV 44, wo er das Me 262-Düsenflugzeug flog.

Er flog nach der Umschulung nur zwei Einsätze in Düsenjägern, ohne einen Abschuß bei diesen beiden Flügen zu erzielen. Beim zweiten Einsatz griff er einen Bomberverband an, als sein rechtes Düsentriebwerk ausfiel. Er brach den Kampf ab und begann seinen Rückflug zum Flugplatz. Mustangs vom Begleitschutz der Bomber griffen ihn an. Die Me 262 hatte ungefähr 160 km/h Geschwindigkeitsvorteil gegenüber der Mustang, wenn beide Triebwerke arbeiteten. Aber mit einem stehenden Triebwerk war sie etwas langsamer als der amerikanische Vogel. Hinzu kam, daß die so angeschlagene Me 262 nicht mehr wendig genug war, um den Mustangs zu entkommen. Diese entscheidenden Umstände gingen Barkhorn durch den Kopf, als er die Mustang angreifen sah. Während er auf eine kleine Lichtung zustürzte, stellte er sich auf eine Bruchlandung ein. Er schob sein Kabinendach zurück, um schnell von dem Flugzeug wegzukommen. Beim Aufsetzen in der Lichtung bäumte sich die Me 262 auf und schlitterte über den unebenen Boden. Dabei wurde Barkhorn aus seinem Sitz hochgerissen, und das zurückgeschobene Kabinendach schlug von hinten gegen seinen Hals. Im Lazarett gesellte er sich zu anderen Angehörigen des JV 44. Für Major Gerd Barkhorn war der Krieg vorbei.

Geheiratet hatte er 1943. Er hat drei Töchter. 1955 trat er in die neue

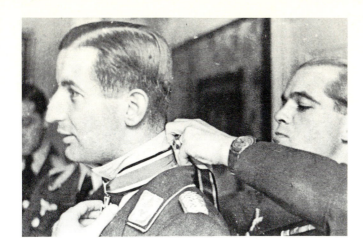

Wolfgang Falck wird am 1. Oktober 1940 mit dem Ritterkreuz ausgezeichnet.

Helmut Lent erhielt als erster Nachtjäger nach 102 Abschüssen die Brillanten. Er ist nach seinem 110. Luftsieg gefallen (unten links).

Heinz-Wolfgang Schnaufer, erfolgreichster Nachtjäger mit 121 Abschüssen (fast ausschließlich viermot-Bomber) in nur 164 Nachteinsätzen (unten rechts).

Walter Nowotny, 258 Luftsiege, verunglückte 1944 tödlich bei einem Flugunfall mit einer Me 262. Das Bild zeigt ihn mit dem Flugzeugkonstrukteur Prof. Dr. Kurt Tank (oben).

Wilhelm Batz, 237 Luftsiege (links unten).

Theo Weissenberger, 208 Luftsiege – die letzten 8 mit Me 262 errungen (rechts unten).

Luftwaffe ein und erhielt seine Auffrischungsausbildung in England auf dem RAF-Stützpunkt Valley in Wales. Heute ist er General in der deutschen Luftwaffe. Sein aufrichtigster Bewunderer ist wahrscheinlich Erich Hartmann, der einzige Mann, der noch mehr Flugzeuge im Kampf heruntergeholt hat.

Hartmann erzählt gern eine Geschichte über Barkhorn, die beleuchtet, wie es dieser fertigbringt, die Ergebenheit und die Zuneigung seiner Männer zu gewinnen.

Hartmann flog zusammen mit Barkhorn an der Ostfront, als dieser einen russischen Jäger angriff. Sein auf kürzeste Entfernung abgegebenes Feuer setzte die russische Maschine in Brand. Als er sah, daß das sowjetische Flugzeug abstürzen mußte, flog Barkhorn neben der getroffenen feindlichen Maschine her, schob seine Kabinenhaube zurück und gab dem russischen Piloten Zeichen auszusteigen. Der nahm seine Chance wahr und kam mit seinem Fallschirm sicher zur Erde. Wieder am Boden fragte Hartmann Barkhorn, warum er das russische Flugzeug nicht einfach in Stücke geschossen habe, selbst wenn das bedeutet hätte, den Piloten zu töten. Barkhorns Antwort hat Hartmann nie vergessen: »Bubi, Du mußt daran denken, daß dieser russische Pilot vor einiger Zeit der kleine Sohn einer hübschen russischen Mutter gewesen ist. Er hat sein Recht auf Leben und Liebe genau wie wir.«

Hartmann sagt über seinen einstigen Kommandeur: »Gerd Barkhorn konnte sich wirklich freuen, wenn ein anderer erfolgreich war. Nur wenige Männer waren so. Als ich ihn überholen konnte, gratulierte er mir aus vollem Herzen. Er war ein Mann und Führer, für den seine Leute durchs Feuer gegangen wären. Jeder wäre stolz gewesen, sich für diesen Chef umbringen zu lassen.

Er war der Jägerführer, von dem jeder Jagdflieger träumt – Führer, Freund, Kamerad, Vater – der beste, den ich jemals traf.

Er tritt ehrlich für die heutige Luftwaffe ein, aber er ist einer der wenigen Kommandeure, dessen Männer auch zehn und sogar fünfundzwanzig Jahre später noch mit Respekt und Zuneigung von ihm sprechen werden. Gerd Barkhorn ist ein unvergeßlicher Mensch.«

So sieht also der Klub »300« aus, dessen zwei Mitglieder zu Recht ihren Platz unter den Unsterblichen der Fliegerei gewonnen haben.

DER DRITTE MANN – GÜNTHER RALL

»Schießen in der Luft ist zu 90 % Instinkt und zu 10 % Zielen.«
Captain Frederick Libby, der erste Amerikaner,
der 5 gegnerische Flugzeuge abschoß.

Fast jeden Freitag Nachmittag kann man auf dem Fliegerhorst Wahn bei Köln einen schlanken Offizier beobachten, der seine Koffer in eine T-33 stopft. Er fliegt dann nach Süden zum Bodensee, wo er das Wochenende mit seiner Familie verbringt. Von denen, die den kleinen Jet beobachten, wie er die Startbahn hinunterrast, weiß kaum einer, daß der Mann im Cockpit an dritter Stelle auf der Liste der erfolgreichsten Jagdflieger aller Nationen und aller Kriege steht. Der Pilot ist Generalmajor Günther Rall.

Im Laufe einer stolzen Karriere zwischen 1939 und 1945 kam Rall auf 275 Luftsiege. Er kämpfte im Frankreichfeldzug, in der Schlacht um England, im Balkanfeldzug und über Kreta. Er flog lange Zeit an der Ostfront und beendete den Krieg bei der Reichsverteidigung. Nach Walter Nowotny war er der zweite Jagdflieger, der 250 Luftsiege erreichte. Nur Hartmann und Barkhorn, die beide mit ihm im JG 52 dienten, übertreffen ihn im Abschußergebnis. Rall erzielte seinen 200. Abschuß am 29. August 1943, als er in Makejewka lag. Er hatte die beste Aussicht, aus dem Kriege als erfolgreichster Jagdflieger hervorzugehen, aber Pech und Verwundungen warfen ihn zurück. Er begann den Krieg als junger Leutnant und beendete ihn als Major und Kommodore des JG 300.

Günther Rall ist ein blonder Fünfziger, braungebrannt und jugendlich im Auftreten, der eher wie ein typischer Kalifornier so um Ende Dreißig herum wirkt. Er verbrachte mehrere Jahre als Projektoffizier für die F-104 in Palm Dale, Kalifornien. Während dieses amerikanischen Zwischenspiels erwarb er sich glänzende englische Sprachkenntnisse. Er ist etwa 1,75 m groß und wiegt etwa 75 Kilo. Er ist in ständiger Bewegung – eine vitale, intensive Persönlichkeit. Wenn er über die alten Tage spricht, dann lebt der ganze Mann mit. Selbst wenn man ihn nicht hören könnte, würde man ziemlich genau wissen, was er sagt.

Wie alle Jagdflieger illustriert er die Flugfiguren mit den Händen. Ja, er geht noch weiter: Wenn er eine Bruchlandung oder die Verfolgung einer gegnerischen Maschine beschreibt, dann hält er einen imaginären Steuerknüppel, bewegt ein unsichtbares Pedal und drückt auf nicht vorhandene Waffenknöpfe. Sein photographisches Gedächtnis macht ihn zum idealen Gesprächspartner für jeden Historiker.

Rall hat die durchdringenden Augen eines Meisterschützen und die zupackende Lebenseinstellung, die zu einem Jagdflieger gehört. Dies also ist Günther Rall. Man kann sich gut vorstellen, was für ein Löwe er auf der Höhe seiner Laufbahn vor einem Vierteljahrhundert gewesen sein muß. Er wurde am 10. März 1918 in Gaggenau in Baden geboren und ist ein typischer Süddeutscher mit dem dazugehörigen lebensfrohen Charakterzug.

Als Junge gehörte er zum CVJM. Er unterschied sich in keiner Weise von den anderen Pfadfindern der ganzen Welt, die bastelten, ins Lager gingen und Selbstvertrauen und ein hilfsbereites Benehmen anderen Menschen gegenüber lernten. Die Möglichkeit zur Fliegerei war damals nicht gegeben, und deshalb hatte er als Junge keine Gelegenheit zum Fliegen.

Nach der Schule trat er 1936 als Offiziersanwärter in das deutsche Heer ein. Er dachte immer noch nicht an eine Fliegerlaufbahn. Er erhielt die typische Ausbildung eines zukünftigen Infanterieoffiziers. Die Richtungsänderung kam 1937, als er auf der Kriegsschule in Dresden war. Ein junger Offizier von der Luftwaffenschule in Dresden gehörte zu Ralls Freunden. Der erzählte an den Wochenenden immer wieder, wie gut das Leben in der Luftwaffe sei. Fliegen war ein aufregendes Abenteuer – ein Traum für jeden jungen Mann. Rall bezweifelte das keineswegs. Er erinnert sich daran: »Ich war nur ein Marschierer – ein Infanterist. Das Fliegen schien Zukunft zu haben und brachte einen gleichzeitig aus dem Dreck heraus. Deshalb sagte ich mir, Fliegen ist auch das Richtige für mich, und ließ mich zur Luftwaffe versetzen.« Er trat im Sommer 1938 in die Flugzeugführerschule in Neu-Dieburg ein und hatte im Frühsommer 1939 alle Kurse durchlaufen. Er bestand seine Prüfung als Flugzeugführer und wurde zur Jagdfliegerschule nach Werneuchen nördlich von Berlin geschickt. Alle berühmten deutschen Jagdflieger haben diese Schule zu irgendeiner Zeit durchlaufen. Günther Lützow mit 5 Abschüssen aus dem spanischen Bürgerkrieg war 1939 Ralls Ausbildungsleiter in Werneuchen.

Der flachshaarige junge Leutnant wurde dann zur II./JG 52 auf einen Flugplatz bei Stuttgart versetzt. Er war der jüngste Offizier des Geschwaders. Das JG 52 flog damals Patrouilleneinsätze entlang der französisch-deutschen Grenze, hatte aber Verbot, den französischen Luftraum zu verletzen. Trotzdem reizte die Chance zu Luftkämpfen, wenn französische Aufklärungsflugzeuge einmal deutsches Gebiet überflogen und angegriffen wurden. Rall verpaßte solche Gelegenheiten leider. Er mußte sich die Erzählungen anderer Kameraden über diese seltenen Abschußmöglichkeiten anhören. Nach einiger Zeit wurde eine dritte Gruppe innerhalb des JG 52 aufgestellt, und Rall wurde zur 8. Staffel des neuen Verbandes versetzt. Während des Frankreich-Feldzuges von Mannheim aus eingesetzt, erzielte der ehrgeizige blonde Junge seinen 1. Abschuß am 18. Mai 1940. Seine Staffel war eingesetzt, um ein aus Frankreich zurückkehrendes deutsches Aufklärungsflugzeug aufzunehmen. Das deutsche Flugzeug wurde 8000 m über Diedenhofen gesichtet, gerade als 12 Curtiss P-36 Jäger der französischen Luftarmee zum Angriff auf die einzelne Maschine ansetzten.

Die deutschen Jäger stürzten sich auf die P-36, und in der nun folgenden Kurbelei schoß Rall eine der in Amerika gebauten Maschinen ab: »Wenn ich daran zurückdenke, muß ich feststellen, daß ich in meinem ersten Luftkampf Glück hatte. Aber er gab mir höllisch viel Selbstvertrauen.« So wie Mölders immer wieder sagte, war es bei Günther Rall: »Es ist das Wichtigste für einen jungen Piloten, seinen ersten Abschuß ohne eine große Aufregung zu erzielen.« Es folgten weitere Einsätze und Erfolge gegen die Franzosen. Dann wurde seine Einheit auf einen deutschen Flugplatz an der Nordsee verlegt, wo die Me 109 für Flüge über Wasser umgerüstet wurden. Neben anderen Dingen wurden sie mit Schlauchbooten für Einsätze über der Nordsee ausgerüstet. Die Gruppe erhielt eine intensive Einweisung in die Kunst, auf dem Wasser niederzugehen und zu überleben. Dann folgte der Ernst des Lebens – die heißen Einsätze gegen England. Von einem Flugplatz nahe Calais nahm die III./JG 52 an dem deutschen Versuch teil, die britische Luftmacht niederzuringen. Rall berichtet darüber: »Jetzt hatten wir es täglich mit Spitfires und rauhen Luftkämpfen zu tun. Manche Einsatzmethoden erwiesen sich als falsch einschließlich des Befehls, als Begleitschutz möglichst nahe an den Bombern zu bleiben. Dies wirkte sich besonders unangenehm bei der Begleitung der Ju 87 aus, die für solche Einsätze selbstmörderisch langsam waren. Man hätte genau so gut unsere Jäger auf dem Boden verbrennen können. Die Spitfires stürzten sich immer mit einem Höhenvorteil auf uns und schossen uns zusammen. Diese bitteren Kämpfe versetzten dem JG 52 harte Schläge. Die III./JG 52 verlor in schneller Reihenfolge ihren Kommandeur und 2 Staffelführer, darunter den Oberleutnant Ehrlich von der 8. Staffel. Nach vier Einsätzen über England wurden bei der Gruppe die Offiziere knapp. Die Deutschen hatten in diesen Tagen ein Verhältnis von vielleicht vier Unteroffizieren zu einem Offizier. Da kein anderer Offizier zur Verfügung stand, wurde Rall Staffelführer. Er war gerade 21 Jahre alt.

Rall blieb bei der 8. Staffel, bis die Gruppe im Oktober 1940 zurückgezogen wurde, um ihre Verluste an Personal zu ersetzen. Als die Lücken in ihren Reihen wieder aufgefüllt waren, warteten die Piloten ungeduldig darauf, wieder an die Kanalküste zurückzukommen. Sie wurden enttäuscht. Auf Grund geheimer Befehle verlegte die Einheit auf einen Flugplatz bei Wien. Von dort aus flog Ralls Staffel hinunter nach Bukarest in Rumänien. Auftrag: Schutz der Bohrtürme, Raffinerien und Ölfelder in Rumänien und Schutz der Brücken über die Donau nach Bulgarien. Die Luftverteidigung des Hafens Constanza gehörte zu Ralls Einsatzaufgaben.

Diese beiden Monate verdrängten den Krieg aus den Gedanken der jungen Männer. Rumänien war zu dieser Zeit ein neutrales Land. Trotzdem verteidigte eine kriegsführende Macht Teile seiner Industrie und Häfen. Die jungen Deutschen wohnten in einem Hotel und saßen in den Nachtlokalen neben den Tischen von britischem, französischem, russischem und amerikanischem Militärpersonal. Und das alles wurde vom rumänischen Geheimdienst überwacht. Aber nach einiger Zeit kannte jeder jeden und seine Geschäfte, und der Krieg schien weit weg. Dieses Zwischenspiel wurde durch die Kommandierung von Ralls Staffel zur Unterstützung des Angriffs auf Kreta beendet. Dieser Angriff wurde erstmals in der Geschichte als reine Landung von Fallschirmjägern auf verteidigtes Gebiet durchgeführt. Von Flugplätzen auf dem Peloponnes flogen Rall und seine Kameraden Erdkampfunterstützung gegen neuseeländische, britische und australische Truppen. Die Royal Air Force wurde auf Kreta schon zu Beginn der Schlacht ausgeschaltet. Rall beschreibt diese Einsätze: »Der Kampf um

Kreta war fürchterlich. Ein tödlicher Kampf – schrecklich sogar von der Luft aus. Auf dieser Insel fanden einige der heftigsten Kämpfe des Krieges statt. Das Zusammenspiel mit den Bodentruppen war außerordentlich schwierig. Zusammen mit den Fallschirmjägern warfen unsere Flugzeuge auch Behälter mit Waffen, Versorgungsgütern und Munition ab.

In jedem Behälter war eine deutsche Flagge. Es war vorgesehen, daß unsere Männer diese Flaggen auf dem Boden auslegten, damit wir sehen konnten, wo sie waren, und eine Vorstellung von dem Frontverlauf erhielten. Die Neuseeländer nahmen diese Flaggen aus vielen der von ihnen erbeuteten Behälter und breiteten sie in ihren Stellungen aus. Für sie war das ein wunderbarer Schutz und führte auf unserer Seite in der Luft zu einer völligen Verwirrung. Der Frontverlauf war keineswegs klar. Dadurch wurde unsere Aufgabe sehr schwierig.«

Nach dem Fall Kretas kehrte Rall mit seiner Staffel über Athen nach Rumänien zurück. Sie wurden auf die Me 109 F mit dem neuen Motor und runden Flächenenden umgerüstet. Nach einer kurzen Ausbildungszeit auf der neuen Produktionsvariante wurde die Einheit am zweiten Tage nach Beginn des Rußlandfeldzuges in die Gegend von Constanza befohlen. Sowjetische Flugzeuge bombardierten die rumänischen Raffinerien, und die Rumänen hatten nur Flak gegen sie einzusetzen.

Rall flog seine Staffel hinunter auf einen unvorbereiteten Grasplatz in der Nähe der Raffinerien und baute einen »Jägerstützpunkt« auf. Alles, was er hatte, waren einige Fässer Treibstoff, die man zusammen mit einer Handvoll Ersatzteile in einer Ju 52 heruntergeflogen hatte. Gebäude und Anlagen waren auf dem Platz nicht vorhanden. Trotz der primitiven Einsatzbedingungen schossen Rall und seine Piloten in den folgenden 5 Tagen zwischen 45 und 50 russische Bomber ab und brachten die sowjetischen Angriffe gegen die Ölfelder zu einem schnellen Ende. Er berichtet über diese Ereignisse:

»Wir hatten nichts zu essen, praktisch kaum noch Treibstoff, keine Unterkunft und nach einigen Einsätzen keine Ersatzteile mehr. Trotzdem waren wir unter diesen mageren Bedingungen für die Rumänen Helden. Antonescu kam und gratulierte uns, und wir fühlten uns sogar ein bißchen wie Helden.«

Als das JG 52 mit dem Jagdschutz im südlichen Rußland betraut wurde, nahm Rall an dem Vorstoß auf die Krim und das Asowsche

Meer teil. In der großen Schlacht um Rostow erzielte er laufend Erfolge, während der Winter des Jahres 1941 die Deutschen langsam in seinen eisigen Griff nahm. Er wird diesen Winter nie vergessen: »Die eisige Kälte brach wie der Blitz über uns herein! Wir hatten keine Bekleidung und Ausrüstung, die für eine solche Kälte geeignet war. Das Thermometer fiel von der Milde des Herbstes im Verlauf einiger Tage auf −30 bis −35° Celsius. Und bei diesen Temperaturen blieb es stehen. Es bedurfte schon höchster Anstrengungen, unsere Jäger morgens anzulassen. Wir machten offene Feuer unter den Flugzeugen, die wir die ganze Nacht durch brennen ließen und nahmen keine Rücksicht mehr auf bestehende Sicherheitsvorschriften, weil wir am nächsten Morgen einsatzbereit sein mußten.«[34]

Zu diesem Zeitpunkt hatte der junge Rall 36 bestätigte Luftsiege. Das tägliche Zusammentreffen mit dem Gegner steigerte seine Abschußzahlen stetig, bis er am 28. November 1941 leichtsinnig wurde. In der Abenddämmerung wurde er in einen Luftkampf verwickelt, dessen Nachwirkungen ihn für den Rest seines Lebens verfolgen werden.

»Es war praktisch schon dunkel, als ich mich mit einigen russischen Jägern einließ. Ich schoß einen ab. Als er brennend zur Erde stürzte, beobachtete ich seine feurige Bahn bis zum Aufschlag. Es gab eine mächtige Stichflamme. Die Beobachtung dieses spektakulären Absturzes lenkte mich nicht nur vom Kampf mit den anderen Russen ab, sondern blendete mich auch zeitweise durch die entstandene Helligkeit.

Ein anderer Russe hatte sich inzwischen an meinen Schwanz gehängt. Er durchlöcherte meinen Motor, und jetzt mußte ich runter. Ich entschloß mich, eine Bauchlandung zu versuchen, täuschte mich aber in der Dunkelheit und merkte zu spät, daß meine Landegeschwindigkeit zu hoch war. Ich setzte in offenem Feld hart auf dem Boden auf und prallte wieder ab. Der Aufschlagpunkt lag kurz vor einem Geländeeinschnitt.

Kaum in die Luft geschleudert, fiel das Flugzeug wieder, weil der Auftrieb weg war. Ich konnte nur noch in den gegenüberliegenden Hang hineindonnern. Versteinert sah ich zu, wie die Wand aus der Dunkelheit auf mich zuschoß. Mein Kopf krachte gegen das Instrumentenbrett. Das war das letzte, was ich wahrnahm.«

Deutsche Soldaten zogen den zerschundenen Rall aus dem Wrack und brachten ihn in ein Feldlazarett. Als er das Bewußtsein wiedererlangt hatte, konnte er seine Beine nicht mehr bewegen und hatte ständig Schmerzen. Ein Bein war taub, das andere überempfindlich. Das Feldlazarett hatte nur die notwendigsten Einrichtungen und keine Röntgenapparatur. Deshalb wurde der Verwundete weiter nach rückwärts verlegt.

Als er endlich in einem gutausgerüsteten Lazarett in Bukarest ankam, wurde er sofort geröngt und untersucht. Die niederschmetternde Diagnose wurde Rall eröffnet. Sein Rückgrat war an 3 Stellen gebrochen. Er hatte Glück, überhaupt noch am Leben zu sein. Das medizinische Urteil: »Mit Fliegen ist es aus.« Als Jagdflieger war er erledigt. Die Ärzte steckten ihn in einen Körpergips und behielten ihn bis nach Weihnachten in dem Bukarester Lazarett. Dann wurde er in das Universitätskrankenhaus Wien verlegt, weil die kritische Natur seines Falles die Betreuung durch einen erfahrenen Neurologen erforderte. In diesem Krankenhaus führte ein glücklicher Umstand zur Besserung des Patienten. Er traf seine zukünftige Frau Hertha, eine hübsche Blondine, die dort als Ärztin tätig war. Neun langweilige Monate lang kämpfte Rall mit Niedergeschlagenheit und mit dem Bewußtsein, nie wieder fliegen zu können. Ein starker Wille und der Lebenshunger der Jugend halfen allmählich wieder, etwas Bewegungsfähigkeit zurückzugewinnen. Nachdem er einmal angefangen hatte, sich mit eigener Kraft zu bewegen, dachte er mehr und mehr an die Möglichkeit, auch wieder fliegen zu können.

Der Besuch eines Freundes, der Kommandeur einer in der Nähe gelegenen Jagdfliegerschule war, gab ihm die Gelegenheit und die Hoffnung, die er brauchte. Er überredete seinen Freund dazu, ihn mit einem alten Doppeldecker fliegen zu lassen. Er mußte herausfinden, ob sein fliegerisches Können noch intakt war. Außerdem gab es noch eine psychologische Seite: Er mußte sich selbst bestätigen, daß wieder mit ihm zu rechnen war.

Rall flog die alte Kiste. Bald kam er sich vor, als hätte er gar keine Zwangspause gemacht. Er bekam die Berichte, über die von seinen Kameraden beim JG 52 reihenweise erzielten Abschüsse. Er wollte aus dem Lazarett heraus und an die Front. Er nutzte die Unkenntnis der Luftwaffenvorschriften in dem Heimatlazarett, das dem Heer unterstellt war, um seine Rückversetzung zum JG 52 durchzusetzen. Mit Beharrlichkeit überwand er den Papierkrieg. Im August befand er sich auf dem Weg nach Taganrog und zu weiterem Einsatz. Er hinkte ja nun gewaltig hinterher, mit 40, 50 und 60 Abschüssen war er gegenüber einigen seiner Kameraden im Rückstand. Rall war entschlossen, wieder aufzuholen. Bereits im November 1942, drei Monate nach der Rückkehr zu seinem Geschwader, hat er seinen 101. Luftsieg errungen. Dies war ein Durchschnitt von zwei Abschüssen auf je drei Tage über die Dauer von drei Monaten. Er war wieder im Rennen.

Sein 101. Luftsieg sicherte ihm die Verleihung des Eichenlaubs, gerade sieben und eine halbe Woche, nachdem er das Ritterkreuz am 3. September 1942 erhalten hatte. Er nahm an den schweren Kämpfen im Südabschnitt der Ostfront teil und gönnte sich nur einen kurzen Urlaub, um seine geliebte Ärztin zu heiraten. Er folgte den vorrückenden Armeen den ganzen Weg zum Kaukasus hinunter, hinauf nach Stalingrad und den ganzen Weg zurück.

Die Kämpfe am Kuban und bei Noworossisk sind tief in sein Gedächtnis eingegraben. Über dem Kuban traf er auf die ersten an der russischen Front eingesetzten Spitfire. Eine russische Gardestaffel in diesem Raum war mit den britischen Maschinen ausgerüstet. Sie bildeten einen ziemlichen Unterschied zu den amerikanischen Airacobras, die vorher schon da waren. Rall ist der Meinung, daß dieses Flugzeug, das den zu dieser Zeit eingesetzten russischen Typen überlegen war, eine bedeutende Hilfe für die sowjetische Luftwaffe gewesen ist. Seine Ansicht über die amerikanische Pacht- und Leihunterstützung basiert auf seiner Erfahrung als Frontflieger: »Die Qualität der Pacht- und Leihflugzeuge war von Wichtigkeit; aber die Qualität der Piloten war genauso ausschlaggebend. Die Maschine kann nur einem Menschen folgen, der sie zu beherrschen versteht. Nach meiner Erfahrung war der durchschnittliche Pilot der Royal Air Force der angriffslustigste und fähigste Jagdflieger, der uns während des 2. Weltkrieges gegenüberstand. Dieses Urteil richtet sich nicht gegen die Amerikaner, weil sie erst später in so großen Zahlen in Erscheinung traten und wir deshalb keine genauen Vergleichsmöglichkeiten haben. Wir waren völlig in der Minderzahl, als die Amerikaner auf der Bildfläche erschienen, während der Kampf in der Schlacht um England unter für beide Seiten gleichen Bedingungen geführt wurde und man deshalb bessere Vergleiche anstellen konnte.«

Die Briten waren wirklich gut. Die Russen hatten in der Masse nur Durchschnitt. Sie hatten allerdings einige Rotbanner-Gardeeinheiten, in denen die besonders guten Piloten zusammengefaßt waren.

»Diese Gardepiloten waren eher wie die Briten, echte Jägertypen – keine Durchschnittsware wie die anderen. Deshalb hing der Wert der Pacht- und Leihflugzeuge davon ab, wer diese Flugzeuge auf der sowjetischen Seite in die Hand bekam.« Der Sieger in 275 Luftkämpfen wurde in der Zeit von 1939 bis 1945 selbst achtmal abgeschossen.

Er konnte siebenmal notlanden und mußte einmal mit dem Fallschirm aussteigen. Seine Notlandungen an der russischen Front kamen unter verschiedenen Umständen und Bedingungen zustande. Rall hatte mit beschädigtem Fahrgestell, ausgefallenem Motor, brennendem Motor, teilweise zerschossenem Rumpf und beschädigter Steuerung zu tun. Seine Bauchlandungen waren spektakulär. Er blieb unverletzt – mit Ausnahme des Absturzes, bei dem er sich das Rückgrat brach.

Gerade noch einmal davon kam er am 12. Mai 1944. Damals war er Kommandeur der II./JG 11 an der Westfront. Dies war eine spezielle Höhenjägereinheit, die den alliierten Jägerbegleitschutz ins Gefecht ziehen sollte, während schwere deutsche Jäger die Bomber angriffen. Rall erzielte mit dieser Einheit eine Reihe von Abschüssen, bevor ihn eine P-47 in der Nähe von Berlin erwischte.

Ein amerikanisches Geschoß riß Ralls linken Daumen weg. Er mußte aussteigen. Während er am Fallschirm hing, hielt er seinen blutenden Daumenstumpf und litt höllische Schmerzen. Er landete erschöpft und blutbespritzt auf einem Feld. Nachdem er sich von seinem Fallschirm befreit hatte, schaute er sich um und sah einen mit einer Mistgabel bewaffneten deutschen Bauern wütend auf sich zukommen. Rall stand auf. »Ich bin ein Deutscher«, sagte er.

Der Bauer kam mit wutverzerrtem Gesicht weiter auf ihn zu. »Ich bin Deutscher!« schrie Rall und hielt seinen blutenden Daumen.

Der Bauer war anscheinend nicht aufzuhalten, und es schien, als ob er Rall unbedingt mit seiner Mistgabel aufspießen wollte. Nachdem er fünf Jahre Luftkrieg überlebt hatte, wollte Rall nicht am Ende noch mit einer Mistgabel in der Brust sterben. Auf den Bauern fluchend lief er blutend, wütend, erschöpft und verzweifelt über den frisch gepflügten Acker davon.

Da nahm der Bauer seine Mistgabel herunter. Er schien endlich überzeugt zu sein, daß er nicht von einem deutschsprechenden Engländer oder Ami hereingelegt werden sollte. Erleichtert war Rall erst, als er ein Telefon fand und dann in ein Lazarett kam.

Im Operationssaal holte er sich eine Diphterieinfektion. Deshalb mußte er von Mai bis November 1944 im Lazarett bleiben. Die Wunde verheilte nur langsam, da der Heilungsprozeß durch die Infektion gestört wurde. Über einen langen Zeitraum hinweg bestand durch die Diphterie wiederum die Gefahr einer Lähmung.

Im November wurde er aus dem Lazarett entlassen und meldete sich beim Stabe Gallands.

Er übernahm eine Verbandsführerschule, die sowohl Einsatz- wie auch Ausbildungsaufgaben hatte.

Von Königsberg-Neumark aus eingesetzt, führte er diese Einheit, bis die Russen dort Anfang 1945 eindrangen. Im März 1945 wurde er zum Kommodore des JG 300 ernannt, das mit »Langnasen«-Fw 190 ausgerüstet war. Diese Einheit, die er bis Kriegsende führte, war als Rammjägerverband bekannt.

Als eines seiner unvergeßlichen Erlebnisse bezeichnet Rall einen Zusammenstoß in der Luft mit einem sowjetischen Jäger: »Es war 1943 – gerade zu der Zeit, als die Fw 190 an der Ostfront eingeführt wurde. Ich hatte noch keines dieser neuen Flugzeuge gesehen. Die Russen benutzten in dieser Gegend häufig deutsche Verbandsformen und flogen oft in Rotten und in Schwärmen. Das Flugzeug, das ich unter mir sichtete, sah nach den Photos und Schattenrissen, die ich von der FW 190 gesehen hatte, ziemlich ähnlich aus. Deshalb wollte ich sicher gehen, bevor ich es abschoß.

Ich konnte an dem anderen Flugzeug weder die Farbe noch die Hoheitsabzeichen ausmachen und sah nur die Umrisse. Deshalb jagte ich mit hoher Geschwindigkeit hinterher, zog hoch und sah das Flugzeug in diesem Augenblick gegen den Boden anstatt gegen die Sonne. Der rote Stern strahlte mir von seinem Rumpf entgegen. Ich konnte nicht wegkurven, da er dann auch gekurvt hätte, um mich wie eine Ente abzuschießen.

Ich versuchte einen Abschwung nach links, wollte schießen, aber dann gab es einen ohrenbetäubenden Krach. Zusammenstoß! Ich war von oben auf den Russen geknallt. Ich sägte mit meinem Propeller durch seine Tragfläche und er sägte mit seinem Propeller durch meinen Rumpf. Ihn hatte es schlimmer erwischt, weil mein Propeller wie eine Kreissäge durch seine Tragfläche gegangen war. Er verlor die Tragfläche und geriet rettungslos ins Trudeln. Ich konnte eine Bauchlandung machen, bevor mein Rumpf auseinanderbrach. Das Geräusch und die Wucht dieses Zusammenstoßes in der Luft werde ich nie vergessen.«

Günther Rall hat ein gutes Erinnerungsvermögen. Er sagt, daß ihm fast jeder Abschuß noch vor Augen steht.

Er übertreibt nie, sondern erzählt in der überzeugenden Weise eines Mannes, der tatsächlich die Ereignisse in ihrem wirklichen Ablauf wieder aufleben lassen kann.

Seine Erklärung für diese bemerkenswerte Erinnerungsgabe ist einfach: »In meinem Falle, und ich kann in diesem Zusammenhang nicht für andere sprechen, sind diese Kämpfe einfach in meinem Gedächtnis festgehalten wie auf einem Film. Wenn man in den Luftkampf geht, denkt man einfach an nichts anderes. Jeder Funke des Bewußtseins ist auf dieses bestimmte Geschehen ausgerichtet, bei dem man um sein Leben kämpft. Man konzentriert sich einfach nicht mit der gleichen Intensität auf irgend etwas anderes. Die Lebhaftigkeit der Erinnerung steht im Verhältnis zu dem Grad der Konzentration bei dem Geschehen selbst.

Ich bin nicht in der Lage, die Luftsiege nach Zahlen in meinem Gedächtnis zu unterscheiden. Ich kann mit Ihnen nicht über einen bestimmten Abschuß sprechen und dabei sagen »Das war der Zwanzigste, oder der Achtunddreißigste.« Aber von jedem Einsatz kann ich berichten, in welcher Lage ich mich befand, wo die Sonne stand und was für Flugmanöver ich und das gegnerische Flugzeug, mit dem ich kämpfte, flog.«

Eine solche Erinnerung betrifft zum Beispiel die Verfolgung eines sowjetischen Jägers im Kaukasusgebiet: »Ich wußte, daß ich ihn hatte. Wir rasten beide dahin, und ich saß hinter ihm. Beide Flugzeuge hatten die gleiche Geschwindigkeit und flogen knapp über dem Boden. Der Russe versuchte eine flache Linkskurve zu fliegen und bot mir damit meine Chance. Ich drückte den Waffenknopf und traf ihn mit den ersten paar Schüssen. Er schlug sofort auf dem Boden auf und verschwand in einer riesigen Sandwolke. Außer verstreuten Trümmerteilen blieb nichts von ihm übrig. Als er aufschlug, riß es ihn in Stücke.«

Wie Rudorffer und Marseille beherrschte Rall das Schießen mit Vorhalten aus der Bewegung heraus wirklich meisterhaft. Heinz Bär, der mit 107 Abschüssen hinsichtlich Luftsiegen über Westalliierte gleich hinter Marseille lag, bezeichnet Rall als einen der größten Schützen der Luftwaffe, der aus jeder Lage schießen konnte. Rall selbst meint, daß seine Treffsicherheit mehr auf harter Arbeit, als auf irgend etwas anderem beruhte: »Ich hatte eigentlich kein Schießrezept. Es ist in erster

Linie eine Sache des Gefühls, die dieses Können entwickelt. Ich war fünfeinhalb Jahre an der Front, und da bekommt man einfach das Gefühl für den richtigen Vorhaltewinkel. Fritz Obleser[35] war bei verschiedenen Abschüssen mein Zeuge. Er flog oft mit mir. Ich sagte immer wieder zu ihm: »Schau auf mich, und ich werde dir zeigen, wie man es macht.« Er war erstaunt und freute sich darüber, blieb aber skeptisch, ob jeder ein Flugzeug aus allen möglichen Winkeln abschießen konnte, wenn er ein Gefühl für das Schießen aus dem Vorhaltewinkel hatte. Manchmal brüllte Obleser bei solchen Abschüssen im wahrsten Sinne des Wortes vor Überraschung.

Ich konnte nicht immer direkt hinter einem Gegner einkurven. In einigen Fällen hätte schon der Versuch dazu genügt, daß sie sich hinter mich setzen konnten und dadurch die Chance bekamen, mich abzuschießen. Manchmal nahm ich die Schnauze hoch und drückte in dem Augenblick auf die Knöpfe, in dem meine Eingebung und mein Gefühl mir sagten, daß es der richtige Moment war – also mit dem Gefühl für den Vorhalt, das ich vorher beschrieben habe. Bumm! Das andere Flugzeug flog genau in die Garbe hinein. Deshalb muß ich sagen, daß ich kein Rezept hatte und mich nicht als genialen Jäger ansehe. Ich erzielte Abschüsse auf große und kürzeste Schußentfernungen – es ging bis zum Zusammenstoß in der Luft – und ich muß ausdrücklich sagen, daß es die harte Arbeit und die Erfahrung waren, die mir zum Erfolg verhalfen.«

Rall flog in der Zeit von 1939–45 annähernd achthundert Einsätze und stellte sich etwa sechshundertmal zum Luftkampf. Ein begabter Pilot und Schütze, der so oft eine Chance hatte und dabei überleben konnte, mußte einfach eine stattliche Abschußzahl erreichen. Allein im Oktober 1943 erzielte er vierzig Abschüsse. An manchen Tagen kam er auf mehrere Luftsiege.

Hartmann weiß noch, wie Rall sich von dem ohnehin schon bescheidenen Gesellschaftsleben seiner Gruppe immer mehr zurückzog. Er ging früh zu Bett und war früh auf, um den Gegner zu jagen. Rall ist ohne Zweifel ehrgeiziger als Hartmann oder Barkhorn gewesen und sicherlich mit einem stärkeren Sinn für Rivalität und Wettstreit ausgestattet. Mit seiner Versetzung an die Westfront hört seine große Erfolgsserie auf. Der lange Lazarettaufenthalt nach dem Verlust seines Daumens ließ ihn gegenüber dem ständig im Einsatz befindlichen Hartmann zurückfallen.

Zu Ralls nachhaltigsten Erinnerungen gehört das Zusammentreffen mit einer von einem Franzosen geflogenen Airacobra an der russischen Front: »Mein Adjutant flog mit mir, und ich sichtete unter uns ein feindliches Flugzeug. Ich leitete einen ersten Angriff aus der Sonne ein, ohne daß er mich sah. Ich hatte diese Airacobra in meinem Visier, als sie plötzlich ein wenig nach links drehte. Es war nur ein leichtes Kurven nach links. Dabei zeigte sie ihre ganze linke Seite. Ich hielt vor und drückte auf die Knöpfe. Es gab eine helle Flamme in der Luft, als der Treibstoff in den Tanks zu brennen anfing. Sie explodierte nicht. Nur der auslaufende Treibstoff brannte. Die gigantische Flamme war mindestens hundert Meter lang, und ich hatte keine andere Wahl, als mit hoher Geschwindigkeit in sie hineinzufliegen. Zu dieser Zeit waren die Querruder der Me 109 noch stoffbespannt, und als ich auf der anderen Seite aus dem phantastischen Feuerball herauskam, war kein Stoff mehr an den Querrudern – nur noch der Metallrahmen war übriggeblieben. Der Anstrich meines Flugzeuges löste sich in Blasen ab, so als wäre eine Lötlampe von der Schnauze bis zum Heck darüber weggegangen.

Die Airacobra flog in etwa 4000 Meter Höhe und stürzte dann wie ein Stein ab. Sie schlug auf dem Rücken auf und blieb so liegen[36]. Nur eine leichte Rauchsträhne lag über der Stelle. Das Flugzeug war bereits in der Luft vollständig ausgebrannt. Auch dieses Ereignis werde ich nie vergessen.«

Genausowenig wird das an dritter Stelle rangierende deutsche As jemals vergessen, wie er mit einer P-2 auf große Schußentfernung zusammentraf: »Ich sichtete den Russen, verfolgte ihn, und er sah mich. Er war verdammt schnell, und er drückte weg. Ich konnte nicht an ihn herankommen. In einer leichten Linkskurve erreichte ich endlich soviel Vorhalt, daß ich dachte, es könnte reichen. Ich wußte, daß es gerade noch hinhauen konnte, da er ziemlich am Ende der überhaupt möglichen Schußentfernung flog.

Ich schoß. Die Treffer lagen an seiner Tragflächenwurzel, wo sie wie ein Feuerwerk aufblitzten. Seine Tragfläche brach ab, und er trudelte runter. Mit seiner hohen Geschwindigkeit hatte er sich an der Grenze der strukturellen Belastbarkeit eines Flugzeuges befunden. Die geringe, zusätzliche Wucht meiner Geschosse hatte dazu geführt, daß seine Tragfläche abmontierte und er innerhalb von Sekunden auf dem Boden zerschellte.«

Rall flog alle Haupttypen deutscher Jagdflugzeuge während des 2.

Weltkrieges, die langnasige Fw 190 und den Me 262 Düsenjäger eingeschlossen. Er flog auch erbeutete alliierte Maschinen, einschließlich der P-51, P-47, P-38 und verschiedene Modelle der Spitfire. Dieser britische Spitzenjäger war sein bevorzugtes alliiertes Flugzeug. Unter den deutschen Jagdflugzeugen galt seine Vorliebe unerschüttert der Me 109:

»Ich hatte immer ein gutes Gefühl, wenn ich die Me 109 flog – und das galt auch für ihre Bewaffnung. In der Fw 190 hatte man vier Maschinenwaffen und eine wirksamere Feuerkraft im Vergleich zu den drei der Me 109. Trotzdem mochte ich die außenliegenden Kanonen der FW 190 nicht, weil die hohen g-Kräfte Ladehemmungen und mechanische Schwierigkeiten mit sich brachten. Ich bevorzugte drei Waffen in der Mitte des Flugzeuges, direkt an der Längsachse. Das bedeutete, daß man sehr genau zielen mußte, aber wenn das der Fall war, dann tat unsere ausgezeichnete Munition auch ihr Werk. Sie hatte hohe Explosivkraft, und wenn man ein feindliches Flugzeug damit traf, dann war es erledigt.«

Rall ist der Ansicht, daß die Vorteile der Waffen nahe der Längsachse durch amerikanische Erfahrungen bestätigt wurden. Die Lockheed P-38 hatte ihre Waffen in der Rumpfnase konzentriert, während sie bei der P-51 Mustang und der P-47 Thunderbolt in den Tragflächen eingebaut waren. Die Waffen der P-38 waren im Hinblick auf die g-Kräfte weniger anfällig als die der P-51 und P-47 [37].

Die deutschen Jagdflieger wurden von ihrer Führung dazu angehalten, die zahlreichen zur Verfügung stehenden, erbeuteten und wieder instandgesetzten alliierten Jagdflugzeuge zu fliegen. Rall war besonders versessen darauf, sie auszuprobieren. Während der Zeit an der Verbandsführerschule flog er als »britischer« oder »amerikanischer« Pilot gegen seine Schüler. In gestellten Luftkämpfen konnten die Staffelführer einen wertvollen Einblick in die Kampfqualität der gegnerischen Flugzeuge erhalten und lernen, deren Schwächen auszunutzen.

Bei Kriegsende war Günther Rall Kommodore des JG 300, das von einem Flugplatz bei Salzburg aus eingesetzt wurde.

Die Kampfkraft der Einheit war geschrumpft, weil die notwendigen technischen Anlagen und Treibstoff fehlten. Als gemeldet wurde, daß die Amerikaner auf der Autobahn näherrückten, entschied sich Rall, seinen Krieg zu beenden. Er löste das JG 300 auf.

Bei anderen deutschen Einheiten verfuhr man ähnlich. Die einst stolzen und disziplinierten Verbände wurden zu losen Haufen, die durch die Lande wanderten in dem Bestreben, Heimat und Familie zu erreichen.

Rall schloß sich dem großen Treck an. Nach ein paar Tagen wurde er geschnappt und, weil er nicht die richtigen Papiere hatte, nach Salzburg in ein Kriegsgefangenenlager zurückgebracht. Es folgte eine Verlegung nach Heilbronn in ein riesiges PW-Camp. Hunderte von ehemaligen deutschen Soldaten lagen hinter Stacheldraht. Es gab weder Nahrungsmittel noch die notwendigsten Einrichtungen.

Eines Morgens erschien der Lagerkommandant und befahl allen Luftwaffenoffizieren, in Reihe anzutreten. Dann rief er Namen auf: »Barkhorn!« »Krupinski!« »Rall!« Diese Namen waren vielen zuhörenden Mitgefangenen geläufig. Zunächst dachte Rall, daß es ein Aufruf für Piloten mit hohen Auszeichnungen sei, und hielt sich deshalb zurück. Am 13. September 1943 hatte er die zweithöchste deutsche Auszeichnung, die Schwerter erhalten. Er wußte, daß Barkhorn die gleiche Auszeichnung am 2. März 1944 bekommen hatte und daß Krupinski am gleichen Tage, als Barkhorn die Schwerter erhielt, mit dem Eichenlaub ausgezeichnet wurde.

Die Überlegungen der Alliierten hatten nichts mit Auszeichnungen zu tun. Der bisherige Gegner suchte alle Piloten heraus, die die Me 262 geflogen hatten. Nachdem sie Rall gefunden hatten, wurde er in Heilbronn unter die Lupe genommen.

»Wie würde es Ihnen gefallen, nach Amerika zu gehen?« wurde er gefragt. Auf diese überraschende Frage konnte Rall nur mit einer Zusage antworten. Er berichtet:

»Zu dieser Zeit bestand uns gegenüber noch eine andere Einstellung. In erster Linie waren wir gegen die Russen, weil wir sie kannten. Wir bevorzugten die Westmächte, und wir waren zu allem bereit, um die Russen fernzuhalten. Wir hatten schon in den östlichen Gebieten Deutschlands Erfahrungen sammeln können, wie die Vergewaltigung von Frauen und ähnliche Exzesse. Aus diesem Grunde war ich bereit, ja zu sagen, als ich gebeten wurde, nach Amerika zu gehen, um dort Düsenjägerverbände aufbauen zu helfen. Ich sah es als eine sinnvolle Aufgabe an. Sicherlich ist unsere psychologische Einstellung aus heutiger Sicht heraus schwer zu verstehen. Wenn ich mich aber in die damalige Zeit zurückversetze, dann bleiben mir keine Zweifel, daß wir richtig gehandelt haben.«

Otto Kittel, nach 267 Luftsiegen gefallen (oben links).

Heinz Bär, 220 Luftsiege, davon 16 mit Me 262 (oben rechts).

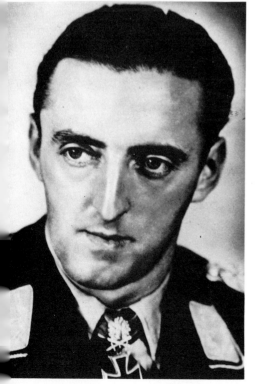

Hermann Graf, letzter Kommodore des JG 52, hat insgesamt 212 Luftsiege erreicht, davon 77 innerhalb von nur 30 Tagen (links).

Walter Schuck, 206 Luftsiege, davon 8 mit Me 262 (oben links).

Heinrich Ehrler, nach 204 Luftsiegen (die letzten 3 mit Me 262) gefallen (oben rechts).

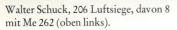

Anton Hafner, nach 204 Luftsiegen gefallen (rechts).

Er wurde auch gefragt, ob er Einsätze gegen Japan fliegen würde. Und er meint, daß dies nur ein Vorfühlen durch seinen Befrager war. Die Frage wurde aber gestellt. Nachdem die Amerikaner mit den deutschen Gefangenen fertig waren, wurden die führenden Asse nach England geschickt. Sie erhielten fünfzehn Minuten Zeit, um ihre Sachen zusammenzupacken und sich am Lagertor zu melden. Sie waren zusammen acht Mann.

»Nach einer Fahrt von etwa einer halben Stunde hielt der Fahrer an. Er öffnete den Kofferraum und bot uns ausgehungerten Deutschen einen seltenen Anblick. Corned beef, Tomatensaft, Bier und andere Delikatessen, die wir jahrelang nicht gesehen hatten, wurden vor uns ausgebreitet. Man behandelte uns gut, weil man etwas von uns erfahren wollte. Wir waren froh, daß der Krieg vorbei war und daß wir ein vernünftiges Essen vorgesetzt bekamen.«

Bestimmungsort war das britische Befragungslager in Bovingdon, das berühmte Lager 7, wo sich viele ehemalige Gegner der Schlacht um England zum ersten Male von Angesicht zu Angesicht gegenüberstanden. Galland, Barkhorn, Heinz Bär, Krupinski und Rall gehörten zu den bekannteren unter den Gästen Seiner Majestät.

Abwechselnd mit ausgezeichnetem Essen und Fragen über die Me 262 bedacht, gab Rall freimütig seine Antworten und nahm dafür im Austausch anständige Portionen an Nahrungsmitteln.

»Da war nichts mehr geheimzuhalten. Sie hatten viele intakte Me 262 erbeutet, und die Luftwaffe hatte aufgehört zu existieren.«

Ein wohlgenährter Rall wurde in das große Kriegsgefangenenlager nach Cherbourg zurückgebracht, wo sich zweihunderttausend Deutsche in Gefangenschaft befanden. Die Verpflegungsprobleme in diesen riesigen Internierungszentren waren unüberwindlich.

Wie ein Kamel mußte sich Rall durch seine in Bovingdon angefutterten Reserven am Leben halten. Als er erneut nach England gebracht wurde, hatte er zehn Pfund abgenommen. Diesmal war er in Begleitung des legendären Stukapiloten Hans-Ulrich Rudel. Sie wurden in einer englischen Beechcraft nach Tangmere, dem historischen in Südengland gelegenen RAF-Stützpunkt, geflogen.

Zwei Wochen in Tangmere gaben Rall Gelegenheit, sein verlorenes Gewicht wieder auszugleichen. Er beantwortete eine Flut technischer Fragen. Einer seiner Gastgeber war das berühmte RAF-As Bob Stanford Tuck, mit dem ihn auch heute noch eine Freundschaft verbindet.

Das Zwischenspiel endete, als Rall (der ja Gefangener der Amerikaner war) nach Cherbourg zurückkehren mußte.

Er fing nun an, die hohen Anforderungen des nahezu sechsjährigen Krieges zu spüren. Er erklärte dem Lagerarzt, daß er während des Krieges schwer verwundet und gelähmt war und in die Obhut seiner Frau, die Ärztin sei, nach Hause wolle.

Er wurde entlassen.

Diese einfache Lösung seiner Probleme kam für Rall sehr überraschend. »Ich mußte nur fragen«, sagte er.

Glücklicherweise hatte er seine Frau aus Wien herausgebracht, bevor die Russen kamen. In Bayern begannen sie mit dem Aufbau eines neuen Lebens.

Etwas von der psychischen Belastung, der Rall während des Krieges neben seinen Kampfeinsätzen ausgesetzt war, läßt sich ermessen, wenn man weiß, was seine Frau mitgemacht hat, während er im Einsatz stand. Hertha Rall verlor vier Babies während des Krieges. Auf Grund von Bombenangriffen erlitt sie drei Fehlgeburten. Während der vierten Schwangerschaft fuhr sie von Wien aus mit dem Zug, um mit ihrem Mann zusammenzutreffen. Der Zug wurde von Tieffliegern angegriffen. Sie mußte aus dem Zug heraus und rannte um ihr Leben. Dies führte dazu, daß sie auch ihr viertes Kind verlor.

Nun begannen sie ihr Leben neu aufzubauen und fingen nach Ralls Worten bei »Null« an. Als kinderloses Ehepaar zogen sie nach Reutlingen. Günther Rall wollte sich an der Universität Tübingen immatrikulieren und Medizin studieren. Er machte die gleiche häßliche und enttäuschende Erfahrung, die viele andere ehemalige Offiziere im Nachkriegsdeutschland auch machten. Es hieß: »Sie sind ein Militarist, hier können Sie nicht studieren!«

In diesem Zusammenhang verweist Rall auf eine Tatsache, die im allgemeinen weder in westlichen Ländern noch in Deutschland selbst richtig bekannt ist: »Einem aktiven Offizier war es im Vorkriegsdeutschland niemals erlaubt, einer politischen Partei beizutreten. Es war strikt verboten. So waren eigentlich wir diejenigen, die weiße Westen hatten, aber sie machten uns verantwortlich. Wir waren nur Soldaten. Diese Weisung, die uns verbot, in politische Parteien einzutreten, geht auf die alte Weimarer Demokratie zurück. Einige Offiziere waren zwar Ehrenmitglieder der Nationalsozialistischen Partei, dies hatte aber nichts mit einem regulären Eintritt und einer Mitarbeit in der Partei zu tun. Ich war niemals Mitglied einer politischen Partei, weil ich aktiver Offizier war. Mir war es untersagt, Mitglied zu werden, selbst dann, wenn ich es gewollt hätte.« Rall mußte nun den gleichen Spießrutenlauf durchmachen, der das Schicksal so vieler nach dem Kriege war. Er wollte unbedingt arbeiten und jede Arbeit annehmen, aber er wurde überall als »Militarist« beschimpft.

Einmal erhielt er eine Arbeit in einer Textilfabrik. Kaum stand er auf der Lohnliste, da gab es Ärger mit den Gewerkschaftsfunktionären. Sie sagten: »Sie sind ein ehemaliger Offizier, für Sie gibt es keine Arbeit.« Und schon saß er wieder auf der Straße. Endlich zog er nach Stuttgart und fand eine Anstellung bei der Firma Siemens. Viele Betriebe, die ehemaligen deutschen Offizieren gehörten oder von solchen geleitet wurden, wurden zu Anlaufpunkten für andere ehemalige Soldaten, die Opfer von Deutschlands unfairer Nachkriegspolitik gegenüber Soldaten geworden war.

Siemens stand zu dieser Zeit unter der Leitung von alten Soldaten aus dem 1. Weltkrieg. Sie waren nicht der Meinung, daß ein Soldat schäbig behandelt werden sollte, weil er seine Pflicht getan hat. Dort fand Rall endlich seinen Platz. Er wurde Vertreter für Siemens in Süddeutschland und blieb bis 1953 bei dieser Firma.

Hertha Rall war inzwischen Ärztin an der bekannten Schule in Salem/Baden geworden. Günther Rall verließ Siemens, um Verwalter dieser Schule und Assistent des Direktors, Prinz Georg Wilhelm von Hannover, zu werden. Der frühere »Experte« wußte, daß Steinhoff und Hrabak bereits in Bonn arbeiteten, um den Wiederaufbau der Bundeswehr vorzubereiten. Er wußte auch, daß er in die neue deutsche Luftwaffe eintreten würde, sobald es an der Zeit sei.

Am 1. Januar 1956 ging er in seinen ursprünglichen Beruf zurück. Er wurde von amerikanischen Fluglehrern in Landsberg auf der T-33 ausgebildet. Die Schießausbildung auf F-84 folgte auf dem Luftwaffenstützpunkt Luke in Arizona. 1958 wurde er dann dem Inspekteur für Jagdbomber zugeteilt. Gegen Ende des Jahres wurde Rall vom Inspekteur, General Kuhlmey, gefragt, ob er die F-104 fliegen wolle.

Seine Antwort war ein begeistertes Ja.

Im November 1958 kam er in die Vereinigten Staaten zurück und wurde auf der F-104 eingewiesen. Im März darauf übernahm er auf Befehl von General Kammhuber den Projektstab für die nächsten fünf Jahre. Er war für alle Erprobungen und die Einführung des neuen

Waffensystems in die heutige Bundesluftwaffe verantwortlich.

Seiner Einführung als Kommodore eines mit F-104 und F-84 ausgerüsteten Jägergeschwaders ging ein sechsmonatiger Lehrgang am Nato Defense College in Paris voraus. Im April 1966 wurde er Inspekteur der fliegenden Jagdverbände mit seinem Hauptquartier auf dem Flugstützpunkt Wahn bei Köln. Diese Position hatte er inne, als diese Zeilen geschrieben wurden. Im November 1967 wurde er zum Generalmajor befördert. Inzwischen ist er Generalleutnant.

Der ausgezeichnete Flieger traf sich häufig mit vielen seiner ehemaligen Jagdfliegerkameraden.

Erich Hartmann und Willi Batz waren beide in Wahn. Fritz Obleser, sein erster Rottenkamerad, war nicht weit weg als Geschwaderkommodore. Barkhorn war Chief of Operations bei der 4. ATAF in Ramstein. Hrabak, Steinhoff und Galland waren über ein Ortsgespräch zu erreichen.

DER »GLÜCKLICHE FALKE« – WOLFGANG FALCK

»Er sieht aus wie ein Falke.
Er ist nicht groß genug, ein Adler zu sein.«
                                    The Aeroplane. 1. März 1940.

Die erste größere Luftschlacht zwischen Deutschen und Briten nach dem 1. Weltkrieg wurde am 18. Dezember 1939 über der Deutschen Bucht ausgefochten. Durch Frühwarnradar alarmiert, fingen die Jäger der Luftwaffe einen Wilhelmshaven angreifenden Bomberverband der RAF im klassischen Sinne ab.

Der Angriff war eine Katastrophe für die Briten, und die deutsche Propaganda nutzte diesen Sieg der Luftwaffe weidlich aus. Im Vergleich zu späteren Luftschlachten des Krieges war dies ein bescheidenes Ereignis, aber Ende 1939 war es von großer Bedeutung. Drei deutsche Offiziere wurden für die Propagandaschau ausgesucht. Wochenschaufilme, Rundfunksendungen und zahlreiche Zeitungs- und Illustriertenberichte gehörten zu der Propagandakampagne. Die drei neuen deutschen Helden waren Oberstleutnant Karl Schuhmacher als Geschwaderkommodore und die Kapitäne seiner beiden erfolgreichsten Staffeln: Johannes Steinhoff für die Me 109-Staffel und der Führer der Me 110-Zerstörer, Wolfgang Falck.

Als Berichte von diesem deutschen Sieg über ganz Europa verbreitet wurden, stieß der Redaktionsstab einer bekannten englischen Luftfahrtzeitschrift auf einen alten Bekannten. Der Herausgeber dieser Zeitschrift war vor dem Kriege mehrere Male mit Falck zusammengetroffen.

Er stellte zwar trocken fest, daß die deutsche Schilderung der Schlacht vielleicht ein wenig aufgeblasen sei, aber dann fand der britische Redakteur doch freundliche Worte, um seinen Lesern Falck, den jetzt feindlichen Piloten, vorzustellen:

»Er sieht wie ein Falke aus. Er ist nicht groß genug, um ein Adler zu sein.

Aber er hat die adlerhaften Züge, die Künstler und Schriftsteller gerne heldenhaften Fliegern zusprechen. Er spricht ausgezeichnetes Englisch und ist ein charmanter Gesprächspartner«.

Diese Beschreibung Wolfgang Falcks hat heute noch genauso Gültigkeit wie vor mehr als 30 Jahren. Sein »Federkleid«, das einst schwarz war, ist jetzt grau, aber er sieht immer noch wie ein Falke aus. Seine auffallende Nase beherrscht ein Gesicht, in dem Entschlossenheit und Freundlichkeit nebeneinander Platz haben.

Falck wirkte Mitte der sechziger Jahre noch charmanter, als er dem britischen Redakteur von vor dem Kriege her bekannt war. Sein Charme trug jetzt die Patina der Reife. Er könnte zu Recht »der Mann, den man nicht hassen kann« genannt werden.

Große amerikanische Konzerne kennen und schätzen den Wert einer solchen Persönlichkeit. Deshalb überrascht es kaum, daß Falck jetzt Berater für die North American Aviation Inc. in Bonn ist. Seine Kenntnisse der Luftfahrt schließen beachtliche organisatorische und verwaltungstechnische Leistungen ein, dies zusammen mit seinen langen Erfahrungen als Flugzeugführer. Diese Qualifikationen erhalten eine zusätzliche Dimension durch seine Gabe, bei anderen Menschen gut anzukommen. Seine gegenwärtige Tätigkeit bringt all diese Attribute voll zum Tragen.

Unter den Jagdfliegern der alten Luftwaffe, mit denen wir es im einzelnen in diesem Buch zu tun haben, hat er die wenigsten Abschüsse. Ihm wurden nur sieben Luftsiege zugesprochen, die er alle in der Me 110 erzielt hat. Von dieser Warte aus gesehen, ist er vielleicht »nicht groß genug, um ein Adler zu sein«. Aber in der Geschichte der Luftwaffe ist er doch ein größerer Vogel als mancher Adler mit über 100 Luftsiegen.

Der Falke erhob sich erstmals 1931 in die Lüfte, als er Angehöriger der 100 000-Mann-Reichswehr war, die Deutschland nach dem Versailler Vertrag zugestanden wurde. Die Armee wählte jährlich 30 ihrer besten jungen Männer zur Ausbildung an der deutschen Luftverkehrsschule unter Keller aus. Falcks Chef in Schleißheim, wo er sein Ausbildungsjahr verbrachte, war Rittmeister a. D. Carl Bolle. Der begeisterte 20 Jahre junge Falck sah in dem Helden aus dem 1. Weltkrieg und Ritter des Pour le Mérite eine inspirierende Persönlichkeit.

1932 war das russisch-deutsche Abkommen, unter dem deutsche Piloten in Rußland ausgebildet wurden, noch in Kraft.

Von jeder Klasse, die aus Schleißheim hervorging, wurden 10 der 30

Heerespiloten und 5 der 10 Marinepiloten zur Jagdfliegerausbildung in Rußland ausgewählt. Die Eltern dieser jungen Leute erhielten keine genauen Auskünfte über den Aufenthalt ihrer Söhne. Angeblich waren sie in die deutsch-russische Luftfahrtgesellschaft DERULUFT eingetreten, die eine Luftlinie zwischen Königsberg in Ostpreußen und Moskau beflog. Tatsächlich waren sie in Lipezk bei dem Stab eines russischen Jagdgeschwaders stationiert. Falck beschreibt dieses wundersame Abkommen, unter dem sich die zukünftigen Gegner gegenseitig unterstützten: »Es war etwas verwirrend. Unser Stab bestand aus Deutschen, aber alle Mechaniker, Hallenarbeiter und das Wartungspersonal waren Russen – russische Soldaten –, da es sich um einen Militärflugplatz der Roten Armee handelte. Ein Teil der Hallen war für die Russen und ein Teil für die Deutschen. Der Flugzeugtyp, den wir flogen, die Fokker D-XIII, hatte einen Hauch Internationalität. Es war ein in Holland entwickeltes Flugzeug mit einem britischen Napier »Lion« Motor. Alle technischen Handbücher waren in spanischer Sprache geschrieben. Wir hatten erhebliche Schwierigkeiten mit diesen Handbüchern. Deutschland war es nicht gestattet, Flugzeuge zu besitzen, deshalb wurden die Maschinen von einer südamerikanischen Regierung gekauft. Ich weiß nicht von welcher. Dann wurden die Flugzeuge verkauft und für deutsche Benutzung nach Rußland verladen. Es waren mindestens 5 Staaten an der geheimen Ausbildung der deutschen Piloten in Rußland beteiligt.«

Als Falck nach Deutschland zurückkam, hatte er Schwierigkeiten, sich wieder anzupassen. Die Legende einer Reichswehr ohne Flugzeuge und Piloten wurde immer noch aufrecht erhalten. Frisch aus der Jagdfliegerausbildung kommend, mußte sich ein unglücklicher Falke wieder mit dem langweiligen Leben in der Friedensinfanterie und dem damit verbundenen Kasernenhofdrill abfinden. 18 Monate lang waren sie von berühmten Kriegsfliegern ausgebildet und angestachelt worden, diesen nachzueifern. Jetzt war es ihnen sogar verboten, ihren Kameraden bei der Infanterie zu erzählen, daß sie Piloten waren.

Diese Situation brachte unvorhergesehene Schwierigkeiten mit sich. »Wenn Scharfschießen angesetzt war, schossen diejenigen von uns, die in Rußland waren, das Schwarze auf der Zielscheibe in Fetzen. Manchem Feldwebel fielen fast die Augen aus dem Kopf. Mißtrauisch wurden wir immer wieder gefragt, warum wir so gut schießen konnten. Ich erfand eine Geschichte über meinen Vater, der ein großer Jäger war.

Diese Schleiferei bei der Infanterie dauerte zwei Jahre. Die einzige Unterbrechung war ein jährlicher 6-Wochen-Auffrischungslehrgang auf der Arado 64 in Schleißheim«.

1934 wurde Falck zum Leutnant befördert und erhielt gleichzeitig den Befehl, seinen Abschied einzureichen. Er war 24 Jahre alt. Was wie das Ende einer kurzen militärischen Laufbahn aussah, war in Wirklichkeit der Beginn einer langen und ganz anderen Karriere. Falck wurde Kettenführer an der Jagdfliegerschule in Schleißheim.

Hitler war an die Macht gekommen. Eine neue Luftwaffe wurde fast aus dem Boden gestampft. Falck durfte jetzt offiziell fliegen und war bereits Ausbilder, als Trautloft, Lützow, Galland, Mölders und andere zukünftige Sterne der Luftwaffe noch in der Ausbildung standen. Diese Männer gehörten den Jahrgängen 1910 bis 1914 an und waren bei Kriegsausbruch vollausgebildete Staffelführer.

Als Hitler im Rheinland wieder Garnisonen einrichtete, wurde eine neue Jagdgruppe in Kitzingen aufgestellt, und die Ausbilder von Schleißheim kamen dorthin.

Falck und seine Ausbilderkameraden flogen in ihren Arado 65 nach Frankfurt a. M. hinunter. Die neue Gruppe war die erste Luftwaffeneinheit, die dort stationiert wurde. Wie groß Hitlers erstes Wagnis war, ist in zahlreichen historischen Werken hervorgehoben worden. Falck steuert in Bezug auf die junge Luftwaffe folgendes bei: »Zu dieser Zeit waren wir die einzige Gruppe, die echte Maschinengewehre und Munition besaß. Die anderen Gruppen hatten weder Maschinengewehre noch Munition. Ihre Flugzeuge waren so harmlos wie Motten. In diesen Tagen wäre ein französisches Jagdgeschwader in der Lage gewesen, die ganze deutsche Luftwaffe auszulöschen«.

Falck wurde später zum Jagdgeschwader Richthofen versetzt, wo er die erste Staffel führte und dann Adjutant des Geschwaderkommodore wurde. Dies war eine Aufgabe, die jeder junge Jagdflieger sich als Dauerposten ersehnte. Aber das Schicksal hatte etwas anderes mit Falck vor.

Als die III. Gruppe des Richthofengeschwaders aufgestellt wurde, erhielt Falck eine Staffel in dem neuen Verband. Kurz vor dem zweiten Weltkrieg wurde die ganze III. Gruppe in I./ZG 76 umbenannt und auf die Me 110, den damals hochgepriesenen aber unerprobten Vogel, umgerüstet.

Falcks Me 110-Staffel war die erste deutsche Einheit, die im zweiten

Weltkrieg in der Luft war. Mit allen 12 zweimotorigen Zerstörern startete er am Morgen des 1. September 1939. Im Polenfeldzug war er von Schlesien aus im Einsatz. Danach wurde seine Einheit an die Deutsche Bucht verlegt und nahm dort an der historischen Schlacht mit den RAF Wellingtons teil, die bereits früher in diesem Kapitel beschrieben wurde. Diese Schlacht machte Wolfgang Falck im ersten Kriegsjahr zu einem der bekanntesten Staffelführer der Luftwaffe.

Im Februar 1940 erhielt er einen Telefonanruf von General Kesselring, der ihn nach Düsseldorf befahl, um das Kommando der I./ZG 1 zu übernehmen. Der Falke stieg in die Höhe.

1940 nahm er mit seiner Gruppe an der Besetzung Dänemarks teil. Im Einsatz von einem Stützpunkt bei Aalborg nahe der dänischen Grenze wurde der glückliche Falke jetzt zur Zentralfigur einer Reihe von Ereignissen, die für den Verlauf des Luftkrieges über Deutschland von Bedeutung sein sollten. Die Eingebung für seinen historischen Beitrag hatte er an einem für Jagdflieger ungewöhnlichen Platz – in einem Graben mit dem Gesicht nach unten. Erdbrocken fielen ihm ins Kreuz.

Die RAF tat mit ihren beschränkten Kräften alles, um die deutsche Besetzung Dänemarks zu stören. Im Tiefflug brausten ihre Flugzeuge in der ersten Morgendämmerung über Falcks Flugplatz weg, warfen Bomben auf die Hallen, und hatten Spaß daran, wenn sie die Deutschen am Boden mit ihren Bordwaffen eindecken konnten. Man kann sich heute kaum mehr vorstellen, daß der 2. Weltkrieg in der Luft praktisch ohne jedes Verständnis für die Notwendigkeit der Nachtjagd oder einer entsprechenden operationellen Grundlage dafür begann. Aus diesem Grunde konnte die RAF im Anfang ihre Einsätze vor Morgengrauen unbehindert durchführen. Keiner glaubte, daß man sie bei Nacht abschießen konnte.

Seit acht Jahren Jagdflieger, mit einer Gruppe leistungsstarker schwerbewaffneter zweimotoriger Zerstörer zur Verfügung, war er gezwungen, jeden Morgen einen Wettlauf mit seinen Piloten zu veranstalten, um zu sehen, wer zuerst bei den Splitterschutzgräben ankam. Aus dieser dreckigen und unsicheren Deckung mußten Falck und seine Piloten zusehen, wie ihre Me 110 vor ihren Augen verbrannten. Falck hatte eine Wut im Bauch und war entschlossen, etwas zu unternehmen. Es war klar, daß Deutschlands Luftverteidigung ein wahrnehmbares Loch hatte. Daß die Zerstörerpiloten im Bombenhagel in den Gräben lagen, war nur eine störende, aber unwichtige Seite des Gesamtproblems. Falck berichtet, wie er diese Aufgabe anging:

»Soweit waren wir nun, Jagdflieger, die in Gräben lagen. Wie wir das haßten. Bei uns war ein junger Funkmeßoffizier, der uns vororientierte: »Die Engländer kommen über die Bucht, sie werden in 10 Minuten... 8 Minuten... 3 Minuten hier sein«. Und dann ging die Hölle los. Ich begann 2 und 2 zusammenzuzählen.

Zu dieser Zeit war die Funkmeßtechnik etwas sehr Neues für uns – dies übersieht man leicht, weil es heute eine Selbstverständlichkeit ist. Die richtigen Methoden, um dieses Instrument einzusetzen, steckten noch in den Kinderschuhen. Ich überlegte mir folgendes: Wenn wir wußten, wo die Bomber sich befanden und wann sie ankommen mußten, dann mußte es auch eine Möglichkeit geben, diese Angreifer abzufangen. Alles war besser, als in einem Graben zu sitzen und zu warten, bis man eine Bombe auf den Kopf bekam.

Es war meine Ansicht, daß es einen Weg geben mußte zu starten, bevor sie kamen, und dann nach dem Angriff mit ihnen zusammen in der Dunkelheit über die See hinauszufliegen bis zum Tagesanbruch. Dann könnten wir sie abschießen. Nach einer Besprechung mit dem Kommandeur der Scheinwerfer und dem Funkmeßoffizier arbeitete ich hierfür einen Plan aus.

Wir bauten eine Karte mit einem besonderen Code auf und ich versuchte es mit drei Besatzungen. Zunächst mußten wir herausfinden, ob es möglich war, mit der Me 110 bei Nacht zu fliegen. Rückblickend scheint dies vielleicht unglaublich, aber es zeigt, wie wenig wir in diesen Tagen wußten und wie schlecht wir auf das Kommende vorbereitet waren«.

Bis zum Frühjahr 1940 gab es noch keine deutsche Nachtjagdwaffe. Es mußten Erprobungen durchgeführt werden, um festzustellen, ob die Me 110 bei Nacht ohne zu hohe Verluste eingesetzt werden konnte.

Dies zeigt, wieviel Entwicklungsarbeit in den nächsten 2 bis 3 Jahren geleistet werden mußte bis zu der Zeit, als die Deutschen dann manchmal zwischen 50 und 100 alliierte Bomber durch Nachtjägereinsätze herunterholen konnten.

Falcks Erprobungseinheit hatte hervorragendes Personal, wie sich auch später zeigte. Da war Falck selbst, dann Werner Streib (65 Nachtabschüsse und ein Tagesabschuß während des Krieges), Günther »Fips« Radusch[38] (64 Nachtabschüsse) und Feldwebel Thiel, der später durch die deutsche Flak abgeschossen wurde. Streib und Radusch waren erfahrene Piloten. »Fips« Radusch hatte während des spanischen Bürgerkrieges Jagdflugzeuge vom Typ He 112 geflogen und hatte dort einen Abschuß erzielt.

Streibs Laufbahn als Nachtjäger wird ausführlich in Kapitel 10 beschrieben. Ausgerechnet Streib wollte, nach Falcks Worten, 1940 in Aalborg am wenigsten an die echte Möglichkeit der Nachtjagd glauben. Streib wurde ein Pionier der Nachtjagd. Er wird oft »Vater der Nachtjagd« genannt, eine Bezeichnung, die eigentlich mehr auf Falck zutrifft. Seine Einheit aus besonders ausgesuchten »Pionieren« nahm ihre Ausbildung auf. Die Piloten mußten mit den Plänen und Verfahren, die mit Funkmeß (heute sagt man überall RADAR dazu) und Scheinwerfern möglich schienen, vertraut gemacht werden. Die RAF schien entschlossen, den »glücklichen Falken«, der sich darauf vorbereitete, die Flügel der Nachtbomber zu stutzen, nicht in Ruhe zu lassen...

»Während dieser Zeit griff uns die RAF wieder ziemlich spät während der Nacht an. Wir wurden so wütend, als wir am Boden saßen und nichts tun konnten, daß ich zu meinen Leuten sagte: »Jetzt starten wir einfach, und irgendwie werden wir diese Engländer schon erwischen!« Wir stürzten zu unseren Flugzeugen und flogen ohne Funkgeräte, Kopfhauben oder Fallschirm los. Wir nahmen uns noch nicht einmal die Zeit, unsere Gurte anzuschnallen. Wir verletzten alle Regeln und Vorschriften in der wilden Eile, um an einen Bomber heranzukommen.

Nach dem Start war jeder auf sich selbst gestellt. Wir hatten keine Funkverbindung untereinander. Nach einiger Zeit sah ich einen britischen Bomber und versuchte ihn anzugreifen. Es war aber ziemlich weit von mir weg, mindestens 400 Meter. Er bemerkte mich, und wir eröffneten gegenseitig das Feuer. Dann ging er herunter und verschwand in dem dichten Nebel über der Nordsee. Ich hatte ihn verloren.

Streib hatte auch einen Bomber ausgemacht, verlor ihn aber genau wie ich im Nebel. Radusch war der Stern des Morgens. Nicht nur, daß er einen anderen Bomber gefunden hatte, er kam auch mit einer Menge Einschußlöcher in seinem Flugzeug zurück. Nur Feldwebel Thiel hatte keine Feindberührung.

In diesem verrückten Einsatz fanden wir den Beweis, den wir

brauchten. Nun wußten wir, daß es möglich war, diese Nachtangreifer abzufangen und abzuschießen. Mit gutem Radar und guten Nachrichtenmitteln mußte es möglich sein. Ernüchternd war allerdings der Anblick des Flugplatzes, als wir nach der Dämmerung zurückkehrten. Die Startbahn war mit Bombentrichtern übersäht. Jeder dieser Trichter hätte einen Totalausfall verursacht, wenn eine Maschine bei unserem wilden Alarmstart dort hineingerollt wäre«.

Unter dem Eindruck des Erfolgs setzte sich Falck hin und schrieb einen umfassenden Bericht über seine Erfahrungen und Feststellungen. Er legte seine Theorien des Abfangens bei Nacht so dar, daß jedes Kind sie verstehen konnte. Er meint heute, daß dies einer der wenigen Berichte eines Jagdfliegers gewesen sein muß, der tatsächlich jemals im Luftfahrtsministerium während des Krieges gelesen wurde. Er erhielt sofort eine Reaktion.

Ernst Udet besuchte Falck persönlich und besprach den Bericht mit ihm. Dann kamen Generaloberst Erhard Milch und General Albert Kesselring. Eine Zeitlang war mehr »Lametta« um Falck herum, als man an einem Weihnachtsbaum finden kann. Beim Vortrag seiner Theorie kam er auf neue Gesichtspunkte und Einzelheiten. Auf höchster Ebene schien man brennendes Interesse an der Nachtjagd zu haben. Aber dann kam der Frankreich-Feldzug, der alles andere in den Hintergrund drängte.

Falck flog Tagjagd mit dem ZG 1. Nachdem der Feldzug erfolgreich abgeschlossen war, stand seine Gruppe im Einsatz gegen die RAF. Sie lag auf einem Flugplatz bei Le Havre, als Falck einen dringenden Telefonanruf von Kesselring erhielt.

»Falck«, sagte Kesselring, »Sie müssen heute noch mit Ihrer Gruppe nach Düsseldorf verlegen. Sie müssen sofort damit beginnen, ein Nachtjagdgeschwader aufzustellen, um dieses Gebiet bei Nacht zu verteidigen.«

»Herr General, wir haben schwere Ausfälle und brauchen Zeit, um Ersatz heranzubilden und neue Flugzeuge zu bekommen.«

»Es tut mir leid, Falck. Sie müssen noch heute verlegen und mit der Arbeit am Nachtjagdgeschwader beginnen.«

Nachdem er mit seiner Staffel in Düsseldorf eingefallen war, um die Sache ins Rollen zu bringen, sah sich Falck vor einer Situation, die einen guten Schuß Diplomatie verlangte. In der Stadt lag ein Scheinwerfer-Regiment; Kommandeur war ein Oberstleutnant. Die Scheinwerfer hatten bisher mit einer Me 109-Erprobungsstaffel in der Nachtjagd zusammen gearbeitet. Die Staffel hatte hohe Verluste und keine Abschüsse. Staffelkapitän war ein Major, der sich als Hemmschuh auswirkte. Da Falck auf der einen Seite nur Hauptmann, auf der anderen aber auch Gruppenkommandeur war, war die Situation mehr als heikel. Falck versuchte, die verworrene Geschichte in den Griff zu bekommen. Da wurde er am 26. Juni nach Den Haag befohlen. Reichsmarschall Göring wollte den aufgeschlossenen jungen Mann und seine Gedanken zur Nachtjagd kennenlernen.

Das Gespräch in Den Haag gehörte zu den Erfahrungen, die Falck sicherlich niemals vergessen wird:

»In dem Vorraum traf ich den Funkmeßoffizier von Aalborg, den ich eine ganze Zeit lang nicht gesehen hatte.

Dann wurde ich in den großen Raum gerufen, der nicht nur wegen seiner Abmessungen, sondern auch wegen der anwesenden Persönlichkeiten überwältigend wirkte.

Hermann Göring, Ernst Udet, Albert Kesselring, der Personalchef General Kastner und Görings persönlicher Freund, General Bruno Loerzer, waren anwesend.

Ich war der kleine Hauptmann, der gekommen war, um den großen Herren seine Geschichte zu erzählen. Göring ergriff zuerst das Wort. Großtuerisch ging er auf und ab und gab seine Darstellung der Lage: »Der Endsieg ist nur eine Frage der Zeit. Das einzige Problem bilden gegenwärtig die Nachteinsätze der RAF. Sie sind zwar zahlenmäßig unbedeutend und bereiten keine großen Schwierigkeiten. Trotzdem sind sie eine Gefahr. Wir müssen Vorkehrungen treffen. Wir werden einen neuen Zweig in der Luftwaffe schaffen – die Nachtjäger – um diesen Nachtangriffen zu begegnen. Sie, Falck, haben einige Erfahrung, und Sie haben diesen Bericht geschrieben.

Ich ernenne Sie zum Geschwaderkommodore des Nachtjagdgeschwaders 1 (NJG 1). Meinen Glückwunsch!« Er schüttelte mir die Hand und befahl mir, nach Düsseldorf zurückzufliegen und anzufangen.

Er hatte mich nicht befördert, und es war das erste Mal in der Geschichte der Luftwaffe, daß ein Hauptmann Geschwaderkommodore wurde. Ich war völlig verblüfft.

Meine Me 110-Gruppe sollte die I./NJG 1 sein. Die Me 109-Gruppe unter dem schmollenden Major sollte zur II./NJG 1 werden.

Ich begann, das zwischen mir und dem Major bestehende Verhältnis zu erläutern, als Göring mich unterbrach: »Fliegen Sie zurück und sagen Sie dem Major, er sei seines Postens enthoben. Sagen Sie ihm, er solle nach Hause gehen und dort weitere Befehle abwarten. Suchen Sie einen neuen Offizier als Kommandeur für die Me 109-Gruppe aus! Außerdem brauchen Sie einen guten Funkmeßspezialisten und einen guten Flakmann. Sie haben unter den Offizieren der Luftwaffe die Auswahl.«

Dies bedeutete »carte blanche« für mich und ich sagte sofort, ich möchte meinen ehemaligen Funkmeßkameraden aus Aalborg haben. Ich kannte Göring noch nicht. Er befahl, den Offizier zu holen und sagte zu ihm: »Sie werden mein persönlicher Fachmann zu Fragen der Funkmeßtechnik sein. Falck, Sie können sich nach einem anderen Mann umsehen.«

Das war die Art des »Dicken«. In Düsseldorf enthob Falck den Major seines Postens und ernannte Hauptmann von Bothmer zum Gruppenkommandeur der II./NJG 1.

Der Flak-Oberstleutnant erwies sich als schwierig. Aber Falck deutete vorsichtig an, daß er jetzt Kommodore eines Geschwaders sei. »Nachdem wir uns gegenseitig keine Befehle erteilen können, schlage ich vor, daß wir zusammenarbeiten«, sagte er. Der Flakmann wollte das nicht hinnehmen. Sowieso schon verärgert, bezweifelte er auch noch die Tapferkeit der Nachtjäger. Falck bereitete daraufhin für den Flakkommandeur einen Flug in einer Me 110 für die folgende Nacht vor.

»Herr Oberstleutnant, ich möchte gerne, daß Sie selbst sehen, wie es da oben im Dunkeln aussieht, wenn die eigene Flak auf einen feuert und die britischen Bordschützen mit Maschinengewehren auf einen schießen. Bitte verschaffen Sie sich selbst einen Eindruck.«

Der Oberstleutnant lehnte dankend ab und war danach die Seele der Zusammenarbeit. Bald danach erhielt das NJG 1 zwei Staffeln Flugzeuge von einem Kampfgeschwader. Es waren Do 17. Sie sollten Falcks neue Eindringgruppe für Nachtjagdeinsätze über britischen Flugplätzen werden. Das Geschwaderabzeichen der NJG 1 zeigte einen auf einem Blitz reitenden Falken, der auf die britische Insel niederstößt. Weitere Verbände kamen hinzu, bis das NJG 1 einen wesentlich größeren Umfang hatte als jedes andere normale Jagdgeschwader.

Der Ausbau des Geschwaders und die wachsenden Erfolge gegen die nächtlichen Angreifer machten organisatorische Änderungen notwendig. Da setzte sich Kesselring wieder telefonisch mit Falck in Verbindung.

»Diese Nachtjägergeschichte wird größer und größer. Oberst Kammhuber vom Generalstab wird zum Divisionskommandeur ernannt werden, um die Scheinwerfer, die Funkmeßeinrichtungen und die Einsätze zu koordinieren«.

Einige Tage später traf der energische Kammhuber auf Falcks Flugplatz ein. Falck erzählt:

»Zu dieser Zeit kannte ich Kammhuber noch nicht richtig. Er kam in mein Dienstzimmer und sagte: »Bitte, können Sie mich von ihrem Standpunkt aus über diese Einsätze unterrichten?« Er forderte mich auf, Platz zu behalten, und war die Freundlichkeit selbst.

Nach ein paar Tagen änderte sich das natürlich, aber während der nächsten drei Jahre standen wir uns so nahe wie Zwillinge. Kammhuber war außergewöhnlich fähig, realistisch, und ich bewunderte ihn«.

In den folgenden Jahren wurden durch das Gespann Kammhuber-Falck grundlegende Neuerungen bezüglich der Organisation und des Einsatzes der Nachtjäger eingeführt. Die Zusammenarbeit von Scheinwerfern, Radar, Flak und Jägereinheiten wurde auf einen hohen Leistungsgrad gebracht. Einige der getroffenen Maßnahmen werden im nächsten Kapitel – Der Krieg der Nachtjäger – im einzelnen geschildert. Nominell war Falck Geschwaderkommodore, dessen normaler Verband drei Gruppen Jäger umfassen sollte. Bald hatte er das Kommando über acht Gruppen, die von Norwegen bis Brest verteilt waren.

Obwohl er nie über den Rang eines Obersten hinauskam und sein offizieller Befehlsbereich sich nie über das riesige NJG 1 hinaus erstreckte, war er tatsächlich so etwas wie ein Divisionskommandeur. Kammhuber wurde General und richtete seinen Gefechtsstand in Utrecht in Holland ein. Als Kammhubers Stellvertreter war Falck über drei Jahre hinweg von 1940–43 an allen schwierigen Problemen seines Chefs beteiligt. Die besonderen Eigenschaften Falcks, nämlich Tatkraft und Voraussicht, denen die Nachtjäger ihre Existenz verdanken, führten allmählich zum Bruch dieser Partnerschaft. Die beiden Männer waren nicht immer in der Lage, in der Beurteilung der bei den Nachtjagdeinsätzen aufkommenden schwerwiegenden Probleme übereinzustimmen. Falcks Position ähnelte der Gallands.

Er wollte seine Jäger zwecks Herstellung eines optimalen Wirkungsgrades und Schonung der Substanz konzentriert einsetzen. Kammhubers organisatorisches Talent strebte in die Richtung einer ausgedehnten Organisation. Ihre Meinungsverschiedenheiten führten eines Tages zu einer frostigen Aussprache in Schleißheim.

»Nehmen Sie Urlaub«, sagte Kammhuber zu Falck, »ich habe für Sie bei mir keine Verwendung mehr. Begeben Sie sich nach Hause. Sie erhalten ihre nächsten Befehle vom Ministerium.«

Auf diese Weise endete eines der großen Führungs- und Organisationsteams in der Geschichte der Luftwaffe. Ohne Zweifel profitierten die Alliierten von dieser Auflösung.

Drei Jahre und fünf Tage lang war der glückliche Falke Kommodore des NJG 1. Während dieser Zeit standen Deutschlands größte Nachtjäger unter seinem Befehl. Die Skala reichte von den Pionieren Werner Streib und »Fips« Radusch bis Hans Joachim Jabs (28 Nachtabschüsse), Helmut Lent (102 Nachtabschüsse), Heinz Wolfgang Schnaufer (121 Nachtabschüsse) und Heinrich Prinz zu Sayn-Wittgenstein (83 Nachtabschüsse). Wir werden alle diese erfolgreichen Piloten in Kapitel 10 »Ritter der Nacht« kennenlernen.

Nach seiner »Entlassung« durch Kammhuber wurde Falck mit der Verantwortung für die sogenannte »Reichsverteidigung« (Tag- und Nachtjagd über Deutschland) betraut. Der Stab befand sich in Berlin. Dort blieb er bis zum Attentat auf Hitler im Juli 1944.

Tief enttäuscht suchte Falck seinen alten Kameraden Galland auf. »Adolf, ich möchte, daß Du mir eine Aufgabe gibst – wenn möglich eine Verwendung als Jäger – aber nicht in der Heimat.«

Galland hatte Verständnis für Falcks Situation und konnte dessen Enttäuschung auf Grund seiner eigenen Position verstehen. Er machte sich Gedanken über eine für seinen Freund geeignete Verwendung.

»Ich kann Dich zum Jägerführer auf dem Balkan mit Gefechtsstand in der Nähe von Belgrad machen. Ist das weit genug weg für Dich?« Falck ging sofort auf das Angebot ein. Die Entwicklung der Kriegslage machte ihm aber auch hier einen Strich durch die Rechnung. Er kam an dem Tage in Belgrad an, als die Rumänen zur anderen Seite übergingen. Fünf Tage später folgten ihnen die Bulgaren.

»Ich hatte nur eine Gruppe Jäger in meinem »Königreich« und ein Funkmeß-Regiment. Bald darauf ging auch der Zusammenhalt dieser Einheiten verloren. Meldungen häuften sich, daß die Russen und die Titoisten bald vor den Toren stünden. Ich war König ohne Königreich.

Ich folgte dem Beispiel Groß-Deutschlands, die Linien zu verkürzen, und verkürzte meine nach Wien«.

Von Wien aus wurde Falck nach Potsdam zurückberufen, um dort Stabschef des Ausbildungskommandos zu werden, obwohl Ausbildung zu diesem Zeitpunkt eine rein akademische Frage geworden war. Am 1. März 1945 erhielt er das Kommando über die im Rheinland eingesetzten Jäger.

»Bald merkte ich, daß diese Stellung einen Haken hatte. Ich konnte meinen Stab oder meinen Gefechtsstand im Rheinland einfach nicht finden. Ich weiß bis heute nicht, was damit geschehen ist. Deshalb fuhr ich in den letzten Kriegsstunden nach Süddeutschland und geriet dann am 3. Mai 1945 in Bayern in amerikanische Gefangenschaft«.

Als Oberst im Luftwaffengeneralstab war Falck ein gezeichneter Mann. Zu jener Zeit schien es Absicht der Alliierten zu sein, alle deutschen Generale und Generalstabsoffiziere zu lebenslänglicher Zwangsarbeit zu verdammen. Falck war nach kaum einem Monat wieder in Freiheit. Sein überzeugender Charme verwandelte seine früheren Gegner schnell in Freunde. Sie wurden mehr als Freunde. Ein amerikanischer Hauptmann der Militärpolizei und ein Leutnant des US Intelligence Corps – deren Namen unbekannt bleiben sollen – nahmen den glückhaften Falken unter ihre Schwingen. Sie machten nicht nur die Stempel für seine Personalpapiere, sondern fälschten auch alle notwendigen Unterschriften. Dann schickten sie Falck in ihrem eigenen Wagen nach Hause.

Einer der beiden amerikanischen Offiziere lebt heute in New York und ist heute noch ein enger Freund des gefangenen Falken, den er befreite. Der ehemalige Oberst, der tausende von Offizieren und Soldaten geführt hatte, wurde Landarbeiter. Dann zog er nach Norddeutschland und wurde Sozius eines Ingenieurs, der einen wirtschaftlichen Wagen für Landwirte bauen wollte. Während er an diesem Projekt arbeitete, erhielt er ein Telegramm von einem Freund aus Bielefeld, der ihm mitteilte, daß dort ein guter Job auf ihn warte.

Es gab keinen Mercedes, der den Ex-Oberst zu seiner Verabredung bringen konnte.

»Ich nahm mein Fahrrad und fuhr wie der Teufel nach Bielefeld. Es war die britische Armee, die mich haben wollte. Sie suchten einen ehemaligen deutschen Offizier als Stabschef für das 47. Royal Engineers Material Depot«.

Falck meldete sich zur Vorstellung bei dem Kommandeur der britischen Stelle. Der Engländer kam sofort zur Sache.

»Wir wollen einen typischen deutschen Stabsoffizier, um unsere deutschen Arbeiter und Angestellten zu führen. Sie sind der Richtige«.

»Das ist unmöglich. Ich war Oberst mit Ritterkreuz und Generalstabsausbildung. Die Alliierten werden mich einsperren«.

Der Brite ignorierte Falcks Einwände. »Wann können Sie anfangen?« fragte er.

»Ich kann heute anfangen, aber ich bin sicher, Sie werden mich nicht mögen.«

»Warum nicht?«

»Weil ich deutscher Offizier war.«

»Ja, wir wissen das. Das ist genau der Grund, warum wir Sie haben wollen.«

»Von einigen Stellen werde ich als Kriegsverbrecher angesehen.«

»Seien Sie kein Narr. Wir brauchen jemanden, dem wir vertrauen können.«

»Aber ich war Ritterkreuzträger.«

»Ja, das wissen wir auch. Das beweist nur, daß Sie in Ordnung sind. Das ist genau der Typ, den wir brauchen.«

Falck nahm die Stelle an. Er wurde als Ziviloffizier im Dienste seiner früheren Gegner mit der Verantwortung für 47 Lagerhäuser der Royal Engineers betraut. Seine zivile Nachkriegslaufbahn, die ja mit dieser Stelle begann, führte im Laufe der Zeit zu seiner jetzigen Position als Berater der Firma North American Aviation Inc. in Bonn.

Falcks sieben bestätigte Abschüsse wurden alle mit der Me 110 erzielt. Seine ersten drei Luftsiege erzielte er gegen polnische Flugzeuge und anschließend schoß er noch drei Blenheim und eine Wellington ab. Viele Male wurde er zwar über dem englischen Kanal in Luftkämpfe mit Spitfires und Hurricanes verwickelt, an der Luftschlacht um England nahm er nicht unmittelbar teil.

»Gegen Spitfires und Hurricanes mit der Me 110 fliegen zu müssen, war eine der unangenehmsten Erfahrungen meines Lebens«, meint er heute. Zumindest in einem Falle führte sein Versuch, eine Spitfire abzufangen, zu einem erfreulichen Ausgang. Er flog in seinem zweimotorigen Zerstörer von Hamburg nach Deelen und zurück, als ihm von der Bodenkontrolle über Funk die Position einer in seiner Nähe befindlichen einzelnen Spitfire gemeldet wurde.

»Ich machte die Spitfire aus, aber sie war zu weit von mir entfernt und zu schnell, und ich konnte nicht näher an sie herankommen. Ein wenig später, als ich landen wollte und meinen Sinkflug aus 1600 Metern begann, sah ich diese Spitfire auf unserem Flugplatz landen. Die Sauerstoffversorgung des britischen Piloten war ausgefallen. In seiner Benommenheit hatte er nur einen Flugplatz unter sich gesehen. Als er wieder zu sich kam, war er sehr unglücklich. Es war ein »billiger« Abschuß für unsere Einheit und ich war glücklicher, ihm in unserem Offizierskasino als in der Luft begegnen zu dürfen«.

Der englische Pilot tauschte mit den Angehörigen der Luftwaffe, die ihn gefangengenommen hatten, genauso wie es im 1. Weltkrieg üblich war, seine Erlebnisse aus. Als es an der Zeit war, ihn zum Stab nach Frankfurt zu schicken, verhielt sich Falck der Situation entsprechend. Er belohnte den Engländer für seine freundlichen Bemerkungen über die Me 110, indem er ihn im Rücksitz einer solchen Maschine nach Frankfurt bringen ließ. Am Abend rief der RAF-Pilot seinen Gastgeber von Frankfurt aus an und dankte ihm für den Flug und seine Gastfreundschaft.

Dies war nicht das einzige Mal in Falcks Laufbahn, wo ein Gramm menschlichen Gefühls eine Tonne Haß ausgeräumt hatte.

Einmal hatte er einen abgeschossenen Flight Lieutenant der RAF als Gast zum Essen. Der Engländer trug einen dicken Verband um seinen Kopf. Er saß rechts neben Falck und war zurückhaltend und etwas nervös. »Er traute sich nicht, seine Suppe zu essen«, erinnerte sich Falck lächelnd. »Er befürchtete, sie sei vergiftet. Deshalb erklärte ich ihm, daß wir alle Soldaten seien und daß wir alle in unserer Luftwaffe einer Disziplin unterlägen, genau wie er in seiner eigenen. Ich bot ihm an, unsere Suppen auszutauschen, um damit zu zeigen, daß sie nicht vergiftet sei.«

Der RAF-Pilot unterlag Falcks Charme, aß seine Suppe, wurde den herumsitzenden jungen Deutschen gegenüber aufgeschlossener und nahm nach einiger Zeit seinen dicken Kopfverband ab, unter dem sich nur ein kleiner Kratzer auf der Stirn verborgen hatte. Nach dem Essen machten er und Falck einen Spaziergang durch einen wunderhübschen kleinen Garten, den Falck auf dem Flugplatz unterhielt. Dabei freuten sich die beiden Gegner zusammen über die Schönheit dieser Anlage.

In der Nacht deckte die RAF den deutschen Flugplatz ein und warf auch eine 125-kg-Bombe mitten in den idyllischen Garten. Beim Frühstück schimpfte der deutsche Kommandeur mit seinem RAF-Gast: »Es ist eine Schande, daß Ihre Leute meinen Garten bombardieren, während Sie hier sind. Schön, sie können Bomben auf Flugzeuge werfen, sogar auf Häuser, wenn sie wollen. Aber nicht auf meinen Garten.«

Als er noch in Aalborg in Gräben Deckung suchen mußte, hatte Falck einen anderen britischen Flight Lieutenant als unfreiwilligen Gast. Die Deutschen betrachteten ihn mit erheblicher Neugier, denn er war einer von denen, die sie zu dieser Gymnastik gezwungen hatten. Dieser Engländer war ein Sonnyboy, dem es mehr ausmachte, eine Verabredung in London zu versäumen als abgeschossen worden zu sein. Er kam mit Falck sehr gut klar. Während des Essens vertraute er diesem seine Enttäuschung an.

»Ich bin schon ein armer Hund, weil ich hier hängengeblieben bin, Captain. Ich hatte für heute Abend eine Verabredung mit einem tollen Mädchen. Um 6 Uhr vor dem Bahnhof Trafalgar Square.«

»Es tut mir leid für Sie«, sagte Falck galant, »aber ich bin glücklich, daß Sie mein Gast sind und noch glücklicher darüber, daß Sie noch am Leben sind.«

Danach nahmen die Deutschen ihre Gläser und tranken auf die Gesundheit des Engländers und hießen ihn in Dänemark willkommen. Einige Minuten später versuchte es der Engländer andersherum.

»Captain Falck, können Sie mit der Me 110 bis nach London fliegen?« »Natürlich, leicht.«

»Gut, dann fliegen Sie nach London und treffen sich mit meinem Mädchen. Sie sind ein netter Mann, und sie würde Sie auch mögen.«

Falck ist im Grunde seines Wesens Humanist, ein Mann, der in jeder Hinsicht das Gegenteil jener Klischeevorstellung vom deutschen Offizier ist, wie man ihn in Hollywoodfilmen findet. Der Filmdeutsche ist eine Karikatur. Falck ist die Wirklichkeit.

Zu sagen, daß er seine Feinde liebte, wäre Übertreibung. Aber er haßte sie nicht und lehnte sie auch nicht ab. Jederzeit war er bereit, einem abgeschossenen Gegner die Hand zu schütteln. Freundliche und ehrenhafte Behandlung für einen gefangenen gegnerischen Piloten entsprach seiner Natur. Falck und viele Kameraden mit ihm setzten sich über den ätzenden Haß und die Falschheit der Propaganda hinweg. Von dem hohen Anspruch der soldatischen Tugenden, der ihnen durch Ausbildung und Überlieferung zu eigen geworden war, nun auf diese Ebene herabzusteigen, war ihnen nicht gegeben.

Ritterlichkeit war für sie mehr als ein altmodisches Wort.

Falck kommt gegenwärtig oft in die USA. Bei einem seiner ersten Besuche in Amerika kam es für ihn zu einer Peinlichkeit, die er heute gerne als einen auf seine Kosten gehenden Witz erzählt.

»Bei gesellschaftlichen Anlässen ging ich oft, wie das in Amerika so üblich ist, alleine umher und stellt mich als Wolf, der normalen Abkürzung meines Vornamens Wolfgang, vor. Ich wunderte mich über die Reaktion einiger anwesender amerikanischer Damen, bis mich einer meiner Begleiter über die Bedeutung des Wortes Wolf in Amerika aufklärte, was dort so etwas wie Schürzenjäger bedeutet.«

Sein Büro befindet sich in einem anheimelnden Backsteinhaus in der Nähe des Rathauses von Bad Godesberg. Neben dem Haus befindet sich ein üppiger Garten, der ihn vielleicht an den Garten erinnert, der seinerzeit von der RAF bombardiert wurde. Nicht weit von ihm entfernt wohnt sein alter Kommandeur aus der Luftschlacht über der Deutschen Bucht, Karl Schuhmacher, General a. D.

Als Sechziger trägt Falck, groß, schlank und aufrecht, immer noch den Stempel des Berufsoffiziers.

Über seine gegenwärtige Stellung hat er folgendes zu sagen: »Wenn mir jemand in den Ruinen des Jahres 1945 gesagt hätte, daß ich in zwanzig Jahren für eine amerikanische Firma tätig sein würde, die Luft- und Raumfahrtforschung betreibt, dann hätte ich einfach gesagt: »Armer Mann, Sie sind vollkommen verrückt«.

Zu seinen freundschaftlichen Konkurrenten auf dem industriellen Sektor gehört Adolf Galland, der ihm folgenden Tribut zollt: »Wolfgang Falck war nicht nur einer der »Ersten«, der 1939 flog, sondern auch einer der Größten, wenn es um die Einführung und die Neuerungen der neuen Kunst der Nachtjagd ging. Er war unser bester Mann«.

DER KRIEG DER NACHTJÄGER

»Nachtjagd? Es wird nie dazu kommen!«

Göring. 1939

Der junge Flugzeugführer drückte langsam an und ließ seine zweimotorige Me 110 fast senkrecht in die Schatten zwischen den fingergleichen Scheinwerferstrahlen fallen. Aus der Weite des Ruhrgebietes unter ihm kam ein Hagel von Flakfeuer, das nicht auf die Me 110 zielte, sondern auf deren Beute, einen Whitley-Bomber der RAF. Flakgranaten knallten und verpufften um den deutschen Jäger herum, aber der Mann am Knüppel konzentrierte sich ganz auf den feindlichen Bomber. Die Whitley dröhnte weiter dahin mit einer vollen Bombenladung im Bauch, die für das unter ihr liegende Industriegebiet bestimmt war.

Der Jäger holte schnell zu dem Bomber auf. Durch die Dunkelheit starrend zog der deutsche Pilot in einen Vorhaltewinkel zu seinem Gegner und drückte auf die Knöpfe. Die 2 cm Kanonen donnerten auf, während die Rückstöße durch die schlanke Zelle hämmerten und das Mündungsfeuer in der schwarzen Nacht den Piloten blendete. Der junge Deutsche fluchte leise vor sich hin. Sein Angriff war daneben gegangen. Die Whitley flog weiter auf ihr Ziel zu, aber der Me 110-Pilot ließ sich nicht abschütteln.

Blinzelnd, wenn die Scheinwerfer sein Flugzeug von Zeit zu Zeit in grelles, blauweißes Licht hüllten, legte er sein Flugzeug zum nächsten Angriff in die Kurve. Diesmal zielte er richtig. Die Leuchtspurgarbe ging in den bombengeladenen Bauch der Whitley. Brennender Treibstoff fiel in Kaskaden aus dem angeschlagenen Bomber heraus. Die Maschine explodierte. Eine zuckende Druckwelle wurde spürbar, und die Reste der Whitley fielen als flammende Teile, sich immer wieder überschlagend, in die Tiefe.

Oberleutnant Werner Streib hatte den ersten Nachtabschuß eines Nachtjägers über Deutschland erzielt. Das Datum: 20. Juli 1940[39]. In den nächsten fünf Jahren schickte Streib weitere fünfundsechzig alliierte Flugzeuge hinterher, die das gleiche Schicksal mit tausenden von alliierten Bombern teilten, die von deutschen Nachtjägern abgeschossen wurden. Seine Karriere als Nachtjäger und Verbandsführer von Anfang bis Ende bildet einen wesentlichen Beitrag zum erfolgreichsten Teil der deutschen Luftwaffe – der Nachtjagd.

Die Deutschen erzielten die größten Jägererfolge des Krieges bei Nacht. Während des britischen Angriffs auf Nürnberg in der Nacht vom 30. auf den 31. März 1944 holten sie 107 RAF-Bomber[40] herunter.

Solche spektakulären Siege waren jedoch selten und offenbarten nur wenig von den jahrelangen schweren Kämpfen der Nachtjäger gegen einen stur anrennenden und technisch erfinderischen Gegner.

Die Nachtjagd fand in den Vorkriegsjahren weniger Aufmerksamkeit als jeder andere Zweig der Luftkriegsentwicklung.

Das war nicht nur in Deutschland so, sondern trifft für alle alliierten Nationen zu. Diese Unterlassung beeinträchtigte sowohl Deutschland als auch England bei ihrer Verteidigung gegen nächtliche Bombenangriffe. Nachtjagdmethoden wurden größtenteils erst von 1940 an entwickelt. Die volle Bedeutung der Nachtjagdwaffe wurde von der deutschen Führung erst erkannt, als es fast schon zu spät war.

Der Gedanke an die Nachtjagd wurde aus politischen und psychologischen Gründen in Deutschland abgelehnt und hat sich deshalb kaum ausgewirkt auf die sonst erstaunlich fortgeschrittene Luftfahrttechnologie in Deutschland.

Diese Einstellung hatte ihre Wurzeln in den Erfahrungen des 1. Weltkrieges, auf denen sich die Doktrin in der Zeit zwischen den Kriegen zum größten Teil aufbaute. Die Lehren des ersten Krieges wurden in einem besonderen Sinne falsch angewendet, da die Bomberwaffe gegenüber der Jagdfliegerei in den hohen Stäben der alliierten Nationen genau wie in Deutschland den Vorrang erhielt.

Die Jagdfliegerei wurde in den meisten Vorkriegsdoktrinen unter einem zweitrangigen Gesichtspunkt betrachtet. Dies spiegelte sich auch in der beherrschenden Rolle wieder, die den Bombern im Hinblick auf Entwicklung, Konstruktion und Produktion eingeräumt wurden.

In den Vereinigten Staaten führte dies dazu, daß die USAAF in den 2. Weltkrieg eintrat, ohne ein Jagdflugzeug zu besitzen, das der deutschen Me 109 oder der japanischen Zero unter gleichen Einsatzbedingungen gewachsen war. Deshalb sollte man daran denken, wenn es um die Untersuchung der deutschen militärischen Kurzsichtigkeit geht, daß Deutschlands Kriegsplaner nicht die einzigen waren, die versagten, als es darum ging, die neuen Dimensionen einer Luftwaffe genau zu sehen[41].

Einige der deutschen Unterlassungssünden wurden bereits im Kapitel 1 erläutert. Die Geschichte der Nachtjägerentwicklung offenbart noch viele andere. Die Männer, die die Jäger bei Nacht flogen, hatten die Last dieser Fehler zu tragen.

So wie der Gesichtspunkt der Jagdfliegerei eine geringe Rolle in den Überlegungen der deutschen Luftwaffe einnahm, so war der Nachtjäger in den Überlegungen der Luftwaffe von geringer Wichtigkeit. So gering war die Einschätzung, daß es vor dem Kriege so gut wie gar keine Nachtjäger gab.

1939 hatte die Luftwaffe 7 Nachtjagdversuchsstaffeln mit Ar 68 und Me 109. Diese sogenannten »Mondlichtstaffeln« sind rückblickend eine der seltsamsten Anomalien des Krieges.

General Eisenhower sagte einmal: »Jeder Rückblick ist 20–20 Sicht.« Aber selbst wenn man dies berücksichtigt, erscheint es unglaublich, daß nur so wenig in die Nachtjäger investiert wurde.

Bomberkonstrukteure und die Befürworter der Bomber hatten keinen Zweifel daran, daß ihre Flugzeuge bei Tag und Nacht benutzt würden.

Nachtbomber erzielten sogar schon im 1. Weltkrieg eine Wirkung. Die deutschen Angriffe auf England mit Gotha-Bombern sind ein Beispiel dafür. Die Beschränkung auf Nachtbomberverbände – eine Waffe, die alle großen Nationen einzusetzen gedachten und von der sie erwarteten, daß sie auch von ihren zukünftigen Gegnern eingesetzt würde – ließ ein planungsmäßiges und technologisches Vakuum entstehen.

Die besten Argumente für die Entwicklung und den Ausbau der Jagdfliegerei reichten nicht aus, um diese Lücke zu füllen. Zwischen den Kriegen dienten die Nachtkampfmanöver eigentlich mehr dem Nachweis, daß ein Nachtjägerangriff ausschließlich von dem Können des einzelnen Piloten abhängig ist. Das hatte sich ja schon im 1. Weltkrieg herausgestellt.

Einen feindlichen Bomber bei Nacht zu suchen und zu finden und ihn auch noch abzuschießen, erforderte menschliche Faktoren, die sich nicht konkret in Lehrsätzen erfassen ließen und sich nicht zur Aufnahme in Ausbildungsvorschriften eigneten. Auf höchster Ebene hielt sich in Deutschland hartnäckig die Meinung, daß diese außergewöhnlichen, individuellen Fähigkeiten und damit die Begabung zur Nachtjagd so selten seien, daß sie keine Gefahr für den Erfolg der Nachtbomber darstellten. Nachtjäger wurden als ein akzeptables Risiko angesehen. Diese Überzeugung wurde verstärkt durch völlige Abhängigkeit der Nachtjäger von den Wetterverhältnissen.

Daß Wolfgang Falck aus dieser Situation heraus das Problem auf seine Weise anging, wurde bereits geschildert. Nach den ersten von ihm organisierten Einsätzen mit Funkmeßunterstützung kam die Nachtjagd bald auf den richtigen Weg.

Unter Falcks Führung fanden bald auch Werner Streib und seine Kameraden heraus, daß man die Nachtjagdfähigkeit entwickeln konnte.

Zuerst stellte sich heraus, daß die Sicht von 5000 Meter Höhe und darüber wesentlich besser war. Streib lernte schnell und erweiterte sein vorhandenes Talent für Nachteinsätze. Nach kurzer Zeit erzielte er über der Ruhr zwei Abschüsse in drei Nächten. Der erste dieser Abschüsse wurde bereits beschrieben.

Der Nachtkampf über Deutschland begann mit Piloten wie Streib, Radusch und Helmut Lent, die im Grunde genommen den Taktiken des 1. Weltkrieges gegen die Bomber folgten.

Sichtkontakt, blindes Glück und wahrlich überragendes fliegerisches Können und meisterhaftes Schießen blieben die Grundlagen des Erfolges gegen die Wellingtons, Whitleys, Hampdens und Blenheims der RAF in diesen Tagen. Der Erfolg der Nachtjagdpioniere war so groß, daß bald eine generelle Neuorientierung im Hinblick auf die Nachtjagd erfolgte.

Ende September 1940 begann das Oberkommando der Luftwaffe die auf lange Zeit zu erwartende Bedrohung durch die RAF-Bomber mit einiger Besorgnis zu untersuchen. Die Invasion Englands war verschoben worden. Man konnte voraussehen, daß England seine Kräfte sammeln und sich erholen werde. Aus den fortgesetzten Nachtbomberangriffen der RAF war zu schließen, in welcher Richtung und Art Englands Hauptangriff auf das Reich erfolgen würde. Zu diesem Zeitpunkt bahnte sich bereits eine starke technologische Revolution an.

Für elektronische Bordgeräte waren jetzt die technischen Möglichkeiten gegeben. Auf diesem Gebiet konnten die Nachtjagdmethoden in bedeutendem Umfange vorangetrieben werden. Die Firma Telefunken hatte einen Entwicklungsauftrag für Funkmeßgeräte für Nachtjäger erhalten. Im Hinblick auf die Flugzeuge selbst führten die Ereignisse zur Neueinschätzung der vorhandenen Typen bezüglich ihrer Tauglichkeit für die Nachtjagd.

Die verheerenden Erfahrungen bei der Feuertaufe der Me 110 während der »Luftschlacht um England« in der ihr zugedachten Rolle machten es notwendig, den zweimotorigen schweren Jäger aus dem Bomberbegleitschutz über England herauszunehmen und ihm eine andere Aufgabe zuzuweisen. Die Nachtjagd schien in diesem Falle die Antwort zu sein.

Wenn keine Spitfire da waren, zeigte die Me 110 doch einige Vorzüge. Die Maschine hatte eine beachtliche Einsatzdauer, angemessene Feuerkraft und Leistung, und das zusätzliche Besatzungsmitglied war als Bedienung des umfangreichen Bordgerätes von größtem Nutzen.

In der Praxis des Nachtkampfes stellten die Deutschen auch fest, daß es nicht einmal notwendig war, einen schnellen Jäger für die Nachtjagd zu verwenden.

Der schnelle Ju 88 Bomber hatte genügend Geschwindigkeit, um Nachtjagdeinsätze erfolgreich durchzuführen, und zusätzlich noch die Vorteile großer Reichweite und Tragfähigkeit.

Die Ju 88 konnte schwerere Bewaffnung mitführen, mehr Munition, mehr elektronische Ausrüstung und ein zusätzliches Besatzungsmitglied zur Bedienung des Funkmeßgerätes.

Deshalb wurde die Ju 88 auch als Nachtjäger eingesetzt.

Dies war eine radikale Abkehr von ihrer ursprünglichen Auslegung als Sturzbomber, aber mit diesem Typ haben einige der führenden Nachtjäger den ganzen Krieg hindurch große Erfolge erzielt.

Auch der Do 17 Bomber von Dornier mit einer Geschwindigkeit von 380 km/h wurde als Nachtjäger eingesetzt. Außerdem wurde er als Nachtbomber verwendet. Es wurde nichts unternommen, um ein Hochleistungsnachtjagdflugzeug zu entwerfen und zu entwickeln, ein Flugzeug also, das ausschließlich für diese Aufgabe vorgesehen war.

Dies kennzeichnet gleichzeitig die für die deutsche Flugzeugproduktion katastrophale Zeit von 1940–41.

Ernst Heinkel hatte 1940 privat die Entwicklung der He 219 begonnen, mit dem Ziel, die von der Luftwaffe gestellten Forderungen nach einem wirtschaftlichen Mehrzweckflugzeug zu erfüllen. Die He 219 erwies sich zufällig als Deutschlands bester Nachtjäger.

Über diese Maschine, die genau wie die Me 262 zu spät in ausreichenden Stückzahlen zur Verfügung stand, um noch entscheidend zu sein, wird später noch mehr gesagt werden.

Wenn auch das Ausmaß der Nachtbomberbedrohung zu spät erkannt wurde, so führte dies Mitte 1940 doch zu einer gewissen Zusammenfassung der personellen und auch technologischen Voraussetzungen Deutschlands.

Wie im vorigen Kapitel erwähnt, brachten diese Maßnahmen den damaligen Oberst Kammhuber in die Position des Generals der Nachtjäger. Kammhuber ging als Freiwilliger 1914 in den 1. Weltkrieg. 1939 war er Kommodore eines Bombergeschwaders und wurde während des Frankreichfeldzuges im reifen Alter von 44 Jahren abgeschossen.

Kammhuber war also »in den besten Mannesjahren«, als er im Juli 1940 mit dem Aufbau der deutschen Nachtverteidigung betraut wurde. Der kleine Mann bewies große Energie und außergewöhnliche Fähigkeiten.

Er baute ein Verteidigungssystem auf, das von der Insel Sylt bis zur Scheldemündung reichte und später als Kammhuberlinie bekannt wurde. Das System begann als ein 25 km tiefer Streifen von Scheinwerfern vor den Flakbatterien. Dahinter waren die Nachtjäger in Luftbereitschaftszonen stationiert.

Die bereits in der Luft befindlichen Nachtjäger konnten sich auf die Bomber stürzen, sobald die Eindringlinge von den Scheinwerfern erfaßt wurden und bevor die Flak das Feuer eröffnete.

Dieses System wurde verfeinert und ständig auf Grund der vorliegenden Erfahrungen und technischen Fortschritte verbessert.

Als »Würzburg«-Geräte ab Oktober 1940 zur Verfügung standen, wurde vor dem Scheinwerferstreifen ein Radarstreifen eingerichtet.

Die 30 Kilometer Reichweite der neuen Funkmeßgeräte ermöglichten den Nachtjägern Einsätze in völliger Dunkelheit bereits vor den Scheinwerferbatterien.

Dann wurde das »Himmelbett«-System entwickelt, um den Druck auf die Angreifer möglichst lange aufrechterhalten zu können. Oberst Wolfgang Falck beschreibt ein typisches Nachtjagdrevier des »Himmelbett«-Systems wie folgt:

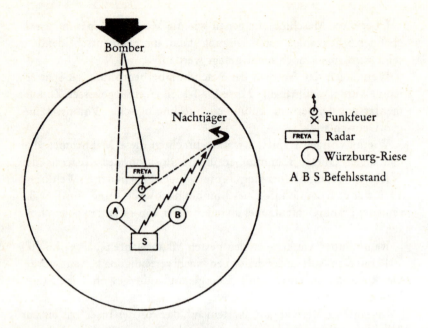

Die Skizze zeigt den Aufbau eines »Himmelbett«-Systems, in dem prinzipiell alle Geräte in der Mitte installiert sind.
1. Funkfeuer, das dem Nachtjäger als Orientierungspunkt diente und an das er elektronisch »angebunden« war.
2. »Freya«-Gerät mit einer Reichweite von 60–100 km, das die anfliegenden feindlichen Flugzeuge erfaßt und sie an das
3. »Würzburg«-Gerät »A« weitergibt. Die »Würzburg«-Geräte haben eine Reichweite von ca. 30 km. Die »A«-Anlage übernimmt das Ziel und übermittelt alle Daten über Flugrichtung, Entfernung und Flughöhe an den Leitstand S.
4. Das »Würzburg«-Gerät »B« führt die Nachtjäger und meldet seine Werte ebenfalls dem Leitstand S.
5. Bei dem Leitstand werden die Werte durch einen roten (Ziel) und einen blauen (Nachtjäger) Lichtpunktreflektor von unten auf den
6. »Seeburg«-Tisch projiziert. Dieser Tisch besteht aus einer Glasplatte, auf dem das gesamte Gebiet wie eine Landkarte aufgemalt ist. Von hier aus führt der Jägerleitoffizier den Nachtjäger an den feindlichen Bomber heran, bis der Nachtjäger das Ziel visuell oder mit seinem Bordsuchgerät übernehmen kann.

Später wurden zwei oder drei Nachtjäger in einem »Himmelbett«-Sektor eingesetzt. Diese Flugzeuge waren in verschiedenen Höhen gestaffelt und wurden nacheinander gegen verschiedene Ziele geführt.«

Nebeneinanderliegende »Himmelbett«-Systeme überlappten sich, und die Leitstände waren über Telefon miteinander verbunden. Ein Ziel, das im einen »Himmelbett« nicht abgeschossen werden konnte, wurde so ohne Schwierigkeiten an das nächste System weitergegeben. Eine Anzahl solcher Befehlstände bildeten zusammengefaßt eine Nachtjagddivision. In dem Divisionsgefechtstand wurde die Lage des gesamten Gebietes auf eine riesige Glaswand projiziert. Unter anderem hat Galland über die Faszination berichtet, die diese wundersamen Darstellungen auf ehrgeizige Gauleiter und Kommunalbeamte ausübte. Diese Besichtigungen waren als Statussymbol bei vielen Parteifunktionären begehrt.

Die Bomber der RAF mußten beim Anflug und beim Abflug eine Reihe solcher Gebiete überfliegen. Die Deutschen versuchten, physisch wie psychisch eine maximale Wirkung zu erzielen, indem sie einen nahezu lückenlosen Nachtjäger- und Flakdruck auf die Bomber ausübten. Dies war wenigstens das Ziel der Verteidiger.

In der Praxis erfüllte das System nicht ganz den Zweck, selbst dann nicht, als es durch zusätzliche kombinierte Nachtjägereinsätze entlang den strategischen Flugrouten wie z. B. England – Berlin ergänzt wurde.

Für die fortgesetzte Bekämpfung der Bomber, die durch dieses System angestrebt wurde, waren wesentlich größere Zonen notwendig.

In dem vorgegebenen Bereich konnten nur eine begrenzte Anzahl von Nachtjägern geführt werden. Dadurch wurden wiederum die bei den einfliegenden Verbänden zu erreichenden Abschußzahlen begrenzt. Das System mußte unwirksam werden, sobald die RAF Umfang und Zahl der Bomberverbände vergrößerte, da die deutschen Nachtjäger dann kaum soviel Angreifer abschießen konnten, daß eine nicht mehr vertretbare Verlustrate entstand.

Kammhubers mit Nachdruck betriebene Erweiterung der Nachtjäger-Verbände und der Aufbau der Verteidigung wurden durch den Mangel an Ausrüstung und Gerät begrenzt.

Außerdem mußte er ständig mit dem Unverstand auf hoher Ebene kämpfen. Der Bedarf der Ostfront war von Mitte 1941 an nicht zu decken. Trotzdem gab es im Dezember 1942 sechs Nachtjagdgruppen, die zur Verteidigung des Reichsgebiets eingesetzt wurden.

General Kammhuber müssen außergewöhnliche Leistungen zuerkannt werden, zumal er mit begrenzten Mitteln auf einem Gebiet arbeiten mußte, auf dem jeder Schritt in Neuland führte und wo es keine Richtlinien und Erfahrungen aus der Vergangenheit gab, auf die man sich abstützen konnte. Seine Unterstützung der nächtlichen Langstreckeneinsätze gegen RAF-Flugplätze in England sind ein Beispiel für seine Voraussicht.

Wären solche Einsätze, wie es Kammhuber forderte, nach den ersten Erfolgen weiter ausgebaut worden, dann hätten sie viel dazu beitragen können, die ersten »Tausend-Bomber-Angriffe« fehlschlagen zu lassen und vielleicht sogar solche Einsätze völlig zu verhindern. Genau wie andere von Kammhuber vorgeschlagene und von ihm geforderte Nachtjägereinsätze wurden die Nachtangriffe gegen britische Flugplätze aus politischen Gründen abgewürgt.

Hitler sah keinen Nutzen darin, die RAF zu schädigen, wenn der Schaden dort angerichtet wurde, wo ihn die deutsche Zivilbevölkerung nicht sehen konnte.

Wie die meisten rational denkenden, befähigten Männer in hohen deutschen Kommandostellen, mußte Kammhuber zwangsläufig Schwierigkeiten mit der politischen Führung bekommen.

Sein im Jahre 1943 erzwungener Rücktritt und seine darauf folgende Abschiebung auf ein unwichtiges Kommando in Norwegen sollten sich zum Nachteil für Deutschland auswirken.

Während des Jahres 1941 konnte die RAF annähernd 35 000 Tonnen Bomben über Deutschland abwerfen.

Obwohl dies im Vergleich zu den Vorstellungen der Vorkriegszeit und der Schlacht um England eindrucksvoll erschien, verdeckten diese Zahlen den Umfang einer ernsten Krise. Das Bomber-Kommando der RAF hatte durch die deutschen Nachtjäger schwere Verluste hinnehmen müssen.

Die Lage in England war ernst.

Innerhalb des britischen Verteidigungsapparates kämpfte das Bomber-Kommando buchstäblich um das Überleben als Hauptinstrument der alliierten Strategie.

Hätte die deutsche Führung die außerordentliche Wichtigkeit der Abschnürung der Nachtbomberoffensive in ihren Anfängen erfaßt, dann wäre die Geschichte dieses Krieges möglicherweise anders verlaufen.

Heute sehen die Deutschen, wie nahe sie 1941 daran waren, das Hauptinstrument für die Zerstörung ihres Landes auszuschalten.

Nicht nur, daß die deutschen Nachtjäger zur echten Bedrohung wurden, es waren auch eigene Einsatzprobleme, die dem Bomber-Kommando Schwierigkeiten machten. Die Nachtnavigation der Bomberbesatzungen hatte katastrophale Schwächen. Durch das rauhe Wetter und die Störung der Funkhilfen vieler Vorteile der klassischen Navigation in der Luft beraubt, konnten die englischen Besatzungen kaum mehr erreichen, als in die allgemeine Nähe des Zieles zu gelangen.

Um der Flak und den Scheinwerfern auszuweichen, wurden sie auf Höhen gezwungen, wo sie Sauerstoff brauchten, und den hatten sie nicht. Sie flogen durch schwere Vereisung ohne wirksame Enteisungsanlagen. Sie beförderten Ladungen von Explosivstoffen in leicht brennbaren Flugzeugen durch die Luft, weil sie noch keine selbstabdichtenden Treibstofftanks hatten. Sie flogen in ständiger Furcht vor Nachtjägerangriffen. Es gehörte schon Mumm zu einem solchen Unternehmen.

Die geplagten Besatzungen dieser ersten Zeit hatten weit weniger Erfahrung, Vertrauen und Ausrüstung als die anderen ein paar Jahre später, und ihre Wirkung auf den Gegner war minimal.

Die Photoaufklärung der Ziele dieser Bomberbesatzungen zeigte allzu häufig, daß sie schon Glück hatten, wenn sie auf einige Kilometer an das Ziel herangekommen waren.

Weil die spätere Nachtbomberoffensive eine wesentliche historische Bedeutung erlangte, besteht heute die Tendenz, die frühen Jahre zu übergehen, weil der von den Nachtbombern angerichtete Schaden in diesen Jahren nicht so groß war.

Bis zum Ende des Jahres 1941 stimmte das irgendwie.

Deutschlands Industrie ließ sich nicht lahmlegen.

Die Nachtbomber konnten bis dahin keinen einzigen Schlag mit schwerwiegenden Zerstörungen gegen Deutschland erzielen.

Im Gegenteil, im Atlantik brachte Deutschland die Royal Navy bis an den Rand ihrer Existenz, in Nordafrika stand die britische Armee vor einer Niederlage, und alles sah so aus, als ob der sowjetische Koloß auch zu Boden gezwungen würde.

Die von allen Fronten gestellte Forderung nach Bombenflugzeugen, um dem Druck zu begegnen, dem sich die alliierten Streitkräfte ausgesetzt sahen, fand in den hohen britischen Stäben mehr Beachtung als beim Bomberkommando. Die RAF konnte ja offensichtlich mit ihren unregelmäßigen Nachteinsätzen gegen das Reich nicht sehr viel erreichen.

Um den Ausbau des Bomber-Kommandos trotz der vielen rivalisierenden Anforderungen von Bombenflugzeugen fortsetzen zu können, unternahm Air Chief Marshal Sir Arthur Harris den ersten Tausend-Bomber-Angriff. Er mußte beweisen, daß Deutschland bei Nacht empfindlich getroffen werden konnte. Er kratzte alle Besatzungen und Flugzeuge auf der britischen Insel zusammen und führte den Angriff auf Köln im Mai 1941 durch.

Dieser Angriff führte sowohl in England als auch in Deutschland zu dramatischen Konsequenzen.

Die deutsche Verteidigung war selbstzufrieden geworden. Die Schwächen, die dem Nachtjägersystem anhafteten, wurden nun offenbar.

In einer hellen Mondnacht konnten sie aus einem Verband von tausend Bombern nur 36 Flugzeuge herausschießen.

Außerdem hatten die Köln angreifenden Bombermassen mit erschreckender Klarheit bewiesen, daß große Flugzeugzahlen das Nachtjägersystem durcheinander brachten.

Die gemachten Erfahrungen führten dazu, daß die RAF ihre gewohnten An- und Abflüge im Verband, in Bomberwellen, aufgab und dafür die Bomberstromtaktik anwandte.

Trotz der zahlreichen Nachteile hatten die deutschen Nachtjäger die RAF bis 1941 erfolgreich bekämpfen können.

Die Wirkung der Bombenangriffe auf die deutsche Industrie konnte in vertretbaren Grenzen gehalten werden.

Die im vorangehenden Herbst getroffene Entscheidung, die Entwicklung der Bordradargeräte voranzutreiben, erbrachte die ersten brauchbaren Ansätze. Telefunken brachte im Sommer 1941 die ersten Prototypen des »Lichtenstein« (490 MHz) Radargerätes heraus.

Diese Radargeräte versprachen, die Abfangkapazität der Nachtjäger zu stärken.

Die Piloten mußten sich bis zu diesem Zeitpunkt auf die visuelle Erfassung der Ziele abstützen, nachdem der Radarleitoffizier am Boden sie an die anfliegenden Bomber herangeführt hatte.

Es war die grundlegende Nachtjagdtaktik, sich in Luftbereitschaftszonen in einer Flughöhe von 5000 m aufzuhalten, um die so gegebenen besseren Nachtsichtmöglichkeiten auszunutzen. Gegnerische Flugzeuge in geringeren Flughöhen wurden vorwiegend der Flak überlassen.

Vor der Einführung des Bordgerätes »Lichtenstein« war jedes Abfangen und Abschießen hauptsächlich von der visuellen Zielerfassung abhängig.

Mit dem Bordradar wurde der Sichtkontakt nur in der letzten Phase des Angriffes kurz vor dem Schießen erforderlich.

Das FuG 212 Lichtenstein C-1 erhielt die höchste Dringlichkeitsstufe, und im Frühjahr 1942 wurden die ersten Einsatzgeräte beim NJG 1 in Holland erprobt.

Die völlig neuartige Anlage rief bei den Piloten unterschiedliche Reaktionen hervor.

Auf den Rumpfnasen der für den ersten Einbau ausgesuchten Ju 88 war ein ansehnlicher Antennenwald zu sehen.

Helmut Lent, der im Laufe der Zeit 102 Nachtabschüsse und 8 Tagabschüsse erzielen sollte, gehörte zu denen, die diese »Verunstaltung« mit Unbehagen betrachteten.

Die Ju 88 konnte sich nur schwer den Geschwindigkeitsverlust von 40 km/h leisten, der durch den Einbau der Antenne hervorgerufen wurde. Dieser Verlust beließ der Ju 88 nur eine geringe Spitze über den RAF Lancaster Bomber, dessen Einsatz sich über Deutschland in immer zunehmenden Zahlen bemerkbar machte.

Die Flugleistungen der Lancaster waren dazuhin eine Überraschung für die Deutschen. Das klassische Ausweichmanöver der RAF gegen Nachtjäger, der sogenannte »Korkenzieher«, wurde durch die Lancaster noch weiter perfektioniert.

Durch schnellen Geschwindigkeits-, Höhen- und Richtungswechsel konnte die Lancaster den eigenen Bordschützen einen ausgezeichneten Vorteil verschaffen, und die erstaunlich wendigen Bomber konnten einen unerfahrenen deutschen Nachtjägerpiloten ohne weiteres abschütteln.

Als die Theorie in die Truppenpraxis umgemünzt wurde, mußte einem weiteren unwillkommenen Umstand Beachtung geschenkt werden.

Die Bedienung des Lichtenstein C-1 Gerätes sollte dem Funker obliegen, der in der Ju 88 gleichzeitig Heckschütze war.

Die Anzeige des Radargerätes erschien auf 3 Kathodenstrahlröhren, die Lage, Richtung, Höhe und Entfernung des Gegners anzeigten.

Die Bedienung des Gerätes und die Weitergabe der Werte an den Piloten verlangten von dem Funker, daß er sich ausschließlich auf die Anzeigen konzentrierte. Wenn er fünfzehn Minuten lang auf die phosphoreszierenden Bildschirme schaute, verlor der Funker sein Nachtsehvermögen. Er konnte seine Funktion als Heckschütze dann nicht mehr erfüllen. Dadurch verlor der Nachtjäger einen Teil seiner Kampfkraft als Preis für sein Abfangvermögen.

Ein drittes Besatzungsmitglied, das ausschließlich das Radargerät für die Abfangaufgabe bedienen konnte, überwand diese Schwierigkeit. Der Funker als Heckschütze behielt seine ursprüngliche Aufgabe. Solche Fehler auszumerzen kostete Zeit: sie waren nicht dazu angetan, das Mißtrauen der alten Hasen beim NJG 1 zu beseitigen.

Dies änderte sich, als Hauptmann Ludwig Becker im Sommer 1942 seinen ersten mit Radar erflogenen Abschuß erzielte.

Der junge Staffelkapitän erreichte es, daß Vertrauen und Begeisterung für das neue Gerät aufkam.

Die Reichweite des neuen Lichtenstein C-1 mit 3 km gab den Nachtjägern neue Augen.

Entschlossen, Großangriffe wie die auf Köln in Zukunft zu verhindern, stürzten sich die Nachtjäger erneut auf die RAF.

Britische Gegenmaßnahmen bestätigen den Erfolg des deutschen Bordradars. Von den Engländern wurden Störmethoden entwickelt, und im Sommer 1943 begann die RAF mit Radar ausgerüstete Beaufighters als Begleitschutz einzusetzen.

Unter Führung des bekannten britischen Asses Bob Braham waren schon die Beaufighter für die deutschen Nachtjäger eine unliebsame Störung. Es folgte der Einsatz von Mosquito Nachtjägern. Die deutschen Ju 88, Me 110 und Do 17 waren den mit Radar ausgerüsteten Mosquitos unterlegen. Die schnellen, wendigen und schwer bewaffneten Mosquitos nutzten die Abstrahlung des Lichtensteingeräts der deutschen Nachtjäger.

Deutsche Wissenschaftler entwickelten gegen diese Gefahr das »Naxosgerät«, ein Warngerät, das einen akustisch stärker werdenden Warnton abgab, sobald sich eine angreifende Mosquito näherte.

Weiterentwickelte Typen des Lichtensteingerätes überwanden die britischen Störungen und erlaubten den deutschen Nachtjägern, der RAF erneut schwere Verluste beizufügen, die die eigenen weit überstiegen. Diese Schachzüge technischen Erfindergeistes, in der Luft durch die Tapferkeit und Findigkeit der Piloten unterstützt, versetzte die Deutschen in die Lage, bis zum Sommer 1943 mit ihren Gegnern mindestens gleichzuziehen. Dieses Gleichgewicht änderte sich in der Nacht vom 24. auf den 25. Juli 1943, als die Brandangriffe auf Hamburg begannen. Achthundert schwere Bomber der RAF griffen Hamburg mit vernichtender Wirkung an.

Von dem Zeitpunkt an, als die deutschen Radargeräte die Angreifer erfaßten, war klar, daß der Krieg in der Nacht eine neue, dramatische Wendung nehmen würde. Die Engländer benutzten die sogenannte »Düppel«-Methode, um die deutschen Radargeräte zu stören. Auf die Wellenlänge der deutschen Radargeräte geschnittene Metallfolien wurden aus den Bombern geworfen. Auf Grund ihrer Reflektion und ihrer Abmessungen sandten diese Metallfolien Echos an die deutschen Radarempfänger, die in keinem Verhältnis zu ihrer wirklichen Größe standen.

Das leichte Gewicht dieser Streifen erhöhte ihre Wirkung, da die Folien nur langsam niedersanken und häufig von Aufwinden mitgetragen wurden. Tausende von starken Radarechos bewirkten eine Blendung bei den deutschen Bodenstationen. Die Radarschirme zeigten jetzt nur riesige Flecken. Alle Möglichkeiten für eine vernünftige Nachtjägerführung waren dahin. Die Bordgeräte der deutschen Jäger wurden auf ähnliche Weise gestört. Nach der Stillegung ihrer elektronischen Augen mußten die Deutschen mit Schrecken zusehen, wie die RAF in einer Reihe von Nachtangriffen Hamburg in Trümmer legte.

Am Tage hielten die schweren Bomber der USAAF den Druck aufrecht. Die von den Engländern »Window« und »Chaff«, von den Deutschen »Düppelstreifen« genannten Metallfolien waren ein taktischer Triumph.

Das Fiasko bei der elektronischen Erfassung verdeckte einen noch unheilversprechenderen Durchbruch. Der Bomberstrom war geboren. Bis dahin hatten die RAF-Bomber ihre Ziele in Deutschland im Verband angeflogen. Dies geschah meistens in Sichtweite zueinander. Diese herkömmliche Taktik hatte den Deutschen die Chance gegeben, ihre Gegner wirksam zu bekämpfen.

Die schweren Bomber der RAF kamen nun in schmaler Front, Welle auf Welle, aber nicht in einem festen Verband und nur selten in Sichtfühlung. Der Bomberstrom, der beim Einfliegen Metallfolien abwarf, riß eine Bresche in die Verteidigung, mit der die deutschen Nachtjäger nicht fertig werden konnten. Deutschlands nächtlicher Schutzschirm war in Fetzen gerissen.

Dieser lähmende taktische Schlag mit dem unbeschreiblichen Schrecken der auf ihn folgenden Feuerstürme, die durch Hamburg fegten, erforderten sofortige Gegenmaßnahmen von den deutschen Radarspezialisten.

Bis neue Abwehrmöglichkeiten entwickelt werden konnten, war in der deutschen Nachtabwehr eine furchterregende Lücke entstanden.

Das nächtliche Drama hatte seinen schrecklichsten Punkt erreicht.

Eine kühne, dynamisch-junge Figur erschien auf dem Schauplatz und sollte das Bild in den folgenden Monaten beherrschen.

Major Hajo Hermann, noch nicht dreißig Jahre alt, aber ein kampferprobter Bomberpilot, war ein aufgeschlossener Offizier mit eigenen Gedanken und einem Gefühl für das Neue.

Er war der Meinung, daß man jetzt die RAF nach der Einführung ihrer neuen Navigationshilfe H2S nicht mehr davon abhalten könne, ihre Ziele, die großen Städte, zu finden.

Diese harte, unabwendbare Tatsache bedeutete, daß deutsche Städte auch zukünftig nachts brannten.

Es war Herrmanns Idee, diese Tragödie wenigstens in einen taktischen Vorteil zu verwandeln und sie gegen die Engländer anzuwenden.

Anstatt an Verdunklungsvorschriften und Maßnahmen, die jetzt nutzlos waren, festzuhalten, schlug Herrmann vor, die deutschen Städte voll zu beleuchten. Als Offizier beim Luftwaffeneinsatzstab in Wildpark Werder hatte Herrmann oft gesehen, wie die Massen der schweren Bomber die Nachtjägerverteidigung durchbrachen. Über den Städten selbst waren keine Nachtjäger im Einsatz und ihre Verteidigung wurde den Scheinwerfern und der Flak überlassen.

Vom Boden aus hatte Herrmann beobachtet, wie die Bomber minutenlang in den Strahlen der Scheinwerfer gehalten wurden. Er wußte, daß er diese Bomber abschießen könnte, wenn er in der Luft wäre. Er würde kein Radar und keine aufwendige Bodenleitstelle benötigen, weil er sein Ziel in den Scheinwerfern sehen konnte. Eine flakfreie Zone, in der die Jäger die Bomber angreifen könnten, war die einzige Änderung, die an den bestehenden Verfahren notwendig wäre. Es war deshalb Herrmanns Vorschlag, alle Städte hell zu erleuchten, alle verfügbaren Scheinwerfer einzuschalten und die Luft über den Stadtzentren zu beleuchteten Arenen zu verwandeln, in denen die Jäger die Eindringlinge stellen können. Er dachte dabei auch an die einzusetzenden Jägertypen. Er schlug vor, schnelle einmotorige Me 109 und FW 190 zu verwenden. Auf eine Führung vom Boden aus und auf Radar sollte verzichtet werden.

Diese Jäger sollten sich allein mit dem, was einen guten Jagdflieger ausmacht, nämlich gutem Sehvermögen, entschlossenem Fliegen und genauem Schießen, auf die Bomber stürzen.

Der junge, ehemalige Bomberpilot war davon überzeugt, daß sein Plan in der deutschen Verteidigung seinen Platz finden würde.

Die Lücke, die er schließen wollte, war jedem klar, der beobachten konnte, wie die Bomber unbelästigt über den Städten kreisen. Er dachte nie daran, seine Taktik als Ersatz für die bestehenden Nachtjagdsysteme einzusetzen. Herrmann sah sie als eine Ergänzung.

Sein Vorschlag führte ein anachronistisches Element in die bestehenden umfangreichen und umständlichen Nachtjagdverfahren ein. Erfolgreiche Nachtjägereinsätze waren von einem dichten Netz von Radar- und Nachrichtenübermittlung abhängig, ohne das ein Nachtjäger blind, verloren und unwirksam war. Der Einsatz solch simpler und direkter Methoden, wie Herrmann sie vorschlug, mußte all das zum Einsturz bringen, was seit 1940 unter so viel Aufwand aufgebaut worden war.

Es gab schon so etwas wie ein »Establishment« bei den Nachtjägern, und Herrmanns radikale Rückkehr zu den Methoden des Jahres 1940 traf dort auf starken Widerstand.

Die Reaktion der Nachtjagdkommandeure und der technischen Spezialisten reichte von vernünftiger schriftlicher Kritik bis zur Kritik an der Person Herrmanns. Seine Widersacher wiesen darauf hin, daß er Bomberpilot und nicht Jägerpilot sei und daß seine praktischen Erfahrungen im Hinblick auf die Nachtjagd sich darauf beschränkten, daß er über London von Nachtjägern angegriffen worden war.

Herrmann hatte sich seinen taktischen Scharfsinn schwer erarbeitet. Er hatte über dreihundert Einsätze als Bomberpilot unter ziemlich unterschiedlichen Bedingungen geflogen. Die Luftschlacht um England, das Ringen um Malta und der brutale Krieg gegen die alliierten Geleitzüge in der Arktis gehörten zu seinen persönlichen Erfahrungen. Das Ritterkreuz war Ausdruck und Bestätigung seiner Qualitäten und seines Könnens.

Mit Neunundzwanzig grau an den Schläfen, über seine Jahre hinaus gereift und äußerst entschlossen, erwies sich Herrmann als überzeugender Anwalt seiner Ideen. Eine besondere Stütze hatte er in Major Werner Baumbach, dem führenden Bomberpiloten der Luftwaffe. Die beiden Männer sicherten sich eine Audienz bei Göring für den 27. Juni 1943, und Herrmann konnte dabei den Reichsmarschall mit einem ausgezeichneten Vortrag überzeugen.

Göring – starken, dynamischen Persönlichkeiten gegenüber aufgeschlossen – genehmigte ein Erprobungskommando. Der ehemalige Bomberpilot beschaffte sich schnell zehn Fw 190 und Me 109 und die Flugzeugführer dazu.

Die mit 350-Liter-Zusatztanks ausgerüsteten einmotorigen Maschinen waren in der Lage, mindestens zwei Stunden in der Luft zu bleiben. Die zusätzliche Treibstoffmenge war notwendig, wenn sie in der Lage sein sollten, unter Angriff liegende, weiter entfernte Städte zu erreichen und dort mit voller Leistung die Bomber zu bekämpfen. Sie hatten nur eine begrenzte Zeit, ihren Angriff durchzuführen, und es wäre eine Katastrophe gewesen, wenn sie im kritischen Augenblick keinen Treibstoff mehr gehabt hätten.

Zur Feuertaufe bereit startete Herrmann mit seinem Haufen in der Nacht vom 3. auf den 4. Juli 1943, als Bomber im Anflug auf das Ruhrgebiet gemeldet wurden. Er hatte über dem Ruhrgebiet eine flakfreie Zone einrichten lassen. Von 6500 Metern an aufwärts konnten Herrmanns Männer operieren, ohne von der eigenen Flak unter ihnen beschossen zu werden. Aber irgend etwas war bei diesem Plan bereits schiefgelaufen. Der Bomberstrom flog nicht zum Ruhrgebiet. Das Ziel war Köln.

Herrmann fluchte. Die Flakschützen um Köln herum wußten noch nicht einmal, daß sein Kommando überhaupt existierte. Sie würden auf alles schießen, was sich über ihnen bewegte. Es war zu spät. In der Entfernung konnte Herrmann schon die Bomber kommen sehen. Die Nachtjäger griffen sie in den regulären Nachtjagdzonen an. Glühende Spuren bahnten sich ihren Weg nach unten, als getroffene Bomber der Erde zustürzten. Die RAF brach wieder durch die Verteidigung, wenn sie dabei auch Bomber verlor. Da wußte Herrmann, daß er sein Kommando auf die Bomber hetzen mußte, Flak oder keine Flak.

Er war innerlich betroffen, als er in der Entfernung einige Bomber sah, die explodierten und zur Erde fielen. Sie waren Gegner, aber es war ein schrecklicher Tod. Die britischen Besatzungen arbeiteten jetzt auf der Grenze ihrer nervlichen Belastung. Als Bomberpilot wußte er um den Druck, unter dem sie standen, und kannte die Überlegungen, ob es sie wohl erwischen wird oder ob sie wieder heimkommen werden. Herrmann sollte mit seinem unerwarteten Jägerangriff diese Belastung noch erhöhen.

»Weihnachtsbäume« und vielfarbige Markierungen brannten am Himmel, springend, glühend und fahl leuchtend. Leuchtkugeln und Leuchtbomben zerplatzten mit in die Augen stechender Helligkeit. Und unten in der Entfernung konnte Herrmann die geraden Reihen orangefarbener Blitze beobachten, als die Bombenladung in die alte Stadt donnerte. Der Angriff näherte sich seinem Höhepunkt.

Die suchenden, blauweißen Scheinwerferstrahlen fanden die Bomber und hielten sie in ihrem strahlenden Griff. Ein mörderischer Flakhagel, der den Himmel über der Stadt übersäte, erweckte in Herrmann Erinnerungen an London. Mit voller Leistung jagte das Kommando unter die Bomber. Die Taktik war: jeder Mann für sich selbst, jeden erreichbaren Bomber beharken, sie herunterholen.

Sie waren wie Keiler, die die Witterung ihrer Feinde aufgenommen hatten und mit voller Wucht zum Angriff durch das Unterholz preschten. Und so kam Herrmanns Verfahren auch zu seinem Namen »Wilde Sau«. Über Köln gaben sie in dieser ersten feurigen Nacht diesem Namen seine Bedeutung.

Herrmann warf seine Fw 190 gegen eine in Licht getauchte Lancaster. Von hinten links kam er so schnell an den langsameren Bomber heran, daß sein eigenes Flugzeug in eine unwirkliche Helligkeit gebadet war. Die Turbulenz der britischen Maschine und die ununterbrochenen nervenzerrüttenden Stöße der nahegelegenen Flakexplosionen beutelten den deutschen Jäger in der Luft herum.

Als Herrmann sein Flugzeug ausrichtete, konnte er den behelmten britischen Piloten sehen, der links aus der Lancaster nach unten schaute. Er nahm die fahle Szene dort unten in sich auf, ohne seine kurz bevorstehende eigene Verdammnis zu ahnen. Die Bomberbesatzungen hatten sich bereits an die relative Sicherheit über den Städten gewöhnt, wo die Flak ihr einziger Gegner war. Diese Sicherheit endete für die RAF, als Herrmann die vier Kanonen seiner Fw 190 auslöste.

Der vernichtende Schlag donnerte in den Bauch der Lancaster. Der Bomber taumelte und brannte sofort vom Bug bis zum Heck. Mit zurückgezogenem Knüppel stieg Herrmann aus dem höllischen Flakbereich heraus. Während er an Höhe gewann, konnte er andere Bomber in Flammen gehüllt abstürzen sehen. Hier und da sah er die winzigen Silhouetten der einmotorigen deutschen Jäger dahinschießen. Leuchtspur durchzog den Himmel, als Herrmanns Kameraden sich auf den Gegner warfen. Er konnte sehen, daß sie zuschlugen. Seine primitive Art des Angriffs war ein Erfolg.

Herrmann flog zum eigenen Platz zurück und wartete auf die Rückkehr seines Kommandos. Neun der zehn Jäger landeten sicher, unter ihnen ein zweiunddreißigjähriger früherer Transportflieger namens Friedrich-Karl Müller, der niemals gedacht hätte, ein Jagdflugzeug im Krieg zu fliegen.

Er war typisch für die Männer, die Herrmann für sein »Wilde Sau«-Kommando ausgesucht hatte.

»Nasen«-Müller war im Frieden bei der Lufthansa geflogen und hatte zunächst seinen Weg zu der Bomberwaffe und anschließend zur Lufttransportfliegerei der Luftwaffe gefunden. Herrmanns Erfahrungen als Bomberpilot hatten ihn den Wert einer soliden Ausbildung, besonders im Hinblick auf die hohen Anforderungen des Nachtfliegens, gelehrt. Um in seiner Einheit eine übermäßige Unfallzahl zu verhindern, hatte Herrmann die »Nase« als Blindfluglehrer zu seinem Kommando versetzen lassen.

Der hagere Müller hatte ein Prachtexemplar von Gesichtserker und eine schwache Ähnlichkeit mit dem Filmschauspieler Wallace Beery. Er hatte eine überragende Begabung für Herrmanns freie Art der Nachtjagd. Trotz seiner Jahre, die ihn zum alten Mann der Jäger machten, wurde die »Nase« zum erfolgreichsten Nachtjäger des Krieges auf einmotorigen Jagdflugzeugen. Er erwischte dreißig Bomber in zweiundfünfzig Kampfeinsätzen. Dreiundzwanzig seiner Opfer schoß er bei »Wilde Sau«-Angriffen ab. Diese ansehnlichen Leistungen brachten Müller das Ritterkreuz. Er beendete den Krieg als Major und Kommandeur einer Gruppe des NJG 11.

Der erste Schlag des »Wilde Sau«-Kommandos brachte zwölf schwere Bomber zum Absturz. Göring befahl Herrmann, ein ganzes Geschwader von »Wilde Sau«-Jägern aufzustellen, das die Bezeichnung JG 300 erhielt. Der Erfinder der »Wilden Sau« sollte Geschwaderkommodore sein.

Als die Brandangriffe auf Hamburg weniger als einen Monat später begannen, war Major Hajo Herrmann viel mehr als der Kommodore eines halb aufgestellten Jagdgeschwaders. Er war der Mann der Stunde.

Die zerschmetternde Wirkung der Brandangriffe auf Hamburg wird in Gallands Buch »Die Ersten und die Letzten« anschaulich beschrieben. Der prahlerische Göring war durch das über die Stadt hereingebrochene Inferno völlig verstört. Er war auch wegen der Ausschaltung der deutschen Radarwarnung entnervt.

Göring telefonierte verzweifelt mit Herrmann, der gerade mit der Aufstellung des JG 300 in Bonn-Hangelar beschäftigt war.

»Deutschland kann sich jetzt nur noch auf Sie verlassen«, sagte er. Und er beorderte Herrmann mit den paar verfügbaren Flugzeugen in den Tumult.

Die »Wilde Sau« warf sich während der folgenden Brandangriffe auf die RAF. Es waren nur zwölf der neuartigen Jäger und diese konnten den Ausgang der Schlacht nicht verändern. Sie standen siebenhundert schweren RAF-Bombern gegenüber. Herrmanns Männer kämpften zäh und schossen viele Bomber ab, aber ihre Abschüsse waren einfach nicht zahlreich genug, um wirklich eine Rolle zu spielen.

Als durchschlagende Rechtfertigung von Herrmanns ursprünglichem Konzept erhielten alle deutschen Nachtjäger, mit oder ohne Radar, den Befehl, während der Dauer des Notstandes als »Wilde Sau« zu operieren. Bis die deutschen Spezialisten ein technisches Gegenmittel gegen die »Düppelstreifen« gefunden haben würden, sollte die ganze Nachtjagdwaffe der taktischen Richtlinie Hajo Herrmanns folgen. Es gab keinen anderen Weg, die Lücke zu füllen.

In der Nacht vom 23. zum 24. August 1943 griff die RAF in großer Stärke Berlin an und hatte dabei eine Katastrophe nach Hamburger Art im Auge. Unter idealen »Wilde Sau«-Bedingungen schossen Herrmanns Einheiten sechsundfünfzig Angreifer ab. Bei ausgezeichneten Sichtverhältnissen, einer flakfreien Zone über 4500 m, zusammengefaßten Scheinwerfern und einer wilden Entschlossenheit fügten die Nachtjäger der RAF große Verluste zu. Am 1. September 1943 wurden wieder siebenundvierzig schwere britische Bomber über Berlin abgeschossen. Drei Nächte später wurden weitere sechsundzwanzig heruntergeholt.

Die »Wilde Sau«-Taktik verschaffte sich Respekt.

Die Verluste riefen Bestürzung und Schrecken im RAF-Bomberkommando hervor. Alle früheren Hinweise besagten, daß die deutschen Nachtjäger durch die Störung ihrer Radargeräte auf die Knie gezwungen worden seien.

Herrmann erhielt den Befehl, das JG 300 zu einer vollen Division mit drei »Wilde Sau«-Geschwadern auszubauen. Als der Winter näherkam, wurden die Dinge für die Deutschen schwieriger. Schlechtes Wetter arbeitete gegen die »Wilde Sau«-Methoden. Trotzdem waren die Nachtjäger in der Lage, der RAF bei sechzehn Großangriffen mehr als fünf Prozent Verluste zuzufügen.

Der den Bombern abverlangte Zoll wurde schwer erkämpft. Mit ihren Radarhilfen brauchten die Engländer die Ziele nicht mehr direkt zu sehen. Die Wolken wurden zu gnädigen Schleiern zwischen den britischen Bombern und den Nachtjägern. Als Gegentaktik wies Herrmann die Scheinwerfer an, ihre Strahlen auf die Wolkenbasis zu richten. Seine Piloten konnten dann von oben herunter die Bombersilhouetten wie auf einer Mattscheibe sehen.

Herrmanns Männer standen zwei Feinden gegenüber – der RAF und dem Wetter. Das Wetter erwies sich als der stärkere Gegner. Experten mit einem fliegerischen Können wie »Nasen«-Müller waren selten. Er konnte den Weg hinunter zum Flugplatz durch eine niedrig liegende Wolkendecke finden, aber Piloten ohne seine Erfahrung und Ausbildung begannen bei schlechtem Wetter mit alarmierender Häufigkeit abzustürzen oder einen Bruch hinzulegen. Mit fortschreitendem Winter wurde die Lage schlechter.

Nach einem nervenaufreibenden Luftkampf mit den Bombern waren viele »Wilde Sau«-Piloten nicht mehr in der Lage, bei schlechtem Wetter den Weg nach Hause zu finden.

Immer häufiger mußten diese weniger Erfahrenen zu ihren Fallschirmen greifen um zu überleben. Ihre Jagdflugzeuge stürzten ab, ohne einen Treffer erhalten zu haben.

Gerade als die »Wilde Sau« ihre Kraft verausgabt hatte, wurde den Nachtjägern das Nachterfassungsvermögen durch die Radarspezialisten wieder zurückgegeben. Das Lichtenstein SN2 Bordradar konnte mit den Düppelstreifen der RAF fertigwerden. Am 16. März 1944 wurde die 30. Jägerdivision auf Befehl aufgelöst. Einige Einheiten machten weiter, aber die Nacht der »Wilden Sau« war vorbei.

Hajo Herrmann war inzwischen zum Oberst und Inspekteur der Luftverteidigung aufgerückt und wurde später mit dem Ritterkreuz mit Eichenlaub und Schwertern ausgezeichnet. Mit dem Ende der

»Wilden Sau« war Herrmann nicht mehr der Mittelpunkt der deutschen Nachtverteidigung. Er wurde Kommandeur der 9. Fliegerdivision und des Rammkommandos Elbe, in dem gepanzerte Fw 190 zum Rammen von B 17 angesetzt wurden. Dies war eine andere Idee von ihm, genauso gewagt und kühn wie die »Wilde Sau«. Aber Hajo Herrmanns Krieg war plötzlich aus.

Als er versuchte, einen hinter den russischen Linien abgeschossenen Kameraden zu retten, geriet er in die Fänge der Sowjets. Er verbrachte viele Jahre in russischer Kriegsgefangenschaft.

Als er 1955 nach Deutschland zurückkehrte, war er einer der letzten hervorragenden deutschen Jagdflieger und Verbandführer, der entlassen wurde.

Selten hatte ein Flieger ein so dramatisches Schicksal wie Hajo Herrmann. Ohne seine vorausschauenden Gegenmaßnahmen, jenes Gespür für Chancen im Kampf und den gesunden Menschenverstand, der – trotz der Widerstände auf der eigenen Seite – zum Tragen kam, hätte der »Bomber-Harris« der RAF möglicherweise schon im Frühjahr 1944 den Krieg gegen Deutschland entscheiden können.

Herrmann regte das taktische Denken immer wieder an. Als die »Wilde Sau« an Wirkung einbüßte, wurden neue Taktiken erfunden, um dem Bomberstrom zu begegnen. Oberst Viktor von Lossberg, ebenfalls Bomberpilot und ein umsichtiger Taktiker, drang darauf, in die Bomberströme zu infiltrieren. Dies sollte die hauptsächliche Taktik gegen den Strom selbst sein. Von Lossberg schwebte vor, daß sich die Nachtjäger unter die anfliegenden bzw. abfliegenden Bomber mischen sollten. Jeder Jäger sollte dann seine eigenen Verfolgungseinsätze fliegen, sobald er einmal in den Strom eingedrungen war.

So kam es zum zahlenmäßig größten Luftsieg während des ganzen Krieges bei Tag oder Nacht, auf deutscher oder alliierter Seite, als die deutschen Jagdflieger während des Angriffes auf Nürnberg am 30./31. März 1944 107 feindliche Flugzeuge abschießen konnten.

Die Briten gaben ihre Verluste mit 94 schweren Bombern an, weitere 13 Bomber erhielten so schwere Beschädigungen, daß sie nicht mehr repariert werden konnten.

Aber die gelegentlichen glänzenden Leistungen konnten die Beständigkeit, mit der die RAF Woche für Woche ihre Angriffe flog, nicht ausgleichen. Im Oktober 1944 hatten die alliierten Radarspezialisten die deutschen Bordgeräte praktisch unwirksam gemacht.

Die deutsche Nachtjagdwaffe befand sich von da an bis zum Kriegsende in einem ständigen Niedergang. Es gab zwar noch einzelne glänzende Taten. Die Nachtjäger wurden aber von dem zahlenmäßigen und technischen Übergewicht des Gegners überwältigt, und ihr tapferer Einsatz konnte nichts an dem letzlichen Ausgang ändern.

An der Ostfront kam es nur in begrenztem Ausmaß zum Einsatz von Nachtjägern. Dort bedurfte es auch nicht hochgezüchteter Methoden und Organisationen, die der Kampf gegen die RAF forderte.

In den Anfängen des Kampfes an der Ostfront waren Nachteinsätze auf gelegentliche Gefechte von Piloten des JG 54 während der hellen Sommernächte an der Leningrad-Front beschränkt.

Unter diesen Bedingungen mußten kaum spezielle Nachtjagdmethoden entwickelt werden.

Als der Krieg weiterbrannte, begannen die Russen, deutsche Armee-Oberkommandos mit nächtlichen Störangriffen zu ärgern. Das umfangreiche Absetzen von Partisanengruppen während der Nacht hinter den deutschen Linien wurde ebenfalls zur Quelle der Besorgnis. Das Heer forderte deshalb vom Stabschef der Luftwaffe, General Jeschonnek, die Einleitung von Gegenmaßnahmen. Es war Galland, der beauftragt wurde, die entsprechenden Kräfte zur Verfügung zu stellen.

Aber die Primitivität der russischen Nachteinsätze bereitete doch erhebliche Schwierigkeiten.

Die Russen verwendeten Holzflugzeuge mit Stoffbespannung, die meistens in Baumwipfelhöhe mit 80–160 km/h flogen. Diese »Lahmen Krähen« abzufangen und zu vernichten, war eine gefährliche Aufgabe für die deutschen Nachtjäger.

Zuerst ungläubig, stellten die Deutschen bald einwandfrei fest, daß die Russen ihre Partisanen ohne Fallschirm über Schneeverwehungen absetzten und dabei hofften, daß sie dieses harte Absetzen hinter den Linien nicht nur überstanden, sondern auch noch imstande waren, den Feind stören zu können.

Viele Partisanen kamen bei diesen primitiven Absetzmethoden ums Leben. »Wichtige« Partisanen waren da besser dran.

Sie wurden manchmal in großen, mit Holzwolle gepolsterten Säcken oder in mit Stroh gefüllten Kisten abgeworfen. Die Energieabsorptionsfachleute von heute können vielleicht erklären, warum so viele Russen in der Lage waren, solche Landungen zu überleben.

Oftmals wurden sie von deutschen Piloten beobachtet, wie sie aufrecht in den zu Bruch gegangenen Abwurfbehältnissen standen und winkten, um mitzuteilen, daß sie heil angekommen waren. Es kam auch vor, daß sie wild davonrannten, weil sie befürchteten, von den Flugzeugen über ihnen beschossen zu werden. Partisanen wurden häufig auch in offenen Behältern transportiert, die unter den Tragflächen sowjetischer Flugzeuge angebracht waren. Nach einem Flug bei Temperaturen unter Null, mußten sie im richtigen Augenblick zur Erde springen, auch dies gewöhnlich ohne Fallschirm.

Verläßliche Schätzungen geben die durch den Einsatz von Partisanen bei der deutschen Wehrmacht entstandenen Verluste mit über dreihunderttausend Gefallenen an – eine Bestätigung der Wirksamkeit des Primitiven. Diese Partisaneneinsätze sind ein Beispiel für die allgemein an der Ostfront vorherrschenden primitiven Verhältnisse und Methoden, über die in den Kapiteln 11 und 12 mehr gesagt wird.

Die Deutschen konnten unter solchen Bedingungen Radar nur begrenzt einsetzen. Ihre Nachteinsätze beschränkten sich hauptsächlich auf »helle Nachtjagd« mit Scheinwerfern. Außerdem befand sich im Osten nur ein Nachtjagdgeschwader im Einsatz, im Gegensatz zu den sechs Geschwadern im Westen, die der RAF gegenüberstanden.

An der Ostfront entwickelte das NJG 6 eines der ideenreichsten taktischen Instrumente des Krieges, die sogenannte »Eisenbahn«-Nachtjagd. Die auf der Eisenbahn verladenen Nachtjagd-Bodeneinrichtungen erhöhten die Kampfkraft des NJG 6 durch Beweglichkeit. Jeder Zug bestand aus etwa achtzehn Eisenbahnwagen und war völlig in sich geschlossen. So war man in der Lage, von einem Platz zum anderen kurzfristig zu verlegen. Ein Nachtjägerplatz konnte also überall da entstehen, wo ein Eisenbahngleis hinführte.

Die ersten sechs Wagen, der sogenannte schnelle Zug, konnte innerhalb von 30 Minuten von jedem Ort abfahren. Dem schnellen Zug wurden noch acht geschlossene Waggons und drei bis fünf offene Waggons angehängt. Der ganze Zug konnte innerhalb von zwei Stunden zur Abfahrt bereit gemacht werden. Jeder Zug enthielt die Einrichtung für eine Staffel. In dem ersten Wagen befanden sich der Gefechtsstand und der Radarleitstand. Dieser Wagen war schalldicht und mit dem übrigen Zug durch Telefon verbunden, zu den in der Nähe liegenden Heeresteilen bestand Funkverbindung. Der Staffelkapitän war zusammen mit der Schreibstube im ersten Wagen untergebracht. Der zweite Wagen bestand aus 5 Abteilen, in denen je drei Piloten untergebracht waren. Die Flieger schliefen auf Liegen mit Federkernmatratzen. Mit Klapptischen, Stühlen, Vorhängen und Teppichen gehörten sie zu den komfortabelsten Unterkünften in Rußland.

Am Ende des 2. Wagens befand sich der Waschraum mit sechs Waschschüsseln, Spiegeln und einem 3600-Liter-Tank mit frischem Wasser. Die Unteroffiziere der Staffel waren in dem dritten Wagen untergebracht. In jedem Abteil schliefen sechs Mann. Die folgenden beiden Wagen waren als Schlafräume für bis zu 30 Mann ausgestattet. Der »Spieß« hatte den Luxus eines eigenen Abteils.

Ein Speisewagen mit langen Tischen und Unterbringungsmöglichkeiten für Geschirr und anderes notwendiges Gerät war an den zweiten Schlafwagen angehängt. Ein Teil des Speisewagens diente als Aufenthaltsraum. Dort gab es Bücher, Radio und Spiele. Der gesamte Aufenthaltsraum war von dem übrigen Speiseraum wenn nötig abzuteilen.

Hinter dem Speisewagen war der Küchenwagen mit einem entsprechenden Vorrat an Lebensmitteln. Für Bekleidung, Munition, lagerfähige Nahrungsmittel und andere Versorgungsgüter standen weitere geschlossene Güterwagen zur Verfügung. Dazu kamen noch die Werkstattwagen.

In einem Viehwagen wurde sogar Schlachtvieh gehalten. Im letzten geschlossenen Güterwagen befand sich ein Hochleistungsstromaggregat, das den Gesamtstrombedarf des Zuges erzeugte. Die offenen Güterwagen wurden für andere schwere Geräte und Teile wie Tanks für Öl, Treibstoff und Wasser für die Flugzeuge, Ersatzteile und Motoren, Motorräder und gelegentlich für den Volkswagen des Kommandeurs benutzt. Die mobile Einheit gewährte ungewöhnliche Beweglichkeit. Die schnelle Verlegung einer Staffel hing nur von dem Vorhandensein eines Eisenbahngleises und eines Landeplatzes ab. Jeder Zug hatte seine persönliche Note, je nach Geschmack und Charakter des Staffelkapitäns. Einige Züge waren nur Ausdruck ihrer Funktion – andere entwickelten Extravaganzen bei dem Versuch, dem an der Ostfront feststellbaren Mangel an Komfort abzuhelfen. Hauptmann Henrik van Heemskerk wurde durch die Ausstattung seines Nachtzuges berühmt: Er verfügte über eine Bar, genannt »die blaue Grotte.«

Nachtjäger waren ja findige Köpfe, aber sie waren auch im wahrsten Sinne des Wortes die einsamen Wölfe des Luftkrieges – im Kampf allein und auf sich selbst angewiesen, ganz abhängig von persönlichen Qualitäten und eigener Initiative.

Ihre Kraft und ihr Können waren die stärksten Faktoren des Nachtkrieges auf der deutschen Seite.

Es ist an der Zeit, sich auch mit einigen dieser deutschen Ritter der Nacht näher zu befassen.

RITTER DER NACHT

»Pauke! Pauke!« – *Siegesruf der Nachtjäger* –

Die Legende um Werner Streib beginnt 1940, als er den ersten der vielen Nachtabschüsse der Luftwaffe erzielte.

Er wurde auf Grund seiner bahnbrechenden Arbeit und auch, weil er älter als die meisten Nachtjäger war, als »Vater der Nachtjagd« bekannt.

Streib gehörte zu jenem Korps der Berufsoffiziere, die in der Zeit vor Aufstellung der eigentlichen Luftwaffe ihre Ausbildung erhielten und später hohe Positionen in der neuen Luftwaffe bekleideten. Brigadegeneral Streib wurde 1966 pensioniert und lebt heute in München.

1911 in Pforzheim/Baden geboren, durchlief er in den frühen dreißiger Jahren eine Banklehre, bevor er zur Infanterie ging.

Nach dem Kriege wurde er ein erfolgreicher Nahrungsmittelhersteller. Aber die neue Luftwaffe holte ihn wieder.

Streib trat 1934 in die Wehrmacht ein. Wie Werner Mölders, Walter Ösau und Wolfgang Falck – letzterer wurde später sein Kommandeur – setzte Streib seine Versetzung vom Heer zur entstehenden Luftwaffe durch.

Er fing als Beobachter in einer altmodischen Aufklärungseinheit an und beantragte später seine Ausbildung zum Flugzeugführer.

Ab 1937 flog er beim Richthofen-Geschwader in Jüterbog-Damm.

Als der Krieg ausbrach, war Oberleutnant Streib ein achtundzwanzigjähriger Berufsoffizier, der in Falcks Zerstörerstaffel Dienst tat.

Falcks 1940 unternommene Nachtjagdversuche brachten Streibs Fähigkeiten im Hinblick auf die Kunst der Nachtjagd an den Tag, obwohl er zunächst bei der Erprobung der Nachtjagd der größte Pessimist der Staffel war.

Sein erster Abschuß war ein Tagessieg über einen Blenheimbomber der RAF. Seine anderen fünfundsechzig Luftsiege wurden alle bei Nacht erzielt und begannen mit dem Abschuß einer Whitley am 20. Juli 1940.

Die ersten Abschüsse Streibs ebneten den Weg für ernsthafte Arbeiten auf dem Nachtjagdsektor. Er gehörte zum Aufstellungskommando des NJG 1. Im Oktober 1940 war er bereits Hauptmann und Gruppenkommandeur der I./NJG 1. Als seine Einheit nach Venlo in Holland verlegte, das mitten auf dem Bomberweg von England zur Ruhr lag, fand er genügend Gelegenheiten zu weiteren Abschüssen.

Bis Ende Mai 1941 hatte Streib sechsundzwanzig bestätigte Nachtabschüsse, und im Juni 1943 war er Major mit fünfzig Nachtabschüssen. Bis Mitte 1943 hatte er also mehr Luftsiege bei Nacht erzielt als das damalige führende britische As – Group Captain »Johnny« Johnson, mit achtunddreißig Abschüssen – am Tage erreicht hatte. Streib übertraf mit seiner Anzahl von Nachtabschüssen auch noch den erfolgreichsten amerikanischen Jagdflieger – Major Richard Bong mit seinen auf dem pazifischen Kriegsschauplatz errungenen 40 Luftsiegen.

Vergleichsauswertungen zwischen den Abschußzahlen der deutschen Luftwaffe und der alliierten Luftstreitkräfte lassen meistens die weit größere Zahl von Einsätzen außer acht, die von den Deutschen geflogen wurden. Die von Nachtjägern beider Seiten erzielten Abschüsse waren die am schwierigsten zu erzielenden Luftsiege überhaupt.

Streibs Ruf verbreitete sich in der Luftwaffe, bald nachdem er seine ersten Luftsiege über dem Ruhrgebiet errungen hatte. Man sah ihn immer mehr als den Spezialisten der Nachtjagd an. Seine Fachkenntnisse führten zu bemerkenswerten Zusammenkünften mit Ernst Heinkel, als die He 219 zu einem Einsatzflugzeug entwickelt wurde.

Da die He 219 für die Nachtjäger eine genauso vertane Gelegenheit darstellte, wie die Me 262 bei den Tagjägern, ist es angebracht, ihre Geschichte hier kurz zu beleuchten. Heinkel legte den Entwurf als Allzweckflugzeug aus. Das Flugzeug sollte den Mehrzweckaufgaben entsprechen, die mit Schwerpunkt auf Sturzflugeignung mit fast besessener Hartnäckigkeit vom OKL gefordert wurde.

In zumindest einer wichtigen Hinsicht ähnelte die He 219 der De Havilland Mosquito der RAF. Das britische »Wunder aus Holz« war auch auf privater Basis entwickelt worden und hätte vielleicht nie das Licht der Welt erblickt, wenn nicht der Unternehmungsgeist und die Überzeugung von Sir Geoffrey De Havilland dahinter gestanden hätten. Der bahnbrechende Engländer glaubte so an seine Schöpfung, daß er den Prototyp mit eigenen Mitteln der Firma De Havilland finanzierte, – trotz einer erkennbaren starken Abneigung der RAF gegen dieses Flugzeug. Genauso wie die He 219 für eine vom Sturzbomber bis zum Aufklärer, vom Langstreckenbomber und Nachtjäger bis zum Torpedobomber reichende Verwendung für die Kriegsmarine konzipiert war, trat die Mosquito in einer verwirrenden Skala von Einsatzarten auf.

Die Ablehnung des Mosquitoentwurfes durch hohe RAF-Stellen fand ihre Parallele in der Ablehnung der He 219 durch das Technische Amt der Luftwaffe. Die deutschen Nachtjäger kannten die zahlreichen Mängel ihrer Flugzeuge und forderten deshalb einen gut durchdachten Entwurf für ein Nachtjagdflugzeug.

Im Winter 1941/42 schenkte man der He 219 endlich die notwendige Aufmerksamkeit.

Die RAF unterbrach den von Heinkel aufgestellten Zeitplan durch einen Angriff auf das Werk in Rock-Marienehe. Ein großer Teil der Arbeiten an dem Vorentwurf ging in den Flammen verloren. Trotz dieses Rückschlages brachten die energischen Heinkelleute Ende November 1942 einen Prototyp zur Flugerprobung.

Die Leistungen und die Möglichkeiten des neuen Nachtjägers waren eine Sensation. Für den Krieg in der Nacht war eine beachtliche Waffe geschaffen worden.

Die Begeisterung wurde durch Feldmarschall Milch gedämpft, der weiterhin ein Verfechter der für die Nachtjagd umgebauten Ju 88 blieb. Die Weiterverwendung der Ju 88-Umbauten stellte für die deutsche Luftfahrtindustrie die geringsten Belastungen dar, und Milch hatte Schwierigkeiten, die Einführung eines vollkommen neuen Flugzeuges zu rechtfertigen.

Um die allgemeine Überlegenheit der He 219 dramatisch zu beweisen, flog Streib einen Prototyp in einem gestellten Nachtluftkampf gegen Oberst Viktor von Lossberg in einer Ju 88S.

Streib ging als klarer Sieger aus der Begegnung hervor. Die relativen Vorzüge der beiden Maschinen wurden über die ganze Skala möglicher Nachtjagdeinsatzbedingungen hinweg getestet, und es zeigte sich, daß die He 219 weit überlegen war.

Milch gab nach und Heinkel erhielt einen Auftrag über dreihundert Maschinen.

Streib war noch Gruppenkommandeur der I./NJG 1, als die ersten Serienmaschinen der He 219 in Venlo ausgeliefert wurden. Das Bodenpersonal machte das lang erwartete Flugzeug mit fieberhafter Begeisterung flugklar. Monatelang hatten sie kaum von etwas anderem als von der He 219 gesprochen. Als Streib in der Nacht des 11. Juni 1943 zur Feuertaufe des neuen Nachtjägers die Startbahn entlang jagte, hatten das Werkpersonal von Heinkel und die Männer des NJG 1 das Gefühl, daß eine neue Zeit anbrach. Sie hatten recht.

Mit Unteroffizier Fischer hinter sich am Radargerät konnte Streib ohne Mühe in einen nach Berlin fliegenden Bomberverband der RAF eindringen. Der wendige Jäger konnte Kreise um die schweren britischen Lancasterbomber fliegen. Die Feuerkraft der He 219 war phantastisch.

Vier in einer Bodenwanne untergebrachte 3-cm-Kanonen und zwei 2-cm-Kanonen in den Tragflächenwurzeln stellten eine nach vorne wirkende Bewaffnung dar, die den schwersten Bomber zerstören konnte. Ein kurzer, gut sitzender Feuerstoß mußte ausreichen.

Eine halbe Stunde lang flog Streib angespannt im Bomberstrom mit. Fischers Richtungsanweisungen folgend, kam er immer und immer wieder heran, machte die Bomber auf Sichtweite aus und schoß aus seinen 6 Kanonen.

Alle Kanonen lagen hinter dem Piloten. Es gab keine Nachtblindheit durch das Mündungsfeuer. Die konzentrierten Geschoßgarben fanden immer wieder ihre Ziele. Bomber auf Bomber explodierte oder stürzte in Flammen ab, mit zehn Tonnen Bombenladung ein brennender Sarg für 10 Besatzungsmitglieder.

Als sich Streib eine halbe Stunde nach dem Eindringen in den Strom von dem Lancasterverband löste, hatte er fünfmal »Pauke! Pauke!« geschrien. Und fünfmal wurden seine Abschüsse durch Bodenbeobachter bestätigt. Das siegreiche Flugzeug trug mit Ausnahme eines undurchsichtigen Ölfilmes auf der Windschutzscheibe keine Zeichen des Kampfes. Ausfließendes Öl von den Merlin-Motoren der Lancaster war durch den Propellerwind der Bomber auf Streibs Flugzeug geblasen worden.

Die flinke Maschine war in der Lage gewesen, dem Abwehrfeuer von Dutzenden von Bordschützen der RAF zu entgehen. Streib hatte seine Angriffe überraschend ansetzen und seine Abschüsse erzielen können, ohne sich lange dem feindlichen Feuer aussetzen zu müssen.

Alles war in Ordnung, bis er seinen Landeanflug auf den Flugplatz Venlo begann.

Er konnte seine Landeklappen nicht ausfahren. Die ölige Windschutzscheibe machte die Situation noch riskanter. Mit einer Landegeschwindigkeit von über 240 km/h in der Dunkelheit baute Streib mit der nagelneuen He 219 eine dramatische Bruchlandung.

Er beendete den Einsatz im Hollywoodfilmstil, als sich die Kanzel von dem Rest des Flugzeuges trennte. Festgeschnallt schlitterten Streib und Fischer nach einem kurzen unfreiwilligen Flug in ihrem Käfig die Landebahn entlang und kamen auf dem Gras zum Halten.

Sie entstiegen der Kabine, erstaunt, triumphierend und unverletzt. Die Nachricht von den fünf abgeschossenen Bombern war bereits nach Venlo durchgegeben worden. So endete die Feuertaufe der He 219 zwar nicht gerade glorreich, aber es gab keinen Zweifel, daß das neue Jagdflugzeug in der Luft alle seine Versprechungen hielt. Trotzdem lehnte Milch weiterhin die Großserienherstellung dieses neuen Nachtjägers ab. Er war in der Lage, sich in allen Dingen durchzusetzen, bis er endgültig von seinem Posten abberufen wurde. Anfang 1944 räumte Albert Speer der He 219 die höchste Dringlichkeitsstufe ein. Zu diesem Zeitpunkt war es aber bereits zu spät, um eine entscheidende Rolle in den kritischen Nachtschlachten zu spielen.

Die He 219 war neben der Me 262 der einzige deutsche Jäger, der mit den Mosquitos fertig wurde. Zehn Tage nach der Einführung beim NJG 1 hatte die neue Heinkel bereits sechs Mosquitos und fünfundzwanzig schwere Bomber abgeschossen.

Mit ihrer massierten Feuerkraft, ihrer phantastischen Wendigkeit und einer Höchstgeschwindigkeit von 675 km/h war die He 219 ohne Zweifel die Waffe, die benötigt wurde, um das Gleichgewicht im Luftkrieg der Nacht wieder herzustellen. Aber weniger als 300 Stück konnten vor Kriegsende noch gebaut werden, und nur die Hälfte dieser Zahl kam zum Einsatz.

Streib wurde am 1. Juli 1943 Kommodore des NJG 1 und blieb weiterhin einer der engagiertesten Fürsprecher der He 219.

Im März 1944 wurde er Inspekteur der Nachtjäger und beendete den Krieg auf diesem Posten mit sechsundsechzig Luftsiegen. Er hatte einen langen Krieg gekämpft.

Nach dem Kriege hatten Nachtjägerasse in Deutschland weder in der Wirtschaft noch im militärischen Bereich besonderes Ansehen. Streib kehrte in die zivile Welt zurück und wurde Nahrungsmittelhersteller. Er heiratete 1947 in München und führte bis März 1956 das Leben eines erfolgreichen Geschäftsmannes. Dann trat er in die neue deutsche Luftwaffe ein und wurde Kommandeur der Flugausbildungsschule in Landsberg.

Er diente weitere zehn Jahre als Offizier, wurde zum Brigadegeneral befördert und ging 1966 in Pension.

Das NJG 1 war die Schule für viele führende Nachtjäger, einschließlich des Asses der Asse unter den Nachtjägern, Major Heinz-Wolfgang Schnaufer.

Seine 121 Nachtsiege stellen ihn zahlenmäßig nicht zur Spitze der Tagjäger. Wenn es aber um echte Leistung geht, dann ist er unter den Jägerassen des 2. Weltkrieges unübertroffen.

Schnaufer kam zu seinem ersten Abschuß am 2. Juni 1942. Bis Kriegsende hatte er 121 Abschüsse bei 164 Kampfeinsätzen erzielt. Er hatte damit mehr als doppelt soviel Abschüsse bei Nacht erzielt, als das größte alliierte As, Oberst Iwan Koschedub von den russischen Jagdfliegern, am Tage.

Schnaufer und Bubi Hartmann waren jeweils in ihren eigenen Bereichen die beiden erfolgreichsten Asse des Krieges. Sie waren auch die Jüngsten. Beide waren Jahrgang 1922. Genau wie bei Hartmann war die Jugend im Falle Schnaufers das Element seines Erfolgs. Denn gerade die Nachtjagd forderte von den Nerven und der körperlichen Verfassung der Piloten einen schweren Tribut.

Zu dem nervenaufreibenden Problem, den Gegner in der Dunkelheit aufzuspüren, kam noch zusätzlich Gefährdung durch die aufmerksamen englischen Bordschützen. Diese bedienten Waffenstände mit gekoppelten Maschinengewehren und hatten gute Aussichten, einen Nachtjäger auszumachen, bevor er sie selbst entdeckte. Es war ihre Aufgabe, den Nachtjäger zu erkennen, und ihn möglichst schnell zu erledigen. Die Bordschützen in den Bombern wußten auch, daß sie um ihr Leben kämpften. Sie schossen während des Krieges Hunderte von deutschen Nachtjägern ab. Überlebende auf der deutschen Seite zollen den Bordschützen der RAF großen Respekt.

Zu der Bedrohung durch wachsame Bordschützen kam das Risiko des eigenen Flakfeuers. In vielen Fällen wurden die deutschen Nachtjäger von der eigenen Seite abgeschossen. Andere wurden die Opfer der Nachtjäger der RAF, die ihre Bomber begleiteten. Diese lauernden Gefahren machten die Aufgabe des Nachtjägers zu einer der anspruchvollsten des Krieges.

Die Briten kannten die Gefahren, denen ein Nachtjäger bei der Verteidigung des Reiches ausgesetzt war, besser als alle anderen. Sie wußten aus eigener Erfahrung, daß man Schneid und Tapferkeit haben mußte, um Nacht für Nacht inmitten der Bomberströme zu fliegen. Als Deutschlands erfolgreichster Nachtjäger war Heinz-Wolfgang Schnaufer während des Krieges fast so berühmt wie Galland und Mölders. Die britischen Bomberpiloten waren vielleicht die größten Bewunderer Schnaufers. Sein Name und die Erzählungen über seine wilden Angriffe auf die Lancaster und Halifax machten in vielen RAF-Kantinen die Runde. Er wurde als Persönlichkeit geachtet, genauso wie die britischen Gegner Immelmann, Boelcke und Richthofen während des 1. Weltkrieges geachtet haben. Diese Auszeichnung wurde nur wenigen deutschen Fliegern des 2. Weltkrieges zuteil, weil zu wenig auf der alliierten Seite über einzelne Deutsche bekannt war. Zensur und Propaganda – die schrecklichen Zwillinge, mit denen beide Seiten die Auseinandersetzung entmenschlichten – waren dafür verantwortlich.

Die Briten gaben Schnaufer nach seinem in St. Trond in Belgien gelegenen Einsatzstützpunkt den Spitznamen »das Nachtgespenst von St. Trond.«

Am 16. Februar 1945 ließen die Engländer dem jungen As sogar Geburtstagsgrüße über den Soldatensender Calais zukommen.

Die RAF bewunderte ihn und fürchtete ihn gleichzeitig. Ruhm und Anerkennung waren dem englischen Piloten sicher, der Schnaufers Skalp zurückbringen würde. Es wurden ganze Staffeln ausgesandt, um ihn zu erwischen. Aber er überlebte den Krieg, um in die Geschichte und die Legenden als einer der unvergessenen Flieger dieser Auseinandersetzung einzugehen.

Heinz-Wolfgang Schnaufer sah wirklich gut aus. Seine einnehmende Erscheinung war äußerer Ausdruck seiner starken Persönlichkeit und seines Leistungswillens. Er besaß Intelligenz und Charakter.

Nach mustergültig bestandenem Abitur meldete er sich freiwillig zur Offiziersausbildung bei der Luftwaffe und machte trotz des Krieges die gesamte friedensmäßige Flugzeugführerausbildung mit. Nachdem er die reguläre Jagdfliegerschule und dann die Zerstörerschule durchlaufen hatte, entschloß er sich, Nachtjäger zu werden.

Schnaufer und Lent waren die beiden einzigen Nachtjäger der Luftwaffe, die mit den Brillanten zum Eichenlaub mit Schwertern ausgezeichnet wurden. Als Schnaufer seinen ersten Abschuß am 2. Juni 1942 erzielte, stand er 2 Wochen vor seinem 20. Geburtstag. Bis zum August des folgenden Jahres hatte er 21 Luftsiege erzielt und führte die 12. Staffel des NJG 1.

Der ständig im Einsatz stehende junge Schnaufer begann eine Reihe von mehrfachen Nachtabschüssen zu erzielen.

Das Propagandaministerium in Berlin begann, seinen Namen immer häufiger in den Sendungen nach England zu erwähnen. Die Legende um Schnaufer nahm Gestalt an und zeichnete sich zunehmend feuriger an Deutschlands nächtlichem Himmel ab.

Er ließ sich auch von Nebel oder schlechten Wetterverhältnissen kaum beirren. Seine Besatzung, die seinem fliegerischen Können blind vertraute, konnte er überall hin führen. Andererseits waren auch die einsamen Wölfe des Nachtkrieges in einem Maße von ihren Besatzungen abhängig, das den Tagjägern unbekannt war.

Auf den meisten Flügen wurde Schnaufer von Fritz Rumpelhardt als Funker und Wilhelm Gänsler als Bordschütze begleitet. Die drei Männer wurden in der Me 110 zu einer todbringenden Gemeinschaft.

Eine Zusammenarbeit, die sich aus einer Mischung von harten Erfahrungen und Gespür entwickelte, machte aus dem zweimotorigen Jäger jenes tödliche Instrument am Nachthimmel.

Herz, Gehirn und Inspiration dieser Gemeinschaft war Schnaufer. Sein Angriffsgeist war nicht zu stoppen, solange noch feindliche Bomber in der Luft waren. Er handelte sogar gegen Befehl, um an Gegner heranzukommen.

Am 16. Dezember 1943 erhielt Schnaufers Staffel wegen dichten Nebels Startverbot. Es waren auch keine feindlichen Bomber gemeldet. Er saß in der Funkbaracke der Staffel, während der langweilige Abend dahinfloß. Plötzlich kam eine Meldung über Funk: »Feindliche Bomber überfliegen die Nordsee!«

»Sie kommen«, sagte Schnaufer. Sein Gesicht glühte vor Erwartung. »Starten! Starten!« Er schrie den Befehl über seine Schulter hinweg, während er selbst schon nach draußen zu seiner Maschine rannte. Vorsichtig brachte Schnaufer seine schwer beladene Me 110 durch die gefährliche Startphase, bei der er kaum 15 m weit sehen konnte. Plötzlich durchstieß die Maschine im Steigflug mit voller Leistung die Nebeldecke. Erleichtert sagte Schnaufer über die Eigenbordverständigung zu seiner Besatzung: »Seht Jungens, es ist so klar wie Kristall hier oben.«

Mit seinem katzenhaften Sehvermögen entdeckte er gegen die Gestirne über ihm einen dahinhuschenden Schatten. Bei genauerem Hinsehen erkannte er, daß er die Wolkendecke im richtigen Augenblick durchstoßen hatte. Das einzelne Flugzeug war ein einzelner britischer Bomber, der den anderen über der Nordsee gemeldeten Bombern weit vorausflog. Das konnte nur eines bedeuten. Das Flugzeug über ihm war ein mit Leuchtbomben, Brandbomben und den als »Christbäumen« bekannten Markierungsbomben beladener Pfadfinder. Die Lancaster beförderte außerdem noch etwas viel Wichtigeres. Der unwillkommenste Mann in Deutschland war der jeweilige Kommandeur des britischen Bomberverbandes, der »Zeremonienmeister« genannt wurde.

Nach der Markierung des Zieles mit Leuchtbomben, Christbäumen und anderen pyrotechnischen Mitteln kreiste der Zeremonienmeister über dem Ziel und leitete die Bombenabwürfe. Ohne Zweifel befand sich in dem Bomber vor Schnaufer ein Zeremonienmeister.

Dem jungen As war klar, daß er den Bombenangriff seiner Wirkung beraubte, wenn er den Pfadfinder abschoß. Alle Erfahrungen hatten gezeigt, daß die Wirkung und die Genauigkeit des Bombenangriffes erheblich vermindert wurden, wenn der Zeremonienmeister abgeschossen werden konnte. Das »Nachtgespenst« näherte sich der Lancaster.

Schnaufer hatte bereits herausgefunden, daß der Schlüssel zum Abschuß feindlicher Bomber im Nachtkrieg darin lag, bis auf nächste Schußentfernung heranzugehen. Seine Erfahrungen und Methoden entsprachen also denen Hartmanns. Das nahe Herangehen war nachts schwieriger und gefährlicher. Wenn die britischen Bordschützen einen Nachtjäger dicht hinter sich ausmachten, konnten sie auf kürzeste Entfernung auf ihren Angreifer schießen. Aber diesmal ignorierte Schnaufer alle Risiken.

Auf 50 m Entfernung wurde die Windschutzscheibe der Me 110 von der Silhouette der Viermotorigen ausgefüllt.

Schnaufer drückte seine Waffenknöpfe. Das Hämmern der Kanonen schüttelte den Jäger, und der Rumpf der Lancaster wurde durch die Leuchtspurmunition auf ihrem kurzen Weg beleuchtet. Ein greller, die Augen blendender Blitz und ein ohrenbetäubendes Krachen folgte. Die Lancaster war verschwunden.

Ein Regen brennender Teile, ein in Flammen stehender trudelnder

Flügel und ein wild durcheinanderziehendes Muster pyrotechnischer Lichtspuren erhellten den Nachthimmel. Teile der in Brand geratenen Christbäume schwebten in feuriger aber harmloser Pracht hernieder.

Sie markierten nur den Absturz des Eindringlings.

Das brillante Schauspiel hielt Schnaufer und seine Besatzung im Bann. Als die Flammen verlöschten, wurde Schnaufer sofort wieder wachsam. Der Nachthimmel war kein Platz um sich auszuruhen. Er sichtete eine zweite Lancaster, die den gleichen Kurs wie die erste flog. Hier gab es Zuhörer für Schnaufers »schräge Musik« – zwei 2-cm-Kanonen, die vom Rumpf aus hinter dem Piloten schräg nach oben schossen. Ein genau gezielter Feuerstoß aus der »schrägen Musik« genügte, um den größten schweren Bomber der RAF herunterzuholen. Schnaufer jagte unter der Lancaster dahin und drückte auf die Knöpfe. Zwei feurige Lanzen schossen nach oben und schlugen in den Bauch des britischen Bombers, der erzitterte und in einen Sturzflug überging.

Der englische Heckschütze entdeckte Schnaufer und begann zu feuern. Er jagte immer noch Leuchtspur aus allen Rohren gegen die Me 110, als die Lancaster schon in Flammen eingehüllt war. Abschuß Nr. 2 für den Nachtgeist.

Der Verkehr nahm zu. Schnaufer kurvte. Seine Augen durchdrangen die Dunkelheit. Ein weiterer viermotoriger Schatten! Er schob sich langsam unter die Lancaster und drückte wieder auf die Knöpfe der »schrägen Musik«. Das tödliche Duett heulte ohrenbetäubend hinter ihm auf. Die Geschosse jagten in den langen Rumpf über ihm. Schnaufer warf einen kurzen Blick hinauf. Die britische Maschine flog weiter ohne ihren Kurs zu wechseln oder irgendwelche Anzeichen einer Beschädigung zu zeigen.

Das Nachtgespenst kurvte und flog langsam von hinten an sein Ziel heran und löste seine nach vorne gerichteten Kanonen aus. Eine kleine Flamme schlug aus dem Heck des Bombers heraus. Diesmal ein Treffer. Dann fiel die Lancaster in einer alles vernichtenden Explosion auseinander. Schnaufer flog mitten in den Feuerball hinein und spürte die Hitze wie einen Wink aus der Hölle.

Seine Tragflächen schienen Feuer zu fangen. Das Jagdflugzeug fiel wie ein Stein nach unten. Schnaufer versuchte es wieder in die Gewalt zu bekommen. Er verlor 500 m Höhe, bevor die Me 110 wieder voll reagierte. In Schweiß gebadet, entschloß sich der Nachtgeist dazu, es für diese Nacht genug sein zu lassen. Er hatte lange genug an der

Grenze seiner Kraft den Einsatz geflogen. Er war erschöpft. Dann kam die ruhige und sachliche Meldung des Bordschützen Gänsler über die Eigenbordverständigungsanlage: »Lancaster auf 6 Uhr.«

Schweißgebadet zog Schnaufer herum und flog einen direkten Angriff auf den Bomber. Er fluchte, als er die Leuchtspur vorbeigehen sah. Er dachte bei sich: vielleicht ist dies eine Lancaster zu viel. Ein Hagel von Geschossen ergoß sich aus dem Heckstand der Lancaster auf die Me 110.

Dann begann die Lancaster mit dem speziellen Ausweichmanöver der RAF, dem Korkenzieher.

Die große britische Maschine drehte sich, drückte nach unten weg und stieg wieder. Schnaufer bewunderte den Schneid des englischen Piloten genauso wie das Flugverhalten des schweren englischen Bombenflugzeuges.

Aber das »Nachtgespenst« hatte schon öfter Lancaster beim Korkenziehen verfolgt. Für Schnaufer kam es darauf an, den richtigen Augenblick abzupassen.

Als der Bomber nach einem solchen Korkenzieher wieder oben angekommen war, war das »Nachtgespenst« am richtigen Punkt in bezug auf Zeit und Raum – 30 m hinter und etwas unter seinem Ziel. Als der britische Bomber auf der Spitze seines Korkenziehers war, bellten die Kanonen des Nachtgeistes wieder los. Die Garbe durchlöcherte die Treibstofftanks der Lancaster, und der Bomber stürzte brennend ab.

In weniger als einer Stunde hatte Schnaufer vier Abschüsse erzielt – den Zeremonienmeister eingerechnet. Er konnte mit dieser Leistung, die er nicht nur wiederholen, sondern in einigen Fällen sogar übertreffen sollte, zufrieden sein.

Einmal vereitelte er einen Großangriff der RAF auf Stuttgart durch den Abschuß des Zeremonienmeisters. Dabei hätte er aber beinahe sein eigenes Flugzeug und sein Leben verloren. Der britische Bordschütze sah ihn kommen und warf eine Leuchtbombe, die aus einer starken Ladung Leuchtpulver bestand und den Zweck hatte, die Nachtjäger zu blenden, die auf gefährlich nahe Entfernung herangekommen waren.

Der Nachtgeist wurde so, seines Sehvermögens beraubt, ein leichtes Ziel für die britischen Bordschützen, die Schnaufers Me 110 durchlöcherten. Bevor der junge Deutsche abdrehen konnte, hatte das Feuer der britischen Bordschützen seine Funk- und seine Radarantenne weggerissen.

Als sein Nachtsehvermögen zurückkehrte, setzte Schnaufer wieder zum Angriff an. Diesmal ohne Hilfe seines Radargerätes.

Er brachte den Zeremonienmeister in einem Angriff aus nächster Schußentfernung zur Explosion. Dabei setzten die brennenden Trümmer des Engländers seinen linken Motor in Brand. Während er sich mit einem Motor zum Flugplatz zurückquälte, beobachtete Schnaufer, wie sein Bordschütze mit genauem Feuer eine weitere Lancaster abschoß. Der seines Zeremonienmeisters beraubte, aus 400 Bombern bestehende Verband warf seine tödliche Last in die Wälder um Renningen anstatt die Wohngebiete in Stuttgart zu treffen.

Solche Einsätze wurden für Deutschlands größtes Nachtas zur ständigen Routine. Er hat vielleicht mehr Leben von Zivilisten gerettet als irgendein anderer deutscher Jagdflieger.

Wenn er wußte, daß ein Großangriff bevorstand, war er wie besessen, bis er ihn durch den Abschuß des Zeremonienmeisters vereiteln konnte oder mit seinen Kanonen schweren Tribut von den Angreifern gefordert hatte.

Die meisten Abschüsse erzielte er am 25. Mai 1944, als er innerhalb von 14 Minuten fünf Lancaster abschoß und am 21. Februar 1945, als er vor Tagesanbruch 2 Lancaster abschoß und am folgenden Abend vor Mitternacht weitere 7 Lancaster herunterholte. Es gibt nicht viele Jagdflieger, die im hellen Tageslicht neun bestätigte Abschüsse in zwei Einsätzen an einem Tage erzielt haben.

Am 16. Oktober 1944 wurde Heinz-Wolfgang Schnaufer mit der zweithöchsten deutschen Kriegsauszeichnung, dem goldenen Ritterkreuz mit Brillanten, Eichenlaub und Schwertern, ausgezeichnet.

Den Krieg beendete er als Major und Kommandeur des NJG 4. Die Engländer waren besonders darauf aus, ihn nach der Kapitulation zu befragen. Er wurde zusammen mit anderen führenden Jagdfliegern zur Befragung nach England gebracht. Die Engländer nahmen auch seine Me 110 mit.

Die historische Maschine mit ihren 121 Abschußstrichen am Leitwerk wurde in London im Hyde-Park ausgestellt. Wochenlang bestaunten Engländer, vom Siebzigjährigen bis zum kleinen Jungen, das Flugzeug und zählten ungläubig die Abschußstriche. Das Leitwerk ist im Imperial War Museum in London als ständige Erinnerung an den deutschen Nachtjäger ausgestellt, der der wirksamste und geachteste Gegner der Bomberkommandos war.

Wer das Leben und das Kriegsglück von Jagdfliegern untersucht, wird höchstwahrscheinlich zum Fatalisten. Heinz-Wolfgang Schnaufer gibt den Chronisten der Luftkriegsgeschichte bestimmt einen starken Stoß in dieser Richtung.

Nachdem er den Krieg mit seinen zahllosen Nachtgefechten mit den schweren Bombern überlebt hatte; nachdem er den überlegenen Mosquitojägern entgangen war, die ausgeschickt wurden, um ihn herunterzuholen, nachdem er der eigenen Flak und den übrigen Gefahren des Nachtkrieges entweichen konnte – einschließlich ungezählter Starts und Landungen während der Nacht unter ungünstigsten Wetterbedingungen – kehrte er 1946 von England aus in das friedliche Zivilleben zurück. Er trat in den Familienbetrieb ein. Er war erst 24 Jahre alt. Das Leben hatte ihm noch viel zu bieten.

Es passierte 4 Jahre danach. Schnaufer fuhr mit seinem Mercedes-Kabriolet in zügiger Fahrt von Biarritz nach Bordeaux, als ein Lastwagen aus einer Seitenstraße kommend auf die Schnellstraße einbog. Das Nachtgespenst trat auf die Bremse und schleuderte zur Seite, als er dem Lastwagen auszuweichen versuchte. Dann knallten die beiden Fahrzeuge mit schrecklichem Krachen auf der Kreuzung zusammen. Der Mercedes überschlug sich. Schnaufer wurde in einen Graben geschleudert, wo ihn eine Lawine von schweren Sauerstoffstahlflaschen, die der Lastwagen geladen hatte, unter sich begrub.

Zwei Tage lang kämpfte er in einem französischen Krankenhaus um sein Leben. Am 15. Juli 1950 starb Deutschlands größter Held der Nachtjagd in Frankreich. Niemand in dem Krankenhaus wußte, daß es der Nachtgeist von St. Trond war, der hier aus dem Leben geschieden war. Es war eben ein junger Deutscher, der das Unglück hatte sterben zu müssen. Drei Jahre lang hatten hunderte von hocherfahrenen Männern mit den wirksamsten Waffen versucht, ihn zu töten. Was der RAF nicht gelang, erreichte unabsichtlich ein französischer Lastwagenfahrer mit schlechten Bremsen.

Schnaufers nächster Rivale unter den Nachtjägern war sein einstiger Kommandeur Helmut Lent, der ebenfalls auf mehr als 100 Nachtluftsiege kam. Lent wurden 102 Nachtabschüsse und 8 zusätzliche Tagesabschüsse zugesprochen. Er erhielt als erster Nachtjäger die Brillanten.

Helmut Lent wurde 1918 als Sohn eines protestantischen Pfarrers geboren.

Der junge Lent repräsentierte auf Grund seiner Herkunft, seiner

Kinderstube, seiner guten Ausbildung und seiner überdurchschnittlichen Intelligenz den Elite-Typ des deutschen Jungen.

Er war ein tief religiöser Mensch, ohne missionarisch zu sein. Seinen Kameraden ließ er ihren freien Willen bei der Wahl ihres Lebenswegs. In Zeiten der Gefahr war Lents Charaktergröße und seine starke religiöse Überzeugung ein Halt für seine Männer.

Er glich in vielen Charakterzügen Werner Mölders.

Lent war ein großer, schlanker Mann. Seine Kultur und seine Bildung drückten sich auch in seinem feingeschnittenen Gesicht aus.

Er hätte genau wie sein Vater Pfarrer werden können, wäre er nicht 1937 vom Segelfliegen und dann von der Luftwaffe angezogen worden. Er wurde als Jagdflieger und später als Zerstörerpilot ausgebildet. Als er 1939 zu Wolfgang Falcks Staffel im ZG 76 versetzt wurde, erwies er sich bei dieser Einheit nicht nur als Führerpersönlichkeit, sondern auch als außergewöhnlicher Flieger und Schütze.

Am 2. September 1939 erzielte Lent mit der schweren Me 110 einen der ersten Abschüsse des Krieges. Er gehörte zu Falcks erfolgreicher Staffel in der Luftschlacht über der deutschen Bucht, in der er zwei Wellingtons abschoß. In Norwegen fügte er weitere fünf Abschüsse hinzu und erhöhte sein Abschußergebnis auf insgesamt 8 Tagesabschüsse.

Acht Luftsiege in der Me 110 waren 1940 eine bemerkenswerte Leistung. Lent wurde Staffelkapitän im NJG 1, als Falck den Befehl erhielt, das NJG 1 aufzubauen. Der sensible Lent fand sich kurz danach in einer Sackgasse, als ihn sein anfängliches Versagen bei der Nachtjagd psychologisch aus dem Gleichgewicht warf.

Wolfgang Falck erinnert sich an diese wenig bekannte Seite von Lents Laufbahn: »Nachdem wir auf Nachtjagd umgestellt hatten, erzielten Lents Leute Abschüsse, aber er als Staffelführer hatte keinen Erfolg. Er wurde so ungehalten, daß er tatsächlich seine Nerven verlor. Trotz des Unterschiedes von Alter[42] und Stellung hatten wir ein sehr gutes persönliches Verhältnis zueinander, weil er aus der gleichen Gegend Deutschlands stammte, in der auch meine Familie lebte. Außerdem waren wir beide Söhne von protestantischen Pfarrern. Ich mochte ihn, verstand ihn und flog gerne mit ihm. Auf Grund dieses Verhältnisses kam er zu mir, wenn seine Piloten während der Nacht Erfolg gehabt hatten und er nicht.

»Unter diesen Umständen kann ich nicht auf diesem Posten bleiben«, sagte er, »ich möchte wieder zu den Tagjägern versetzt werden.«

Sein Fall ähnelte dem Steinhoffs, der auch nicht gerne Nachtjäger bleiben wollte.

»Bleiben Sie noch einen Monat hier«, sagte ich. »Wenn Sie keinen Erfolg haben, werde ich mich darum kümmern, daß Sie versetzt werden. Wenn Sie aber erfolgreich sind – und ich weiß, daß Sie es sein werden, dann werden Sie hier beim NJG 1 bleiben.«

»In diesen vier Wochen stellten sich die Erfolge ein. Später stieg er zum Gruppenkommandeur und Geschwaderkommodore auf. Er wurde einer unserer größten Jäger bei Nacht.«

Lent gehörte zu den hartnäckigsten Nachtjägern. In viereinhalb Jahren nahm er mehr als dreihundertmal an Luftkämpfen teil. Ende August 1941 hatte er 22 Abschüsse erzielt, davon 8 bei Tage. Das britische Abhörpersonal, das den deutschen Funksprechverkehr überwachte und manchmal aufzeichnete, kannte ihn schon als einen der Besten. Im Januar 1943 stand er an der Spitze der Nachtjäger mit fünfzig Abschüssen, meistens schwere viermotorige Bomber.

Er kam öfter zu mehrfachen Abschüssen, und genau wie Schnaufer versuchte er immer, den Zeremonienmeister abzuschießen, nachdem die Engländer diese Taktik eingeführt hatten.

Normalerweise drang er in den Bomberstrom ein, wenn der britische Verband das Ziel anflog, blieb, bis die Munition verschossen war, und landete dann zum Auftanken und Aufmunitionieren. Er startete sofort wieder, um dann in den abfliegenden Strom der Bomber einzudringen. Dabei jagte er sie bis weit auf die Nordsee hinaus und kam auch dabei noch zu Abschüssen.

Diese Angriffe auf die Bomber waren alles andere als eine einseitige Angelegenheit. Wie bereits gesagt, konnten die britischen Bordschützen zurückschießen. Und sie taten es auch. Die begleitenden Nachtjäger der RAF, zuerst Beaufighters und später Mosquitos, waren eine weitere Gefahr. Lent wurde einmal beinahe das Opfer eines britischen Nachtjägers.

Bei der Verfolgung eines abfliegenden Halifaxverbandes kam Lent über der Zuidersee von hinten an einen der Bomber heran, schoß und brachte die britische Maschine mit einem Treffer in die Treibstofftanks zur Explosion. Beim Niedergehen zeichnete die brennende Maschine die Silhouette einer anderen Halifax an den Himmel.

Lent ging zum Angriff über. Wieder eine krachende Explosion, als der Bomber auseinanderbarst. Am Heck getroffen stürzte eine dritte Halifax, eine feurige Rauchfahne hinter sich herziehend, nach unten. Der jetzt in Schweiß gebadete Lent suchte den dunklen Himmel um sich herum nach weiteren Gegnern ab.

Er nahm den dahinhuschenden Schatten an Backbord kaum wahr, als es auch schon in seinem Flugzeug krachte. Rings um ihn herum blitzte es, und da war plötzlich ein stechender Schmerz in seiner Schulter. Er war getroffen! Schwarzer Rauch und der stechende Geruch von brennendem Gummi verbreiteten sich in der Kabine. Lent wurde bewußtlos. Die Me 110 ging außer Kontrolle nach unten. Die Rufe Walter Kubischs, des Funkers von Lent, verhallten ungehört in der Bordeigenverständigung.

Einige beängstigende Sekunden lang stürzte das Flugzeug auf die Erde zu. Lent kam wieder zu sich und fing an, zu ziehen. Er stöhnte unter Schmerzen und hatte kaum die Kraft, die er zum Abfangen brauchte. Er bekam den durchlöcherten Vogel wieder unter Kontrolle.

Das angeschlagene Flugzeug landete bald danach auf dem Einsatzhafen, und ein dankbarer Lent kletterte heraus und konnte sich in ärztliche Behandlung begeben.

Eine englische Mosquito, die den Bomberstrom begleitete, hätte seiner Laufbahn fast ein Ende bereitet.

Noch zweimal wurde er in harten Nachtgefechten mit Bombern verwundet. 1944 war Lent im Alter von 26 Jahren Oberst und Kommodore des NJG 3. Sein unbestechlicher Charakter, sein ungebrochener Geist und seine Leistungen im Kampfe erweckten das Interesse Hitlers und Görings. Wie Galland war Lent gewöhnt, seine Meinung zu sagen, wenn er von Göring und anderen gefragt wurde. Seine Erfahrung, Erfolg, technisches Wissen, Selbstachtung und auffallende Führereigenschaften schienen ihn für größere Dinge zu bestimmen. Falck und Kammhuber hatten die Nachtjägerei verlassen, und Führer auf diesem speziellen Sektor waren knapp. Im Herbst 1944 wurde gemunkelt, daß Lent General der Nachtjäger werden solle.

Zu dieser Zeit wollte er unbedingt seinen alten Freund und Nachtjägerkameraden Hans Joachim Jabs, Kommodore des NJG 1, besuchen, der in Paderborn stationiert war.

Er startete bei Tageslicht zu einem Flug, der reine Routine war. Mit ihm flogen Oberleutnant Hermann Klöß, Leutnant Walter Kubisch, sein Funker, und Leutnant Werner Kark, ein Kriegsberichterstatter.

Der Flug endete als Tragödie.

Bei der Landung streifte das Flugzeug eine Hochspannungsleitung. Dabei fiel ein Motor aus. Das Flugzeug verlor schnell an Höhe. Lent bekam es nicht mehr unter Kontrolle. Die Maschine stürzte ab. Klöß und Kark waren sofort tot, Lent und Kubisch erlitten tödliche Verletzungen. Kubisch war seit dem Polenfeldzug Lents Bordfunker gewesen. Er starb am nächsten Tag. Die Ärzte kämpften zwei Tage lang um Lents Leben, aber der Mann, der Werner Mölders im Leben so ähnlich war, erlitt den gleichen Fliegertod – bei einem Flugunfall, bei dem kein Schuß abgegeben wurde.

Unbesiegt von seinen Gegnern war Lent bis zum letzten Tage seines Lebens ein begeisterndes Vorbild.

Seine Kameraden sagen, daß sein Mitgefühl für die menschlichen Tragödien, die sich bei Luftangriffen auf Zivilisten abspielten, ein Grund für seinen starken Willen war, den Bombern entgegenzutreten und sie zu bezwingen. Von dem Tod alter Männer, Frauen und Kinder durch Bombenteppiche wurde er tief berührt. Seine Reaktion war die eines religiösen Menschen: »Der Krieg ist schrecklich. Wenn er aber sein muß, dann sollte er fair gekämpft werden, mit Ehre und Ritterlichkeit, um etwas Humanes in dem Schrecken zu erhalten. Angriffe auf Frauen und Kinder, der Abwurf von Luftminen und Phosphor auf eine friedliche Bevölkerung in Städten und Kleinstädten – all das ist unglaublich schmutzig.«

Anständige Männer und Frauen aller Nationen teilen Lents Ablehnung der Art und Weise, wie alle Bande zwischen Menschen in diesem Kriege verletzt wurden. Die Propaganda wollte die Welt glauben machen, daß deutsche Soldaten gar nicht wie Lent fühlen und sprechen konnten. Diese propagandistische Verzerrung der Wahrheit leistete der Überwindung der Kriegswunden einen schlechten Dienst. Wolfgang Falck, zu verschiedenen Zeiten Lents Staffelkapitän, Gruppenkommandeur und Geschwaderkommodore, beschreibt ihn mit folgenden Worten:

»Helmut Lent hatte die Herkunft, Ausbildung und Haltung eines Mannes, der Verantwortung tragen kann. Und was noch wichtiger war, er erkannte die Verantwortung eines Vorgesetzten. Er war ein prächtiger junger Mann.« Schnaufer und Lent, die beiden Asse der Nacht mit den höchsten Abschußzahlen, kamen beide über den Zerstörer zur Nachtjagd. Zahlreiche andere führende Nachtjäger einschließlich Werner Streib, Günther Radusch, Hans Joachim Jabs, Egmont Prinz zur Lippe-Weissenfeld und Manfred Meurer begannen ihre Laufbahn in der Me 110 als Tagjägerpiloten. Der an dritter Stelle stehende Nachtjäger Deutschlands und der Welt, Major Heinrich Prinz zu Sayn-Wittgenstein, unterschied sich von den meisten seiner erfolgreichen Kameraden, weil er seine Fliegerlaufbahn 1939 als Bomberpilot begonnen hatte.

Der in Dänemark geborene Wittgenstein war ein ernster junger Mann, der sich selbst zur vorbildlichen Pflichterfüllung erzog und die gleichen Maßstäbe an seine Umgebung anlegte. Das Bestimmende an seiner Persönlichkeit war der Individualismus, der ihn zur Jagdfliegerei führen mußte, die einen Gegensatz zu der weniger individualistischen Aufgabe des Bomberpiloten bildete.

1939 war er als dreiundzwanzigjähriger Hauptmann noch bei den Bombern und nahm an der Luftschlacht um England teil. Nach mehr als 150 Einsätzen als Bomberpilot beantragte und erhielt er im August 1941 seine Versetzung zu den Nachtjägern. Als Bomberpilot hatte er die Ju 88 geflogen. Dieser schnelle Bomber war ab 1941 in größeren Zahlen als Nachtjäger im Einsatz. Sayn-Wittgenstein wurde der Ju 88-Pilot des Krieges mit den meisten Abschüssen.

Der Dienst als Offizier war Familientradition und sein jugendliches Ziel.

In seinem Leben hatte wenig anderes Bedeutung als der Dienst für sein Land.

Schlank, hager im Gesicht und mit einer hohen Stirn, zeigte er die Haltung eines zuversichtlichen, guterzogenen Mannes aus alter Familie. Er war ehrgeizig, intelligent und geradeaus, aber er paßte genausowenig in eine Bomberstaffel wie Hitler in eine Dinnerparty bei Churchill gepaßt hätte.

Im Verband zu fliegen und Bomben zu werfen – und von schwerbewaffneten Jägern beschossen zu werden, gehörte nicht zu der Lebensart, die Wittgenstein befriedigen konnte oder auf die er stolz sein konnte. Außerdem paßte er nicht in den Krieg seiner Staffelkameraden.

Er war zu sensibel, zu gespannt, zuviel Jäger, um dort zu Hause zu sein.

Wäre er 1890 anstatt 1916 auf die Welt gekommen, dann hätten die Luftkämpfe der ersten Jahre des 1. Weltkrieges für ihn sicher eine Erfüllung bedeutet. Im 2. Weltkrieg konnte nur die Nachtjagd einem

Flieger ähnliche Möglichkeiten bezüglich der Unabhängigkeit und des Auf-sich-selbst-angewiesen-Seins bieten – frei von den Fesseln der Zusammenarbeit in der Luft, ohne die der Tagjäger nicht überleben konnte.

Nach seiner Versetzung zur Nachtjagd stieg er schnell zum Staffelkapitän, dann zum Gruppenkommandeur und zum Geschwaderkommodore auf. Er nahm jede Aufgabe ernst. Er hörte nie auf, Fehler in der Einsatzorganisation der Luftwaffe, an dem Zustand seines eigenen Flugzeuges oder an sich selbst zu suchen und zu bereinigen.

Er war ein äußerst draufgängerischer Jäger. Das war gleichzeitig seine Stärke und seine Schwäche.

Wieder danken wir Oberst Wolfgang Falck für die folgende Beurteilung des Prinzen auf der Höhe seiner Laufbahn:

»Wittgenstein war ein äußerst fähiger Pilot, und er war außergewöhnlich ehrgeizig und ein Individualist. Er war bestimmt nicht der Typ des Verbandsführers. Er war kein Lehrer, Erzieher oder Ausbilder. Er war aber eine herausragende Persönlichkeit, ein großartiger Jäger und ein großer Einsatzpilot.

Er hatte einen erstaunlichen sechsten Sinn – eine Eingebung, die es ihm ermöglichte, zu sehen oder fast zu fühlen, wo andere Flugzeuge waren. Es war wie ein persönliches Radarsystem. Er war auch ein ausgezeichneter Schütze in der Luft.

Während der Zeit, als er unter meinem Kommando stand, wurde ich eines Nachts nach Berlin zum Ministerium befohlen. Ohne mein Wissen war auch Wittgenstein dorthin befohlen. Am nächsten Morgen sollte ihm von Göring das Ritterkreuz überreicht werden. Durch einen erstaunlichen Zufall nahmen wir den gleichen Zug, den gleichen Schlafwagen und das gleiche Abteil. Ich war froh, mit ihm Probleme diskutieren zu können – frei von Ablenkungen und Unterbrechungen – und ich war entschlossen, unser glückliches Zusammentreffen kräftig auszunutzen. Ich wollte seine Meinung über verschiedene Einsatzprobleme kennenlernen. Er war sehr nervös, seine Hände zitterten, und es schien ein gewisses Flair von Besorgnis um ihn herum zu bestehen. Er hatte die Befürchtung, daß andere Erfolge erzielen könnten, während er im Zug saß und nichts tat – so drückte er es etwa aus.

Zu dieser Zeit stand er in Rivalität mit Streib oder Lent. Ich habe vergessen, mit welchem von beiden, und sie waren nur ein oder zwei Abschüsse auseinander. Es machte ihn nervös daran zu denken, daß er seinen Rivalen eine Abschußchance gab, während er auf dem Wege war, um das Ritterkreuz entgegenzunehmen. Ich hatte aus ähnlichen Gründen auch große Schwierigkeiten, ihn auf Urlaub zu schicken.«

Diese Schilderung der Besessenheit Wittgensteins unterstreicht die fast legendären Schilderungen seines Perfektionismus und seines starken Willens.

Sein Bodenpersonal und seine Besatzung stellten fest, daß ihr Bestes gerade gut genug für den Prinzen war.

Von sich selbst verlangte er ständigen Erfolg, ständiges Besserwerden und ein Maß an Disziplin, das an das Übermenschliche grenzte.

Ende 1942 wurde er von Falck nach Rußland geschickt, um dort Taktiken gegen die sowjetischen Nachtangriffe entwickeln zu helfen. Der Prinz übernahm das Kommando einer der ersten »Eisenbahn«-Nachtjagdgruppen, die im vorigen Kapitel beschrieben wurden, und erzielte ganze neunundzwanzig Abschüsse in Rußland. Als Falck ihn während einer Besichtigungsreise an der russischen Front besuchte, war Wittgenstein wieder die personifizierte Angst. Falck erzählt:

»Ich habe selbst gesehen, wie er in einer Nacht innerhalb von 15 Minuten drei Abschüsse erzielte. Das war nicht genug für ihn. Es erregte seine tiefsten Befürchtungen, daß die Kameraden an der Westfront mehr Abschüsse erzielten als er an der Ostfront. Er war richtig neidisch. Für mich war es nicht immer leicht, mit ihm – als Untergebenen – wegen seines unerhörten Ehrgeizes zusammenzuarbeiten.«

Wittgenstein hatte im Juli 1943 seine beste Nacht mit sieben bestätigten Abschüssen – eine tolle Leistung. In der Nacht zum 2. Januar 1944 holte er sechs schwere Bomber der RAF herunter. Er lag weiterhin gut im Rennen und erzielte im Januar 1944 eine knappe Führung vor Lent.

Am 21. Januar 1944 griff er einen großen Bomberverband der RAF bei Schönhausen an und erzielte fünf Abschüsse. Der fünfte Abschuß ging hellbrennend nieder. Aber von dem Feuer des sterbenden Bombers beleuchtet, flog seine schwarze Ju 88 direkt vor die Läufe eines Mosquito-Nachtjägers. Ein kurzer Feuerstoß des Engländers schickte den Prinzen Sayn-Wittgenstein in die Walhalla.

Sein Einsatz als Nachtjäger erstreckte sich über knapp 2 1/2 Jahre. Im Vergleich dazu standen Lent 4 1/2 und Schnaufer über 3 Jahre im Nachtjagdeinsatz. An hingebungsvoller Pflichterfüllung hat ihn kaum einer in der Luftwaffe übertroffen. Er hatte insgesamt 83 Luftsiege errungen. In einer Phase der Geschichte, die von Einzelpersonen beherrscht wurde, erinnert man sich an ihn vorwiegend wegen seines Individualismus.

Wenn er auch nicht bei allen Kameraden beliebt war, so gewann er doch ihre uneingeschränkte Hochachtung.

Die Nacht des 21. Januar 1944 brachte einen Sieg der RAF-Bomber über die Nachtjäger – ihre härtesten Gegner. Der Prinz war nicht das einzige Nachtjägeras, das abgeschossen wurde. Hauptmann Manfred Meurer fiel ebenfalls bei einem Zusammenstoß mit einem schweren Bomber der RAF bei Magdeburg. Meurer war ein glänzender Pilot und ein aufsteigender Stern gewesen.

Obwohl seine Nachtjägerlaufbahn erst im Herbst 1941 begonnen hatte, hatte Meurer bis zu seinem Tode 65 Nachtabschüsse erzielt. Wie einige der Erfolgreichsten war er ein langsamer Starter: Der ehemalige Flakkanonier Meurer erzielte in seinem ersten Jahr als Nachtjäger gerade zehn Abschüsse. Zwischen Februar 1943 und seinem letzten Einsatz knapp ein Jahr später kam er auf 45 Nachtluftsiege. Er war Gruppenkommandeur der I./NJG 1, die mit He 219 ausgerüstet war. Als er mit seinem viermotorigen Gegner zusammenstieß, flog er diesen begehrten Typ. Der Tod von Meurer und seinem langzeitigen Funker, Oberfeldwebel Gerhard Scheibe, war ein schwerer Verlust für die Luftwaffe. Die beiden waren gerade in der He 219 richtig in Gang gekommen. Meurer war mit dem Eichenlaub ausgezeichnet worden, und Scheibe war der erste Funker bei den Nachtjägern, der mit dem Ritterkreuz ausgezeichnet wurde. Es war unmöglich, solche Teams Anfang 1944 zu ersetzen. Trotz der Verluste der RAF in dieser Nacht war der 21. Januar 1944 ein indirekter Sieg für die RAF-Bomber. Die beiden toten Nachtjägerasse hatten zusammen drei Geschwader des Bomberkommandos abgeschossen. Die Deutschen führten ausgezeichnete Statistiken und Aufzeichnungen über den Einsatz ihrer Jagdflieger. Aber Zahlenangaben haben wenig mit dem Ansehen zu tun, das ein As bei seinen Kameraden hatte.

Führungseigenschaften, Persönlichkeit und Charakter waren häufig für das Ansehen eines Mannes ausschlaggebender als sein Abschußergebnis. Ein Beispiel dafür ist Oberstleutnant Hans-Joachim Jabs.

Ihm wurden 22 Tages- und 28 Nachtluftsiege zuerkannt, die sich auf die ganze Kriegsdauer von 1939–45 verteilen. Er ist einer der wenigen deutschen Jagdflieger, die mehrmals mit der Me 110 siegreich aus

Gefechten mit den Hurricanes und den Spitfires der RAF hervorgegangen sind. Es wird allgemein unter den deutschen Fliegern als größte Leistung angesehen, wenn man eine Spitfire abschießen konnte, während man selbst ein wesentlich unterlegeneres Flugzeug flog. Einundzwanzig von Jabs' fünfzig Abschüssen waren Jagdflugzeuge; dazu gehören zwölf Spitfires und vier Hurricanes. Jabs, der 1917 in Lübeck geboren wurde, trat im Dezember 1936 in die Luftwaffe ein und war zwei Jahre später ein voll ausgebildeter Pilot. Ursprünglich wurde er als Me 109-Pilot vorgesehen. Im März 1940 wurde er zum ZG 76 versetzt, das die Me 110 flog. Zu dieser Zeit wurden viele der besten Piloten von den Me 109 weggenommen. Viele von ihnen überlebten in den Me 110 die Luftschlacht um England nicht. Jabs überlebte.

Amerikaner neigen zu dem Glauben, daß die deutschen Piloten wenig Interesse an der Bemalung ihrer Flugzeuge hatten. Das Gegenteil ist der Fall. Die Deutschen waren bezüglich ihrer Embleme und persönlichen Wappen ideenreich und originell und machten auch starken Gebrauch von Figuren im Disneystil. Lange bevor die Flying Tigers mit ihren wilden Tigerschnauzen zum Begriff in Amerika wurden, benutzten die deutschen Piloten der II./ZG 76, in der Jabs diente, eine auffällige Bemalung. Die bemalten Nasen der Me 110 führten dazu, daß die Einheit als »Haifisch«-Gruppe bekannt wurde. Die Gruppe entwickelte eine außerordentlich hohe Moral, und dieser Geist spiegelte sich schnell in den Reihen von Abschüssen wieder, die im Frankreichfeldzug erzielt wurden. Jabs trug dazu bei, mit fünf Jagdflugzeugen der französischen Luftarmee und zwei Spitfires der RAF.

Zu der Zeit, als die Briten aus Frankreich vertrieben wurden, war Jabs – nach britischem Maßstab – bereits ein As.

Die wirklich gefährliche Phase seiner Laufbahn folgte dann – der Begleitschutz der Luftwaffenbomber im Angriff auf England im Jahre 1940.

Jabs überlebte nicht nur die Schlacht um England, sondern schoß bis zum Höhepunkt der Schlacht am 15. September 1940 acht Spitfires und vier Hurricanes ab. Er gehörte damit zu den erfolgreichsten Me 110-Piloten.

Im September 1941 zum Nachtjäger umgeschult, nahm Jabs später an der Verteidigung Hamburgs teil. Seine Tage als Tagjäger waren aber noch nicht vorüber, da er zu den ausgesuchten 30 Zerstörerpiloten gehörte, die die »Scharnhorst«, »Gneisenau« und »Prinz Eugen« in der in Kapitel 2 beschriebenen »Operation Donnerschlag« zu schützen halfen.

Gelegenheiten wie in den Feldzügen von 1939–40 gab es für ihn in den nächsten zwei Jahren nicht, und er erzielte bis Ende Juni 1942 nur noch einen weiteren Abschuß und kam damit auf die Gesamtzahl Zwanzig. Im November 1942 wurde er zu Werner Streibs IV./NJG 1 versetzt, die von Leeuwarden in Holland aus eingesetzt wurde. Jabs Kriegsglück kehrte nun zurück.

Die neuen Me 110-Varianten beim NJG 1 waren mit Radar ausgerüstet und mit der nach oben feuernden »schrägen Musik« sowie mit den nach vorne feuernden 3 cm Kanonen ausgestattet. Im Januar 1944 hatte er 45 Abschüsse auf seinem Konto. Als Streib zum Kommodore des NJG 1 aufrückte und Falck ablöste, übernahm Jabs die IV./NJG 1.

Als Streib später zum General der Nachtjäger befördert wurde, wurde Jabs sein Nachfolger als Kommodore des NJG 1.

Als Geschwaderkommodore flog Jabs noch häufig Kampfeinsätze und traf bei einer dieser Gelegenheiten wieder auf seine traditionellen Gegner von den Tageinsätzen, die Spitfires. Am 29. April 1944 setzte er zur Landung auf dem Flugplatz seines Geschwaders in Arnheim an, als er von 8 britischen Jägern angegriffen wurde.

Es handelte sich um die 640 km/h schnelle Mark IX-Variante der Spitfire, und Jabs hatte bei ihrem entschlossenen Angriff den Eindruck, als wollten sie sich für 1940 rächen.

Er wich mit der Me 110 ihrem ersten Angriff aus. Als die Spitfires vorbeizogen, dachte und handelte Jabs, wie man es eben von einem Klasse-Jäger erwarten konnte. Furchtlose und entschlossene Reaktion hatte in mancher Luftschlacht das Blatt zu Gunsten eines einzelnen Jägers gewendet, der von zahlreichen Gegnern angegriffen wurde.

Er kurvte hinter der nächsten Maschine ein und schoß mit den Kanonen. Eine Explosion erschütterte den Luftraum, als die Spitfire in der Luft auseinanderplatzte. Ein Hagel brennender Wrackteile ließ die anderen in alle Richtungen auseinanderstieben. Bevor die außer Fassung geratenen britischen Piloten sich wieder ordnen konnten, jagte Jabs mit Höchstgeschwindigkeit auf den Flugplatz Arnheim zu. Der britische Führer sammelte seinen Verband und brauste hinter dem jungen Kommodore her. Wieder wählte Jabs den richtigen Augenblick für seinen Angriff. Beim Einkurven in die britische Formation erwischte er seinen nächsten Gegner mit einer gutliegenden Garbe. Die Spitfire stürzte brennend ab. Diesmal gab es jedoch keine Explosion.

Jabs spürte, wie sein eigenes Flugzeug unter mehreren Treffern erzitterte und absackte. Als die Geschosse die Tragflächen der Me 110 durchschlugen und krachend in die Maschine drangen, mußte er an seine Besatzung denken.

Es wurde ihm beinahe schlecht im Gedanken an den stechenden Schmerz einer drohenden Verwundung oder die Bewußtlosigkeit, die ihn überkommen mußte, sobald er von hinten oder am Kopf getroffen würde.

Die Gashebel standen auf voller Leistung. Aus beiden Motoren quoll Rauch und Kühlstoff, aber Jabs hielt die Nase seiner Me 110 nach unten und blieb im Sturzflug. Er konnte den Platz schon sehen. Es gab noch eine Chance. Aber der höllische Hagel der Geschosse hielt an.

»Springt heraus, sobald wir ausgerollt haben, so schnell ihr könnt«, wies er seine Besatzung über die Bordverständigung an. Der Flugplatz kam schnell näher.

Jabs wartete bis zum letztmöglichen Augenblick, fuhr das Fahrgestell aus und betete, daß es funktionieren würde. Er hörte, wie es einrastete. Gott sei Dank! Ein weiteres Stoßgebet, daß die Reifen nicht in Fetzen geschossen sind. Als die Me 110 mit einem Ruck auf dem Rasen aufsetzte, blieb sie erstaunlicherweise in einem Stück beisammen. Jabs konnte das Gras durch die großen Löcher in den Tragflächen sehen. Als er langsam zum Halten kam und drei Spitfires im Tiefangriff heranbrausten, wußte er, daß er nur noch Sekunden hatte, um sein Leben zu retten. Raus! Bloß raus!

Jabs und seine Besatzung rannten über den Rasen und hörten das Dröhnen der drei Merlin-Motoren hinter sich. Zwei Dutzend Maschinengewehre verwandelten die rauchende Me 110 zu Schrott, während Jabs atemlos Deckung suchte. Er hatte seine letzte Spitfire abgeschossen.

Jabs beendete den Krieg als Oberstleutnant und Kommodore des NJG 1. Am 21. Februar 1945 holte er zwei Lancaster als seine letzten Abschüsse im Kriegseinsatz herunter.

Fünfeinhalb Jahre waren ein langer Krieg für den dunkelhaarigen Mann in der Me 110. Er begann im Nachkriegsdeutschland ein neues Leben als Geschäftsmann und Stadtrat in Reinfeld in Schleswig-Holstein.

Er heiratete, hat zwei Söhne und lebt heute in Lüdenscheid in Westfalen. Der Krieg scheint so lange schon vorbei zu sein, daß er schon beinahe nicht mehr wahr ist.

Im Rahmen dieses Buches können nicht alle herausragenden Figuren und besonderen Beiträge zur Nachtjagd berücksichtigt werden.

Major Egmont Prinz zur Lippe-Weissenfeld, häufig auch als »der andere Prinz« in der Luftwaffe bekannt, erzielte während seiner Laufbahn vom Anfang bis zum Ende 51 Nachtabschüsse und könnte mit seinen Erlebnissen allein ein ganzes Buch füllen.

Oberst Günther Radusch, dessen Karriere bis auf den spanischen Bürgerkrieg zurückgeht, hat 65 Abschüsse erzielt und gehört zu den größten Persönlichkeiten der Nachtjagd. Major Wilhelm Herget mit 57 Nachtabschüssen und 15 Tagesabschüssen flog zuletzt die Me 262 mit Galland zusammen. Oberstleutnant Herbert Lütje, letzter Kommodore des NJG 6 war mit seinen 50 Abschüssen in seiner fünfjährigen Laufbahn einer der Spitzen-Nachtjagdspezialisten. Bis zu seinem Tode 1967 diente er in der neuen deutschen Luftwaffe.

Aus Platzgründen konnte nur ein kurzer Überblick gegeben werden.

Gleichzeitig muß aber auch der kürzeste Überblick über die Nachtjäger und ihren speziellen Krieg den Beitrag der Besatzungen an dem Erfolg der Nachtjagd unterstreichen.

Ohne das Können, die Geduld und die Hingabe der Bordfunker und Bordschützen hätte es wesentlich weniger erfolgreiche Nachtjäger in der Luftwaffe gegeben. Sie wären nur selten allein in der Lage gewesen, Gegner zu finden und abzuschießen. Ohne die Wachsamkeit und das gute Schießvermögen der Nachtjägerbordschützen gäbe es heute viel weniger lebende Asse der Nachtjagd. Das wird von den Überlebenden freimütig anerkannt.

Trotz der überragenden menschlichen Leistung, die sie bei der Bewältigung ihrer Aufgabe mit aufopfernder Hingabe zeigten, verloren die deutschen Nachtjäger die technische Schlacht.

Die folgende Abnutzungsschlacht ließ das Ende voraussehen. Die Nachtjäger erlitten das gleiche Schicksal wie ihre Kameraden von der Tagjagd. Sie wurden von der zahlenmäßigen Übermacht überwältigt.

Sie kämpften trotzdem mit überzeugender Tapferkeit, angetrieben von dem ständigen Zwang, das Leben der nichtkämpfenden Bevölkerung zu schützen, die der allnächtlichen Bedrohung ausgesetzt war. Die deutschen Nachtjäger hatten eine hohe Kampfmoral.

Bei ihren Feinden waren sie gefürchtet und anerkannt. Beinahe wäre es ihnen gelungen, das Bomberkommando zu bezwingen. Hätte die Einsicht und die strategische Kunst der höheren Führung ihren Qualitäten und ihrem Können als Soldaten entsprochen, dann hätten sie sicherlich das Bomberkommando zur Einstellung der Nachtangriffe gezwungen. Bei Kriegsende gab Major Heinz-Wolfgang Schnaufer seinen letzten Tagesbefehl an das NJG 4. Mit diesem Dokument drückte das As der Asse unter den Nachtjägern all das aus, was noch zu sagen war:

An mein bewährtes NJG 4   Gefechtsstand, 8. Mai 1945

Männer meines Geschwaders!

Der Feind ist in unserem Land, unsere stolzen Flugzeuge sind übergeben, Deutschland ist besetzt und hat bedingungslos kapituliert.

Kameraden, diese niederschmetternde Tatsache treibt uns die Tränen in die Augen. Die Zukunft liegt undurchsichtig und unerbittlich vor uns, sie kann uns nur Kummer und Schmerz bringen.

Etwas aber wird in uns, meine Männer, ewig fortleben – die Tradition unseres Geschwaders und unsere Leistungen. Diese Tradition wird uns dann das nötige Rückgrat geben, wenn wir erniedrigt werden sollen, sie wird uns aufrichten und läßt uns klaren und stolzen Blickes in die Zukunft blicken.

Noch einmal will ich Euch den Werdegang unseres ruhmreichen und vom Feinde gefürchteten Geschwaders ins Gedächtnis zurückrufen. Genau vor drei Jahren, am 1. Mai 1942, Aufstellung des Geschwaders NJG 4 mit der Aufgabe, zunächst Süddeutschland vor den beginnenden Nachtgroßangriffen zu schützen. Mainz-Finthen, Laupheim, Jouvincourt und Laon-Athies waren zunächst unsere Liegeplätze; dazu kamen 1943 noch Florennes, St. Dizier und Coulommieres.

Doch wir brauchten unseren Werdegang nicht durch leere Namen festlegen. Dort, wo wir Nacht für Nacht aufstiegen, ist der Boden Frankreichs und Süddeutschlands mit vielen kleinen Narben bedeckt, von den Aufschlagbränden der von uns abgeschossenen Großbomber.
579 Bomber,
also drei vollständige Bomberdivisionen wurden vom NJG 4 in harten Luftkämpfen und unter den allerschwierigsten Bedingungen abgeschossen.

Erfolgreiche Nachtkampfeinsätze bei jedem Wetter auf Avranches, auf Nymwegen, auf Kraftfahrzeugkolonnen und auf Eisenbahnwege im Hinterland haben dem Feind Hunderte von Kraftfahrzeugen und Lokomotiven gekostet. Deshalb haben die Namen »Wildvogel« und »Wirbel« für uns einen guten Klang.

Fernjagd über England war einer der letzten Schläge unseres Geschwaders. Die Zerstörung der Pontonbrücke bei Wesel bedeutet für uns einen ruhmreichen Abschluß unseres ruhmreichen harten Kampfes.

Kameraden, diese großen Erfolge sind nur durch Eure unerschütterliche Haltung, durch Euren Fleiß und durch Euren Glauben an Deutschland erzielt worden.

Es hat durch die harten Schläge der gegnerischen Luftwaffe oft nicht viel daran gefehlt, daß auch unser Verband unter der erdrückenden Materialwalze erdrückt worden wäre, aber wir haben uns nach allen Schlägen immer wieder aufgerichtet und haben mit einer verbissenen Wut bis zuletzt zurückgeschlagen.

Dieser ungleiche Kampf hat von uns schwerste Opfer gefordert. 102 fliegende Besatzungen mit 400 Offizieren, Unteroffizieren und Mannschaften kehrten nicht mehr zurück. 50 Offiziere, Unteroffiziere und Mannschaften fielen in treuer Pflichterfüllung teils im Erdkampf, teils bei Abwehr feindlicher Luftangriffe.

Sie haben für Deutschland und unser Geschwader alles gegeben und haben das Recht, von uns in diesem Augenblick zu fordern, daß wir anständige und gerade deutsche Männer bleiben.

Mit einem Gefühl der Wehmut – aber auch mit einem Gefühl des Stolzes verabschiede ich mich heute von meinem Geschwader und danke Euch für das Vertrauen, das Ihr mir in Krisenzeiten entgegengebracht habt. Wenn Ihr nun wieder in einem anderen Deutschland schwere Arbeit leisten müßt, so könnt Ihr, meine Männer von NJG 4, das Gefühl in Euch tragen, daß Ihr alles Menschenmögliche getan habt, um für Deutschland diesen Krieg zu gewinnen.

Es lebe unser geliebtes Vaterland!

gez. Schnaufer
Geschwaderkommodore NJG 4

DER LUFTKRIEG IM OSTEN

»Die Ostfront des 2. Weltkrieges birgt viele Lehren für den heutigen Westen, aber man kümmert sich zu wenig darum.«
Generalleutnant Johannes Steinhoff

Der ehemalige Jagdflieger Hermann Göring war fast der Einzige in Hitlers Umgebung oder im Oberkommando der Wehrmacht, der starke Bedenken gegen Hitlers Plan vom Einfall in Rußland äußerte. Er konfrontierte Hitler mit diesen Einwänden und begründete sie in einer Auseinandersetzung von Angesicht zu Angesicht.

In der Geschichte stehen viele Minus-Punkte gegen Göring, aber seine Einstellung gegen eine Invasion Rußlands ist ihm zugute zu halten, obwohl er seine Einwände nicht durch seinen Rücktritt bestärkte, wie es jeder Mensch mit Charakter getan haben würde.

Wenn Hitler auf Göring gehört hätte, dann hätte es ohne Zweifel eine zweite Runde der Luftschlacht um England gegeben. Nordafrika wäre dann möglicherweise Rommel in die Hand gefallen, und die Geschichte dieses Jahrhunderts wäre anders verlaufen. Aber Hitler war nicht in der Laune, auf andere Stimmen zu hören. Der Angriff auf Rußland war die Erfüllung seiner neurotischen Träume. Als er sich dazu entschieden hatte, konnte ihn nichts von seinem Vorhaben abhalten, den bolschewistischen Koloß vernichten zu wollen. Hitler hörte nicht auf die dringenden Einwände Görings, daß die Luftwaffe erschöpft sei und Zeit brauche, um sich zu erholen und mit neuem Gerät ausgerüstet zu werden.

»Ich habe mich entschlossen«, sagte Hitler zu Göring, und die Würfel waren gefallen.

Die Jäger der Luftwaffe spielten bei dem Einfall eine beherrschende Rolle. Sie schossen mit erprobter Präzision die sowjetischen Maschinen ab, die ihnen entgegentraten, und zerstörten Hunderte von sowjetischen Flugzeugen am Boden. Die Geschichte des Luftkrieges hat kein vergleichbares Beispiel eines so totalen Luftsieges eines Landes über das andere. Aus diesem Grunde war die deutsche Wehrmacht auch in der Lage, blitzartig vorzugehen und dabei wieder den vollen taktischen Nutzen der Luftstreitkräfte auszuschöpfen, ohne Behinderung durch feindliche Flugzeuge. Der Schwerpunkt lag wieder auf der direkten Erdkampfunterstützung im Rahmen der bestehenden taktischen Luftherrschaft. Ohne ihre Luftstreitkräfte mußte sich die Rote Armee zurückziehen, um zu überleben.

Es war die einzige Hoffnung der sowjetischen Befehlshaber, daß Stoßkraft und Schnelligkeit des deutschen Blitzkrieges in den endlosen Steppen verebben würden. Die Russen kämpften um Zeit.

So ansehnlich diese Anfangstriumphe der deutschen Wehrmacht auch waren, so konnten sie doch nicht das Aufklaffen derselben Lücke in der deutschen Luftmacht verdecken oder über längere Zeit hinweg verhindern, die die deutsche Luftwaffe den Sieg in der Schlacht um England gekostet hatte. Die deutsche Luftwaffe besaß keinen strategischen Bomber. Trotzdem griffen die Deutschen ohne Berücksichtigung dieses Umstandes ein Land an, dessen Größe allein schon die deutsche Wehrmacht verschlingen konnte. Alles hing von einem schnellen Sieg ab.

Hitlers Kriegspläne sahen einen russischen Feldzug von sechs bis acht Wochen Dauer vor. Nach seinen Schätzungen sollte Moskau nach zwei Monaten in deutscher Hand sein. Er glaubte, das übrige Land würde dann nach dem Verlust des Machtzentrums von selbst zusammenbrechen.

Es kam anders. Hitlers Legionen standen vor den Toren Moskaus, als ein früher, plötzlicher, harter Winter die deutsche Wehrmacht im Frost erstarren ließ. Hitler kämpfte ohne Reserven, wie er es bereits seit 1939 getan hatte.

Die Luftwaffe, vom ersten Tage des Polenkrieges an mit voller Stärke im totalen Krieg im Einsatz, hatte in der Schlacht um England schwere Verluste erlitten. Beim Einmarsch in Rußland waren noch nicht einmal die Verluste der Jagdwaffe an Flugzeugen und Piloten wieder ausgeglichen. Trotzdem war es diese erschöpfte Luftwaffe, die den Weg für den deutschen Vormarsch auf Moskau ebnete. Genau wie das Heer hatte die Luftwaffe kein winterfestes Gerät, und die Soldaten hatten keine Winterkleidung.

Hunderttausende sowjetischer Soldaten waren während des deutschen Vormarsches auf Moskau in Kriegsgefangenschaft geraten. Riesige Massen an Kriegsmaterial wurden erbeutet. Die Rote Luftwaffe war in den ersten Kriegsmonaten als Faktor ausgeschaltet worden, aber trotz dieser Rückschläge erreichten die Russen ein Comeback. Mit der Zeit konnten sie die Deutschen im Felde bezwingen und ihnen eine Überzahl von fünfzig zu eins entgegenstellen. Das Fehlen eines viermotorigen strategischen Bombers in der deutschen Luftwaffe erwies sich als Ausgangspunkt für die nachteilige Wendung des deutschen Kriegsglückes. Russische Soldaten und Techniker entkamen zu Tausenden in die Weite des Ostens, und sie kamen nicht mit leeren Händen. Sie bauten ganze Waffenfabriken ab und nahmen sie mit, um sie außerhalb der begrenzten Reichweite der deutschen Bomber wieder aufzubauen. Diese Fabriken nahmen mit der fieberhaften Energie, die Menschen entwickeln, wenn sie um ihr Leben kämpfen, die Produktion wieder auf. Nach kurzer Zeit schon vollbrachte die russische Rüstungsindustrie erstaunliche Produktionsleistungen. Dies nicht nur bei Flugzeugen, sondern auch bei Panzern[43], Artillerie und Motorfahrzeugen.

Kein deutscher Bomber kam, um diese Fertigung zu stören.

Während sich die deutschen Soldaten im Winter 1941/42 buchstäblich zu Tode froren, arbeiteten die belagerten Russen mit allen Mitteln daran, ihr Kriegspotential wieder zu stärken. In der eisigen Umklammerung des Winters festgefahren, wurden die Deutschen gnadenlos von sowjetischen Einheiten angegriffen, die für den Einsatz unter solchen Bedingungen ausgebildet und ausgerüstet waren.

Die Deutschen konnten die Offensive zwar im Frühjahr 1942 wieder aufnehmen, aber der Stillstand während des Winters hatte den Russen eine entscheidende Atempause verschafft. Hitlers Traum der Eroberung wurde zu einem Alptraum von immer größer werdenden schrecklichen Ausmaßen. Auch die Jagdflieger konnten das sowjetische Comeback feststellen.

Außerhalb der Reichweite der deutschen Bomber arbeiteten die russischen Flugzeugwerke 24 Stunden pro Tag und 7 Tage in der Woche. In Deutschland wurden zu diesem Zeitpunkt noch keine derartigen Anstrengungen unternommen.

1941 stellte Rußland 7500 Jagdflugzeuge her, während die intakte deutsche Luftfahrtindustrie nur 2292[44] Jagdflugzeuge herausbrachte. Diese enorme russische Produktion wurde durch die ersten fünfhundert Leih- und Pachtflugzeuge, die aus den USA und England geliefert wurden, unterstützt. Warum den Russen gestattet wurde, sich auf diese

Art zu erholen, wird lange ein Rätsel in der Militärgeschichte bleiben. Die deutsche Luftwaffe unternahm 1941 nur ganz wenige strategische Angriffe. Nur Moskau wurde systematisch angegriffen. Vom 21. Juli 1941 bis zum 5. April 1942 flog die Luftwaffe 26 Tagesangriffe und 7 Nachtangriffe gegen Moskau. Diese Angriffe waren im Grunde genommen nur Störangriffe. Es wurde nichts unternommen, um die Flut der Jägerproduktion zu stoppen.

Russlands Jagdflugzeugproduktion und die Ergänzungen dazu aus den Leih- und Pachtlieferungen waren ausschließlich für Einsätze an der Ostfront bestimmt. Die Deutschen mußten ihre weniger umfangreiche Produktion zwischen der Ostfront, der Kanalfront, Nordafrika und dem Mittelmeer aufteilen. Jagdflugzeuge spielten bei all diesen deutschen Unternehmungen eine entscheidende Rolle. Zusätzlich waren die Deutschen gezwungen, ihre Nachtjägerwaffe aufzubauen, was natürlich eine weitere Belastung für die Jagdflugzeugproduktion darstellte.

Die Materialschlacht hatte sich also schon im Frühjahr 1942 entscheidend zuungunsten der Luftwaffe verändert.

Es sollte noch schlimmer werden.

Bis Oktober 1944 konnte die russische Flugzeugindustrie 97 000 Einsatzflugzeuge herstellen! Die sowjetischen Flugzeugbauer verbrachten nahezu Wunder der Produktion, und die oft gehörte Behauptung, daß die Rote Luftwaffe ausschließlich durch Pacht- und Leihflugzeuge aufrechterhalten wurde, steht im Gegensatz zu den Tatsachen. Auch ohne die Pacht- und Leihhilfe hätten die Russen die Deutschen in der Flugzeugproduktion vollkommen überflügelt.

Bis heute gibt es noch viel unsinniges Gerede über die Pacht- und Leihflugzeuge. Die Amerikaner scheinen auch neueren Lehren gegenüber, wie z. B. in der Raumfahrt, blind zu sein und unterschätzen immer noch das sowjetische Kriegspotential. Das Pacht- und Leihabkommen wird von einigen Amerikanern auch als direkter Schlüssel für den russischen Sieg angesehen. Man sollte besser die Lehren aus dem Russisch-Deutschen Konflikt suchen und sie verstehen, wie General Steinhoff es während seines Amerikaaufenthaltes oft eindringlich forderte. Sicherlich ist es klüger, als die eigene Überlegenheit zu unterstellen, wie es die Deutschen 1941 taten.

Von der Einführung des Pacht- und Leihabkommens an bis zum 1. Oktober 1944 erhielt die Sowjetunion von den Westalliierten etwa

14700 Flugzeuge. Dies entsprach etwa einem Sechstel der eigenen russischen Produktion.

8734 dieser Flugzeuge wurde aus den USA geliefert und 6015 kamen aus Großbritannien.

8200 dieser Flugzeuge waren Jagdflugzeuge. Bei der Mehrzahl der Jagdflugzeuge handelte es sich um Curtiss P-40, Bell P-39 Airacobra, Bell P-63 Kingcobra, Hurricane, Spitfire und kleine Zahlen P-51 Mustang und P-47 Thunderbolt. Die überwiegende Zahl dieser Jagdflugzeuge war der Me 109 und der Fw 190, gegen die sie eingesetzt werden sollten, unterlegen. Eine objektive Bewertung der alliierten Jagdflugzeuge, die nach Rußland geschickt wurden, läßt keine andere Schlußfolgerung zu als die, daß die Sowjetische Luftwaffe die Typen erhielt, auf die USAAF und RAF leicht verzichten konnten – als Geste der Großzügigkeit wurden einige Spitfire und Mustang mitgeschickt.

Die Russen waren 1941–42 froh, diese Flugzeuge zu bekommen. Sie fanden bald heraus, daß die P-40 der Me 109 gegenüber in bezug auf Sturzflug- und Steigeigenschaften unterlegen war. Folglich ließen sich die sowjetischen Piloten mit diesen Typen nicht gern in einen Luftkampf ein. Sie verwendeten die P-40 in großem Maße für Tiefangriffe und bevorzugten dafür auch die P-39 und P-63. Die Russen hatten bereits in ihrer eigenen MiG-3 ein besseres Jagdflugzeug als die beiden 1941/42 hauptsächlich zur Verfügung stehenden Pacht- und Leihtypen P-40 oder Hurricane. Die Meinung, daß die Rote Luftwaffe ohne die Leih- und Pachtflugzeuge nicht einsatzfähig gewesen wäre, trifft nicht zu, und die Ansichten der deutschen Jägerasse in Hinblick auf den Wert der britischen und amerikanischen Maschinen für die sowjetische Luftkriegsführung gehen weit auseinander. Es gibt auch eine emotionelle Tendenz in Amerika, die die Qualität und den Umfang der Hilfe mit der Tapferkeit und der Hingabe der Seeleute verwechselt, die diese auf den Eismeergeleitzügen beim Transport dieser Ware bewiesen.

Erich Hartmann (352 Luftsiege) hat die Wirkung der Leih- und Pachtflugzeuge im Gespräch mit den Autoren so dargestellt:

»Die Airacobra und die Kingcobra waren nach meiner Meinung für die Russen nicht wegen ihrer Flugeigenschaften wertvoll, die ja sowohl den in Rußland gebauten Jagdflugzeugen als auch der Me 109 gegenüber schlechter waren, sie waren jedoch bezüglich der Waffen und der Waffensysteme erheblich überlegen. In dieser Hinsicht waren sie den sowjetischen Flugzeugen jener Zeit um einiges voraus. Das Zielgerät der russischen Jäger bestand damals oft nur aus einem Kreis auf der Frontscheibe. Ich meine damit einen handgemalten Kreis auf der Panzerscheibe. Dann kamen die Airacobra, Kingcobra, Tomahawk und Hurricane, und alle hatten Reflexvisiere moderner westlicher Bauart. Von dieser Zeit an begannen die Russen genauso wie wir zu schießen. In früheren Tagen, so unglaublich es auch erscheinen mag, gab es keinen Grund Angst zu haben, wenn ein russischer Jäger hinter einem war. Mit ihren handgemalten Visieren konnten sie nicht richtig vorhalten und nicht genau treffen – außer sie erzielten einen Zufallstreffer. Aber nachdem die Pacht- und Leihflugzeuge eintrafen und die Russen die Visiere in die Hand bekamen, änderte sich das sehr schnell – besonders auf große Schußentfernungen.«

Major Hartmann Grasser (103 Luftsiege) stellt fest, daß die Russen nach ihren anfänglichen Rückschlägen langsam in allen Bereichen besser wurden – im selben Ausmaß, wie ihre Erfahrungen wuchsen und ihre taktischen Kenntnisse umfangreicher wurden. Grasser sagt, daß sich das Können der Russen im Luftkampf merklich verbesserte, nachdem die Fronterfahrungen bis hinunter zu den Ausbildungsschulen der Roten Luftwaffe drangen. Grasser läßt keinen Zweifel daran, daß das ständige Auftauchen der in England und Amerika gebauten Flugzeuge an der russischen Front für die Luftwaffe beunruhigend wirkte, ohne allerdings eine große Bedrohung darzustellen.

Günther Rall (275 Abschüsse) gibt zu, einen kleinen Schock erlitten zu haben, als er mit den ersten Spitfire über der Krim zusammentraf.

Nach seiner Meinung ist es mehr die Qualität des Piloten als die Herkunft der Maschine, die den Schwerpunkt in der Luftschlacht ausmachen.

Seine Erfahrungen in diesem Zusammenhang wurden im Kapitel 7 geschildert. Pacht- und Leihflugzeuge waren für die Russen wichtig und wertvoll, aber man kann nicht behaupten, sie seien im Luftkrieg an der Ostfront entscheidend gewesen. Eine wichtigere Rolle spielte das hochoktanige Flugbenzin, das die Russen unter dem Pacht- und Leihabkommen aus den USA erhielten. Der sowjetische Ausstoß war völlig unzureichend, und dieser alliierte Beitrag füllte eine kritische Lücke in der russischen Kriegswirtschaft.

Zusätzliche Bemerkungen einer deutschen Quelle zu der Qualität der sowjetischen Flugzeuge werden von Dr. Ing. Karl-Heinz Steinicke beigesteuert:

Anton Hackl, 192 Luftsiege, war im Januar und Februar 1945 Kommodore des JG 300 »Wilde Sau« (oben links).

Herbert Ihlefeld, 130 Luftsiege (oben rechts).

Walter Oesau, nach 125 Luftsiegen gefallen (links).

Hans (»Assi«) Hahn, 108 Luftsiege (oben links).

Hartmann Grasser (1941 Adjutant von Mölders), 103 Luftsiege (oben rechts).

Max-Hellmuth Ostermann, nach 102 Luftsiegen gefallen (rechts).

»In einem kleinen Buch über Kriegsflugzeuge, das in Zusammenarbeit mit dem deutschen Reichsluftfahrtministerium 1943 veröffentlicht wurde, lesen wir, daß die Höchstgeschwindigkeit der MiG-3, des damals besten russischen Flugzeuges, nur 570 km/h betrug. In einem bemerkenswerten Vorwort hatte Feldmarschall Milch dieses Büchlein wärmstens empfohlen.

Heute können wir sagen, daß die in diesem Büchlein gemachten Angaben nicht nur im Hinblick auf die Geschwindigkeit falsch waren, sondern auch bezüglich Motor und Konfiguration dieses Flugzeugtyps.

Offenbar wurden diese Fehler absichtlich gemacht, um die Güte der gegnerischen Flugzeuge zu schmälern. Es ist ein alter deutscher Fehler, sich etwas vorzumachen. Die Unterschätzung der Waffen des Gegners war für unsere Niederlage verantwortlich, an der wir heute noch zu tragen haben.

Der deutsche militärische Nachrichtendienst war nicht in der Lage, den Kampfverbänden vor dem Rußlandfeldzug ausreichende Unterlagen über die Typen und Leistungen sowjetischer Flugzeuge zur Verfügung zu stellen. Als der Vormarsch im Juni 1941 begann, wußten wir über russische Flugzeuge kaum mehr als zur Zeit des spanischen Bürgerkrieges. Das Ergebnis war, daß wir genauso überrascht waren wie die Panzerabwehrschützen bei den 90-Tonnen-Panzern und dem T-34, wie überhaupt von den großen Stückzahlen, die bei allem Russischen in Erscheinung zu treten schienen.

Wir waren auch überrascht, als nach den ersten Einsätzen die Pe-2 auftauchte. Das gleiche war der Fall bei der Il-2, den MiG- und LaGG-Typen usw. Im Juli und August 1941 erschienen während der ersten Luftkämpfe über Kiew neben den Ratas elegante Tiefdecker mit Reihen-Motoren. Einige wurden bereits in den ersten Tagen über Lemberg beobachtet. Dies brachte aber keine Überraschung, da man vermutete, es seien eigene Maschinen.

Der Irrtum war natürlich vernichtend, und dies nur wegen der lückenhaften Feindererkenntnisse.«

Dr. Steinicke kommt zu folgender Beurteilung sowjetischer Flugzeuge und Piloten, die auf britischen und amerikanischen Angaben verbunden mit deutschen Erfahrungen und Berichten beruhen:

»Die bekanntesten und erfolgreichsten sowjetischen Piloten des Krieges waren Iwan Koschedub[45] und Alexander Pokryschkin. Während Koschedub seine 62 Abschüsse auf LaGG 5 und LaGG 7 erzielte, flog Pokryschkin bei seinen 59 Abschüssen meistens eine MiG-3. Diese Abschußzahlen sind bemerkenswert, da die russischen Piloten in den ersten Kriegsjahren den Befehl hatten, soweit wie möglich nur über eigenem Gebiet zu operieren.

Auf jeden Fall sind sie um fast 100 Prozent höher als die Abschußzahlen der erfolgreichsten Amerikaner (40), Engländer (38) und Franzosen (33). Im folgenden werden die überwiegend im Jahre 1942 eingesetzten deutschen und russischen Jagdflugzeuge verglichen:

	Me 109 F-4	MiG-3
Triebwerk:	DB 601 1300 PS 12 Zyl. Reihenmotor	AM-35 A 1350 PS 12 Zyl. Reihenmotor
Bewaffnung:	1 × 2 cm Kanone, 150 Schuß, 2 × MG 17, 7,9 mm, je 500 Schuß	1 × 12,7 mm Maschinenkanone, 300 Schuß, 2 × MG 7,62 mm, je 375 Schuß
Fluggewicht:	2650 kg	3300 kg
Reichweite:	710 km bei 500 km/h und 5000 m Höhe	820 km bei 550 km/h und 5000 m Höhe
Quellen:	Kens-Nowarra	William Green, England

Bemerkenswert ist dieser Vergleich bei der Reichweite der MiG-3. Trotz der größeren Geschwindigkeit konnte die MiG-3 110 km weiter fliegen als die Me 109 F-4.

Sehr häufig war die kürzere Reichweite ein Handikap für den deutschen Piloten, weil sie einen vorzeitigen Rückflug notwendig machte. Der deutsche Pilot mußte bei der Verfolgung den Luftkampf abbrechen. Jetzt ist es auch verständlich, warum die russischen Einsatzflugplätze viel weiter hinter der Front lagen als die deutschen Einsatzplätze. Die letzteren lagen 1942 bei Kursk beim Vormarsch auf Woronesch so nahe hinter der Front, daß sie von russischer Artillerie mittleren Kalibers beschossen werden konnten.

Es ist auch erstaunlich, daß die absolute Höchstgeschwindigkeit der MiG-3 höher als die der Me 109 F-4 war. Da die russische MiG-3 auch wendiger als die Me 109 war, ist es wirklich aus heutiger Sicht erstaunlich, daß die deutschen Jagdflieger an der russischen Front so erfolgreich waren. Es gab natürlich auch sowjetische Jagdflugzeuge, die nicht so leistungsfähig waren. Anfang 1943 hatten die Russen jedoch bereits in dem 14-Zylinder-Sternmotor Schwetsow M-82 FN mit 1640 PS ein ausgezeichnetes Triebwerk. Dieser Motor war unserem BMW 801 fast gleichzusetzen und wurde unter anderen Flugzeugen in der LaGG-5 verwendet. Die LaGG-5 hatte zwei 2 cm Kanonen, die über dem Motor eingebaut waren und durch die Luftschraube schossen.«

Die sowjetischen Flugzeugverluste standen in Relation zur sowjetischen Flugzeugproduktion – beide waren imposant. Die meisten herkömmlichen Schätzungen sowjetischer Flugzeugverluste während des Krieges, einschließlich der Zahlen aus sowjetischen Quellen, geben die Mindestzahl mit 70 000 Flugzeugen an, aber eine Zahl zwischen 77 000 und 80 000 dürfte wahrscheinlicher sein.

Im Gegensatz dazu betrugen die Kriegsverluste der USAAF und RAF zusammen etwa 40 000 Flugzeuge – nur annähernd 40–50 Prozent der russischen Verluste. Der Luftkrieg an der Ostfront war ohne Zweifel der umfangreichste aller Luftkriege.

Wenn man sich die zahlenmäßig riesenhafte Größe der Roten Luftwaffe vor Augen führt, erscheinen die großen Abschußzahlen der deutschen Asse an der Ostfront in einem anderen Licht.

Selbst in der Zeit ihrer größten Stärke war die deutsche Luftwaffe nicht in der Lage, mehr als 600 Tagjäger an der Rußlandfront zusammenzuziehen – und sie führte den Kampf meistens mit fünfhundert oder weniger Jagdflugzeugen.

Die Jagdfliegerverbände der Luftwaffe, die gegen die riesigen sowjetischen Luftstreitkräfte eingesetzt wurden, waren insgesamt kleiner als die ruhmreichen »wenigen« Spitfire- und Hurricane-Staffeln, mit denen die RAF die Schlacht um England begann.

In der Auseinandersetzung von 1940 verteidigten die RAF-Jäger in erster Linie Südengland, ein klar begrenztes und relativ kleines Gebiet. Die Jäger der Luftwaffe waren in Rußland vom Eismeer bis zum Schwarzen Meer auseinandergezogen.

Sie standen einem unerbittlichen Feind gegenüber, der ihnen, nachdem er sich einmal von seinen anfänglichen Rückschlägen erholt hatte, in der Luft Horden von Flugzeugen in einer heftigen Abnutzungsschlacht entgegenwarf.

Aus diesem Grunde boten sich den Jagdfliegern der Luftwaffe in der Höhe ihrer Einsatzplätze mehr Ziele, und sie flogen häufiger und blieben länger im Fronteinsatz als irgendwelche anderen Jagdflieger in der Geschichte. Es ist nicht verwunderlich, daß sie hohe Abschußergebnisse erreichten.

In den westlichen Ländern werden die Abschußergebnisse, die den deutschen Piloten an der Ostfront zugesprochen wurden, allgemein als unglaubwürdig angesehen, oder sie werden allgemein als Ergebnis von Luftkämpfen mit einem minderwertigen Gegner abgetan.

Wenn diese Einschätzung auch für die ersten sechs Monate des russisch-deutschen Konfliktes gelten mag, für die Zeit danach trifft sie weniger und weniger zu.

Die deutschen Asse kämpften in Rußland unter ganz verschiedenartigen Verhältnissen, waren so vielen unterschiedlichen Belastungen ausgesetzt und kämpften so hart und lange, daß es jeden Wirklichkeitssinn verletzen würde, ihren Teil als »leicht« zu bezeichnen[46].

Die Autoren haben festgestellt, daß Verallgemeinerungen über das unterdurchschnittliche Können der russischen Jagdflieger auf Grund der Erfahrungen der befragten deutschen Asse unter dem Vorbehalt außergewöhnlicher Ausnahmen zu sehen sind.

Der ständigen Leistungssteigerung der sowjetischen Piloten nach der Katastrophe von 1941 wird zu wenig Beachtung bei ihrer Beurteilung geschenkt. Das Aufholen war so stark, daß sogar die besten deutschen Asse Glück hatten, wenn sie zum Zuge kamen.

Gerd Barkhorns Erfahrungen mit einem russischen Könner in Kapitel 6 sind dafür ein klassisches Beispiel, und dieses Buch wird weitere im nächsten Kapitel aufzeigen.

Die Jagdflugzeugproduktion war nicht die einzige Seite im Luftkrieg, auf der die Russen die Deutschen übertrafen.

Die Sowjetunion hatte bereits lange vor dem Krieg Planungen und Vorbereitungen durchgeführt, um eine große Reserve an ausgebildeten Piloten zu schaffen. Im Gegensatz dazu bauten die Deutschen die Luftwaffe um eine vor dem Kriege friedensmäßig ausgebildete Elite herum auf, ohne angemessene Vorkehrungen für ausreichende Pilotenausbildung zu treffen, die im Kriegsfalle den Bedarf decken konnten.

Die lebenswichtigen Elemente einer Luftwaffe wurden von den Russen mit einer realistischen und weitblickenden Planung angegangen. Deutschland begann den Krieg mit nur einer Ausbildungsschule für Jagdflieger.

Die russischen Vorkriegsvorbereitungen versetzten den Kreml in die Lage, in dem gleichen Umfange Flugzeugführer auszubilden, in dem sie Flugzeuge produzierten.

Der seltsamste Gesichtspunkt beim Unterschied zwischen den Konzeptionen beider Staaten ist, daß die Deutschen genaueste Kenntnisse über die russischen Denkmodelle im Hinblick auf Luftstreitkräfte und ihre praktische Entwicklung besaßen. Die Deutschen nutzten diese Kenntnisse nicht.

Die Russen schuldeten den Deutschen im Zusammenhang mit dem Aufbau und der Entwicklung der sowjetischen Luftwaffe sehr viel.

Die deutsche technische Hilfe an Rußland begann 1923 mit der Gründung eines Zweigwerkes von Junkers in Fili bei Moskau. Die Russen bewiesen dann schnell, daß sie selbst in der Lage waren, einen vorgegebenen Herstellungsablauf mit Schnelligkeit und Genauigkeit durchzuführen, wenn er ihnen einmal gezeigt worden war. Außerdem ließen sie ein großes Talent erkennen, komplexe Konstruktionen und Fertigungsprozesse zu vereinfachen. Sie waren auch noch auf eine solche »Vereinfachung« ausgerichtet, als sie nach dem Kriege die gefangenen deutschen Raketenspezialisten nach Rußland brachten, ihnen dort alles, was sie brauchten, zur Verfügung stellten und von ihnen ein entfeinertes V-2 System verlangten. Die deutschen Berichte über diese ersten Jahre in Rußland lassen keinen Zweifel über das sowjetische Vermögen aufkommen, mit der Zeit eine eigenständige Luft- und Raumfahrtindustrie zu schaffen.

1927 übernahmen die Russen das von Junkers gebaute Werk und führten einen eigenen Bau des Hochdecker-Jagdeinsitzers Ju 22 in Ganzmetallbauweise und der Jumo-Motoren durch. In dem gleichen Werk wurde der dreimotorige Bomber K 30 von den Russen gebaut.

Die im Jahre 1923 gegründete Rote Luftwaffe hatte sich bis 1928 bereits auf tausend Flugzeuge in hundert Staffeln erweitert.

Wolfgang Falck hat über seine Erfahrungen an der russisch-deutschen Luftfahrtausbildungsschule in Lipezk, 240 km südlich von Moskau, im Kapitel 8 berichtet.

Der 1924 gemeinsam errichtete Stützpunkt, auf dem deutsche Luftwaffenpiloten im geheimen ausgebildet wurden, bot den Russen viele Vorteile.

Die wißbegierigen Russen konnten dort die deutschen Ausbildungsmethoden, Taktik, Organisation und die durch die deutsche Fliegertruppe während des 1. Weltkrieges entwickelten und in der Nachkriegszeit weiter verfeinerten Verfahren kennenlernen.

Dafür wurden die Deutschen mit sowjetischen Methoden und

Denkweisen vertraut. Der Stützpunkt war bis 1933 in Betrieb. So hatten die Russen genügend Gelegenheit, einen Einblick in die deutsche Luftfahrtdoktrin zu erhalten. Die aufblühende Rote Luftwaffe sprengte dann den Rahmen der Entwicklung ihrer Versorgungsorganisation, des Nachrichtenwesens und des taktischen Wissensstandes der zwanziger Jahre.

Als das Abkommen in den frühen dreißiger Jahren auslief, war die Rote Luftwaffe eine große, schwerfällige Organisation mit relativ veralteten Flugzeugen.

Als Rußland Einheiten der Roten Luftwaffe zur Unterstützung der republikanischen Seite im spanischen Bürgerkrieg entsandte, wurden diese Unzulänglichkeiten in Kommando und Führung als grundlegende Schwächen der sowjetischen Luftmacht offenkundig. Diese Ansicht wurde von Oberst Hans-Henning von Beust geäußert, der später als Bomberkommandeur im Südabschnitt der Ostfront eingesetzt war.

Die russischen Piloten in Spanien waren äußerst draufgängerisch, aber nach Beusts Ansicht fehlte ihnen die Nachschuborganisation und die Ausbildung, die diesen Kampfgeist in Wirkung ummünzt.

In Kenntnis dieser Mängel kämpften die Russen darum, diese Lücken zu schließen. Aber nach Ansicht dieses erfahrenen Offiziers zeigten sie nach dem deutschen Angriff 1941 noch immer die gleichen Schwächen.

Als Hitler 1933 die Macht übernahm, hatte die Rote Luftwaffe 1500 Einsatzflugzeuge, und die jährliche russische Produktion hatte 2000 Maschinen erreicht. Der harte Realist Josef Stalin sagte in dem gleichen Jahr: »Was die Sowjetunion für den Schutz ihrer wirtschaftlichen Entwicklung und die Verfolgung ihrer außenpolitischen Ziele braucht, ist eine Luftwaffe, die jederzeit zum Einsatz bereit ist.«

Es war sein Ziel, über 100 000 ausgebildete Flugzeugführer verfügen zu können. Als Führer des Staates und oberster Herrscher Rußlands mußte Stalin seine Wünsche nicht etwa vor einem zurückhaltenden Kongreß durchsetzen oder sich über die Kosten seines ehrgeizigen Programms Gedanken machen. Als paramilitärische Einrichtung wurde OSSOAVIACHIM, ein Fliegerklub, gebildet. Als ziviler Fliegerklub geführt, hat OSSOAVIACHIM Tausende von Jugendlichen im Fallschirmspringen, Segelfliegen und Motorfliegen ausgebildet. Dieser Aufbau ähnelte der Förderung des Segelfliegens in Deutschland unter der Weimarer Republik und später unter Hitler, aber er wurde mit weit größerer Energie und unter strengerer Regierungsaufsicht betrieben. Viel später erst, im Jahre 1938, verlangte Hitler dann eine fünffache Vergrößerung der Luftwaffe. Dies war seine Antwort auf die Herausforderung, die für ihn in Ausbau und Modernisierung der RAF lag. Sie sollte dazu dienen, einen starken zahlenmäßigen Vorteil für die Luftwaffe zu erreichen.

Hitler sah also weiter und viel klarer als der Luftwaffengeneralstab, der nicht den Unternehmungsgeist, die Vorstellungskraft oder den Willen besaß – ganz zu schweigen von den Mitteln –, die Anweisungen Hitlers in die Tat umzusetzen. Diese fünffache Erweiterung kam nicht so recht vorwärts und wurde in ihrer Substanz verwässert. Ihre Erfüllung war unzähligen Hindernissen ausgesetzt. Nach wenigen Jahren sollten die deutschen Jagdflieger dann unter den Folgen leiden, die sich aus dem Versagen ihrer hohen Führung ergaben, die nicht in der Lage war, die von Hitler geforderten Zahlen an Flugzeugen und ausgebildetem Personal zu realisieren.

In der Zwischenzeit lief das russische Ausbildungsprogramm für Piloten durch die ganzen dreißiger Jahre hindurch auf vollen Touren. Absolventen des OSSOAVIACHIM waren berechtigt, in die Rote Luftwaffe zur weiteren Ausbildung einzutreten. Dieser Weiterbildungskurs dauerte drei Jahre, und Ende 1940 war das Ziel der 100000 ausgebildeten Piloten fast erreicht. Die militärische Pilotenausbildung ging noch zwei Jahre weiter. Die Absolventen wurden für 6 oder 9 Monate auf Jagdfliegerschulen zur Fortgeschrittenen-Ausbildung geschickt. Die Voraussetzung für diese extensive Ausbildung lag im Ausbau der sowjetischen Flugzeugindustrie. Diese Industrie, seit den ersten Tagen des Junkerswerkes in Fili unvergleichlich gewachsen, stand auf dem Höchststand ihrer Produktivität. Die Deutschen erhielten einen umfangreichen und offenen Einblick in diese Entwicklung, und was sie dort zu sehen bekamen, hätte eigentlich ausreichen sollen, um die Ambitionen eines jeden »Möchtegern-Eroberers« abzukühlen.

Im April 1941 arrangierte der deutsche Luftwaffenattaché in Moskau, Oberstleutnant Heinrich Aschenbrenner, für einige deutsche Luftwaffeningenieure eine Besichtigungsreise durch die sowjetische Flugzeugindustrie. Dies geschah nach der Luftschlacht um England, als die Russen bereits den Verdacht hegten, daß Deutschland seine Aufmerksamkeit nach Osten richten könnte.

Die erstaunten Deutschen stellten fest, daß einige Fabriken, die sie besuchten, 30 000 Arbeiter je Schicht in drei Schichten pro Tag beschäftigten. Am Ende dieser Inspektion erklärte der bekannte Konstrukteur der MiG-Jagdflugzeuge Artem Mikoyan, ein Bruder von Anastas Mikoyan, den Deutschen den Zweck dieser Besichtigung. »Wir haben Ihnen jetzt alles gezeigt, was wir haben, und was wir leisten können,« sagte er.

»Wir können jeden vernichten, der uns angreift.«

Diese schreckliche Warnung verhallte ungehört.

Die sowjetischen Bemühungen bei Produktion und Ausbildung machten sich bezahlt, als die Sowjetunion es am meisten brauchte. Der Zusammenbruch im Verlauf des deutschen Angriffs hätte automatisch ein weniger gut vorbereitetes Land von der Weiterführung des Kriegs ausgeschlossen. Rußlands Flugzeugproduktion, die bereits im Jahre 1941[47] mehr als doppelt so groß wie die deutsche war, stieg im Frühjahr 1942 auf 2000 Flugzeuge im Monat an. Es waren aber auch die Piloten vorhanden, um diese Maschinen zu fliegen. Aus diesem Grunde konnte sich die Rote Luftwaffe von ihrer Niederlage erholen. Die umgekehrte Situation war kennzeichnend für die deutsche Jagdwaffe. Als Udet 1941 Selbstmord beging, war die deutsche Jagdflugzeugproduktion auf einem Tiefpunkt angelangt. Udets Nachfolger war der energische Erhard Milch. Milch ging zu Johannes Jeschonnek, dem Generalstabschef der Luftwaffe, und schlug diesem vor, die Jagdflugzeugproduktion auf 1000 Flugzeuge im Monat zu steigern. Dies schien Milch im Hinblick auf die schweren und zunehmenden Einsatzverpflichtungen der Jäger der Luftwaffe der notwendigste Schritt zu sein.

Jeschonnek lehnte ab. »360 Jagdflugzeuge pro Monat genügen. Ich habe nur 370 Besatzungen, um sie zu fliegen,« war seine lakonische Antwort. Er zeigte kein Interesse für eine Ausweitung der Ausbildung oder irgendeine andere Art des Aufbaues, der sich nicht sofort sichtbar auswirkte. Er war überzeugter Verfechter von Hitlers Vabanquespiel, Rußland zu erobern, und wußte, daß Deutschland schnell gewinnen mußte, und zwar mit dem, was zur Verfügung stand.

Es hing alles davon ab, wie die Würfel fielen. Es standen der Sieg in acht Wochen oder die nationale Vernichtung auf dem Spiel. Wenn Rußland nicht zusammenbrach, mußten die Jahre der Vernachlässigung und der Pflichtversäumnisse im allgemeinen Zustand der deutschen Luftwaffe, in Ausbildung, Produktion und Entwicklung eine

Reihe von verzweifelten Problemen aufwerfen. Die Jagdflieger an der Ostfront hatten die Folgen in erster Linie auszubaden.

Stalin wußte, daß ein deutscher Angriff bevorstand. Gewisse kritische Verlegungen von Luftwaffeneinheiten vom Balkan an die russische Grenze wurden ihm von Churchill persönlich mitgeteilt. Trotzdem wurden die Russen von den Deutschen völlig überrascht. Die Situation war dem Fiasko von Pearl Harbour vergleichbar, wo sogar die Radarwarnungen der anfliegenden japanischen Angreifer ignoriert oder falsch ausgelegt wurden. Die deutsche Luftwaffe fand die sowjetischen Flugplätze mit Flugzeugen vollgepackt, in einigen Fällen sogar in Paradeaufstellung. Bombenreihenwürfe und Tiefangriffe zerstörten ganze Staffeln in Minuten. Flugplatz auf Flugplatz wurde in rauchende Trümmer verwandelt. Nach Schilderungen von Generalleutnant Hermann Blocher vernichtete die Luftflotte 1 im Nordabschnitt der Ostfront zwischen dem 22. Juni und dem 13. Juli 1941 1211 russische Flugzeuge am Boden und 487 in Luftkämpfen. Berichte über den Süd- und Mittelabschnitt für den gleichen Zeitraum stehen nicht zur Verfügung, aber Erfolgsmeldungen für den Zeitraum vom 22. – 28. Juni 1941 sind verfügbar. Diese Unterlagen geben die Verluste im Nordabschnitt mit 700 sowjetischen Flugzeugen, im Mittelabschnitt mit 1570 und im Südabschnitt mit annähernd 1360 an. Diese Gesamtzahl von 3360 zerstörten Flugzeugen in einer Woche stimmt mit den Berichten befragter sowjetischer Kriegsgefangener Anfang Juli 1941 überein.

Die Deutschen hielten diesen Druck durch die folgenden Wochen hindurch aufrecht und erzielten im Mittel- und Nordabschnitt die absolute Luftüberlegenheit und eine starke Luftüberlegenheit im Südabschnitt. In der Verteidigung ihres Heimatlandes wurden die sowjetischen Jägerpiloten dieser ersten Tage zu echten Tigern. Sie blieben aber in der Defensive. Beim Angriff auf deutsche Flugplätze oder Verbände zeigten sie sich jedoch recht lustlos.

Oberst Hans-Henning von Beust sagt über diesen Zeitraum:

»Wie kann man im Kampf eine echte Hingabe von einem Flieger erwarten, der mit so hoffnungslos unterlegenen Flugzeugen, Waffen und anderer Ausrüstung kämpfen muß und dabei seinen Gegnern in bezug auf Taktik, Technik und Ausbildung weit unterlegen ist und das Bewußtsein um die schrecklichen Rückschläge mit sich herumschleppt, die die Sowjetunion gerade hinnehmen mußte.«

Daß die Russen nach solchen Rückschlägen überhaupt wieder hochkamen, ist ein Zeichen für die Unverdrossenheit des russischen Kämpfers.

Ein wertvoller Fang für die Deutschen war Oberst Wanjuschin, Befehlshaber der russischen 20. Luftarmee.

Er vermittelte seinen Befragern einen Eindruck der Schlacht von der anderen Seite.

Wanjuschin begründete den deutschen Erfolg vom 22. – 28. Juni 1941 mit folgenden Faktoren:
1. Kluge Wahl des Angriffszeitpunktes[48].
2. Kritische Schwäche der sowjetischen Luftwaffenverbände wegen Durchführung eines Umrüstungsprogrammes.
3. Durchführung der Umrüstung auf den vorderen Flugplätzen.
4. Grenznahe Stationierung der sowjetischen Luftwaffeneinheiten.
5. Die große Zahl der von der deutschen Luftwaffe eingesetzten Flugzeuge.
6. Die allgemein schlechte Verfassung der sowjetischen Flugplätze.
7. Die russische Nachlässigkeit auf vielen Gebieten.
8. Das Versagen der sowjetischen Kommandostellen.

Russische Kriegsgefangene, die von den Deutschen befragt wurden, konnten nicht verstehen, warum es zwischen den deutschen Flugzeugen nicht zu Zusammenstößen in der Luft gekommen ist. Die eindringenden Flugzeuge erschienen ihnen wie Riesenheuschreckenschwärme.

Tatsächlich gingen die Deutschen fast blind in diesen Luftkrieg. Günther Rall (275 Luftsiege) sagte bei seiner Befragung nach dem Kriege, daß die deutschen Schätzungen der russischen Jagdfliegerstärke ziemlich unbestimmt waren.

Die Luftwaffenpiloten hatten keine genauen Kenntnisse über die Flugzeugtypen, auf die sie im Kampf stoßen mußten. Die Jagdfliegern normalerweise zur Verfügung stehenden Angaben – wie Flugleistungen, Bewaffnung und Silhouetten der gegnerischen Maschinen – fehlten. Die Deutschen verließen sich hauptsächlich auf die Güte ihrer Waffen und Piloten, um wieder einen Sieg im Blitzkrieg zu erringen.

Der Luftkrieg im Osten begann mit der Zerstörung der Erstausstattung der Roten Luftstreitkräfte durch die Luftwaffe. Die russische Produktionskapazität und die Pilotenreserven blieben unberührt.

Mit den Tausenden am Boden zerstörten sowjetischen Flugzeugen gingen nicht deren Besatzungen verloren.

Die furchterregende Produktionskraft der sowjetischen Flugzeugindustrie – die den deutschen Luftwaffenführern und Ingenieuren vor Augen geführt worden war – konnte sich ohne Behinderung durch die deutsche Luftwaffe entfalten.

Die Überbewertung der direkten Erdkampfunterstützung bei der Luftwaffe führte zu einem großen Fehler beim Einsatz deutscher Bomber in Rußland.

Nach den ersten Schlachten wurde noch nicht einmal ein kleiner Teil der deutschen Bomber dazu abgestellt, das sowjetische Eisenbahnnetz und Fabriken lahmzulegen oder sowjetische Nervenzentren anzugreifen. Statt dessen wurden die Bomber als Artillerie eingesetzt, indem sie ihre Bombenlasten direkt vor den vorgehenden Truppen abwarfen.

Adolf Galland, der seine Karriere als Verfechter und Spezialist für die direkte Erdkampfunterstützung begann, drückte seine Ansichten über die taktischen Luftstreitkräfte in Rußland gegenüber den Autoren in folgenden Worten aus:

»Die deutsche Luftwaffe wurde nicht als Luftstreitmacht, sondern als vorgeschobene Artillerie verwendet. Es ist nicht das richtige Konzept für den Einsatz von Bombern, wenn sie Bomben auf die ersten Linien des Gegners abwerfen sollen. Das ist die Aufgabe der Artillerie. Die Luftwaffe sollte dort angreifen, wo die Nervenstränge des Gegners zusammenlaufen. Der Grund für diesen Fehleinsatz der Bomber war, daß das Heer von dem sofortigen, mit dem Auge erfaßbaren Erfolg bei der Unterstützung des eigenen Einsatzes beeindruckt war. Die Bomber hätten aber Flugplätze, Eisenbahnen und Brücken hinter den feindlichen Linien angreifen sollen. Aber dabei sind keine direkt von der Truppe feststellbaren Ergebnisse zu erzielen. Die Wirkung sieht man erst später, vielleicht nach Tagen oder Wochen, und dies war für das deutsche Heer wenig befriedigend.«

Die Luftwaffe lehrte das Heer, Flugzeuge als direkte Unterstützungswaffe zu benutzen, was unter bestimmten Umständen auch richtig ist. Aber es wurde nicht als Allheilmittel gelehrt.

Die Luftwaffe wurde in fortgesetzten Erdkampfeinsätzen verzettelt. Dieses Konzept ging auf Männer wie Richthofen zurück. Er sagte: »Ich konzentriere alle meine Staffeln von 11.00 – 13.00 Uhr in diesem Gebiet. Dann hat das Heer keine Wahl. Die Truppe ist gezwungen, vorzugehen und die durch die direkte Erdunterstützung angegriffene Zone zu besetzen.«

Deshalb wurde in Rußland häufig ein Angriff auf ein vorgegebenes Gebiet durch die Luftwaffe und nicht durch das Heer eingeleitet.

Oft gab Hitler den Befehl an Göring oder Jeschonnek, und diese gaben den Befehl an Richthofen oder einen anderen Luftwaffenkommandeur, um eine Armee weiter vorzubringen. Die Armeebefehlshaber erhoben oft Einspruch und sagten: wir haben nicht genug Kräfte, oder Artillerie, oder Transportmittel. Wenn Hitler dies erfuhr, befahl er einfach der Luftwaffe: »Bringt das Heer weiter nach vorne.«

Weil die Bomber in der direkten Unterstützung für das Heer festgelegt waren, lenkten die Deutschen diese potente Waffe von Schlägen auf die sowjetische Industrie, das Verkehrswesen und Fernmeldewesen ab.

Als Folge erreichte die gesamte Produktion der sowjetischen Industrie die Front und war dort viel schwieriger zu vernichten.

So wurde der Ansturm sowjetischer Flugzeuge aller Typen möglich, mit denen sich die deutschen Jagdflieger herumschlagen mußten.

Im Kampf gegen diese immense Flut von Maschinen erzielten sie Abschußzahlen, die nach allen bisherigen Vorstellungen des Luftkrieges einfach enorm waren.

Die Abschußergebnisse an der Ostfront, wo einhundert Luftsiege eigentlich nichts Besonderes waren, kamen aus folgenden hauptsächlichen Gründen zustande:

1. Die meisten sowjetischen Flugzeuge, einschließlich der meisten Pacht- und Leihflugzeuge, waren dem Standardjäger Deutschlands an der Ostfront, der Me 109, unterlegen.
2. Die Deutschen flogen von Flugplätzen, die nur einige Kilometer hinter der Front lagen. Sie konnten nach dem Start innerhalb von Minuten den Kampf aufnehmen.
3. Die deutschen Piloten an der Ostfront flogen mehr Einsätze mit Feindberührung als deutsche, amerikanische oder britische Piloten an irgendeiner anderen Front.
4. Die Deutschen waren bis mindestens Mitte 1943 taktisch und bis zum Ende des Krieges psychologisch überlegen.
5. Die taktische Luftwaffe der Sowjets bot ihnen in der Umgebung der vordersten Front Tausende von Zielen nicht nur an Jagdflugzeugen, sondern auch an Sturzkampfflugzeugen, Jagdbombern, mittleren Bombern und verschiedenen Transportflugzeugen.
6. Die meisten sowjetischen Jagdflieger waren den meisten britischen

und amerikanischen Jagdfliegern unterlegen. Sowjetische Piloten in Bombern und anderen Blugzeugen hatten wenig Chancen gegen einen erfahrenen Me 109-Piloten.

7. Die deutschen Heereseinheiten beobachteten häufig vom Boden aus die Luftkämpfe und konnten in vielen Fällen Abschüsse bestätigen.

Die Mehrzahl der deutschen Jagdflieger, die an beiden Fronten eingesetzt waren, sind der Meinung, daß die Piloten der Royal Air Force bei den Alliierten die Besten waren.

Dann kommen die Amerikaner, und erst dann folgen die Russen. Keine Regel ohne Ausnahme: Es gibt einige deutsche Asse, die es wissen müssen, die mit russischen Piloten zusammentrafen und diese besser fanden als Piloten der Westmächte.

Als die Russen dazu übergingen, ihre fähigsten Piloten in den Elitestaffeln der Roten Garde zusammenzuziehen, hatten es die Deutschen, die ihnen gegenüberstanden, schwer.

Wie es Günther Rall ausdrückt: »Sie waren die echten Jagdfliegertypen – Individualisten – nicht die stumpfen Massen der normalen Staffeln.«

Russische Asse wie Koschedub, Pokryschkin und Reschkalov waren als Taktiker unübertroffen und überragten bestimmt auch noch die besten britischen und amerikanischen Asse. Die westliche Standardauffassung, daß die russischen Jagdflieger als abgestumpfte Tölpel ausgeschickt wurden, um als Zielscheibe für die deutschen Asse mit ihren hohen Abschußzahlen zu dienen, ist einfach zu primitiv.

Aber auch den »abgestumpften Tölpeln« mangelte es nicht an Mut. Zahlreiche deutsche Jagdflieger sind sicher, daß ihr russischer Gegner sie in einigen Fällen zu rammen versuchte – kaum ein Akt von Feigheit. Russische Piloten neigten allgemein mehr zur Vorsicht und Zurückhaltung als zur Zähigkeit und Ausdauer, mehr zum tierischen Haß im Kampf als zu Fairness und Ritterlichkeit.

Dutzende von deutschen Assen wurden in Rußland abgeschossen und fielen. Die bekanntesten sind Oberleutnant Otto Kittel (267 Luftsiege) und Oberleutnant Anton Hafner (204 Luftsiege).

Aber auch solche Größen wie Erich Hartmann (352 Abschüsse), Gerd Barkhorn (301 Abschüsse), Günther Rall (275 Luftsiege), Heinz Bär (220 Luftsiege), Anton Hackl (192 Abschüsse) und Erich Rudorffer (222 Abschüsse) wurden alle einmal von russischen Jägern abgeschossen oder zur Notlandung gezwungen. Sie überlebten die Bruchlandungen und Fallschirmabsprünge, um weiter zu kämpfen. Diese Tatsachen zeigen, daß es zu einfach ist, zu sagen: »es war leicht an der Rußlandfront«, wo die harte Erfahrung der Deutschen doch zeigt, daß es nirgends leicht war, wenn man auf den falschen Mann traf.

Die Vorstellung, daß die Jagdfliegerei an der Ostfront eine Erholung war, war lange Zeit weit verbreitet. Die Tatsachen sollten sie endlich verstummen lassen.

Eine angemessene Widerlegung läßt sich am Beispiel des Hauptmanns Joachim Brendel aufzeigen. Hauptmann Brendel ist außerhalb Deutschlands kaum als erfolgreicher Jagdflieger bekannt, obwohl er immerhin 189 Luftsiege zuerkannt bekam.

Da er erst zum Zeitpunkt des Einmarschs in Rußland zum Einsatz kam und an keiner anderen Front kämpfte, sind viele Aspekte bei ihm typisch für die Asse an der Ostfront. Er flog 950 Einsätze einschließlich 162 Erdkampf-Unterstützungseinsätzen für das Heer. Dabei hatte er 400mal Feindberührung mit roten Jagdfliegern.

Am 14. Januar 1945 wurde er mit dem Eichenlaub zum Ritterkreuz ausgezeichnet.

Hans Ring, der Chronist der Gemeinschaft der Jagdflieger und einer der besten Kenner der Materie, unterstützte die Autoren freundlicherweise bei der Aufstellung dieser kurzen Geschichte über Hauptmann Joachim Brendel.

Bei Brendel klappte es nicht gerade auf Anhieb. Bei seinem vierten Einsatzflug kam er zwar an einen fliegenden 2-motorigen Bomber, eine DB-3, heran und schoß ihn erst in Brand, als er fast seine ganze Munition verpulvert hatte, und sah ihn am Boden aufschlagen. Er errang diesen Luftsieg am 29. Juni 1941. Normalerweise werden Jagdflieger erfolgreicher, wenn sie ihren ersten Abschuß hinter sich gebracht haben. Bei Brendel war das Gegenteil der Fall.

Er flog ständig als Rottenflieger, aber er verpaßte viele Gelegenheiten, bei denen er sein Abschußergebnis hätte erhöhen können. 116 Einsätze später, am 31. März 1942, erzielte Brendel schließlich seinen 2. Abschuß.

Wenn man das Ausmaß der Flugtätigkeit an der Rußlandfront berücksichtigt, dann war er ein langsamer Starter. Am 12. Dezember 1942 hatte er 10 Luftsiege. Er hatte 18 Monate lang Einsätze mit dem vielbeschäftigten JG 51 geflogen. Brendel war von sich selbst enttäuscht. Die ständig steigenden Abschußzahlen seiner Kameraden machten ihn noch niedergeschlagener. Neujahr 1943 brachte dann die Wende, als er seine inneren Schwierigkeiten überwunden und damit »den Bogen raus hatte.« Am 24. Februar 1943 hatte er seinen 20. Luftsieg. Am 5. Mai 1943 hatte er den 30., am 10. Juni den 40. Luftsieg, und bei seinem 412. Einsatz am 9. Juli 1943 erzielte er seinen 50. Abschuß. Vier Monate später, am 22. November 1943, flog er seinen 551. Einsatz und hatte seine Abschußzahl verdoppelt. Er war bei der magischen Zahl Einhundert angelangt.

Er benötigte elf weitere Monate, um die nächsten 50 Luftsiege zu erkämpfen und erzielte seinen 150. Abschuß bei seinem 792. Einsatz am 16. Oktober 1944.

Brendel kam zu seinem letzten Luftsieg am 25. April 1945. Das Gesamtergebnis: 189 Luftsiege in 950 Einsätzen. Eine weitere Illustration der typischen Geschehnisse an der Ostfront zeigt die folgende Aufstellung: 10 Kampftage von Brendel mit den Flugzeugtypen und -zahlen, auf die er während dieser Zeit im Luftkampf gestoßen war.

In diesem Zeitraum von 10 Tagen erzielte er 20 Luftsiege.

Datum	Einsatz	Typ und Anzahl der angegriffenen Feindflugzeuge
5. Juli 1943	400	6 LaGG-3
5. Juli 1943	401	8 Il-2, 2 MiG-3
5. Juli 1943	402	4 MiG-3, 2 Il-2
5. Juli 1943	403	4 LaGG-5
6. Juli 1943	404	15 Boston DB-7, 15 MiG-3
6. Juli 1943	405	2 LaGG-5
6. Juli 1943	406	4 LaGG-3
7. Juli 1943	407	6 MiG-3, 8 Boston
7. Juli 1943	408	9 Il-2
8. Juli 1943	409	30 Il-2, 15 verschiedene Jäger
8. Juli 1943	410	8 MiG-3, 4 Boston
9. Juli 1943	411	12 Il-2, 6 Lagg-3
9. Juli 1943	412	6 LaGG-3
10. Juli 1943	413	15 MiG-3
10. Juli 1943	414	6 LaGG-3
11. Juli 1943	415	14 MiG-3
12. Juli 1943	416	20 Il-2, 15 LaGG-5
12. Juli 1943	417	8 LaGG-5
12. Juli 1943	418	15 Lagg-3, 2 Il-2
13. Juli 1943	419	10 Jäger, 8 Il-2
13. Juli 1943	420	1 Il-2, 3 LaGG-3
13. Juli 1943	421	4 LaGG-5
14. Juli 1943	422	6 Il-2, 4 LaGG-3
14. Juli 1943	423	2 LaGG-3

Aus dieser Aufstellung ist zu ersehen, daß Brendel während diesen zehn Tagen sich nicht über mangelnde Arbeit zu beklagen hatte. Bei all diesen Kurbeleien konnte er, wie bereits gesagt, »nur« 20 bestätigte Luftsiege erzielen.

Joachim Brendels 189 Abschüsse schlossen 88 Il–2 »Stormowik«-Flugzeuge, die bekannt robusten Schlachtflugzeuge, ein.

Deutsche Jagdflieger, die an der Ostfront eingesetzt waren, stimmen darin überein, daß es sich hierbei um jenes sowjetische Flugzeug handelte, das am schwierigsten abzuschießen war und das auch Kanonenbeschuß gegenüber fast unverwundbar war.

Brendel schoß auch 25 Jagdflugzeuge vom Typ Jak 9 ab. Einmal wurde er selbst von russischer Flak abgeschossen. Nach einem Abschuß durch eine Jak 9 baute er eine Notlandung. Einmal wurde er von einer Jak 9 gerammt und mußte mit dem Fallschirm aussteigen.

Ohne Zweifel war der Krieg für Joachim Brendel hart und lang, wenn er auch dabei einer der erfolgreichsten deutschen Jagdflieger an der Ostfront wurde. Geschichtlich bemerkenswert ist, wie ungläubig die hohe Zahl der Luftsiege während der ersten Tage an der Ostfront sogar beim deutschen Oberkommando aufgenommen wurde.

Jeder wußte doch ganz genau, wie lange der begabte »Vati« Mölders dazu gebraucht hatte, Richthofens Rekord aus dem 1. Weltkrieg mit 80 Luftsiegen zu brechen. Und so wurden die Geschwader- und Gruppenkommandeure der Luftwaffe ständig beschuldigt, übertriebene Angaben über erzielte Flugzeugabschüsse zu machen. Auch im OKL war diese Ansicht immer wieder zu hören. Vielleicht lag hier schon der Ausgangspunkt von Görings wilden Beschuldigungen, die die »Kommodorenrevolte« in Berlin im Januar 1945 auslösen sollte.

Auf der Geschwader- und Gruppenebene im Felde reagierten die Kommandeure auf die Beleidigungen mit der Einführung einer genauen und eingehenden Aktenführung über die Abschüsse und machten die einzelnen Piloten, Einsatzoffiziere und die die Meldungen entgegennehmenden Nachrichtenoffiziere verantwortlich dafür. Der Plan funktionierte.

Es wurde von den Piloten verlangt, ständig ihre geographische Position zu überwachen[49], Anzahl und Typ der Flugzeuge aus dem gegnerischen Sprechfunkverkehr zu entnehmen, die Uhrzeit eines Abschusses minutengenau einzutragen und zur gleichen Zeit andere Vorgänge in der Luft zu beobachten. Ein guter Jagdflieger mußte in der Lage sein,

Georg-Peter Eder, 78 Luftsiege – davon 36 viermot-Bomber (links).

Eine P-47, 1944 von deutschen Jägern abgeschossen (Mitte).

Diese P-38 hat gerade noch eine Notlandung an alliierter Küste geschafft (unten).

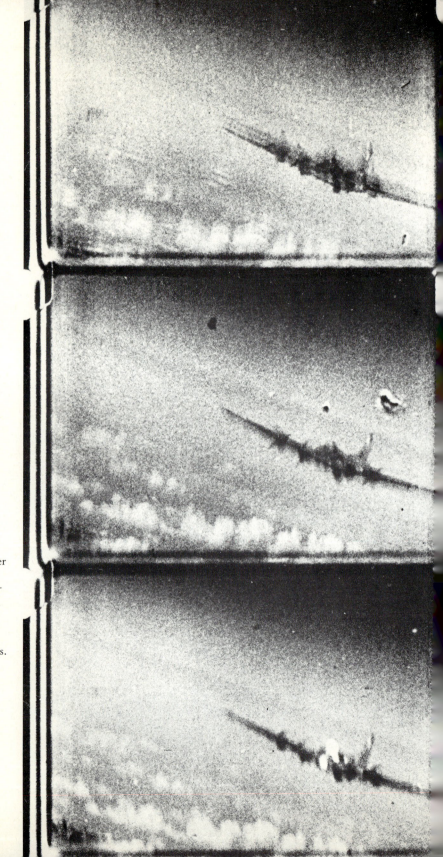

Abschuß einer B-17 »Fortress«, festgehalten durch die Bordkamera des deutschen Jagdflugzeugs.

den von einem Kameraden erzielten Abschuß zu bestätigen und gleichzeitig den taktischen Vorteil über den Gegner anzustreben, den er angreifen wollte. Er war also ziemlich beschäftigt.

Dieser Fleiß machte dann wenigstens die Aufgabe des Chronisten leichter.

Die Bedingungen an der Ostfront von Leningrad bis zum Schwarzen Meer brachten zusätzliche Anstrengungen. Die zurückgehenden Russen nahmen alles Brauchbare mit und machten alles, was sie nicht mitnehmen konnten, dem Erdboden gleich oder verbrannten es. Die deutschen Jagdflieger lebten wie die Erdtruppe, sie schliefen in Erdlöchern unter Zelten. Monat für Monat.

Einmal in einem Gebäude oder einer Holzhütte zu wohnen, war schon Luxus. Änderungen im Frontverlauf und der Bewegungskrieg brachten ihre Flugplätze manchmal unter russisches Artilleriefeuer. Die elementarsten Bequemlichkeiten des zivilisierten Lebens fehlten, und die Schinderei der ständigen Einsätze hörte nicht auf.

Im hohen Norden waren die Bedingungen noch schlechter. Hier kämpfte das JG 5, das Eismeergeschwader, um durch Abschirmung des Luftraumes bei der Abschnürung der Eismeergeleitzüge zu helfen. Das JG 5 ist höchstwahrscheinlich das am wenigsten bekannte deutsche Jagdgeschwader, aber es erzielte unter unbeschreiblichen Bedingungen und persönlichen Entbehrungen bewundernswerte Erfolge. Das JG 5 brachte zahlreiche hervorragende Jagdflieger hervor. Dazu gehörten Theo Weissenberger, Walter Schuck und Heinrich Ehrler, von denen jeder über zweihundert Abschüsse erzielte. Wir werden diesen drei Männern später noch einmal begegnen, da sie die Me 262 bei der letzten Verteidigung des Reiches flogen.

An der Ostfront waren die deutschen Jagdflieger Akteure in einem gigantischen Drama. Einigen besonderen Leistungen in diesem Drama wollen wir uns nun zuwenden.

ASSE DER OSTFRONT

»*Findet den Gegner und schießt ihn ab, alles andere ist Unsinn.*«
Manfred Freiherr von Richthofen. 1917.

Major Wilhelm Batz begann seine militärische Laufbahn in der Vorkriegsluftwaffe und erzielte seinen 1. Abschuß erst am 11. März 1943. Fünf Monate später war er schließlich bei 15 Abschüssen angelangt.

Aber bei Kriegsende hatte Willi Batz 237 bestätigte Luftsiege, trug das Eichenlaub mit Schwertern, und wie es dazu gekommen ist, ist eine der phänomenalsten Episoden des Luftkrieges überhaupt.

Die Geschichte nahm ihren Anfang, als er 1935 in die noch in den Kinderschuhen steckende Luftwaffe eintrat, um die friedensmäßige Offizierslaufbahn einzuschlagen. Er wollte unbedingt Jagdflieger werden. Während seiner Ausbildung zeigte sich, daß er die Eignung und Fähigkeit besaß, zukünftige Piloten auszubilden, und deshalb blieb er von 1937 bis 1942 in der Ausbildungsmühle stecken. Erst dann brachte der Mangel an ausgebildeten Offizieren an der Ostfront seinen ständigen Gesuchen um Versetzung zu einer Kampfstaffel den Erfolg.

Aber ein guter Jagdflieger muß nicht nur gut fliegen, sondern beim Schießen auch treffen können.

Diese geheimnisvolle Kunst des Schießens machte häufig aus mittelmäßigen Piloten überragende Jagdflieger. An den fliegerischen Fähigkeiten von Willi Batz war nicht zu zweifeln. Er war einer der erfahrensten Piloten der Luftwaffe mit über fünftausend Flugstunden als Fluglehrer. Ein Flugzeug zu fliegen war für ihn genauso einfach wie auf zwei Beinen zu gehen.

Seine Hauptschwierigkeit bestand jetzt darin, das richtige Jägerauge zu entwickeln – eine Aufgabe, die ihn fast wahnsinnig machte.

Nach seiner Versetzung zum JG 52 im Dezember 1942 war er zunächst Adjutant bei Steinhoff. Er teilte das Quartier mit seinem tüchtigen Kommodore. Batz behauptet, daß Steinhoffs Schnarchen Tote aufwecken konnte. Der neue Adjutant war dann mitten in der Nacht hellwach.

Einmal nahm er deshalb Steinhoffs Ritterkreuz und legte es um den Kopf seines schlafenden Kommandeurs und schrieb auf einen kleinen Zettel: »für hervorragendes Schnarchen«.

Steinhoff verstand den Spaß, aber er drehte den Spieß um.

Er sagte zu seinem Adjutanten, »wenn es morgens Nebel hat, lassen Sie mich eine Stunde länger schlafen – wenn Sie sowieso schon wach sind!«

Willi Batz, der glänzende Pilot, flog Einsatz auf Einsatz. »Ich schoß immer wieder jede Menge Löcher in die Luft, wenn ich auf feindliche Flugzeuge zielte,« sagt er heute über diese Zeit.

Nach vier Monaten eifrigster Schießerei und ständigen Einsätzen wartete Batz immer noch auf seinen ersten Abschuß.

Verbittert und von sich selbst enttäuscht, beantragte er seine Versetzung zu den Bombern.

Seine Bitte wurde abgelehnt, und am 11. März 1943 kam er endlich zu seinem ersten Abschuß. Als er im Mai 1943 eine Staffel bekam, war er wahrscheinlich der einzige Staffelkapitän an der Ostfront, der noch keine 5 Abschüsse hatte; eine seltene Ausnahme. Er wußte, was er davon zu halten hatte:

»Ich wurde nicht befördert, weil ich ein guter Jagdflieger war, sondern weil ich das Dienstalter hatte. Ich war 27 Jahre alt – zu alt für einen einfachen Jäger.

Die meisten waren zu dieser Zeit um die 21 Jahre herum, und ich war da ein alter Mann. Ich war ein guter Adjutant, aber ein schlechter Jagdflieger. Mein Kommandeur sagte mir das ins Gesicht, und ich mußte ihm recht geben.«

Im Juni 1943 war Batz Staffelkapitän. Mit 8 Abschüssen. Er brachte einen weiteren Abschuß im Laufe dieses Monats zustande, hatte aber bis August zu tun, um auf 15 Luftsiege zu kommen. Seine Kampfmoral war auf einem Tiefstand angelangt. Ihm fehlte das zum Erfolg notwendige Selbstvertrauen.

In 8 Kampfmonaten an der Front, wo am meisten los war, hatte einer der besten Piloten der Luftwaffe etwas mehr als einen Abschuß pro Monat zusammengebracht. In der USAAF nannte man das »buck fever« (Jagdfieber). Batz litt gewaltig darunter. »Es war eine Menge von Minderwertigkeitskomplexen«, sagte er zu seiner Pleite.

Es folgte nun eine Pause, die die weitere Laufbahn von Willi Batz entscheidend beeinflußte.

Im Februar wurde er krank und durfte zwei Wochen lang nicht fliegen. Er konnte einige Luftkämpfe vom Boden aus beobachten, und war befreit vom Zwang der täglichen Einsätze. Die angespannte Nervosität fiel von ihm ab.

Als er zum Einsatz zurückkehrte, stellte er fest, daß er überhaupt nichts mehr falsch machen konnte. Wie das Kriegstagebuch des JG 52 beweist, schoß er den ganzen Sommer 1944 hindurch ständig 3 oder 4 gegnerische Flugzeuge pro Tag ab.

Er erreichte einige beachtliche Tagesserien, wie seine 15 Abschüsse am 30. Mai 1944 in sieben getrennten Einsätzen und 16 Abschüsse an einem Tag im August 1944 in Rumänien.

Batz übernahm von Günther Rall im Mai 1944 das Kommando der III./JG 52 und befand sich dort in bester Gesellschaft.

Erich Hartmann, Fritz Obleser und Walter Wolfrum gehörten zu dieser Zeit zu den jungen, schnelle Erfolge sammelnden Piloten in dieser Gruppe. Die Konkurrenz war groß und stachelte jeden einzelnen an, sein Bestes zu geben.

Batz behielt das Kommando der III./JG 52 bis Januar 1945 und wurde dann zur II./JG 52 nach Ungarn versetzt. Dies erwies sich als glücklicher Wechsel. Bei Kriegsende gelang es ihm, seine Gruppe über Österreich aus Ungarn herauszubringen und nach Deutschland zurückzuführen und so der russischen Gefangenschaft zu entgehen, in die die anderen beiden Gruppen und der Geschwaderstab fielen.

Die Russen unternahmen zumindest einen entschlossenen Versuch, um Willi Batz zu kriegen. Dies war zu der Zeit, als er sie reihenweise herunterholte.

Die deutschen Jagdflieger an der Rußlandfront benutzten Decknamen anstelle ihrer eigenen Namen, und Batz hatte lange Zeit den Namen »Rabitzky«. Er erzählt seine Geschichte:

»Ich sollte diesen Namen eigentlich aus Sicherheitsgründen jeden Monat wechseln, aber ich dachte, Rabitzky ist ein guter Name, und ich entschloß mich, ihn zu behalten. Die Russen wußten bald, daß ich der Rabitzky war, der Dutzende ihrer Flugzeuge abschoß. So kam es dazu, daß Iwanow, das russische As, mir eine Falle stellen konnte. Ich flog in etwa 6000 m Höhe, als sich vier russische Jagdflugzeuge aus der Sonne heraus auf mich stürzten. Ich flog eine scharfe halbe Rolle und ging nach unten. Als ich abfing, versuchten mich weitere acht sowjetische Jäger aus geringerer Höhe anzugreifen.

Es war eine von Iwanow bevorzugte Taktik[50].

Ich mußte eine weitere halbe Rolle fliegen und wegdrücken. Und dann stürzte ich mit allem, was mein Flugzeug hergab, nach unten weg, um zu entkommen.

Die höchste Geschwindigkeit, die auf meinem Fahrtmesser angegeben war, betrug 740 km/h. Die Nadel stand genau auf diesem Punkt. Der Motor heulte, und das ganze Flugzeug vibrierte.

Ich hatte keine andere Wahl zu entkommen. Iwanow war in der ersten Gruppe Jäger auf 7000 Meter, als ich auf 6000 Metern war. Als ich aus der halben Rolle abfing, mit der ich Iwanow entkommen war, war der zweite Verband bereit, sich auf mich zu stürzen.

Die Russen wollten den Piloten, der dem ersten Angriff ausgewichen war, dazu verleiten, sich sicher zu fühlen. Er sollte aufatmen und lange genug unachtsam sein, um dem zweiten Angriff zum Opfer zu fallen. Ich werde dieses Zusammentreffen nie vergessen.

Mein Flugzeug war ein Totalverlust. Die Tragflächen und der Rumpf hatten sich voneinander getrennt.«

Eine Notlandung hinter den russischen Linien war das schlimmste Schicksal, das einen deutschen Jagdflieger an der Ostfront – neben dem Tod beim Einsatz – ereilen konnte[51]. Wenn ihn seine Häscher sofort erschossen, konnte er sich glücklich nennen. Unter normalen Verhältnissen erwarteten den auf russischem Gebiet notgelandeten Jäger schlimmere Dinge als nur der Tod.

Diese Aussicht verbreitete unter den deutschen Piloten mehr Schrecken als der Gegner in der Luft. Ein junger deutscher Pilot, der Leutnant Hans Strelow, 20 Jahre alt, hat sich Berichten zufolge mit seiner Pistole erschossen, nachdem er am 22. Mai 1942 auf russischem Gebiet zur Landung gezwungen wurde. Er war Staffelkapitän mit 68 an der Ostfront erzielten Abschüssen und Träger des Eichenlaubes. Der hoch ausgezeichnete Offizier mußte besondere russische Repressalien erwarten.

Willi Batz entging knapp einer Notlandung über sowjetischem Gebiet. Er berichtet ein weiteres unvergeßliches Erlebnis:

»Ich wurde zusammen mit Gerd Barkhorn zur Sichtaufklärung hinter die russischen Linien geschickt. Wir suchten sowjetische Jagdfliegerplätze hinter der Front. Die lagen in der Regel etwa 200 – 250 Kilometer von der Front entfernt. Wir hatten die höchste Reichweite hinter der Front mit etwa 250 km erreicht und flogen auf 6000 m Höhe, als mein Motor stehenblieb. All die Schrecken einer sowjetischen Gefangennahme und Gefangenschaft schossen mir durch den Kopf. Zuerst war ich wie gelähmt, als mein Flugzeug in einem flachen Gleitflug nach unten ging. In etwa zweitausend Meter Flughöhe warf ich einen Blick auf mein Instrumentenbrett und sah, daß meine elektrische Treibstoffpumpe ausgeschaltet war. Ich warf den Hebel herum. Nach fünf Sekunden sprang der Motor wieder an. Für mich bedeutete es das Leben! Im Tiefflug flog ich zu meinem Platz zurück. Sie können sich nicht vorstellen, wie erleichtert ich war[52].«

Auf der Krim hatte er ein anderes Erlebnis: »Irgendwo auf dem Schwarzen Meer war ein russisches Schiff, das das deutsche Oberkommando finden und zerstören wollte.

Bomber und Bildaufklärer hatten das Schiff nicht finden können, und so wurden als letzte Möglichkeit Jagdflugzeuge über die See ausgesandt, um das Schiff zu finden. Niemand flog gerne mit der Me 109 oder irgendeinem anderen einmotorigen Flugzeug über See.

Ich fragte meine Staffel, wer den Einsatz übernehmen wolle, aber alle lehnten ab. So flog ich zusammen mit einem jungen Rottenkameraden selbst den Einsatz. Wir waren etwa eine Minute außer Landsicht, als zu meinem Schrecken mein Öldruckanzeiger zu klettern begann und mein Ladedruck zurückging. Zurück zum Festland? Es war ein verzweifeltes Gefühl, weil niemand gerne auf die See heruntergeht. Ich entschloß mich, fünf Minuten weiter zu fliegen, bevor ich umdrehen würde. Die Entscheidung war richtig. Innerhalb dieser fünf Minuten sichteten wir das russische Schiff.

Wir griffen es mit Bordwaffen an und verschossen unsere Munition. Von dort schoß man zurück. Als wir unsere Munition verschossen hatten, rasten wir in Richtung Festland zurück mit dem erhabenen Gefühl, das rätselhafte Schiff gefunden zu haben. Bald wurde ich ernüchtert.

›Sie haben einen schwarzen Strich an Ihrem Fahrwerk‹, kam die Stimme meines Rottenkameraden über Sprechfunk. Das russische Schiff hatte meinen Ölkühler getroffen, und ich verlor Öl. Jetzt hatte ich tatsächlich Schwierigkeiten mit dem Öldruck. Der Rückflug kostete einiges an Nerven und endete mit einer Bruchlandung.«

Wie die meisten erfolgreichen deutschen Jagdflieger der Ostfront mußte auch Batz seinen Teil an Bruchlandungen hinter sich bringen. Viermal führten feindliche Treffer zu Bruchlandungen. In zwei Fällen machte er wegen anderer Umstände bei den Landungen Bruch. »Zu

Beginn meines Einsatzes in Rußland mußte jeder Pilot dreimal um den Platz herumfliegen, während die Bodenbesatzungen die Flugzeuge auf gefährliche Treffer oder beschädigte Fahrwerke hin anschauten. In einem Falle erhielt ich die Landeerlaubnis und mein Fahrwerk brach trotzdem zusammen, als ich das Flugzeug aufsetzte.«

Eine andere Geschichte hing mit den Landeeigenschaften der Me 109 zusammen: »Kurz vor Kriegsende flogen wir in Österreich Einsätze von einem Flugplatz, der eine Teer-Startbahn hatte. So ein Luxus! Jahrelang hatten wir Einsätze von Grasplätzen in Frontnähe geflogen.

Dieser Mangel an Erfahrung auf Bitumenbahnen war für unsere Gruppe mörderisch. Von 42 Flugzeugen machten 39 bei der Landung Bruch, weil die Bremsen der Me 109 so empfindlich waren und die feste Landebahn ein ungewohntes Gefühl mit sich brachte und anderes Verhalten verlangte. Nur die ersten drei Flugzeuge landeten sicher. Die Landebahn fügte uns mehr Schaden zu als die ganze Rote Luftwaffe.«

Willi Batz flog 445 Feindeinsätze und erzielte dabei 237 Luftsiege. So kam er also auf einen Durchschnitt von einem Abschuß auf zwei geflogene Einsätze – eine stolze Leistung.

Er war der 145. deutsche Soldat, der die zweithöchste Tapferkeitsauszeichnung, die Schwerter, erhielt. Mit dem Ritterkreuz war er am 26. April 1944, mit dem Eichenlaub am 20. Juli 1944 und mit den Schwertern im April 1945 ausgezeichnet worden. Er wurde dreimal verwundet.

Eine Li-2 deckte sein Flugzeug direkt von vorne mit Maschinengewehrfeuer ein. Dabei wurde sein Instrumentenbrett zertrümmert und seine Augen von feinen Glassplittern getroffen. Zu dieser Zeit hatte er seine Schutzbrille auf die Stirn hochgeschoben. Bei einer anderen Gelegenheit wurde er am Bein verwundet, und eine in der Nähe seines Flugzeuges explodierende Flakgranate jagte Splitter in sein Gesicht. Mindestens einer dieser Splitter sitzt heute noch in der Nähe seines Kieferknochens.

Er sieht immer noch gut aus. Seine blauen Augen blitzen vor gutem Humor und bestätigen ein gewinnendes Lächeln.

Er ist der an 4. Stelle stehende lebende Jagdflieger Deutschlands und der Welt[53].

Für die jungen und angehenden Jagdflieger hat er einen Rat: »Fliegt mit dem Kopf und nicht mit den Muskeln. Das ist der beste Weg zu einem langen Leben. Der Jagdflieger, der nur seine Muskeln und nicht seinen Kopf benutzt, wird nicht alt genug, um in den Genuß seiner Pension zu kommen.«

Ein solcher Flieger mit Kopf war Oberst Dietrich Hrabak, Kommodore des JG 52. Hrabak erhielt 125 Luftsiege zuerkannt, von denen er 109 an der Ostfront erzielte. Er genießt aber mehr Ansehen bei seinen Kameraden, als man nach seinem Platz auf der Liste der Besten annehmen könnte.

Er steht dort an 64. Stelle. Dietrich Hrabak kam 1914 in einem kleinen Dorf bei Leipzig zur Welt. Schon als Junge zeigte er glühendes Interesse an den Pioniertaten der Luftfahrt. Er erhielt eine humanistische Schulbildung und trat nach dem Abschluß des Gymnasiums 1934 in die deutsche Marine ein.

In der Stube neben ihm war ein anderer Rekrut namens Johannes Steinhoff untergebracht. 1968 hatte Steinhoff im Bau 14 des Bundesministeriums für Verteidigung in Bonn sein Dienstzimmer auf dem gleichen Flur wie Hrabak.

Beruflich wie persönlich sind sie seit mehr als drei Jahrzehnten enge Freunde.

Genau wie Steinhoff durchlief auch Hrabak die normale Seeoffiziersausbildung, bevor er im November 1935 zur Flugzeugführerausbildung zur Luftwaffe versetzt wurde. Er gesteht, daß er eine Anzahl von Flugzeugen während der Ausbildung kaputt gemacht oder »verbogen« hat, zum Beispiel ein Focke-Wulf Schulflugzeug, eine Heinkel 51 und eine Me 109 D.

Er bezeichnet sich selbst in dieser Zeit als »Spezialist für Überschläge am Boden«.

1936 bestand er seine Prüfung und wurde einer Jägergruppe in Bernburg zugeteilt.

Der technische Offizier dieser Einheit hieß Adolf Galland. Als die Gruppe in zwei Kaderverbände zur Aufstellung von zwei neuen Gruppen aufgeteilt wurde, ging Hrabak mit dem Teil, der nach Bad Aibling verlegt wurde. Sein Staffelführer wurde Hannes Trautloft, den wir noch kennenlernen werden.

Im Januar 1939 übernahm Hrabak die Führung einer Staffel in der sogenannten Wiener Jagdgruppe. Der Verband, der fast ausschließlich aus österreichischen Piloten und Warten bestand, verlegte kurz vor dem Polenfeldzug nach Oberschlesien und wurde dort eingesetzt.

Hrabak wurde bei seinem ersten Luftkampf über Polen am 1. Sept.

1939 abgeschossen. Er war damit einer der ersten Jäger, die im 2. Weltkrieg abgeschossen wurden.

Er hat dann bei seinem notgelandeten Flugzeug gewartet, bis die Infanterie kam und ihn abholte.

Während des Krieges wurde er sechsmal zur Notlandung gezwungen, ohne einen Kratzer dabei zu bekommen oder seinen Fallschirm benutzen zu müssen. Im Frankreichfeldzug kam Hrabak als Staffelkapitän in der selbständigen Jägergruppe Nr. 76 durch Luxemburg bis Abbéville. Dann verlegte er südwärts nach Orléans.

Am 13. Mai 1940 erzielte er in der Nähe von Sedan seinen ersten Abschuß, und dieser Einsatz erteilte auch eine Lehre:

»Wir flogen Jagdschutz für unsere über die Maas vorgehenden Truppen, und wir hatten viele Brücken zu überwachen. Da tauchte plötzlich ein Potez 63 Aufklärer auf. Ich führte einen Schwarm aus 4 Flugzeugen. Wir stießen sofort herunter und griffen den Franzosen an. Ich begann zu schießen. Ich konnte sehen, wie ich Treffer erzielte, da sein linker Motor zu rauchen begann. Die französische Maschine machte in der Nähe deutscher Infanterieeinheiten eine Bauchlandung. Es gab also keine Schwierigkeiten, diesen Abschuß zu bestätigen.

Wir wollten diese Potez brennen sehen. Wir warteten, bis die Besatzung sich von dem Wrack entfernt hatte, und dann beschossen wir es immer wieder. Wir führten Anflug auf Anflug durch und verschossen unsere ganze Munition – und dies nur, um ein ohnehin schon erledigtes Flugzeug brennen zu sehen. Nachdem wir unsere Munition verpulvert hatten, sammelte ich meine Piloten, und dann kletterten wir zum Rückflug zu unserem Platz bei Trier an der Mosel nach oben.

Plötzlich wurden wir von 9 Curtiss P-36 angegriffen. Es handelte sich um Maschinen, die Frankreich von Amerika gekauft hatte.

Wir konnten nichts anderes tun als abzuhauen. Dies war eine Lehre für mich. Eine solche Dummheit, die ganze Munition auf ein wertloses Ziel zu verschießen, habe ich nicht mehr begangen.

Ich lernte meinen Kopf zu gebrauchen.«

Hrabak flog auch in der Luftschlacht um England und hatte 16 anerkannte Abschüsse, als er die Westfront im Frühjahr 1941 verließ.

Hrabaks Gruppe wurde dem JG 54 »Grünherz« als II. Gruppe zugeteilt. Der Kommodore des JG 54 war Hannes Trautloft.

Das Geschwader sollte sich später an der Ostfront besonders auszeichnen.

Über England erhielt Hrabak zweimal Motortreffer. Er hatte Glück, sich beide Male nach Frankreich zurückschleichen zu können. Auch heute noch hat er eine große Hochachtung vor der Spitfire, und er ordnet die Jäger der Royal Air Force in jedem Falle als die Besten unter seinen Gegnern ein. Nachdem er die Kanalfront verlassen hatte, flog er in Griechenland Erdkampfunterstützung für die Wehrmacht und wurde dann nach Ostpreußen verlegt, um seine Gruppe auf den Angriff gegen Rußland vorzubereiten. Er blieb bis Oktober 1942 beim JG 54 und wurde dann zum Kommodore des JG 52 im Südabschnitt der Rußlandfront ernannt.

Steinhoff, sein Kamerad aus der Rekrutenzeit bei der deutschen Kriegsmarine, war jetzt einer seiner Gruppenkommandeure. Das JG 52 erzielte an der Ostfront bemerkenswerte Leistungen. Zu seinen Spitzenpiloten gehörten zu verschiedenen Zeiten Johannes Steinhoff, Gerd Barkhorn, Erich Hartmann, Günther Rall, Walter Krupinski, Hermann Graf, Willi Batz, Helmut Lipfert, Adolf Borchers und Fritz Obleser neben anderen – alles Asse mit mindestens einhundert und meistens mehr als zweihundert Luftsiegen.

Hrabak hatte einen bestimmenden Einfluß auf das JG 52. Seine konsequente Mahnung: »Fliege mit dem Kopf und nicht mit den Muskeln« rettete das Leben und formte die Laufbahn so manches erfolgreichen Jagdfliegers, der in dem Geschwader flog.

Hrabak hatte einen Grundsatz, den er seinen jungen Piloten immer wieder einhämmerte: »Wenn Sie von einem Einsatz mit einem Abschuß, aber ohne Ihren Rottenkameraden zurückkehren, haben Sie das Gefecht verloren.«

Erich Hartmann, ein Schüler Hrabaks, beherzigte diese Lehre und verlor während seiner gesamten Laufbahn nie einen Rottenkameraden. Hrabak flog die gesamte Zeit von 1939–1945. Seine 125 Luftsiege erzielte er in über achthundert Einsätzen. Seine unauslöschlichste Kriegserinnerung bezieht sich jedoch nicht auf einen eigenen Kampf.

»Das ungeheuerlichste Ereignis war für mich Stalingrad. Die Umstände nach Stalingrad waren so schrecklich, daß man sie nicht beschreiben kann. Der verzweifelte Zustand meiner sterbenden, hungernden Landsleute im Schnee und meine absolute Unfähigkeit, irgend etwas für sie tun zu können, ist eine Erinnerung, die ich mit in mein Grab nehmen werde. Die Flüge über jene Bilder unvorstellbarer Tragödien sind in mein Gedächtnis eingebrannt.«

In leichterer Stimmung erzählt er die Geschichte der russischen Il-2 »Stormowik«, auf die er einmal traf. Dieses Flugzeug wurde als die robusteste sowjetische Maschine berühmt. Dieser Vogel konnte tatsächlich Schläge einstecken. Hrabak erinnert sich heute:

»Ich flog bei einer meiner Staffeln mit, und ein aus vier Me 109 bestehender Schwarm griff eine einzelne Il-2 an. Einer nach dem anderen verschoß seine Munition auf kürzeste Angriffsentfernung auf das russische Flugzeug. Die Il-2 flog unbeeindruckt weiter. Ich staunte. »Was ist da unten los?« fragte ich über Sprechfunk. Zurück kam die klassische Antwort: »Herr Oberst, man kann ein Stachelschwein nicht in den Hintern beißen.«

Ich habe kein anderes Flugzeug gesehen, das einen solchen Beschuß hinnehmen und noch fliegen konnte wie die Il-2.«

Dietrich Hrabak ist ein intelligenter, zuvorkommender und charmanter Mann mit ausgezeichneten englischen Sprachkenntnissen. Er ist sehr bescheiden und zurückhaltend. Er wirkt eher klein, hat heute eine Glatze und graue Schläfen. Er hat noch die durchdringenden Augen eines Jägers, der seine Gegner in der Luft auf weite Entfernung ausmachen kann. Wie sein Freund und bis vor kurzem Vorgesetzter, Macky Steinhoff, hat Hrabak nicht nur einen besonderen Sinn für Humor, sondern noch die besondere Gabe, über sich selbst lachen zu können – mit Humor über seine eigenen Schwächen und Fehler hinwegzusehen.

Nach dem Kriege, in dem er es bis zum Obersten brachte, wollte Hrabak genau wie sein Vater Architekt werden. Er hatte den Mut, mit 32 Jahren noch eine Maurerlehre als Voraussetzung für das Architekturstudium zu beginnen. Er wollte sich an der Universität Tübingen immatrikulieren lassen. Dort sagte man zu ihm: »Sie sind Militarist. Für sie gibt es kein Studium.« Er ließ die Architektur fallen und fing bei einer Maschinenfabrik an, in der er bis zum Verkaufsleiter aufstieg. Er blieb dort, bis die Vorarbeiten zum Aufbau der neuen Luftwaffe begannen. Er arbeitete mit Steinhoff zusammen und beschreibt sich heute selbst lächelnd als »eine Art Kommissar für das F-104-Programm«.

Er gehört zu den ersten deutschen Piloten, die 1955 in Amerika eine Wiederauffrischungsausbildung für Düsenjäger mitmachten. Seither war er oft in den Vereinigten Staaten. Er ist ein Bewunderer Amerikas und seiner Bewohner, mit einem Verständnis für die Welt, wie man sie vor dreißig Jahren kaum bei einem Soldaten vorausgesetzt hätte.

Zu den zahlreichen Bewunderern Hrabaks zählt Erich Hartmann, der seine ersten Kampfeinsätze im JG 52 unter der Führung Hrabaks flog. Hartmann erzählt eine Geschichte über seinen alten Kommodore, die ein Beispiel für das Vertrauen ist, das Hrabak bei seinen Piloten genoß:

»Jeder weiß, daß das Eichenlaub eine Auszeichnung war, für die man eine besondere Anzahl von Abschüssen nachweisen mußte. Hrabak würde es bekommen, wenn er 125 Abschüsse[54] hatte. Diese Norm galt damals für die Ostfront. Wir alle im Geschwader wußten dies. Zu jener Zeit hatte er etwa 120 Abschüsse. Deshalb taten sich alle alten Tiger des Geschwaders zusammen und trafen Vorkehrungen, um während der nächsten Einsätze mit ihm fliegen zu können.

Hrabak wußte natürlich nichts davon. Als wir vom Geschwadergefechtsstand hörten, daß Hrabak mit der 8. Staffel fliegen würde, starteten nur die alten Hasen. Wir flogen mit ihm und stellten sicher, daß er den Rücken frei hatte, während er seine Abschüsse erzielte. Dies war die größte Hochachtung, die wir einem Führer zollen konnten. Wenn ein Führer schlecht war, sagten die alten Tiger: »Laßt ihn fliegen... vielleicht kommt er diesmal nicht zurück.« Bei Hrabak war es Ehrensache, mit ihm zu fliegen und darauf zu sehen, daß er heil wieder zurückkam.«

Es gibt nur wenige Verbandsführer der Luftwaffe, die aus eingehenden Befragungen ihrer Kameraden ohne negative Nebenbemerkung hervorgehen. Dietrich Hrabak kann diese seltene Auszeichnung für sich buchen, obwohl er einer Luftwaffe entstammt, der es nicht an fähigen und mutigen Führerpersönlichkeiten ermangelte. Er ist einer der seltenen Vögel der Luftwaffe.

Hannes Trautloft war 1936 Hrabaks Staffelkapitän und in der Luftschlacht um England sein Geschwaderkommodore. Und er genießt genau wie Hrabak mehr Ruhm als Verbandsführer denn als Jagdflieger allein. Trautloft ist als Generalleutnant in der Bundesluftwaffe einer der wenigen Berufsoffiziere aus der Vorkriegsluftwaffe, der den ganzen Krieg hindurch im Einsatz war und in eine hohe Dienststellung in der Bundesluftwaffe zurückkehrte.

Trautloft ist ein Riese von einem Mann, das genaue Gegenteil von den drahtigen, mittelgroßen Männern, die die Mehrzahl der Jagdflieger stellen. Er ist aufgeschlossen, freundlich, offen und besitzt ein tiefes und fast ehrfurchtvolles Verständnis für Geschichte.

Trautloft erzielte 57 bestätigte Luftsiege, hat seine Laufbahn im spanischen Bürgerkrieg begonnen, in dem er vier feindliche Flugzeuge abschoß, errang 45 Luftsiege an der Ostfront und den Rest gegen England und Frankreich.

Trautlofts Platz unter den alten Luftwaffenadlern hängt nicht allein mit seiner körperlichen Größe zusammen. Seine besonderen Fähigkeiten sind die des Ausbilders. Die besonders kurze Aufbauzeit der Luftwaffe bis zum Kriegsausbruch gab dem Vorhandensein begabter Lehrer wie Trautloft besonders auf der Gruppen- und Geschwaderebene besondere Bedeutung. Einige Fähigkeiten Gallands und Mölders' waren auch ihm zu eigen. Wie Mölders konnte er seinen jungen Piloten beibringen, in der Luft zu kämpfen und dabei zu überleben. Und wie Galland war er stark und offen genug, um zu verhindern, daß die Jagdflieger verheizt wurden. Wegen seiner direkten Haltung wurde er von seinen Piloten bewundert und von den Herren im OKL gefürchtet.

Der 28 Jahre alte Trautloft wurde zum Kommodore des JG 54 ernannt, als dieses Geschwader für die Luftschlacht um England aufgestellt wurde. Mit seiner Persönlichkeit prägte er das Grünherz-Geschwader. Geschichtlich sind das Grünherz-Geschwader und Trautloft nicht zu trennen, und es ist seiner Ausbildung zu verdanken, daß einige der größten Jagdflieger zu dem werden konnten, was sie sind.

Das JG 54 kann am besten nach einer kleinen Auswahl von Namen beurteilt werden, die zur Spitze gehören:

Oberleutnant Otto Kittel (267 Abschüsse), Oberstleutnant Hans Philipp (206 Abschüsse) Major Walter Nowotny (258 Abschüsse), Major Erich Rudorffer (222 Abschüsse) und Hauptmann Emil Lang (173 Abschüsse). Wir werden alle diese Männer in diesem Buch kennenlernen.

Die Autoren sind General Trautloft für das folgende Bild dankbar, das er von Oberleutnant Kittel, dem Mann an vierter Stelle Deutschlands und der Welt, gezeichnet hat:

»Otto Kittel war einer der Stillen im Lande. Mit 267 Abschüssen gebührt ihm in der Geschichte ein Platz neben Hartmann, Barkhorn und Rall.

Otto Kittel wurde 1917 in Komotau geboren und kam im Herbst 1941 zur 2. Staffel des JG 54. Er war nicht besonders groß und eigentlich viel zu ruhig und ernst. Dem Temperament nach war er nicht das, was sich die Allgemeinheit unter dem Typ des Jagdfliegers vorstellte. Ein Flugzeug abzuschießen, erschien ihm anfänglich wie ein unlösbares Problem; seine Erfolge ließen lange auf sich warten. Als er zusammen mit Hans Philipp, Walter Nowotny, Hans Götz, Franz Eckerle und anderen begabten Jägern der I. Gruppe eingesetzt wurde, lernte er aber schnell und nahm einen kometenhaften Aufstieg.

Am 23. Februar 1943 erzielte Feldwebel Kittel den viertausendsten Abschuß des Grünherz-Geschwaders. Es war sein 39. Luftsieg. Am 29. Oktober 1943 wurde der Oberfeldwebel Kittel als 28. Pilot des JG 54 mit dem Ritterkreuz ausgezeichnet. Nun begann eine stolze Serie von Abschüssen, die wegen der besonders schwierigen Verhältnisse an der Front bemerkenswert ist.

Die russische Luftwaffe wurde stetig stärker, und die zurückgehenden deutschen Armeen riefen dauernd nach Unterstützung durch die Luftwaffe.

Im April 1944 hatte Kittel 150 Abschüsse erreicht und wurde wegen Tapferkeit vor dem Feinde zum Leutnant und Staffelkapitän befördert.

In der Kurlandschlacht kannte man den Namen Otto Kittel selbst in den vordersten Gräben der Infanterie. In Kurland ereilte ihn auch sein Schicksal. Er war inzwischen zum Oberleutnant befördert worden und nacheinander mit dem Eichenlaub und den Schwertern ausgezeichnet worden. Er wurde am 16. Februar 1945 von einer Il-2 mit Schrägwaffen abgeschossen. Mit 267 Luftsiegen war er der erfolgreichste Pilot des JG 54.

Trotz seiner Erfolge war Otto Kittel bis zu seinem Tode der ruhige, selbstlose Mann geblieben. Deshalb liebten und verehrten wir ihn.«

General Trautloft zeichnet auch das folgende Bild eines anderen führenden Asses des JG 54 – des Oberstleutnants Hans Philipp:

»Hans Philipp wurde am 17. März 1917 als Sohn eines Arztes geboren. Er kam nach dem Polenfeldzug, in dem er seinen ersten Abschuß erzielt hatte, zum JG 54. Danach flog er in der Luftschlacht um England, in Rußland und in der Reichsverteidigung.

Am 12. März 1942 wurde er nach seinem 86. Luftsieg als achter Offizier der Wehrmacht mit dem Eichenlaub mit Schwertern ausgezeichnet. Gerade ein Jahr später schoß er an seinem 26. Geburtstag zwei gegnerische Flugzeuge ab und war zu dieser Zeit mit 203 Luftsiegen der erfolgreichste deutsche Jagdflieger.

Hans Philipp war der sensible Typ des Jagdfliegers. Er liebte den

Kampf von Jäger zu Jäger. Der Einsatz gegen große Bomberverbände war für ihn wie das Anrennen gegen ein Scheunentor, wobei man nicht fliegen können mußte.

Seine Welt war der Luftkampf, der einzigartige Tanz der Experten, das Duell der Experten, deren tödliche Stöße schnell wie Blitze kamen, kühl berechnet und eingeübt. Er nahm mit vollen Händen an den Freuden des Lebens teil und kannte sich deshalb in Lille genauso gut aus wie in Riga.

Nachdem er als Kommodore des JG 1 am 1. April 1943 zur Reichsverteidigung versetzt wurde, schrieb er mir vier Tage vor seinem Tode einen langen Brief aus Holland.

Ich werde einige Zeilen dieses Briefes hier wiedergeben, weil ich glaube, daß ich dadurch nicht nur diesen begabten Jagdflieger charakterisiere, sondern auch eine Erinnerung an eine Zeit beschreibe, die für uns Jäger besonders hart war:

»Manchmal wäre es für mich persönlich noch ganz tunlich, wenn der »Alte« noch dahinter stünde. Denn ich weiß jetzt, daß ich weiß Gott nicht zu spät »losgelassen« worden bin. Vielleicht können Sie gar nicht im ganzen Umfang ermessen, Herr Oberst, wie man sich hier am Riemen reißen muß. Einmal nämlich wohnt man bequem, Mädchen gibt's genug, alles ist da, und zum anderen ist der Kampf in der Luft außerordentlich schwer. Schwer, weniger weil der Gegner zahlreich ist und die Boeings gut bewaffnet, sondern weil man sich gerade aus den tiefen Sesseln des Gefechtsstandes und der schlagergeschwängerten Atmosphäre der Liegeplätze herausgemurkst hat.

Gegen 20 Russen, die einen anknabbern wollen oder auch gegen Spitfires ists ja eine Lust und man weiß gar nicht, daß der Kragen locker sitzt. Aber die Kurve in 70 Fortresses hinein läßt einem alle Sünden des Lebens kurz vorüberziehen. Wenn man sich aber schon selbst so weit hat, peinlicher ist es, alle Piloten des Geschwaders bis zum letzten jungen Gefreiten nötigenfalls dazu zu zwingen.«

Hans Philipp fiel am 8. Oktober 1943 in der Nähe von Nordhorn im Luftkampf mit Thunderbolts, die einen Bomberverband begleiteten. Männer wie Kittel, Philipp, Nowotny zu führen war ein bleibendes Erlebnis für Trautloft. Seine Leute aber erinnern sich an ihn, weil er zuerst an sein Geschwader und dann erst an sich selber dachte.

Die Führung des JG 54 war vielleicht der Höhepunkt seiner Laufbahn, obwohl er im Juli 1943 in Gallands Stab zum Inspekteur der

Tagjäger im Westen ernannt wurde. Dies war zwar ein höherer Posten als Geschwaderkommodore, aber es war keine befriedigende Aufgabe.

Zusammen mit Galland versuchte Trautloft vergeblich, Göring und dem OKL die Realitäten des Luftkrieges nahezubringen. Er beendete den Krieg als Kommandeur der 4. Fliegerschuldivision. Er hatte 560 Einsätze geflogen, 57 Luftsiege erkämpft und war mit dem Ritterkreuz ausgezeichnet worden.

Dem ehemaligen Schmiedelehrling Hermann Graf bot die Ostfront die Gelegenheit, seine Talente als Jagdflieger zu beweisen.

Er begann 1939 als Feldwebel im JG 51 und hat es bis 1945 zum Oberst und Kommodore des JG 52 an der Ostfront gebracht.

Mit seinen 212 Luftsiegen gehörte er zu den neun deutschen Fliegern, die mit den Brillanten ausgezeichnet wurden. Während des Krieges war sein Name am häufigsten von allen Jagdfliegern in Veröffentlichungen in Deutschland genannt worden. Seit dem Kriege wurde er zum umstrittensten aller deutschen Frontflieger und dies besonders in der Gemeinschaft der Jagdflieger. Hermann Graf hat es nie besonders leicht gehabt. Er wurde 1912 geboren. Seine Eltern konnten sich die höhere Schulbildung für ihn nicht leisten. Deshalb fehlten ihm die Voraussetzungen für eine Offizierslaufbahn. Die Umstände drängten in einen praktischen Beruf. Wie in der Familie üblich, ging er bei einem Schmied in seiner Geburtsstadt Engen in die Lehre. Nach der Lehre bekam er eine Stelle bei der Stadtverwaltung in Engen. In dieser Anstellung blieb er bis zum Ausbruch des Krieges.

Schon 1933 hatte er mit dem Segelfliegen begonnen, und 1936 hatte er sich die Qualifikation als Pilot für Motorflugzeuge erworben. Als Reservepilot wurde er sofort nach Kriegsausbruch einberufen und erhielt den Rang eines Feldwebels. In einigen Veröffentlichungen über Grafs Leben steht, daß er sofort nach der Machtübernahme durch Hitler in die nationalsozialistische Partei eintrat. Dafür gibt es aber keinen Beweis. Daß er später während des Krieges zu einem Paradepferd der nationalsozialistischen Propaganda wurde, steht außer Zweifel. Daß die Wahl auf ihn als typischen nationalsozialistischen Helden gefallen war und daß man einen solchen Publicity-Rummel während des Krieges mit ihm veranstaltet hat, sind vielleicht die unerfreulichsten Dinge, die ihn trafen.

Graf flog während des Frankreichfeldzuges, in Griechenland und über Kreta gegen westliche Gegner. Er erzielte vor dem 3. August 1941 keinen bestätigten Abschuß und gehörte zu den »langsamen Startern«. An der Ostfront klappte es dann plötzlich.

In knapp 14 Monaten kam Hermann Graf auf 172 Abschüsse und wurde mit den Brillanten ausgezeichnet. Diese außergewöhnliche Serie erreichte ihren Höhepunkt am 2. Oktober 1942, als er als erster Jagdflieger den 200. bestätigten Luftsieg erringen konnte. Dr. Goebbels' Propaganda-Maschinerie kam auf Touren.

Hermann Graf wurde der nationalsozialistischen Jugend als leuchtendes Beispiel dargestellt. Sein bescheidener Berufsbeginn als Schmied und sein kometenhafter Aufstieg vom Feldwebel zum Major in drei Jahren wurden besonders herausgestrichen. Er wurde auf eine Vortragstournee durch Deutschland und Österreich geschickt, und weil er als Fußballspieler zu Hause bekannt war, war er pflichtgemäß bei Fußballspielen Ehrengast und wurde den begeisterten Massen vorgestellt. Sein Bild war überall zu sehen, und Berichte über seine Luftkämpfe erschienen in allen Tageszeitungen und Illustrierten.

Mit dieser plötzlichen Vergötterung konnte auch ein Charakter wie Graf nicht ohne weiteres fertig werden.

Aber er gewöhnte sich an seinen neu gewonnenen Ruhm. Für seine Männer blieb er während des Krieges ein guter Führer. Den Worten Erich Hartmanns zufolge war er »ein toller Kerl von einem Jäger«. Im Kampf behielt er einen kühlen Kopf. Seinen Untergebenen gegenüber zeigte er sich immer verständig. Er wußte, wie es in jungen, unerfahrenen Piloten aussah und wie notwendig es war, ihnen zu helfen, damit sie sich selbst finden konnten. Weil er erheblich älter war als die meisten Männer, mit denen er zusammen flog, und außerdem weil er ein Nationalheld war, genoß er einen besonderen Status. Aus Fairness ihm gegenüber ist aber zu sagen, daß er diesen selbst nie gesucht hat. Bei Kriegsende war Hermann Graf Oberst, hatte 212 Luftsiege und führte das JG 52. Er hatte über 800 Einsätze geflogen und, zusätzlich zu seinen 202 Abschüssen an der Ostfront, seinen Mut beim Herunterholen von 10 schweren amerikanischen Bombern an der Westfront bewiesen. Er geriet in US-Gefangenschaft und wurde dann aber den Russen übergeben. Dadurch wurde der Prozeß eingeleitet, der sein Bild verzerren sollte.

Graf war nun seiner Gloriole beraubt. Der Ruhm, der Glanz und die Aufregung der Kriegstage waren verflogen. Das entmenschlichte, entrechtete Dasein des sowjetischen Gefangenen war zuviel für ihn. Die

Männer, die ihn zum Helden gemacht hatten, waren entweder tot oder sahen dem Strick entgegen. Die Welt Hermann Grafs fiel einfach in sich zusammen.

Erich Hartmann war Gruppenkommandeur im JG 52 unter Hermann Graf und war später mit ihm zusammen in Gefangenschaft in Rußland. Seine Bemerkungen über das gefallene Idol muß man ihm hoch anrechnen: »Ich mochte Hermann Graf. Er war ein sehr guter Jagdflieger. Er flog auch weiter, nachdem er die Brillanten erhalten hatte, und dafür bewunderte ich ihn. Andere hörten auf zu fliegen, nachdem sie die Brillanten erhalten hatten. Später im Gefangenenlager hatte jeder seinen eigenen Standpunkt. Graf meinte, daß wir den Krieg verloren hatten und damit alle bisherigen Richtlinien überholt seien. »Wir könnten nur auf der russischen oder amerikanischen Seite weiterleben.« Er war Realist. »Wir müssen anfangen, neu zu denken«, sagte er, »ich bin auf der russischen Seite und deshalb möchte ich bei den Russen leben.« Es war Grafs Angelegenheit, dies für sich selbst zu entscheiden.

Es gab keine Gehirnwäsche, nichts dergleichen. Es war seine eigene Entscheidung, und deshalb trennten wir uns. Das war der Unterschied zwischen uns. Er legte es sogar schriftlich fest. »Ich bin jetzt zufrieden, russischer Gefangener zu sein. Ich weiß, daß alles, was ich bisher getan habe, falsch war. Ich würde gerne in der russischen Luftwaffe fliegen. Ich wäre glücklich, wenn ich dort Oberstleutnant wäre.« Die Russen steckten ihn einfach in ein anderes Lager und ließen ihn alles niederschreiben, was er wußte.«

Trotz seiner Sympathieerklärung für die Russen wurde Graf erst 1950 entlassen. Hartmann nimmt ihm nichts übel, und Gerd Barkhorn, der einmal gefragt wurde, ob Graf mit einer reichen Frau verheiratet sei, erwiderte typisch mit: »Ich hoffe es.« Vor einigen Jahren hat sich die Gemeinschaft der deutschen Jagdflieger von ihm getrennt, weil er sich den Russen gebeugt hatte. Dieser Ausschluß kam in erster Linie durch das Buch von Assi Hahn »Ich erzähle die Wahrheit« zustande, das sich mit Erfahrungen aus seiner russischen Kriegsgefangenschaft befaßt. Hartmann bezeichnet Hahns Buch als etwas dubios.

Zehn Jahre unter sowjetischem Joch lehrten Hartmann Toleranz. Er fand heraus, daß jeder Mensch einmal den Punkt erreicht, an dem er zusammenbricht. Jahre später war es für ein paar frühere Kameraden leicht, besonders wenn sie nicht in russischer Kriegsgefangenschaft gewesen waren, eine unnachgiebige Haltung einzunehmen. Dies scheint Graf gegenüber nicht fair zu sein. Der ehemalige Major Hartmann Grasser war auch mit Graf zusammen in Gefangenschaft. Grasser, den wir noch näher kennenlernen werden, war der Prototyp des deutschen Berufsoffiziers. Damals in Rußland bekämpfte er die Unterwerfung Grafs den Russen gegenüber in bitteren Worten. Heute, als Endfünfziger, sieht Grasser das Leben aus einer anderen Sicht:

»Ich war während meiner Gefangenschaft in Rußland zu hart. Ich kritisierte den Anderen, wenn er vom Wege abwich. Aber jetzt habe ich mehr Lebenserfahrung und etwas mehr Toleranz. Ich habe ein besseres Verständnis für menschliche Schwächen. Deshalb bin ich nicht mehr so hart gegen Graf wie mancher andere.

Ich habe auch mit Kameraden über meine Ansichten gesprochen, weil niemand, der die Verhältnisse in russischer Gefangenschaft nicht kennt, die Reaktionen eines Mannes unter solchen Bedingungen beurteilen kann. Ich glaube nicht, daß es richtig war, Graf aus der Gemeinschaft der Jagdflieger auszuschließen. Es wäre besser und humaner gewesen, ihm noch eine Chance zu geben.«

Grasser faßt Hermann Grafs Fall mit den folgenden Worten zusammen: »Er war ein guter Schütze und ein guter Jagdflieger, aber er hatte nicht das Kaliber eines Mölders, Galland oder Maltzahn. Man kann hier nicht vergleichen. Graf war ein netter Mann, er war ein tapferer Mann und ein ehrgeiziger Mann. Er hatte aber nicht die Bildung, den Charakter und den Intellekt wie die anderen. Es ist wichtig, zwischen Fehlern und Charaktermängeln zu unterscheiden. Ich glaube, daß Graf auf Grund seiner Herkunft nicht in der Lage war, zu durchschauen, wie er von Dr. Goebbels mißbraucht wurde. In Rußland war er noch ein relativ junger Mann, nicht genügend gefeit gegen jeden Angriff auf seinen Charakter und seine Integrität. Ich glaube, es ist jetzt im Falle Hermann Grafs an der Zeit, zu vergeben und zu vergessen.«

Die Autoren haben diesen strittigen Gesichtspunkt umfassender behandelt als den Kriegseinsatz von Graf, weil er der einzige Träger der Brillanten oder der Schwerter ist, der seit dem Kriege – im Kreis der Kameraden zumindest – in Ungnade gefallen ist. Ein Zweck dieses Buches soll es mit sein, alte Wunden zu heilen und die Tapferkeit anzuerkennen, wo immer sie erscheint. Hermann Graf war ein tapferer Mann.

In der altehrwürdigen Stadt Köln am Rhein lebt ein ergrauter, schlanker, leicht gebeugter Geschäftsmann, ein Endfünfziger, unauffällig unter seinen Geschäftskollegen. Er besitzt in der Nähe Kölns eine Fabrik, die Metallpreßteile für die Industrie herstellt. Er hat eine charmante Frau, zwei Söhne im Studentenalter und einen schnellen roten Porsche, der die einzige Relation zu seiner aufregenden Vergangenheit ist. Hinter dem Steuerrad seines schnellen Wagens lassen die weichen, koordinierten Bewegungen das Jagdflieger-As erahnen, das 103 Luftsiege erkämpft hat.

Major Hartmann Grasser ist heute ein erklärter Zivilist. Und das, obwohl er mehr als jedes andere deutsche As, mit dem die Autoren zusammengetroffen sind, als typisch deutscher Berufsoffizier, als Prototyp für seine Gattung gelten könnte. Beharrlich, tödlich und entschlossen als Jagdflieger, aufrecht und anständig als Soldat, ritterlich und sportlich als hochdekorierter Offizier, war er zur Ernüchterung in der Nachkriegswelt verurteilt. Die Amerikaner, die ihn gefangengenommen hatten, übergaben ihn in sowjetische Gefangenschaft. Nach 3 Jahren in russischen Gefängnissen führte ein verwaltungstechnisches Versehen im MWD-Büro im Moskauer Lager 27 zu seiner Entlassung. Er kehrte nach Hause zurück und war entschlossen, nie mehr Uniform anzuziehen, um nie mehr von etwaigen Gegnern wie ein Bandit behandelt zu werden. Ähnliche Erfahrungen von Kriegsgefangenen in Korea und jetzt in Vietnam versetzen die Amerikaner heute in die Lage, die Ansichten Grassers besser zu verstehen.

Hartmann Grasser wurde am 23. August 1914 in Graz geboren. 1934 begann er seine vormilitärische Ausbildung. Er besuchte die Sportakademie der Marineschule in Neustadt (wo er seinen Pilotenschein erwarb), und die Segelfliegerschule in Rossitten. Dann ging er 6 Monate an die Fliegerschule in Johannistal. Als Fahnenjunker kam er zur Kriegsschule und wurde 1938 zum Leutnant befördert. Er war ein vollausgebildeter Pilot mit dem Vorzug einer sorgfältigen und gründlichen Friedensausbildung. Dies hat ihm später den Kopf gerettet. Bei Kriegsausbruch flog er die Me 110 und war als Pilot gut genug, um mit dem schweren Jäger zu Abschüssen zu kommen und den Einsatz in der Me 110 in der Luftschlacht um England zu überleben.

Im Februar 1941 wurde er zum JG 51 versetzt und wurde Adjutant von Oberst Werner Mölders, mit dem er in der Stabskette des JG 51 200 Einsätze gegen England flog. In Mölders sah er die Verkörperung all dessen, was ein junger deutscher Offizier zu werden hoffte.

Für Männer wie Grasser war die Fairness im Kampf ein integraler Bestandteil ihrer militärischen Auffassung und ihrer moralischen Grundsätze. Grasser zuckt heute noch merklich zusammen, wenn er über die Abneigung spricht, die er empfand, als er Tiefangriffe auf Straßen durchzuführen hatte. Warum? »Weil der Gegner auf den Straßen keine faire Chance hatte, zurückzuschlagen.« Eine solche Einstellung deutscher Offiziere steht in lebhaftem Kontrast zu den Taten der Hollywood-Figuren in hunderten von sadistischen Kriegsfilmen, die ursprünglich dazu gedacht waren, den Haß gegen die Deutschen zu entflammen, aber letztlich dazu führten, die Rückkehr in ein normales Zivilleben im Nachkriegseuropa zu erschweren. Grasser ging im Juni 1941 mit Mölders nach Rußland und erhielt im September das Kommando über die II./JG 51. Er erlebte die Niederlage und den Wiederaufstieg der sowjetischen Luftmacht aus erster Hand:

»Im Anfang war es die geringe Qualität der russischen Flugzeuge, die sie Verluste kostete. Aber nach 2 Jahren hatten sie ihre Flugzeuge so stark verbessert und soviel Erfahrungen gesammelt, daß sich die gesamte Luftkriegssituation änderte. Die Russen verfügten über mehr Flugzeuge und über Piloten mit erheblich besserer Ausbildung.«

Grassers II./JG 51 wurde vom Geschwader abgetrennt und nach Nordafrika geschickt, um dort die JG 27 und JG 77 in den Kämpfen in der Wüste und um Malta zu unterstützen. Grasser selbst erhöhte seine Abschußzahl bis August 1943 auf 103 Luftsiege und wurde danach zum Stab der 4. Jagddivision als Jagdfliegerführer Paris versetzt.

Seine Erfahrungen in Nordafrika zeigten ihm, was er in Deutschland zu erwarten hatte.

»Es war wie ein Heuschreckenschwarm von Flugzeugen. In Afrika übertraf uns der Gegner zahlenmäßig 20:1. Deshalb konnten wir keinen wirklichen ins Gewicht fallenden Erfolg erzielen. Mit heilem Kopf wegzukommen, in einem Stück nach Hause zu kommen – schon das war Erfolg. Zuerst fehlte den Amerikanern noch die Erfahrung. Da hatten wir die Chance, sie zu überraschen und ihre zahlenmäßige Überlegenheit mit unserer Erfahrung und unserer Taktik auszugleichen. Aber mit der Zeit haben auch sie zugelernt, und danach war für uns nichts mehr drin.«

Nach Paris wurde Grasser Gruppenkommandeur beim JG 1 Oesau. Sein Einsatz als Jagdflieger umfaßte jetzt fast 5 Jahre und 700 Einsätze. Er war Major, mit dem Eichenlaub zum Ritterkreuz ausgezeichnet.

Aber er war auch am Ende seiner physischen und psychischen Kräfte. Trautloft als Inspekteur der Tagjäger sorgte für Grassers Versetzung zu Gallands Stab. Er wurde mit der Auffrischung der Jagdfliegerverbände betraut. Hierbei handelte es sich um Probleme der Ausbildung und der Organisation, mit dem Ziele, Reserven aufzubauen. Er kam um die Früchte seiner Arbeit, als Hitler von den Reserven hörte. Der Führer warf die hart erarbeiteten Reserven zuerst in die Invasionsschlacht und dann in die Erdkampfunterstützung bei der Ardennenschlacht.

Zum Zeitpunkt der Kapitulation war Hartmann Grasser Kommodore des JG 120. Er hatte einen langen und harten Krieg gekämpft. Seine 103 Abschüsse umfaßten französische, britische, amerikanische und russische Flugzeuge. Er hatte in Polen, Norwegen, in der Schlacht um England, in Rußland, Nordafrika, dem Mittelmeerraum und zuletzt in der Reichsverteidigung gekämpft. Als Berufssoldat und Offizier erwartete er eine faire Behandlung von seinen ehemaligen Gegnern. Er irrte sich. Er wurde nach dem Abkommen zwischen Roosevelt und Stalin an die Sowjets ausgeliefert und kam in ein russisches Gefangenenlager. Seine Erfahrungen wären heute auch für die Amerikaner von Bedeutung, da junge Amerikaner heute der gleichen Art barbarischer Gefangenschaft ausgesetzt sind. Für einen sogenannten Kriegsgefangenen in Rußland und besonders für einen hochausgezeichneten deutschen Offizier gab es keine Möglichkeit für irgendwelche Kompromisse. Man wurde entweder zum unterwürfigen Sklaven der Russen oder man war der verlorenste Mensch der Welt. Und das war eine Frage des Charakters. Die Amerikaner haben jetzt die gleiche Situation mit ihren eigenen Leuten in den Gefangenenlagern in Vietnam und in China während des Koreakrieges. Vor Korea war die amerikanische Nation unberührt von dieser Art Dingen geblieben, aber jetzt kann Amerika eigene Erfahrungen sammeln[55]. Einen Teil seines Lebens unter solchen Bedingungen verbringen zu müssen, ist nicht leicht.

»Wir lebten in einer unmenschlichen Atmosphäre. Sie taten alles mögliche, um unseren Willen zu brechen. Heute wird in der Welt viel über Rechte gesprochen – Bürgerrechte, Menschenrechte, nationale Rechte. In Rußland lebten wir ohne irgendwelche Rechte, ohne die Möglichkeit, unsere Rechte zu verteidigen. Das Rote Kreuz und andere Hilfsorganisationen für Kriegsgefangene waren in Rußland nicht vertreten. Wir hingen in der Luft.

Die harten und unmenschlichen Bedingungen, unter denen wir lebten, sind kaum zu beschreiben. Und alle Jagdflieger waren so jung – zu jung für eine solche Belastung und die Angriffe auf Charakter und Menschenwürde. Niemand, der diese Atmosphäre nicht selbst erlebt hat, kann das Verhalten desjenigen beurteilen, der ihr ausgesetzt war.«

Grassers Ansichten über Militärdienst hatten sich grundlegend geändert, als er von Rußland zurückkehrte. Er schwor sich, niemals mehr Uniform anzuziehen. 1949 ging er nach Indien, um Zivilpiloten in Alahabad und Neu-Delhi auszubilden. Im darauffolgenden Jahr wurde er Berater der syrischen Luftwaffe im Verteidigungsministerium in Damaskus. Das war das Ende seiner Fliegerlaufbahn.

Nach seiner Heimkehr begann er mit der Fabrikation von industriellen Preßteilen aus Stahl. Als Oberst Günther »Henri« Maltzahn kurz vor seinem Tode im Jahre 1953 Offiziere für die neue deutsche Luftwaffe suchte, sprach er auch mit Grasser und bot ihm die Führung eines Geschwaders an. Der ehemalige Kriegsgefangene blieb seinem Vorsatz treu. Er sagte seinem alten Kameraden ab und blieb Geschäftsmann.

Er arbeitet hart, erfreut sich eines glücklichen Familienlebens und hat einen offenen Blick für die Welt und ihre Probleme. Er ist aufgeschlossener als die meisten seiner alten Luftwaffenkameraden und sagt jedem offen seine Meinung. Er führt das Leben eines gutsituierten Familienvaters und unterscheidet sich in nichts von hunderten ehemaliger britischer und amerikanischer Piloten, gegen die er im Kriege geflogen ist.

Hartmann Grasser beschränkt sein Fliegen heute auf passive Teilnahme am Luftverkehr, wenn er, wie er es ausdrückt, »seine alten Knochen einmal im Jahr nach Italien bringt«.

Grasser war ein »Ritter ohne Fehl und Tadel«, ein fairer und anständiger Gegner von der Art, die den Kriegen einst eine gewisse Größe verlieh. Aber wie Churchill es einmal so treffend ausdrückte: »Der Krieg war einmal grausam aber groß; jetzt ist der Krieg nur noch grausam und schmutzig.«

Krieger von Grassers Schlag haben keinen Platz mehr in einer Welt, in der Millionen mit einem Schlag ausgelöscht werden können und in der ein solches Geschehen dann Krieg genannt wird.

Zu den tapfersten Männern der Luftwaffe rechnet auch Hauptmann Emil »Bully« Lang, ein draufgängerischer Jagdflieger mit einem

Gesicht wie eine Bulldogge. Lang schuf sich 1942–1943 beim JG 54 an der Ostfront einen Namen. Als er am 3. September 1944 in einem Luftkampf mit Thunderbolts fiel, hatte er insgesamt 173 Abschüsse erzielt, davon 25 im Westen.

Als Jagdflieger gehörte Lang bereits zu den »Opas«. Als er 1942 in das JG 54 eintrat, war er 33 Jahre alt – ein reifes Alter, um eine Kampflaufbahn zu beginnen. Als alter Lufthansapilot kannte Lang seine Fliegerei und erzielte einmal in einem Zeitraum von 3 Wochen die fast unglaubliche Zahl von 72 Abschüssen. Diese glorreiche Leistung schloß den Weltrekord von 18 Abschüssen an einem Tage mit ein.

Am 3. September 1944 wurde er nahe St. Trond in einen wilden Luftkampf mit Thunderbolts der USAAF verwickelt. In 230 m Höhe erzielte einer seiner Gegner einen Treffer in Langs Hydraulik. Das Fahrgestell fiel heraus und setzte die Geschwindigkeit und die Manövrierfähigkeit seines Jagdflugzeuges herab. Kurz darauf wurde er abgeschossen und getötet. Lang hatte 173 bestätigte Abschüsse in 403 Einsätzen erzielt und war mit dem Eichenlaub zum Ritterkreuz ausgezeichnet worden.

Helmut Lipfert aus Lippelsdorf in Thüringen hat eine interessante Laufbahn hinter sich, wenn interessant bedeutet, 15mal ohne Verletzung abgeschossen zu werden. Er flog immer wieder, und als der Krieg zu Ende war, hatte er 203 Luftsiege errungen. Die Autoren sind Hauptmann Lipfert für die folgende Schilderung seines 128. Luftsieges dankbar, den er am 24. Juni 1944 bei einem Angriff amerikanischer »fliegender Festungen« und »Liberator«-Bomber auf Ziele in Rumänien erzielte. Zu dieser Zeit führte Lipfert die II. Gruppe des JG 52.

»Es waren keine Wolken am Himmel. Wie traurig! Das Bodenpersonal fummelte an den flugklaren Maschinen herum. Die Herren des Stabes waren auch anwesend und zeigten frohe Gesichter. Nur die Piloten waren still und ließen sich nicht sehen. 300 viermotorige Flugzeuge waren im Anflug gemeldet. Das machte uns nachdenklich. Vielleicht hofften auch einige von uns, daß sie noch den Kurs ändern würden und gar nicht zu uns kämen. Aber diesen Gefallen taten sie uns nicht. Wir mußten starten.

Ich teilte die Piloten ein. Diejenigen, die ich aufrief, schienen nicht gerade erfreut zu sein. Dann standen die acht Männer vor mir und schauten mich an. Ich hatte noch nicht gesagt, daß ich mit ihnen fliegen würde, obwohl das für mich selbstverständlich war. Als ich ihre bedrückten Gesichter sah, wußte ich, daß sie sich Gedanken darüber machten, ob ich mitfliegen oder zu Hause bleiben würde. Als ich dann sagte: »Ich komme natürlich auch mit«, erhellten sich ihre Gesichter. Wir starteten und machten zum Auftanken eine kurze Zwischenlandung in Zilistea und starteten von dort aus sofort wieder. Ich hatte einen Einsatzplan entwickelt. Unter keinen Umständen wollte ich wieder ein einsames Flugzeug beharken. Ich hatte festgestellt, daß es sich bei diesen einzelnen fliegenden Flugzeugen meistens um sogenannte Flakkreuzer handelte, die anstatt der Bomben eine bessere Bewaffnung als die anderen viermotorigen Flugzeuge trugen. (Es handelte sich um besonders bewaffnete YB-40 »Festungen«.) Sie wurden als Köder benutzt. Wir wurden gut vom Boden aus geführt und waren die ersten Jagdflugzeuge, die den Gegner sichteten. Im Steigflug sah ich drei große Verbände von je 40 Flugzeugen in großer Höhe über mich hinwegfliegen. Ihre Jägerdeckung kreiste in großen Flughöhen, ich schätzte auf 13 000 m. Die Flugzeuge schwirrten glänzend da oben in einer Art herum, daß ich noch nicht einmal hinaufblicken mochte. Allmählich kamen wir gut geordnet näher an die großen, silbernen Vögel heran. Die drei Verbände flogen wie folgt: Der erste rechts überhöht, der zweite in der Mitte, ungefähr hundert Meter tiefer und der dritte auf der gleichen Höhe wie der erste. Vielleicht sollten die oberen beiden Verbände den tiefer fliegenden Verband mit ihren Bordwaffen schützen. Hundertzwanzig Flugzeuge mit mindestens je 10 Waffen würden ein ganz schönes Feuerwerk liefern, um gar nicht erst von den Jägern zu sprechen, die uns von hinten erwischen konnten.

»Verzage nicht, du Häuflein klein!«

Im geschlossenen Verband überholten wir die untere Formation. Ich hatte mich entschieden, den ersten Angriff von vorne durchzuführen.

Weit vor den viermotorigen Flugzeugen sagte ich dann: »Achtung! Wir werden gleich einkurven und von vorne angreifen. Jeder wartet mit Schießen, bis ich anfange. Alle Steilkurve rechts! Aufschließen, eng zusammenrücken und zusammenbleiben! Jeder, der alleine fliegt, muß damit rechnen, abgeschossen zu werden.« Meine Piloten legten tatsächlich ein Flugmanöver hin, das unter anderen Umständen eine Freude zum Ansehen gewesen wäre. Ich flog vorne, weil ich der Kommandeur war und nicht hinten bleiben konnte. Die anderen folgten. Neun tapfere Piloten, neun kleine Me 109 gegen die große Zahl von Feinden. Die Amerikaner schienen jetzt bemerkt zu haben, was auf sie zukam. Vielleicht nahmen sie gar nicht an, daß wir sie angreifen wollten, weil ihre Kursänderung, die uns dazu gezwungen hätte, einen neuen Angriff einzuleiten, sehr spät kam – zu spät. Wir waren schon zu nahe an sie herangekommen, als daß ihr Manöver noch Erfolg haben konnte. Die großen Vögel kamen mit ungeheurer Geschwindigkeit auf uns zu. Wir flogen mit annähernd 450 km/h, die Amerikaner mit 350–380 km/h. Wir näherten uns mit einer Geschwindigkeit von wenigstens 750 km/h. Der Verband, der oben flog, eröffnete das Feuer von vorne. Die Perlenketten der Leuchtspur funkelten um uns herum.

»Noch nicht schießen, noch nicht schießen!« schrie ich zweimal. Dann kam der Augenblick: »Drauf mit allen Waffen und geht nahe ran.« Das war das letzte, was ich schrie.

Dann brach die Hölle los. Ich duckte mich in meiner Kabine und feuerte. Was um mich herum geschah, sah ich nicht. Ich zielte direkt auf einen Bomber, der auf mich zukam und hatte keinen anderen Gedanken als: »Der muß runter!«

Fetzen flogen von dem viermotorigen Bomber weg, Explosionen schossen aus dem mächtigen Rumpf und dann mußte ich wegziehen, weil ich sonst in ihn hineingeflogen wäre. Ich fegte ziemlich dicht über den gegnerischen Verband und drückte direkt hinter ihm nach unten weg. Das erste wonach ich suchte, war die gegnerische Höhendeckung. Sie war nicht zu sehen.

Neben mir fast auf gleicher Höhe flogen noch 6 Me 109. Die anderen waren ein wenig vom Kurs abgekommen. Ich brachte sie wieder zusammen und begann sofort wieder zu kurven. Wir wollten noch mal von hinten angreifen. Im FT tönte es: »Frage, wo ist Feindberührung?«

Nun, wenn unsere Kameraden diese Demonstration nicht gesehen hatten, dann war ihnen nicht zu helfen – oder bedeutete es einfach, daß sie nicht an die »Dicken« heran wollten? Deshalb antwortete ich überhaupt nicht, sondern konzentrierte mich ganz auf den bevorstehenden erneuten Angriff. In der Zwischenzeit hatten wir wieder eng aufgeschlossen und kamen langsam an die Viermotorigen heran. Sie eröffneten das Feuer wieder zuerst. Wir ducken uns in unseren Flugzeugen so gut wir konnten. Dann sprachen auch unsere Kanonen. Wir sieben kamen nahe heran, schossen wie die Teufel, rasten durch den Verband hindurch. Wir waren nur noch zu dritt, als wir aus dem Verband wieder herauskamen.

Als wir genügend Vorsprung vor dem Verband hatten, kurvten wir noch einmal ein. Diesmal vereitelten die Bomber unseren konzentrierten Angriff, indem sie aus ihrer Flugrichtung herausdrehten. Wir konnten nur noch auf die letzten seitlich von vorne schießen. Während dieses Angriffes erzielte ich noch einmal Treffer in einem der Bomber. Als wir den Verband überholt hatten, zählte ich meine Häupter. Wir waren nur noch zwei. Treu neben mir her flog mein Kaczmarek, der junge Unteroffizier Tamen.

Ich verspürte keine Neigung, mich noch einmal auf die »Dicken« zu stürzen. Ich befahl Tamen, näher heranzukommen, und dann jagten wir zusammen hinter einem Opfer der ersten Angriffe her. Hinter dem Strom der Bomber schlichen etwa acht große Bomber einzeln dahin. Sie zogen alle eine dicke Rauchfahne hinter sich her. Wir nahmen uns einen vor. Als ich meinen ersten Angriff flog, verteidigte sich der Bomber noch mit heftigem Abwehrfeuer. Ich schoß seinen linken Außenmotor in Brand. Tamen folgte mir. Er schoß auch ziemlich gut. Nachdem ich mich noch einmal nach gegnerischen Jägern umgesehen hatte, paßte ich meine Geschwindigkeit der des Bombers an und feuerte solange, bis er buchstäblich auseinanderplatzte. Dies geschah so schnell, daß kein einziges Besatzungsmitglied ausstieg.

Ein bißchen weiter vorne kämpfte sich eine zweite beschädigte Liberator langsam dahin. Wir griffen ohne Rücksicht auf ihr Abwehrfeuer an. Jeder von uns flog zwei Angriffe. Das Flugzeug brannte schon. Dann hatte Tamen seine Munition verschossen. Die Liberator versuchte auszuweichen und kurvte bis zum letzten und schoß wild um sich. Aber es nützte alles nichts. Ich hielt mich hinter ihr und ließ nicht locker, bis auch sie explodierte. Kurz vorher sprangen zwei Mann mit dem Fallschirm ab.

Deutsche Jagdflugzeuge hängten sich jetzt überall an die rauchenden Bomber, die von ihren Verbänden abgeschnitten waren. Obwohl wir an diesem Tage nur zwei Abschüsse verzeichnen konnten – einer wurde Tamen zugeschrieben, einer mir – hatte meine Staffel die Vorbereitungsarbeit für alle anderen Abschüsse geleistet. Insgesamt wurden 9 Flugzeuge abgeschossen.

Tamen und ich landeten zusammen in Buzeat. Wir kletterten aus unseren Flugzeugen und beglückwünschten uns gegenseitig zu unserem Erfolg und zum Überleben. Wir hatten guten Grund dazu, weil wir die beiden einzigen waren, die ohne einen Kratzer nach Hause kamen. Fünf Kameraden waren abgeschossen worden. Zwei Piloten waren sofort tot, ein dritter wurde von den Mustangs mit Maschinengewehren erschossen, während er am Fallschirm hing. Leutnant Ewald sprang in letzter Sekunde aus seinem brennenden Flugzeug ab und hatte so schwere Verbrennungen erlitten, daß lange an seinem Aufkommen gezweifelt wurde. Ein anderer Pilot konnte sich mit dem Fallschirm retten. Zwei Flugzeuge wurden durch das gegnerische Abwehrfeuer zu Notlandungen gezwungen. Eine Me 109 war auf einem fremden Flugplatz gelandet. Es war ein katastrophales Ergebnis.«

Helmut Lipfert, heute unauffällig und besonnen als Lehrer tätig, ist nur selten bei seinen Kameraden aus dem 2. Weltkrieg anzutreffen. Vielleicht zieht er es vor, Distanz zu den Kriegsjahren zu wahren und sich den Aufgaben der Gegenwart zu widmen.

Lipfert startete zu seinem 1. Feindflug am 16. Dezember 1942 und erzielte seinen 1. Luftsieg, über eine LaGG-5, am 30. Januar 1943. Zwei Jahre und zwei Monate später flog er seinen 700. Einsatz und erzielte seinen 203. Luftsieg. Er benötigte für die ersten 100 Abschüsse etwas mehr als 11 Monate und für die anderen 103 ein wenig über 14 Monate. Er zeigte eine beständige Leistung, sah gut aus, war draufgängerisch, zog sich aber oft für längere Zeit in nachdenklicher Besinnung zurück. Er steht an 15. Stelle unter den Jagdfliegern der Luftwaffe.

Auch über die deutschen Asse an der Ostfront könnten Bände geschrieben werden. Dieser kurze Einblick in ihre Leistungen muß stellvertretend für die Taten von Dutzenden von Männern stehen, die von den Autoren nicht erwähnt werden können. Die Auswahl gibt aber ein gutes Durchschnittsbild von den Männern, die über den Steppen Rußlands kämpften. Für den objektiven Historiker kann es keinen Zweifel geben, daß der Jagdfliegereinsatz an der Ostfront keineswegs leicht war, obwohl das häufig von verschiedenen Seiten behauptet wurde. In vieler Hinsicht war es die härteste Front für die deutschen Jagdflieger – hart, kompromißlos und unermeßlich in ihrer Weite und Eintönigkeit. Viele, die dort gekämpft haben, mußten auch noch lange Jahre in brutaler Gefangenschaft verbringen.

Wie Erich Hartmann einmal sagte: »Dreißig von uns gegen dreihundert bis sechshundert russische Flugzeuge gleichzeitig? Ist das leicht?«

An der Westfront waren die Dinge in vieler Hinsicht anders.

Wir wenden uns nun einigen Deutschen zu, deren Namen im Einsatz gegen die anglo-amerikanische Luftoffensive bekannt wurden.

ASSE DER WESTFRONT

»Die Luftwaffe bat nicht um Pardon, und wir mußten bis zum Morgen des Siegestages in Europa gegen sie kämpfen.«
Group Captain J. E. Johnson[56],
erfolgreichstes As der RAF

Vom Beginn des 2. Weltkrieges bis zur Kapitulation im schweren Einsatz, konnte die Jagdfliegerwaffe der Deutschen Luftwaffe im Westen nur wenige Monate lang die uneingeschränkte Luftüberlegenheit sicherstellen. Die triumphalen Anfangserfolge endeten am Himmel über Dünkirchen, wo die RAF der Luftwaffe harte Schläge versetzte. Im Gegensatz zu der Ostfront gab es im Westen keine Abschwächung oder Pause im Kampf. Der Royal Air Force konnten nie, wie der Roten Luftwaffe 1941, katastrophale Verluste beigebracht werden. Und nach einiger Zeit verstärkte die USAAF durch ihre Kampfkraft den Druck gegen Deutschland.

Im Westen hatten die Deutschen mit gutausgebildeten und entschlossenen Gegnern zu kämpfen, die erstklassige Flugzeuge flogen. Überlegene Radargeräte und Nachrichtenmittel erhöhten die Schlagkraft der RAF. Die Luftschlacht um England kostete die Luftwaffe zahlreiche erstklassige Piloten. Diese friedensmäßig ausgebildeten Berufssoldaten waren unersetzlich. Der Einmarsch in Rußland erforderte die Verlegung jeder verfügbaren Luftwaffeneinheit nach Osten. Für den Schutz der Westfront blieben nur zwei Jagdgeschwader zurück, JG 2 Richthofen und JG 26 Schlageter. Das zahlenmäßige Übergewicht neigte sich ab Mitte 1941 den Alliierten zu.

Die USAAF verschob die Gewichte endgültig und unwiderruflich zuungunsten der Deutschen. Die Bomberangriffe bei Tage erhöhten noch die Dauerbelastung der deutschen Jagdflieger an der Westfront. Während im Osten in vielen Fällen russische Piloten dem Luftkampf auswichen, suchten die RAF und USAAF ständig die Luftwaffe und forderten die Deutschen ohne Unterbrechung heraus.

Auf Grund ihres Angriffsgeistes, der zahlenmäßigen Überlegenheit, ihrer ausgewogenen Ausbildung, der ausgezeichneten Maschinen und überlegenen Nachrichtenmittel stellten die Westalliierten für die Jäger der Luftwaffe eine ernstere Gefahr dar, als die Russen an der Ostfront.

Die Deutschen brachten als Konsequenz dieser Herausforderung einige der erfahrensten und erfolgreichsten Asse in der Geschichte des Luftkrieges hervor. In der Zeit nach der Luftschlacht um England flogen die Deutschen über oder in der Nähe eigenen Gebietes, und es fehlte ihnen nie an Zielen. Die deutschen Asse konnten deshalb nach Abschüssen durch die Alliierten meistens sofort wieder fliegen. Sie waren gezwungen, jahrelang mit nur kurzen Erholungspausen zu fliegen, und deshalb erzielten sie Abschußergebnisse, die die der besten Westalliierten um das Mehrfache übertrafen.

Das Jagdgeschwader 26 brachte so überragende Jagdflieger wie Adolf Galland (104 Abschüsse im Westen), Joachim Müncheberg (102 Abschüsse im Westen und 33 in Rußland) und Josef »Pips« Priller (101 Abschüsse im Westen) hervor. Dem JG 2 Richthofen entstammen viele bekannte Gestalten, die die Tradition des »Roten Kampffliegers« pflegten, wie Kurt Bühligen (112 Abschüsse im Westen), Egon Mayer (102 Abschüsse im Westen) und Josef Wurmheller (93 Abschüsse im Westen und 9 in Rußland).

Im Westen und in Nordafrika im Einsatz, brachte das JG 27 den legendären Hans Joachim Marseille hervor, dessen 158 gegen die RAF erzielten Luftsiege an der Spitze der deutschen Abschußliste im Westen stehen. Zum JG 27 gehörte auch Werner Schroer, dessen 114 Abschüsse (einschließlich 12 im Osten) in 197 Feindflügen erzielt wurden. Gustav Rödel war ein weiteres As des JG 27 mit 97 Luftsiegen gegen die Westalliierten und einem einzigen Abschuß an der Ostfront.

Noch bevor diese jungen Flieger selbst Geschichte machten, schrieb eine andere Generation deutscher Jagdflieger ein letztes ruhmreiches Kapitel zu einer Karriere, die bereits im ersten Weltkrieg begonnen hatte. Von den Deutschen, die in beiden Weltkriegen zu »Assen« wurden vollbrachten mindestens zwei eine Leistung, die unter Fliegern anderer Nationen nicht ihresgleichen hat. So unglaublich es erscheinen mag, deutsche Jagdflieger, die in den primitiven Kisten des 1. Weltkriegs geflogen waren, kämpften im 2. Weltkrieg in der Me 109. Sie schossen britische und französische Piloten ab, die jung genug waren, um ihre Söhne zu sein. Dieses Paradoxon verdient festgehalten zu werden.

Der in dieser Hinsicht bekannteste deutsche Jagdflieger war Generalmajor Theo Osterkamp. Seine 32 Luftsiege, die er als Führer der Marinejagdfliegerstaffel Nr. 2 während des ersten Weltkrieges in Frankreich erzielte, hatten ihm schon einen Platz in der Geschichte gesichert. Er ging aus dem ersten Krieg mit dem Pour le Mérite, dem begehrten »Blauen Max«, hervor. Zwischen den Kriegen blieb er eng mit der Luftfahrt verbunden, zuerst bei Luftrennen und später in der neuen deutschen Luftwaffe als Kommandeur der Jagdfliegerschule.

Mit seiner hohen Stirn und den markanten Zügen war der schlanke Osterkamp eine mitreißende Figur für seine Schüler. Intelligent und Gentleman vom Scheitel bis zur Sohle, war er die Verkörperung der ersten Generation deutscher Jagdflieger. Seine Schüler nannten ihn bewundernd »Onkel Theo«, ein Spitzname, den er bis heute beibehielt.

Er begann seine Laufbahn im 1. Weltkrieg als Bordschütze, ähnlich wie Captain Frederick Libby, der Cowboy aus Colorado, der als erster Amerikaner fünf feindliche Flugzeuge im Luftkampf abschoß[57]. Seltsamerweise waren beide Männer zur gleichen Zeit Bordschützen, und Osterkamp erwarb genau wie Libby im Frühjahr 1917 den Flugzeugführerschein.

Osterkamps Opfer des 1. Weltkrieges waren französische, britische und amerikanische Flugzeuge. Sein 25. und 26. Abschuß waren zwei Spads einer amerikanischen Einheit, die in der Luft zusammenstießen, nachdem er sie angegriffen hatte. Am nächsten Tage übten die Amerikaner Vergeltung, griffen Osterkamp an und schossen ihn ab. Am gleichen Abend noch war er wieder in der Luft und erkämpfte seinen 27. Luftsieg über eine französische Bréguet.

Nach dem Kriege trat er der »Eisernen Division« bei und kämpfte in Finnland, Estland und Litauen gegen die russischen Bolschewiken. Dabei flog er die Junkers D-1. Bei Aufstellung der neuen Luftwaffe ließ er sich reaktivieren.

Ende 1939 stellte Osterkamp das JG 51 auf, das Geschwader, welches später den Namen von Werner Mölders tragen sollte. Bis Ende Juli 1940 flog er im JG 51 Einsätze gegen England und Frankreich. Am 15. April 1940 feierte er seinen 48. Geburtstag. Als er sich aus dem Kampfgeschehen zurückzog, hatte er zusätzlich 6 Abschüsse gegen Engländer und Franzosen erzielt und wurde im August 1940 mit dem Ritterkreuz ausgezeichnet. Auf Hitlers Befehl hin war ihm die Teilnahme an weiteren Feindflügen verboten.

Als väterlicher Kamerad für Männer wie Galland und Mölders diente er mit Auszeichnung an der Kanalfront als Kommandeur der Jagdfliegerdivision, der die JG 26 und JG 51 angehörten. Nach dem Kriege ging er in das Geschäftsleben und hatte einige Jahre lang seine Büros zusammen mit Adolf Galland in Bonn. Galland sagt, daß »Onkel Theo« zu vertrauensselig war, um ein Vermögen im Geschäftsleben zu machen. Immerhin konnte sich Osterkamp 1966 bequem in Baden zur Ruhe setzen. Einst das Vaterbild der Jagdflieger, ist er jetzt die Urgroßvaterfigur, da die meisten Piloten des 2. Weltkrieges selbst schon Großväter sind.

Bei Zusammenkünften der Gemeinschaft der deutschen Jagdflieger ist er eine populäre Erscheinung.

Harry von Bülow-Bothkamp führte im 1. Weltkrieg die Jagdstaffel Boelcke und erhielt sechs Abschüsse zuerkannt. Bei Ausbruch des 2. Weltkrieges war er Gruppenkommandeur der II./JG 77.

Er war fünf Jahre jünger als Osterkamp, aber trotzdem weit über das normale Alter hinaus, in dem man sich in moderne Jagdflugzeuge setzte.

Im Alter von 42 Jahren flog von Bülow erfolgreich gegen britische und französische Jungens. Er wurde im Frühjahr 1940 zum Kommodore des JG 2 ernannt und flog in der Luftschlacht um England.

Genau wie Osterkamp stieg er in höhere Kommandostellen auf, wo er sich gut bewährte. Auch er wurde mit dem Ritterkreuz ausgezeichnet.

Dr. Erich Mix kam während des 1. Weltkrieges zwar nicht ganz auf 5 Luftsiege, erreichte dies aber im 2. Weltkrieg. 1939 war er als Einundvierzigjähriger Gruppenkommandeur im JG 2 mit 3 im 1. Weltkrieg erzielten Luftsiegen. Er kam auf 13 Abschüsse gegen die französische Luftarmee und die RAF, bevor er das Fliegen von Einsätzen aufgab. Er wurde später Kommodore des JG 1 und Jagdfliegerführer (Jafü) Bretagne.

Andere Piloten des 1. Weltkrieges, die auch im 2. Weltkrieg auf Feindflug gingen, waren z. B. Generalmajor Werner Junck (5 Luftsiege im 1. Weltkrieg), Generalmajor Karl-August von Schoenebeck (8 Luftsiege im 1. Weltkrieg) und Generalmajor Joachim Friedrich Huth. Letzterer verlor als Jagdflieger im 1. Weltkrieg ein Bein, flog 1940 eine Me 110 im ZG 26 und erhielt für seine besonderen Verdienste das Ritterkreuz. Er war der Offizier, der angeblich seine Pistole bereit hielt, als Douglas Bader sich kurz nach seiner Gefangennahme in eine Me 109 des JG 26 setzen durfte.[58].

Der hervorragendste Jagdflieger des 1. Weltkrieges, der im 2. Weltkrieg Kampfeinsätze flog, war Generalmajor Eduard Ritter von Schleich. Er wurde als der »Schwarze Ritter« mit 35 Luftsiegen im 1. Weltkrieg bekannt. Auch er trug den »Blauen Max«. In den 30er Jahren war er im Flugsport für die deutsche Jugend aktiv gewesen und wurde 1938 Kommodore des JG 132. Diese Einheit wurde später in JG 26 »Schlageter« umbenannt.

Eduard von Schleich flog bis Ende 1939 mit seinem Geschwader, d. h. er flog im 2. Weltkrieg im Alter von 51 Jahren noch Luftkämpfe. Während diese Zeilen geschrieben werden, fliegen einige amerikanische Asse des 2. Weltkrieges, in der Altersgruppe von 49 bis 51 Jahren, Kampfeinsätze in Vietnam, aber die älteren Deutschen flogen gegen einen stärkeren Widerstand, als er den Amerikanern bis jetzt in Südostasien begegnet ist.

Zu den Bewunderern Schleichs gehört Adolf Galland, der von ihm sagt: »Er war ein Gentleman der alten Schule, vielleicht sogar zu sehr, um mit dem harten Geschäft, das zu erledigen war, fertig zu werden. Seine Untergebenen mochten und achteten ihn nicht nur als As des 1. Weltkrieges, sondern auch wegen seiner Entschlossenheit und seinem Elan, mit der neuen Zeit mitzuhalten.« Nachdem er das JG 26 abgegeben hatte, diente Schleich den ganzen Krieg hindurch in verschiedenen Kommandostellen mit Auszeichnung. Er starb 1947.

Einer der strahlendsten jungen Sterne in der Luftschlacht um England war Major Helmut Wick. Er fiel am 28. November 1940 als Kommodore des JG 2. Zum Zeitpunkt seines Todes hatte er 56 bestätigte Abschüsse gegen Engländer und Franzosen erzielt und lag somit vor Galland (52) und Mölders (54).

Heute ist sein Name in den Ländern der ehemaligen Alliierten kaum bekannt. Wick, 1915 geboren, war bei Ausbruch des Krieges junger Leutnant beim JG 53. Bereits 14 Monate später wurde er, im Alter von 25 Jahren, mit 40 Luftsiegen Nachfolger von Major Schellmann als Kommodore des JG 2 Richthofen.

Wick war ein Draufgänger, ein Mann, den man nicht halten konnte. Das half ihm zwar in der Luft, brachte ihn aber manchmal am Boden in Schwierigkeiten. Er hatte wenig Respekt vor höheren Dienstgraden, wenn er herausgefordert wurde. Dann konnte er seinen Mund nicht halten und nahm keine Rücksicht auf Lametta. Der Chef der 3. Luftflotte, Feldmarschall Sperrle, hatte deshalb hin und wieder seine Probleme mit Wick.

Nach einer Besichtigung der Gruppe Wicks wandte sich Sperrle dem jungen Verbandsführer zu und bemängelte das unordentliche, unsoldatische Aussehen des Bodenpersonals. Es war die typische Bemerkung eines Generals, die mit einem »Jawohl« auszuräumen gewesen wäre. Wick explodierte.

»Herr Feldmarschall, wir kämpfen jeden Tag 24 Stunden lang gegen die Briten. Diese Männer müssen schuften wie die Irren, um nachzutanken, neu aufzumunitionieren oder die Flugzeuge zu reparieren, damit wir die RAF bekämpfen können. Glauben Sie nicht, daß das wichtiger ist, als sich die verflixten Haare schneiden zu lassen?« Sperrle fiel das Monokel aus dem Auge. Er hatte unrecht und er wußte es. Er sagte nichts mehr.

Wicks Philosophie war die des Kämpfers. Er faßte dies in den Worten zusammen: »Solange ich feindliche Flugzeuge abschießen kann und damit zur Ehre des Richthofengeschwaders und dem Erfolg meines Vaterlandes beitragen kann, bin ich ein glücklicher Mensch.

Ich möchte kämpfen und, wenn es sein muß, kämpfend sterben und dabei so viele Gegner wie möglich mitnehmen.«

Er nahm 56 Gegner mit sich, bevor er am 28. November 1940 südlich der Isle of Wight abgeschossen wurde. Seine Staffelkameraden sahen ihren jungen Kommodore mit dem Fallschirm aussteigen und auf den Ärmelkanal hinunterschweben, über dessen trüben Wassern er so viele seiner Opfer abgeschossen hatte. Danach fand man kein Zeichen mehr von Helmut Wick. Nach dem Start zu seinem letzten Einsatzflug war auf dem Stützpunkt des JG 2 ein strenger Befehl eingegangen, der Wick verbot, weitere Einsätze zu fliegen. Der Befehl kam zu spät.

Zu Wicks Nachfolger als Kommodore des JG 2 wurde der große und schlanke Hauptmann Balthasar ernannt, dessen Kampferfahrungen bis auf den spanischen Bürgerkrieg zurückgingen. Aus dem spanischen Bürgerkrieg ging er als As mit sieben Abschüssen hervor und erzielte weitere 23 im Frankreich-Feldzug. Als Führer hatte er sich einen Namen geschaffen und war der passende Nachfolger für Wick.

Balthasar war ein außergewöhnlich guter Ausbilder und wußte, wie man junge Piloten in das harte Geschäft des Luftkrieges einführte.

Sein Eifer in dieser Hinsicht wäre einmal beinahe ins Auge gegangen.

Es handelte sich um einen Zwischenfall, der nicht ohne makabren Witz war.

Während des Frankreichfeldzuges flog Adolf Galland eine Me 109, die versuchsweise mit einem hellgelben Tarnanstrich und Tarnmustern versehen war. In 1000 m Höhe hörte er über Sprechfunk eine Stimme, die er sofort als die Balthasars erkannte, der mit den drei anderen Piloten seines Schwarmes sprach.

»Sehen Sie die englische Spitfire mit dem gelben Tarnanstrich etwa 1000 m unter uns auf 3 Uhr? Ich werde sie angreifen, passen Sie auf. Ich werde Ihnen zeigen, wie man einen Gegner abschießt.«

Galland sah sich um und konnte sehen, wie der eigene Schwarm hoch über ihm zum Angriff ansetzte.

»Balthasar!« rief Galland über Sprechfunk, »bitte tu's nicht, ich bin es, Galland! Paß auf, ich werde mit meinen Flächen wackeln.«

Zu Gallands Erleichterung blieben die Waffen stumm, als Balthasar herunterstieß und neben ihm herflog und dem zukünftigen General der Jagdflieger lachend zuwinkte.

Balthasar wurzelte in der Tradition der Ritterlichkeit. Besonders gern führte er Gespräche mit abgeschossenen RAF Jagdfliegern. Genauso wie es im 1. Weltkrieg gehandhabt wurde, ließ er sie auf einen Schnaps, ein Essen und eine Fachsimpelei in das Kasino holen, bevor er sie nach hinten bringen ließ. Die Gespräche beschränkten sich meist auf die gegenseitige Kritik und die Bewunderung der Flugzeuge und Taktiken der anderen. In einem Falle hatte Balthasar jedoch ein Gespräch, das darüber hinaus ging – sozusagen einen Schritt in die Zukunft. Ein junger britischer Pilot behauptete Ende Juni 1941 in Balthasars Kasino, daß Ernst Udet Selbstmord begangen habe: er habe sich mit einer Pistole selbst in den Kopf geschossen. Diese erstaunliche Feststellung wurde fast fünf Monate vor dem unter den gleichen Umständen erfolgten Selbstmord Udets gemacht.

Es gehörte viel dazu, den jungen Engländer davon zu überzeugen, daß er Unsinn redete. Seine deutschen Gastgeber hatten Schwierigkeiten, ihrem Gefangenen klarzumachen, daß Udet lebte und daß es ihm gut ging. Vier Monate später waren die Deutschen an der Reihe ungläubig zu sein. Die Piloten, die damals anwesend waren, erinnerten sich der Vorhersage des englischen Piloten. Zu diesem Zeitpunkt war auch Balthasar bereits tot.

Als zweiter Jagdflieger, der mit dem Ritterkreuz ausgezeichnet wurde, erhielt Balthasar später auch das Eichenlaub. Er hatte 40 Luftsiege im Westen erzielt, zusätzlich zu den 7 im spanischen Bürgerkrieg, als er am 3. Juli 1941 bei Aire in einen Luftkampf mit britischen Jägern verwickelt wurde. Seine Maschine wurde getroffen, und eine Tragfläche brach während des Luftkampfes ab. Dabei stürzte er ab und schlug auf dem Boden auf.

Balthasars Kameraden kannten das Grab seines Vaters aus dem ersten Weltkrieg. Sie beerdigten Wilhelm Balthasar direkt daneben und setzten ihm den gleichen Grabstein. So liegen beide Seite an Seite in Flandern weit von der Heimat, in deren Dienst sie beide ihr Leben gelassen hatten.

Der etwas dunkelhäutig wirkende Gerhard Schöpfel ist heute Direktor von Air Lloyd auf dem Köln-Bonner Flughafen. Er wirkt zehn Jahre jünger, als er ist. 1940 war er einer der erfolgreichsten deutschen Jagdflieger in der Luftschlacht um England und wurde Nachfolger Adolf Gallands als Kommodore des JG 26. Schöpfel ist heute etwas gewichtiger geworden und bewegt sich nicht mehr ganz so schnell wie in seinen besten Tagen. Aber die überragenden Qualitäten eines Fliegerasses kann man noch an seinen durchdringenden dunklen Augen, seiner schnellen Auffassungsgabe und an seiner unumwundenen direkten Antwort auf Fragen erkennen.

Gerd Schöpfel trat 1935 im Alter von 23 Jahren von der Infanterie zur Luftwaffe über. Wie die meisten deutschen Piloten, die zu Anfang des Krieges erfolgreich waren, profitierte er von der sorgfältigen Friedensausbildung. Bei Ausbruch des Krieges war er Staffelkapitän im JG 26 und erzielte über dem Strand von Dünkirchen seinen ersten Luftsieg. Bei einem Luftkampf in großer Höhe schoß er eine Spitfire ab.

Auf dem Höhepunkt der Luftschlacht um England Mitte September 1940 war Schöpfel bei 20 Abschüssen angekommen und trug das Ritterkreuz. Er flog Dutzende von Einsätzen über England mit Galland zusammen, der 1940 zum JG 26 als Kommandeur der III./JG 26 gekommen war. Als Galland zum Kommodore befördert wurde, übernahm Schöpfel die III./JG 26. Zwischen 1939 und 1945 flog er 700 Einsätze und wurde nur einmal im Rahmen der Reichsverteidigung im August 1944 als Kommodore des JG 4 abgeschossen.

Er mußte abspringen, schlug beim Aufkommen schwer auf und kugelte seine Schulter aus. Er hat eine bleibende Erinnerung an diesen

Vorfall, da sein linker Arm seit dieser Zeit kürzer ist als der rechte.

Schöpfel wurde mehrere Male leicht verwundet. Einmal auf eine Art, die ihn heute noch zum Lachen bringt. Er führte einen Schwarm gegen Spitfires, als sein Flugzeug von einer Maschinengewehrgarbe getroffen wurde. Die Kugeln fetzten in die Rückseite seines Instrumentenbrettes, und ein Einstellknopf flog von dort direkt in Schöpfels Mund.

Er beleuchtet die 1940 geübte Ritterlichkeit anhand des Abschusses eines amerikanischen RAF-Piloten namens Clarke:

»Clarke war Amerikaner und flog als Freiwilliger bei der RAF. Er hatte feuerrotes Haar. Seltsamerweise hatte der junge Feldwebel, der Clarke über Frankreich abgeschossen hatte, ebenfalls rote Haare. Nachdem Clarke eine Bauchlandung gemacht hatte und heraussprang, flog der junge deutsche Feldwebel gerade in dem Augenblick über das Wrack, als Clarke seine Fliegerhaube abnahm. Er war verblüfft, als er erkannte, daß sein Gegner genau so rote Haare hatte wie er selbst. Er erzählte mir das, und wir brachten Clarke noch am gleichen Abend zu unserem Stützpunkt, wo sich die beiden Rothaarigen dann am Boden trafen.«

Schöpfel war zugegen, als der gefangengenommene Douglas Bader als Gast zu dem Gefechtstand der III./JG 26 gebracht wurde. Galland hat in seinem Buch darüber berichtet, wie vorsichtig Bader bei seinen Aussagen war, obwohl es nicht die Absicht der deutschen Jagdflieger war, direkte Feindinformationen von ihm zu erlangen. Als Schöpfel viel später zu dem Befragungslager in Oberursel kam, wo Bader fachgerecht befragt wurde, und die Angaben erbat, die von dem englischen As angefallen waren, da konnte man ihm nicht helfen. Die Deutschen hatten nichts aus Bader herausgeholt, seine Akte enthielt außer Name, Dienstgrad und Erkennungsnummer keine weiteren Angaben.

Schöpfel diente hintereinander in Süditalien als Jägereinsatzoffizier, als Jagdfliegerführer in Norwegen, Kommodore des JG 4 und Jagdfliegerführer in Ungarn. In den letzten Kriegstagen war er Kommodore des JG 6 in der nördlichen Tschechoslowakei und hatte 40 bestätigte, im Westen erzielte Abschüsse. Mit dem Stabe des Generals Seidemann fiel er bei Kriegsende den Russen in die Klauen und schmachtete viereinhalb Jahre lang in sowjetischen Gefängnissen.

Schöpfel erzählt amerikanischen Besuchern gerne die Geschichte von vier US-Fliegern, die als Kriegsgefangene kurz vor dem deutschen Rückzug auf dem Flugplatz des JG 6 nahe Prag waren:

»Überall brachen die Russen durch, und wir wußten, daß ihr Eintreffen auf dem Flugplatz vielleicht nur eine Frage von Stunden war. Ich sagte zu den Gefangenen: »Wir werden Sie hier zurücklassen, damit Ihre russischen Alliierten sich Ihrer annehmen können.«

»Nein, danke«, sagte ihr Sprecher. »Wir hauen lieber mit Ihnen zusammen ab.«

Nach seiner Entlassung aus russischer Gefangenschaft arbeitete Schöpfel eine zeitlang als Chauffeur für einen ehemaligen Angehörigen seines Geschwaders. Dann ging er als Kaufmann in das Geschäftsleben und kehrte erst in den frühen sechziger Jahren wieder zur Luftfahrt zurück. Solange er bei Air Lloyd bleibt, befindet sich Schöpfels Büro auf der einen Seite der Halle, in der Adolf Galland seine Beechcraft Bonanza abgestellt hat. Galland schaut häufig bei ihm herein. Wenn Schöpfels ehemaliger Kommandeur sein Flugzeug warmlaufen läßt, dann sprechen die Beiden immer wieder über alte Erinnerungen. Manchmal tritt die Vergangenheit für beide fast wieder wirklich in den Vordergrund. Denn Galland und Schöpfel waren beide als Berater für den britischen Film »Die Luftschlacht um England« tätig. Wenn sie heute nach England fliegen, müssen sie sich keine Sorgen wegen der englischen Flak machen, und ihre britischen Freunde erwarten sie mit Cognac anstatt Kanonen.

Einer der wenigen Piloten, der Schöpfel mit 20 Luftsiegen an der Westfront zuvorkam, war Walter Oesau – ein robuster ehemaliger Artillerist, der seine Feuertaufe im spanischen Bürgerkrieg erhalten hatte. Oesau, das ehemalige As der Legion Condor, hatte bei Ausbruch des 2. Weltkrieges bereits 8 Abschüsse und hat bis zum 18. August 1940 weitere 20 Luftsiege gegen Briten und Franzosen im JG 51 Mölders erzielt. Er war bei Kriegsbeginn Staffelkapitän und wurde im August 1940 Kommandeur der III./JG 51.

Oesau war ein kleiner, stämmiger Mann, der körperliche Ausdauer und Kraft ausstrahlte.

»Macky« Steinhoff nennt ihn den »härtesten Jagdflieger der Luftwaffe«. Der verstorbene Historiker Hans-Otto Böhm bezeichnete ihn als »einen der großen Lehrer« seiner jungen Kameraden im gleichen Sinne wie Mölders, Lützow, Trautloft, Ihlefeld und andere.

Galland nennt ihn »einen der größten Jagdflieger, die Deutschland während des 2. Weltkrieges hervorgebracht hat. Er war ein zäher und glänzender Kämpfer in der Luft.«

In 300 Einsätzen erzielte »Gulle« Oesau 117 Abschüsse, davon 44 an der Ostfront. Seine 73 Luftsiege gegen Westalliierte stellen eine bemerkenswerte Leistung dar und dies besonders, wenn man berücksichtigt, in welcher Zeit sie erzielt wurden.

Bis Februar 1941 hatte er 40 Luftsiege gegen die Besten der RAF erzielt.

Im Juni 1941 kam er an die Ostfront und schoß 44 russische Flugzeuge ab, bevor er als Kommodore des JG 2 Richthofen zu weiterem Einsatz in den Westen zurückkehrte. Am 26. Oktober 1941 hatte er als 3. Jagdflieger der Luftwaffe 100 Abschüsse erreicht. Nur Mölders und Lützow lagen vor ihm. Lützow schlug ihn dabei um knapp zwei Tage.

Als Oberst wurde er im Oktober 1943 Kommodore des JG 1. Dieses Geschwader erhielt in Anerkennung seiner Führungseigenschaften und seiner Leistungen später seinen Namen.

Die ständigen Anstrengungen von 1939 bis 1943 hatten sogar von diesem steinharten Mann seinen Zoll gefordert. Major Hartmann Grasser, Gruppenkommandeur im JG 1 war dabei, als der unerschrokkene Oesau abgeschossen wurde:

»Er war zu diesem Zeitpunkt am Ende seiner physischen und geistigen Kräfte. Deutsche Jagdflieger und Verbandsführer wie er mußten den ganzen Krieg hindurch ohne Ruhepause kämpfen. Ich glaube, dies war einer der großen Fehler unserer Führung.

Ich war in diesem letzten Kampf, als er bei Aachen abgeschossen wurde, bei Oesau. Er versuchte, die Begleitjäger eines Boeingverbandes anzugreifen und wurde dann von 2 Mustangs und von Lightnings nach unten verfolgt. Zahlenmäßig unterlegen, konnte er nichts tun und wir auch nicht. Auf diese Weise verloren wir die meisten unserer besten Männer[59].

Der Mann, der Oesau so knapp als zweiter deutscher Jagdflieger mit einhundert Luftsiegen schlug, war Oberst Günther Lützow. Als Träger eines geschichtlich vorbelasteten, berühmten Namens und der damit verbundenen Familientradition war er auf eine militärische Laufbahn festgelegt. Genau wie Oesau und Balthasar war er bereits im spanischen Bürgerkrieg erfolgreich, in dem er fünf Luftsiege erzielte. Diesen fügte er im 2. Weltkrieg 103 weitere Abschüsse hinzu. Alle außer achtzehn wurden an der Ostfront erzielt. Obwohl Lützow die meisten Abschüsse gegen die Rote Luftwaffe erzielt hat, ist seine geschichtliche Bedeutung in erster Linie mit der Westfront verbunden. Die Geschichte beweist, daß der Charakter und die Integrität eines Jagdfliegerführers daran gemessen werden konnte, wie er Görings Widerspruch herausforderte. In dieser Hinsicht war Günther Lützow einmalig. Als Mann von Herkunft und Charakter stand Lützow im krassen Gegensatz zu dem pompösen und wenig selbstkritischen Göring. Kein geringer Teil der gegenseitigen Animosität entstammte Görings instinktivem Gefühl der Unterlegenheit einem Manne gegenüber, der das Ehrenhafte, Korrekte und Anständige verkörperte, das dem deutschen Berufssoldaten innewohnte. Lützow trat allen Herausforderungen des Lebens direkt entgegen ohne jemals zu zögern. Damit war er das genaue Gegenteil des Reichsmarschalls, der sich im Komfort von Karinhall gegen alle Hinweise auf den nationalen Ruin verschanzte.

Lützow wurde 1912 in Kiel geboren.

Die Krieger von Fehrbellin und Roßbach gehörten zu seinen Vorfahren, genauso wie Männer im Kirchengewande.

Lützows Ausbildung war anfänglich mehr auf die Theologie als auf das militärische Leben hin ausgerichtet und er erhielt seine akademische Vorbildung in einer protestantischen Klosterschule. Die Zeitläufe führten ihn dann aber unvermeidlich in das militärische Leben.

Lützows Charakter und Mut, seine Intelligenz, seine Gewandtheit in Debatten waren so groß, daß er zum Sprecher der Jagdfliegerwaffe in der berühmt gewordenen Konferenz der Geschwaderkommodore bei Göring in Berlin im Januar 1945 gewählt wurde. Galland war als General der Jagdflieger »gegangen worden«, und Lützow brachte diese Angelegenheit ohne Umschweife zur Sprache, genauso wie die von Göring ausgesprochenen Beleidigungen und Mißtrauensäußerungen gegen die Jagdflieger. Göring hatte eine Zusammenfassung der Beschwerden der Geschwaderkommodore gefordert, und Lützow war gerade der richtige Mann, um sie mit Nachdruck zu vertreten. Göring war außer sich. Er beendete die Sitzung wütend, lief aus dem Raum und brüllte seine Absicht heraus, Lützow vor ein Kriegsgericht zu bringen. Der tapfere Lützow entging diesem Schicksal, wurde aber praktisch nach Italien verbannt, um dort den Posten des Jagdfliegerführers von seinem langjährigen Freund Oberst Eduard Neumann zu übernehmen.

Die Verfasser sind Edu Neumann für die folgenden Erinnerungen an dieses italienische Zwischenspiel dankbar:

»Er war ein großer, stolzer Mann – ein richtiger Gentleman mit einem feinen Sinn für Humor. Er war der typische gut erzogene Preuße. Als die Italiener hörten, daß ein Preuße mein Nachfolger würde, waren sie sehr erschrocken[60]. Als er dann später von Italien wegging, beklagten die Italiener diesen Verlust.

Es war uns verboten, Kontakt miteinander zu haben, weil Göring Angst hatte, wir könnten konspirieren. Ich wurde nach Deutschland befohlen, ohne besonderen Auftrag. Als ich kam, um mich von den Italienern zu verabschieden, mußte Lützow den Stab in Verona verlassen und ich mußte auf Umwegen nach Verona fahren, damit wir nicht zusammentreffen konnten. Aber ich rief ihn an und sagte: »Hier spricht der Reichsmarschall.« Lützow antwortete: »Ha! Ha! Das kann jeder sagen.« Wir hatten eine komische Unterhaltung mit getarnten Andeutungen, ohne zu wissen, daß Görings Leute den Funk abhörten, aber nicht das Telefon.

Einige Monate vor Ende des Krieges löste ich ihn in Verona ab, weil er darauf bestand, mit Galland zum JV 44 zu gehen.«

Nach einer hervorragenden Karriere als Jagdflieger, Inspekteur der Tagjäger, Divisionskommandeur und Jagdfliegerführer Italien entschied sich Günther Lützow dafür, den Krieg mit Galland im JV 44, »der Staffel der Experten«, zu beenden. So konnte er wenigstens helfen, die entscheidende Überlegenheit der Me 262 im Kampfe zu beweisen und noch einmal zu der ehrenhaften Selbstachtung des Jagdfliegers zurückzufinden. Eine für Lützow typische Entscheidung: er bezahlte sie mit seinem Leben.

Er erzielte zwei weitere Abschüsse mit dem Düsenjäger und wird seit dem 24. April 1945 nach einem Einsatz bei Donauwörth vermißt. An diesem Tage wurde nur ein Abschuß einer Me 262 gemeldet und beansprucht. USAAF-Major Ralph F. Johnson, Anschrift unbekannt, jetzt verstorben, beanspruchte den Abschuß eines Düsenjägers. Es ist jedoch wahrscheinlicher, daß Günther Lützow sein Leben beim Angriff auf eine der vielen B-17 und B-24 einbüßte, die an diesem Tage über ganz Deutschland im Einsatz waren. Lützow wurde am 18. September 1940 mit dem Ritterkreuz ausgezeichnet, am 20. Juli 1941 mit dem Eichenlaub und am 11. Oktober 1941 als vierter Jagdflieger mit den Schwertern.

Zwei Wochen vor Kriegsende fand er den Tod. General Adolf Galland zollt seinem toten Freund »Franzl« Lützow diesen historischen

Tribut: »Nach meiner Meinung war Günther Lützwo *der* hervorragende Führer in der Luftwaffe. Ich stelle ihn über alle anderen.«

Wie dieses Buch gezeigt hat, gibt es zahlreiche deutsche Jagdflieger mit relativ niedrigen Abschußergebnissen, die trotzdem einen besonderen Platz in der Geschichte des Luftkrieges gefunden haben.

Mit »nur« 78 bestätigten Abschüssen war Major Georg Peter Eder einer der ritterlichsten Jagdflieger der Luftwaffe. Die Kriegspropaganda, die zur bewußten Verzerrung des deutschen Charakters beigetragen hat, liegt hinter uns. Georg Eders Verhalten im Luftkampf kann heute als Beispiel höchsten ethischen Verhaltens im Kriege angesehen werden.

Heute ist Georg Peter Eder als tatkräftiger Kaufmann in Frankfurt am Main tätig.

Eder wurde am 8. Mai 1921 in Oberdachstetten (Franken) geboren und genoß die typische deutsche Oberschulbildung, bevor er im Oktober 1938 als Fahnenjunker in die Luftwaffe eintrat. Am 1. April 1939 wurde er zur Luft-Kriegsakademie in Berlin-Gatow versetzt, wo er ein Jahr später seinen Pilotenschein machte. Anschließend wurde er zur Jagdfliegerschule Nr. 1 in Werneuchen versetzt. So fing es an.

Am 1. September 1940 wurde der neunzehnjährige Pilot zu seiner ersten Fronteinheit, der 1. Staffel des JG 51 »Mölders« versetzt. Er flog in der Luftschlacht um England, ohne einen Abschuß zu erzielen. Im Juni 1941 wurde er mit dem JG 51 nach Polen verlegt und holte am 22. Juni 1941, beim Einmarsch in Rußland, gleich zwei russische Flugzeuge herunter. Er war fast zehn Monate lang im Einsatz geflogen, bis er – trotz gründlicher Friedensausbildung und Führung durch erfahrene Veteranen des JG 51 – sein Jagdfieber überwinden konnte. Dann aber fing er an, aufzuholen.

Eder kam im folgenden Monat auf 10 bestätigte Abschüsse und nahm an zahlreichen Erdkampfeinsätzen teil. Am 24. Juli 1941 wurde er abgeschossen und verwundet. Das sollte ihm im weiteren Verlauf des Krieges mit teuflischer Regelmäßigkeit noch öfter passieren. Am 10. August 1941 wurde er bei Pontjatowka von einer Ju 52 gerammt und verwundet. Zwischen Juli 1941 und der Kapitulation 1945 wurde er siebzehnmal abgeschossen und vierzehnmal verwundet. Sein Körper ist mit Narben übersät. Nach seiner ersten Verwundung mußte er 90 Tage im Lazarett verbringen. Dann wurde er als Staffelführer zur Jagdfliegerschule nach Zerbst versetzt. Der Betrieb dort hing ihm bald zum

Hals heraus, und so ließ er sich im Februar 1942 zur 7. Staffel des JG 2 versetzen. Bei »Experten« des Richthofengeschwaders wie Kurt Bühligen, Egon Mayer, »Sepp« Wurmheller und »Assi« Hahn mußte man sich als junger Jagdflieger schon anstrengen, um mithalten zu können. Eder blieb bis Februar 1944 beim JG 2 und gewann in dieser Zeitspanne in der Luftwaffe besonderes Ansehen als Spezialist in der tödlichen Kunst, amerikanische schwere Bomber anzugreifen.

Mindestens 36 Abschüsse von viermotorigen Bombern wurden ihm zuerkannt. Zusammen mit Oberstleutnant Egon Mayer, Kommodore des JG 2, wurde Eder im Zusammenhang mit der Entwicklung der Angriffstaktik von vorn bekannt, die beide mit erheblichem Erfolg bei dem Bekämpfen der viermotorigen Bomber zur Anwendung brachten.

Das Abwehrfeuer eines B-17 oder B-24-Verbandes war nach vorne am schwächsten. Die Deutschen hatten das bald herausgefunden. Eder und Mayer nutzten dies aus und wendeten dazu eine Taktik an, für die man einen Magen aus Gußeisen und Nerven wie Stahl haben mußte. Sie flogen den Bomberstrom im Sturzflug von vorne an, um dann aus allen Waffen feuernd, geradeaus weiter durch den Bomberverband hindurchzufliegen. Wegen der hohen Annäherungsgeschwindigkeit hatten die amerikanischen Bordschützen nur kurze Zeit zum Schießen. Die Heck- und Flankenschützen konnten nicht auf die deutschen Jäger schießen, weil sie befürchten mußten, die anderen Flugzeuge im eigenen Verband zu treffen. Viele übereifrige Bordschützen der amerikanischen Bomber haben tatsächlich ihre eigenen Flugzeuge abgeschossen bei dem Versuch, die deutschen Jäger bei diesen Angriffen unter Feuer zu nehmen.

Aber auch Eder mußte bei diesen Einsätzen Federn lassen. Er wurde wiederholt von den Amerikanern abgeschossen und wurde fast jedesmal verwundet. In neun Fällen mußte er – selbst verwundet – aussteigen und konnte nur hoffen, daß sein Fallschirm ganz geblieben war. In anderen Fällen mußte er sein durchsiebtes und kaum noch steuerbares Flugzeug bruchlanden. Und auch das einige Male in verwundetem Zustand.

Eder wurde auf der anderen Seite des Ärmelkanals nicht wegen seiner wagemutigen Angriffe auf die Bomber, sondern wegen seines ritterlichen Verhaltens im Luftkampf bekannt. Die Piloten der RAF und der USAAF, die Eder im Luftkampf geschont hatte, wußten zwar seinen Namen nicht, sie kannten aber seine Nummer.

Der frühere RAF-Pilot Mike Gladych, ein gebürtiger Pole, der jetzt in den Vereinigten Staaten lebt, ist einer der alliierten Piloten, der im Luftkampf mit Eder zusammentraf. Er verdankt der Ritterlichkeit des deutschen Fliegers sein Leben.

Gladych berichtete vor einigen Jahren ausführlich in einem Illustriertenartikel über sein Zusammentreffen mit Eder in der Luft[61]. Dabei erzählte er, wie seine Spitfire 1943 über Lille von dem deutschen As zerschossen wurde. Ein weiterer Feuerstoß hätte Gladych erledigt. Aber anstatt weiter zu schießen, wackelte Eder mit seinen Tragflächen und flog neben seinem Opfer her. Er winkte ihm zu. Er wollte einen geschlagenen Gegner nicht auch noch umbringen.

Die beiden Piloten trafen noch einmal aufeinander. Dieses Mal schoß Eder Gladychs P-47 an und wollte den polnischen Piloten zwingen, in Vechta zu landen. Er hätte seinen Gegner von der RAF auch dieses Mal leicht töten können.

Ein ganzes gegnerisches Flugzeug mitsamt seinem Piloten in die Hand zu bekommen, war eine Leistung, die Eder mehr reizte als einen hilflosen Gegner zusammenzuschießen. Aber Gladych legte Eder herein. Er ließ den Deutschen in das eigene Flakfeuer hineinfliegen, während er sich noch einmal davonmachen konnte.

Der ritterliche Deutsche mußte diesmal teuer für seine Haltung im Gefecht bezahlen. Die eigene Flak durchsiebte seine FW 190; Eder selbst wurde erneut verwundet. Er verbrachte bis zur Wiedergenesung fünf Wochen im Lazarett. Gladych und Eder trafen zufällig nach dem Kriege in Frankfurt zusammen. Dabei wußte keiner, daß sie bereits im Luftkampf aufeinandergetroffen waren, bis sie anfingen ihre Aufzeichnungen aus der Kriegszeit zu vergleichen.

Eder flog von März 1943 bis September 1944 im JG 1 »Oesau«, wurde zum Gruppenkommandeur befördert und nahm mit dieser Einheit an den Schlachten der Invasionsfront teil. Dann kam er für kurze Zeit zum JG 26, um als Kommandeur der II./JG 26 den Platz von Emil »Bully« Lang einzunehmen. Im Oktober 1944 wählte ihn Galland zu weiterer Verwendung in der Gruppe von Jagdfliegern aus, die das Erprobungskommando »Nowotny« bilden sollten. Diese Einheit flog von Lechfeld und Achmer aus mit Me 262. Es war ihre Aufgabe, neue Taktiken für Düsenjäger im scharfen Einsatz zu erproben.

Von diesem Zeitpunkt an bis zum Ende des Krieges flog er die Me 262 in annähernd 150 Einsätzen. Er beansprucht 24 Abschüsse mit dem Düsenjäger, aber die meisten von ihnen wurden in den letzten Kriegstagen nicht mehr bestätigt. Abschußbestätigungen hinkten oft 6 Monate hinter den Abschußmeldungen her, und in den letzten chaotischen Monaten des Krieges konnten zahlreiche Abschüsse nicht mehr bestätigt werden, obwohl alle Bedingungen außer der offiziellen Anerkennung erfüllt waren. Deshalb haben eine große Anzahl von Jagdfliegern der deutschen Luftwaffe mehr Abschüsse erzielt, als ihre amtlichen Abschußergebnisse aussagen. Aber die Autoren haben kein einziges As getroffen, das sich auf diese zusätzlichen Abschüsse beruft. Wie sagte doch Gerd Barkhorn: »Verteilt sie unter die armen Leute.«

12 Abschüsse in der Me 262 wurden Eder noch bestätigt. Einer davon war eine P-38, die er rammte.

Das Glück verließ Eder mit dem Ende der Feindseligkeiten. Er fand sich in den Klauen einiger Gegner, bei denen Ritterlichkeit nicht mehr gefragt war. Von einem Kriegsgefangenenlager in Regensburg wurde er nach England gebracht. Dort wurde er weniger großzügig behandelt, als er es seinen britischen Gegnern in der Luft einst angedeihen ließ.

In dem Kriegsgefangenenlager in Derby, das zufälligerweise die Bezeichnung »Camp 13« trug, wurde Eder wegen seiner Erfahrung mit der Me 262 als besonderer Gefangener angesehen. Camp 13 brachte wirklich Unglück. Er wurde endlosen Vernehmungen ausgesetzt und war in einem ständig hellerleuchteten Raum untergebracht. Einmal wurde er sogar von einem britischen Militärpolizisten mit dem Gewehrkolben niedergeschlagen, als er die Beantwortung von Fragen verweigerte.

Nach zwei Wochen Aufenthalt in diesem Raum erlitt er einen Nervenzusammenbruch und wurde einer Behandlung als Manisch-Depressiver unterzogen. Täglich erhielt er von den betreuenden Ärzten Spritzen. Nach weiteren 10 Tagen kamen die britischen Ärzte zu dem Schluß, daß er nicht auf die Behandlung anspreche. »Schickt diesen Idioten nach Deutschland zurück«, sagte der leitende Arzt. Am Tag darauf wurde er per Schiff nach Calais gebracht und von dort aus über Lille nach Bad Kreuznach. Vorher schon unterernährt und mager, bekam er über eine Woche lang kaum etwas zu essen und war nur noch ein Schatten seines früheren kräftigen Selbst.

Er wurde später in das Entlassungslager nach Regensburg zurückgebracht. Am 6. März 1946 wurde er entlassen und kehrte nach Frankfurt am Main zurück. Für Georg Peter Eder war es ein langer Krieg mit einem persönlich so bitteren Ende, wie es gerade ihm von allen deutschen Fliegern hätte erspart bleiben müssen.

Oberstleutnant Egon Mayer war Eders Kommandeur im JG 2. Er war der erste deutsche Jagdflieger, der es auf 100 Luftsiege an der Kanalfront brachte. Egon Mayer diente von 1939 bis zu seinem Tode in dem Geschwader, das nach Richthofen benannt wurde. Er stieg zum Kommodore dieses Eliteverbandes auf. Schon als Junge war er ein begeisterter Segelflieger und benutzte die Pferde des elterlichen Hofs, um Segelflugzeuge auf dem Segelflugplatz Ballenberg zu starten.

Nach einer regulären Friedensausbildung in der Luftwaffe kam er im Dezember 1939 zum JG 2.

Einmal fiel er in den »Bach«, wurde aber nach einer Stunde aus dem Wasser des Ärmelkanals gefischt.

Bis zum 19. August 1942 hat er 50 Luftsiege erkämpft. Mit Ausnahme eines Abschusses im Frankreich-Feldzug erzielte er alle diese Luftsiege gegen die RAF. Dies bedeutet, daß sie gegen harte Gegner schwer genug errungen wurden. Zusätzlich dazu, daß er viermal abgeschossen wurde, mußte er etliche Male sein beschädigtes Jagdflugzeug notlanden. Unter Druck nie um eine Idee verlegen, rettete er einmal sein Leben, indem er sein durchlöchertes Jagdflugzeug gegen den steilen Hang eines Steinbruches auf den Bauch setzte. Ein anderes Mal war er in der Verzweiflung dazu gezwungen, aus einer Höhe von 80 m mit dem Fallschirm abzuspringen, aber er kam noch einmal davon. Als die Tagbomberangriffe zum Hauptproblem der deutschen Jagdflieger wurden, arbeitete er den Sturzangriff von vorne aus und erprobte diese Methode zusammen mit Eder und seinen Leuten im Kampf.

Mayer schoß einmal drei B-17 in 19 Minuten ab. Er vollbrachte diese Leistung am 6. September 1943 als Kommodore des JG 2. Die aufreibenden Kämpfe mit den schweren amerikanischen Bombern und ihren Begleitjägern, die Probleme, neue Piloten lang genug am Leben zu erhalten, bis sie auf sich selbst aufpassen konnten, und die unablässige Kritik des Oberkommandos der Luftwaffe forderten ihren Zoll von diesem Mann.

Am 5. Februar 1944 wurde er zum ersten Jagdflieger, der 100 Luftsiege an der Kanalfront erringen konnte. Aber er sollte diese Tat nicht lange überleben. Weniger als einen Monat später, am 2. März 1944 führte er eine Gruppe gegen einen amerikanischen Tagangriff. Die schweren Bomber wurden durch einen drückend überlegenen Verband P-47 geschützt, der Mayer überwältigte und abschoß. Man hat ihn auf dem Friedhof von Beaumont le Roger zur Ruhe gebettet. Er ist nur 26 Jahre alt geworden.

Mayer wurden 26 abgeschossene viermotorige Bomber zuerkannt. Insgesamt hat er 102 Luftsiege errungen. Sich immer wieder gegen die todbringenden, nahezu unverwundbaren Bomberströme zu werfen, erforderte höchste Tapferkeit. Mayers Einsatz wurde durch die Auszeichnung mit dem Eichenlaub mit Schwertern zum Ritterkreuz gewürdigt. Die alliierten Piloten, die ihn als den »Mann mit dem weißen Schal« kannten, sahen in ihm einen harten aber fairen Gegner. Seine eigenen Männer wären ihm bis in die Hölle und zurück gefolgt – und das wäre auch nicht viel schwerer gewesen als der Angriff auf die amerikanischen Bomberverbände. Bescheiden, fair, und um alle die besorgt, die ihm unterstanden, gehörte er zu den großen Vorbildern der Luftwaffe.

Wie Egon Mayer gehörte Kurt Bühligen die meiste Zeit seines Kriegseinsatzes zum JG 2 und erzielte alle seine 112 Abschüsse gegen westalliierte Flieger. Es ist bei seinen ehemaligen Gegnern kaum bekannt und wurde auch im Kriege kaum veröffentlicht, daß Bühligen eine der hervorragendsten Leistungen im Krieg vollbrachte. Nur Hans Joachim Marseille und Heinz Bär schossen mehr westalliierte Flugzeuge ab.

Bühligen diente von der Pike auf. Seine Fliegerlaufbahn begann drei Jahre vor dem Krieg als Flugzeugmechaniker. Ein brennender Wille zu fliegen, die hinter diesem Ehrgeiz stehende Fähigkeit und seine persönliche Leistung qualifizierten ihn zur Jagdfliegerausbildung.

Er brachte es bis zum Oberstleutnant und war vor der Kapitulation der letzte Kommodore des JG 2 Richthofen.

Als Feldwebel erzielte er seinen ersten Luftsieg in der Schlacht um England. Während der Kämpfe in Tunesien erzielte er zwischen Dezember 1942 und März 1943 40 Abschüsse gegen die Westalliierten. Zu dieser Zeit hatten die RAF und die USAAF gegenüber den noch in Nordafrika verbliebenen deutschen Jagdfliegern eine zahlenmäßige Überlegenheit, die allmählich ein Verhältnis von 20:1 erreichte. Daß Bühligen sich immer wieder unter solchen Bedingungen im Luftkampf behaupten konnte, kennzeichnet das Maß seiner Fähigkeit als Jagdflieger.

Seine 112 Abschüsse beinhalten auch 24 viermotorige schwere Bomber – fast das gleiche Abschußergebnis wie Egon Mayer. Er flog mehr als 700 Einsätze und wurde dreimal selbst abgeschossen.

Von 1945 bis 1950 war er in russischer Kriegsgefangenschaft. Draufgängerisch und unbezwingbar als Jagdflieger bewies er auch unter den Härten der sowjetischen Gefängnisse, daß er zu den »Unbeugsamen« gehörte. Wer es miterlebte, weiß was für eine Charakterprobe sich dahinter verbarg.

Kurt Bühligen wurde mit den Schwertern ausgezeichnet, und er steht auch in der Achtung wie im Ansehen innerhalb der Gemeinschaft der Jagdflieger mit an der Spitze.

Ein Jagdflieger, der nicht körperlich stark und geistig ausdauernd war, hatte wenig Aussichten, unter den Bedingungen des 2. Weltkrieges zu überleben. Erst in den letzten Kriegsmonaten kamen hydraulische Steuerübertragungen in den Flugzeugen zur Anwendung. Vor diesem Zeitpunkt waren Körperkraft und Vitalität die Voraussetzung für das Fliegen im Luftkampf, in Geschwindigkeitsbereichen zwischen 480 und 640 km/h. Körpergröße bedeutete wenig. Dies wurde von Oberst Josef »Pips« Priller von 1939 bis 1945 bewiesen, der 101 bestätigte Abschüsse gegen die Westalliierten erzielte.

»Pips« Priller war nur 1,61 m groß und wog ungefähr 140 Pfund, aber er war einer der dynamischsten Führer in der Luftwaffe. Mit seinem unbekümmerten Witz und seiner schnellen, durchdringenden Intelligenz stach er bei jeder Zusammenkunft von Piloten hervor. Sein frohes Temperament und sein ständig lächelndes Gesicht verbreiteten Auftrieb und Optimismus in seiner Umgebung – ein erheblicher Faktor bei seinem Erfolg als Verbandsführer.

Als der Krieg in sein fünftes Jahr hineinrollte, lachte oder lächelte Göring nur noch selten. Aber der behende Witz von »Pips« Priller konnte sogar dem mürrischen Reichsmarschall ein Lächeln abringen. Priller war einer der Wenigen, die im Endstadium des Krieges dem mächtigen Göring Auge in Auge gegenüberstehen und ihm dabei erzählen konnten, warum Deutschland den Krieg verlieren mußte. Priller konnte sich Dinge erlauben, an die andere nicht einmal zu denken wagten.

»Pips« kam im Oktober 1939 als Staffelkapitän zu Theo Osterkamps neu aufgestelltem JG 51. Er flog mit dieser Einheit im Frankreich-Feldzug und bis über den Höhepunkt der Luftschlacht um England

Diese Bordkamera-Aufnahmen zeigen, wie nahe die deutschen Jäger heranflogen, um entscheidende Treffer zu erzielen.

Gordon Gollob folgte Galland als General der Jagdflieger im letzten Stadium des Kriegs (oben links).

Günther Lützow ist seit dem 24. April 1945 vermißt. Er flog seinen letzten Einsatz in einer Me 262 des JV 44 (oben rechts).

Die Bordkamera einer deutschen Fw 190 zeigt eine Trefferserie in der Flächenwurzel einer amerikanischen P-47 (rechts).

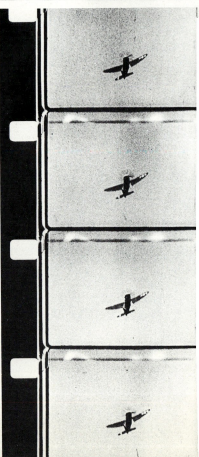

Diese P-38 »Lightning« machte eine Bruchlandung, nachdem sie mit einer Me 109 in der Luft zusammengestoßen war. Wer hat nun wen zum Absturz gebracht?

Heinz Bär, Co-Autor Ray Toliver und Erich Hartmann 1956 kurz nach dessen Entlassung aus sowjetischer Gefangenschaft.

Ein Dutzend Jahre später: Hartmann und Toliver zu Gast bei Galland.

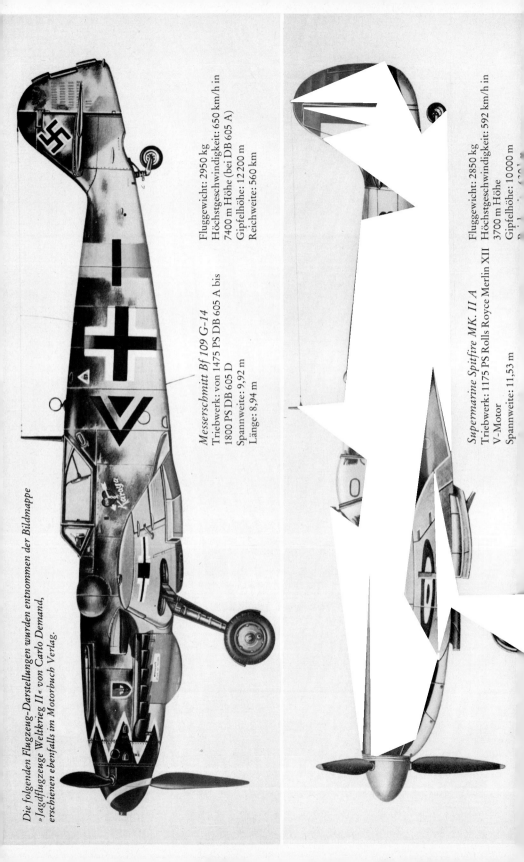

Die folgenden Flugzeug-Darstellungen wurden entnommen der Bildmappe »Jagdflugzeuge Weltkrieg II« von Carlo Demand, erschienen ebenfalls im Motorbuch Verlag.

Messerschmitt Bf 109 G-14
Triebwerk: von 1475 PS DB 605 A bis
1800 PS DB 605 D
Spannweite: 9,92 m
Länge: 8,94 m

Fluggewicht: 2950 kg
Höchstgeschwindigkeit: 650 km/h in
7400 m Höhe (bei DB 605 A)
Gipfelhöhe: 12 200 m
Reichweite: 560 km

Supermarine Spitfire MK. II A
Triebwerk: 1175 PS Rolls Royce Merlin XII
V-Motor
Spannweite: 11,53 m

Fluggewicht: 2850 kg
Höchstgeschwindigkeit: 592 km/h in
3700 m Höhe
Gipfelhöhe: 10000 m

hinaus. In diesen schweren Tagen lernte er viel von »Vati« Mölders, aber am 20. November 1940 wurde er zum JG 26 Schlageter – den berühmten »Abbéville Jungens« – versetzt, wo er dann lange bleiben sollte.

Er flog ununterbrochen bis Ende Januar 1945 gegen die RAF und die USAAF mit gleichmäßig stetigem Erfolg. Zu den 101 von ihm abgeschossenen Flugzeugen gehören 11 viermotorige Bomber. Am 11. Januar 1943 wurde er zum Kommodore des JG 26 ernannt und behielt diesen schwierigen Posten bis zum 27. Januar 1945, als er Inspekteur der Tagjäger im Westen wurde.

Zu den hervorragenden Piloten, die das JG 26 während des Krieges durchliefen, gehören einige der Besten: Adolf Galland (104 Luftsiege), sein Bruder Major Wilhelm-Ferdinand Galland (»Wutz«) (55 Abschüsse im Westen), Hauptmann Emil »Bully« Lang (173 Abschüsse einschließlich 25 an der Westfront), Major Walter »Graf Punsky« Krupinsky (197 Luftsiege einschließlich 20 im Westen), Major Joachim Müncheberg (102 Luftsiege im Westen und Nordafrika, dazu 33 in Rußland) und Major Anton Hackl (192 Abschüsse einschließlich 87 an der Westfront, davon 32 viermotorige Bomber).

Alle diese Asse dienten zusammen mit »Pips« Priller im JG 26.

Das RAF-As mit der höchsten Abschußzahl, Group Captain J. E. »Johnny« Johnson, war lange Zeit skeptisch in Bezug auf die hohen Abschußzahlen deutscher Jagdflieger. In »Full Circle«, welches als Fortsetzung seines ersten Buches »Wing Leader« geschrieben wurde, gibt Johnson jedoch zu, daß es gelungen ist, aus RAF-Unterlagen alle von Priller beanspruchten Abschüsse von RAF-Flugzeugen zu belegen. Dies ist ein weiterer Beweis für die strengen Maßstäbe, die an die Abschußanerkennungen durch die Deutschen angelegt wurden. Die Bestätigung der vor 25 Jahren erzielten Abschüsse eines gegnerischen Piloten durch damalige RAF-Unterlagen kann nur dann möglich sein, wenn die von den Deutschen zur Verfügung gestellten Informationen exakte Angaben enthalten.

An einer Wand in Prillers Heim in Augsburg hängt eine Karte der Kanalküste. Auf dieser Karte sind alle 101 bestätigten Abschüsse Prillers mit Datum, Hoheitsabzeichen und Ort eingezeichnet. Bei den meisten seiner Abschüsse handelte es sich um Jagdflugzeuge.

Pips Priller beendete den Krieg mit dem Eichenlaub mit Schwertern zum Ritterkreuz und mit einem unsterblichen Platz im Herzen seiner

Kameraden. Niemand kann eine solche Hochachtung bei seinen Kameraden erlangen, ohne außergewöhnliche menschliche Qualitäten neben seinen militärischen Leistungen aufzuweisen. Seine Beliebtheit blieb auch in der Nachkriegszeit uneingeschränkt bestehen.

Er liebte die Geselligkeit. Priller konnte seine großzügige Natur durch Verheiratung mit einer der drei Töchter der Brauerei-Familie Riegele, der reizenden Johanna, aufrecht erhalten. Der Jagdflieger, der die Kunst der Faßrolle beherrschte, begann die Fässer aus der Riegele-Brauerei in Augsburg zu rollen, als deren Geschäftsführer er nach dem Kriege wirkte. Er lieferte das Bier für die Zusammenkünfte der alten deutschen Jagdflieger und vergab große Anzeigen für sein Bier im »Jägerblatt«, dem offiziellen Organ der Gemeinschaft der Jagdflieger, um dadurch mitzuhelfen, die Druckkosten zu tragen. Bei so mancher Zusammenkunft der alten Kameraden trug seine Anwesenheit dazu bei, daß es hoch herging. Als er am 20. Mai 1961 in Böbing plötzlich einem Herzschlag erlag, stand er fünf Wochen vor seinem 46. Geburtstag. Seine Familie, seine Freunde und seine alten Kameraden waren erschüttert. Das Schicksal, das diese eindrucksvolle Persönlichkeit durch mehr als fünf Jahre harten Jagdfliegereinsatz bewahrt hatte, raffte ihn in den besten Jahren des Lebens dahin. Das Nachkriegsbuch »Die Geschichte eines Jagdgeschwaders«, von Priller und dem verstorbenen Historiker Hans Otto Boehm veröffentlicht, ist für »Pips« selbst zum Denkmal geworden.

Eine der farbigsten Figuren der Luftwaffe und einer der erfolgreichsten Jäger bei der Luftschlacht um England war Major Hans »Assi« Hahn, auf den schon öfter in diesem Buch hingewiesen wurde. Er gehörte zu den Stars des JG 2 damals in den besten Tagen von Wick, Balthasar, Oesau und anderen Draufgängern. Assi Hahn führte bei Kriegsausbruch als 25jähriger Oberleutnant die 4. Staffel des JG 2 »Richthofen«. Als er am 1. November 1942 Kommandeur der II./JG 54 wurde und an die Ostfront versetzt wurde, konnte er auf 68 Luftsiege gegen die RAF zurückblicken.

Hahn ist einer der wenigen Jagdflieger, die bereits bei der ersten Feindberührung einen Abschuß erzielten. Er machte es aber noch besser. In seinem ersten Luftkampf am 14. Mai 1940 schoß er zwei Hurricanes der RAF ab; beide Abschüsse wurden bestätigt. Er benötigte keine Anlaufzeit. Er war vom Start weg gut.

Die ganze Luftschlacht um England hindurch zeigte er eine beständige Form. Am 24. September 1940 hatte er 20 Luftsiege erzielt und wurde mit dem Ritterkreuz ausgezeichnet. Damit stand er in der ersten Reihe der deutschen Jäger. Ein Jahr später kämpfte er immer noch ausschließlich gegen die RAF, hatte er sein Abschußergebnis verdoppelt und wurde mit dem Eichenlaub ausgezeichnet. In den folgenden 15 Monaten konnte er weitere 28 Balken auf dem Seitenruder anbringen lassen. Mit Ausnahme von 6 Abschüssen handelte es sich bei seinen Opfern um einmotorige Flugzeuge, in der Mehrheit Spitfires und Hurricanes. An der Rußlandfront schien ihm das Glück treu zu bleiben: er schoß 40 russische Flugzeuge in kurzer Zeit ab. Am 6. Januar 1942 hatte er über dem Ladogasee seinen besten Tag, als er 8 LaGG-5 Jagdflugzeuge herunterholte. Aber dann verließ ihn das Glück, das ihn während der Luftschlacht um England begleitet hatte.

Am 21. Februar 1943 mußte Hahn wegen eines Motorschadens hinter den russischen Linien notlanden. Er verbrachte sieben Jahre als »Gast« der sowjetischen Regierung und kam 1950 aus der Gefangenschaft zurück, um nun als Geschäftsmann in Westdeutschland von vorne zu beginnen.

Das enorme Selbstvertrauen des Bonvivants »Assi« ließ ihn die Strapazen der sowjetischen Gefangenschaft schnell vergessen und überwinden.

Wie bereits früher erwähnt, schrieb er ein Buch über seine Erfahrungen in der Gefangenschaft, das den Titel trägt: »Ich sage die Wahrheit«. Vielleicht liegt es an Hahns Persönlichkeit, daß einige seiner Mitgefangenen, einschließlich Erich Hartmann, dieses Buch nicht recht ernst nehmen wollen. In aller Fairness gegenüber Hahn sind die Autoren der Meinung, daß jeder Mensch die Welt mit anderen Augen ansieht und daß »Assi« das Recht hat, seine eigene Ansicht zu vertreten.

Hahn gehört zu den führenden Gestalten der Luftwaffe und gleichzeitig zu den erfolgreichsten Jägern der Westfront. Es gibt viele komische Geschichten über ihn, aber außer der amüsanten Seite muß er noch andere Qualitäten gehabt haben. 108 Luftsiege beweisen das.

Aus anderem Holz geschnitzt war einer von Gallands Schützlingen, Joachim Müncheberg, bei Kriegsausbruch noch nicht ganz 21 Jahre alt, aber von Anfang an offensichtlich ein überragender Mann mit den Fähigkeiten zum Führen und Befehlen. Daneben war er ein hervorragender Jagdflieger, der es auf 133 Luftsiege brachte. 102 erzielt er gegen westliche Gegner.

Müncheberg kam schon früh zu Erfolgen. Er erzielte bereits im November 1939 als Leutnant im JG 26 seinen ersten Abschuß. Mitte September 1940 hatte er 20 bestätigte Abschüsse erzielt und trug das Ritterkreuz.

Das war in jenen Tagen eine beachtenswerte Tatsache.

Für kurze Zeit flog er mit dem JG 51 in Rußland und erkämpfte in ungefähr 8 Wochen an der Ostfront weitere 33 Luftsiege. Dann wurde er im Alter von 24 Jahren zum Kommodore des JG 77 ernannt und nach Nordafrika versetzt.

Gegen Ende des Feldzuges in Tunesien fiel er am 23. März 1943. Er wurde von amerikanischen Jägern überrascht, stieß mit seinem abgeschossenen Gegner zusammen und verlor die Tragflächen. Es war sein 500. Feindflug, von dem er nicht mehr zurückkehrte.

Hartmann Grasser, Kamerad und Bewunderer Münchebergs, gibt die folgende Schilderung von den Fähigkeiten des jungen Offiziers: »Joachim Müncheberg war ein sehr anständiger Kerl. Ich persönlich stellte ihn noch über Steinhoff mit mehr Erfahrung und mehr Qualitäten. Ich möchte unterstreichen, daß das eine persönliche Meinung ist, ohne jede Spitze gegen Steinhoff, den ich sehr hoch schätze. Müncheberg hatte einfach die richtige Einstellung für die Wichtigkeit von Dingen, für die Lösung komplexer Probleme. Es ist wahr, daß er noch sehr jung war. Aber er war hochintelligent und vermochte immer die wichtigen von den nicht so wichtigen Dingen zu unterscheiden.

Er verfügte über die gründliche Ausbildung der Vorkriegszeit und hatte als Gallands Protégé viel dazugelernt. Außerdem war er sehr streng mit sich selbst. Er war ehrgeizig, aber dieser Ehrgeiz wirkte nie störend auf seine anderen Qualitäten, die ihn zum hervorragenden Jagdflieger und Verbandsführer machten.«

Joachim Müncheberg erkämpfte 102 Luftsiege gegen westliche Gegner. Im März 1943 war das eine außergewöhnliche Leistung. Er erhielt das Eichenlaub mit Schwertern zum Ritterkreuz[62] in Anerkennung seiner Leistungen. Hätte er noch ein weiteres Jahr gelebt und gekämpft, dann hätte er sicherlich zu jener Elite gehört, die mit den Brillanten ausgezeichnet wurde.

Die laufenden Verluste an solchen Führungskräften waren ein Aderlaß, den die Luftwaffe nur schwer verkraften konnte.

Dieses Buch muß die Laufbahn so manches hervorragenden deutschen Jagdfliegers an der Westfront unberücksichtigt lassen. Wie in den vorhergehenden Kapiteln müssen die Männer, deren Leben geschildert wurde, repräsentativ für viele gleich tapfere, begabte und mutige Piloten stehen. Viele deutsche Asse, die im Westen gekämpft haben, könnten ganze Bücher mit ihren persönlichen Abenteuern füllen. Sie sollten nach so langer Zeit ruhig den Ruhm in Anspruch nehmen, der ihnen gebührt.

Zu dieser Kategorie gehört Oberst Herbert Ihlefeld, der als Feldwebel und Flugzeugführer in Spanien begann, wo er sieben Abschüsse erkämpfte und der später einer der größten Ausbilder und Geschwaderkommodore wurde. Er kam im 2. Weltkrieg auf 123 Luftsiege (davon 56 im Westen), und er flog über 1000 Einsätze.

Ein anderes Beispiel ist Oberleutnant Herbert Rollwage mit 102 Luftsiegen (11 an der Rußlandfront und 91 im Westen). Rollwage flog fast den ganzen Krieg hindurch als Unteroffiziersdienstgrad und war der Meister der Luftwaffe als »Viermot-Töter«. Er schoß nicht nur mehr viermotorige schwere Bomber ab als jeder andere Jagdflieger, sondern er überlebte es auch, um darüber berichten zu können. 44 viermotorige schwere Bomber fielen seinen Kanonen zum Opfer.

Auch Oberst Gustav Rödel könnte ein dickes Buch mit seiner Lebensgeschichte füllen. Er erzielte seinen ersten Abschuß am ersten Tage des Polenfeldzuges und hatte zum Zeitpunkt der Kapitulation 96 von westlichen Piloten geflogene Flugzeuge auf seiner Abschußliste und dazu noch einen einzigen Russen.

Die Geschichten dieser Männer, und vieler anderer gleich ihnen, müssen im Augenblick unerzählt bleiben. Wenn ein deutscher Jagdflieger sich seinen Ruf an der Westfront erwerben konnte, dann wußten seine Kameraden genau, daß ihm das nicht in den Schoß gefallen war. Dieses Ansehen wird den Assen der Westfront bis zum heutigen Tage zuerkannt. Gegen die RAF und später die USAAF mußten die Luftsiege schwer genug und mühsam erkämpft werden. Die deutschen Unterlagen über den Luftkrieg lassen keinen Zweifel an dieser Tatsache.

DIE ENTWICKLUNG DER DÜSENJÄGER

»Es ist, als wenn ein Engel schiebt...«
  Adolf Galland, Beschreibung der Me 262

Adolf Galland war mehr als freudig erregt, als er am 22. Mai 1943 nach seinem ersten Flug aus dem neuen Düsenflugzeug Me 262 herauskletterte. Der kurze Testflug von Lechfeld nach den Messerschmittwerken in Augsburg bleibt bis zum heutigen Tage eine der denkwürdigsten Erfahrungen seines Lebens. Das erstaunliche Steigvermögen und die Geschwindigkeit des Düsenjägers und seine große Überlegenheit gegenüber allen Flugzeugen der Welt zu dieser Zeit weckten Hoffnungen trotz des sinkenden Sterns der Luftwaffe. Keiner war besser imstande, diesen Gegensatz zu erkennen als Galland. Von dem Zeitpunkt seiner Nachfolge auf den Posten des Generals der Jagdflieger nach Mölders Tod hatte er sein Möglichstes getan, um den Verfall der deutschen Jagdwaffe aufzuhalten. Das neue Düsenjagdflugzeug bot eine echte Chance, die Situation noch einmal zu retten. Galland hatte richtig erkannt, daß eine angemessene Jagdflugzeugproduktion einerseits und eine Steigerung der Pilotenausbildung andererseits der Hammer und der Amboß sein würden, mit denen die deutsche Luftüberlegenheit neu geschmiedet werden konnte. Sein Drängen, etwas zu unternehmen, verhallte zum größten Teil ungehört. Er hatte ein beachtliches Erbe an umfangreichen und schwerwiegenden Unterlassungen seiner Vorgesetzten angetreten. Mit dem Düsenjäger konnte das vielleicht noch in Ordnung gebracht werden.

Galland hatte bis Anfang 1942 nichts von der Entwicklung des Düsenflugzeuges gewußt. Danach wurde er über die Fortschritte im Dunkeln gelassen, bis er den Prototyp im Mai 1943 fliegen konnte. Als General der Jagdflieger – der in erster Linie die Einsätze dieses neuen Typs planen und leiten würde – hatte er keine Angaben über die Maschine erhalten, die ihn in die Lage versetzt hätten, diese neuen Möglichkeiten rechtzeitig zu berücksichtigen.

Dies ist ein Beispiel für die Intrigen, die Geheimniskrämerei und das gegenseitige Mißtrauen derer, die sich zu ihrer Rettung weitgehend auf die Jagdflieger der Luftwaffe verlassen mußten. Die dramatische Wirkung, die die Me 262 auf Galland hatte, wurde durch die bisher geheimgehaltene Entwicklung erhöht.

Der alte Kämpe der offenen Cockpits von Spanien und Polen, der meisterhafte Taktiker und das As der Luftschlacht um England hatte sich nicht bloß in das Cockpit eines neuen Flugzeuges gesetzt, sondern sich eine neue Dimension des Luftkrieges erschlossen. 10 Jahre technischer Fortschritt waren in diesem radikal neuen Flugzeug realisiert. Die Einführung des Düsenjagdflugzeuges konnte zum entscheidenden Schlag im Luftkrieg werden. Galland erkannte sofort die taktische Revolution, die hier in seiner Reichweite lag.

Mit der Me 262 konnten die alliierten Bombenangriffe mit Sicherheit empfindlich gestört werden oder so verlustreich für die Alliierten gestaltet werden, daß sie nicht mehr weitergeführt werden konnten. Obwohl es erst Frühjahr 1943 war, erwies sich die zunehmende Luftoffensive der Alliierten für Deutschland als bedrohlich. Wenn sie nicht gestoppt werden konnte, mußte sie in der physischen Zerstörung und der totalen Niederlage enden. Die schlanke, propellerlose, revolutionierende Maschine war das Mittel, die Bomberoffensive zu stoppen. Es ist kein Wunder, daß Galland – nach einer Beschreibung der Me 262 gefragt – sagte: »Es ist, als wenn ein Engel schiebt.«

Ein Düsenflugzeug mußte den Mann, der es flog, mit einem zwar nicht meßbaren, aber gleichermaßen wichtigen Vorteil ausstatten, der weit über die technische Überlegenheit hinausging. Es war das entscheidende Plus an Kampfmoral, das der Besitz der überlegenen Waffe verleiht.

Als Jagdflieger räumte Galland diesem Faktor das gebührende Gewicht ein. Er verstand technische Überlegenheit in menschlicher Beziehung. Von dem Augenblick seines ersten Düsenfluges an waren alle Bemühungen Gallands darauf konzentriert, den Düsenjäger einsatzreif zu bekommen. Wichtige und sogar entscheidende Zeit war bei der Entwicklung der Me 262 vertan worden. Sie hatte einen langen mit Hindernissen gepflasterten Weg durchlaufen, bevor Galland sie fliegen konnte.

Die deutsche Entwicklung des Turbinentriebwerkes als Flugzeugantrieb hatte einen erheblichen Vorsprung vor entsprechenden britischen und amerikanischen Bemühungen. Die Heinkel 178, das erste strahlgetriebene Flugzeug der Welt, war bereits im August 1939 erfolgreich geflogen. Ein mit Strahltriebwerken ausgestattetes Heinkel-Jagdflugzeug, im Grunde eine Konkurrenzmaschine zur Me 262, wurde 1941 im Fluge erprobt, so daß die Entwicklung von Düsenflugzeugen zu diesem frühen Zeitpunkt in Deutschland bereits auf Konkurrenzbasis erfolgte.

Der Entwurf der Me 262 geht auf das Jahr 1938 zurück. Trotz des frühen Vorsprungs Heinkels auf diesem Gebiete hatte die Konzeption der Me 262 den zweistrahligen Heinkel-Düsenjäger überholt. Die Firma Heinkel entschied sich gegen eine Weiterführung der Jagdflugzeugentwicklung in dieser Phase und überließ damit Messerschmitt das Feld.

Im Sommer 1941 wurde die Me 262 im Fluge erprobt. Die unzureichende Zuverlässigkeit der ersten Strahltriebwerke machte den Einbau eines Kolbenmotors für die ersten Flugversuche erforderlich. Das herkömmliche Triebwerk sollte den wertvollen Prototyp vor einer Zerstörung bei Triebwerksausfall schützen.

Die 1941 durchgeführten Versuche waren erfolgversprechend. Ein begeisterter Professor Messerschmitt meldete den Fortschritt an Milch und Udet. Aber das Projekt erfuhr eine vernichtende Verzögerung. Milch weigerte sich, die Entwicklung des Düsenjägers zu beschleunigen. Udet wollte mit seiner Begeisterung für die Entwicklung der Maschine und seiner Erkenntnis der Notwendigkeit neuer Jagdflugzeuge in großen Mengen die Arbeiten an dem radikal neuen Flugzeug vorantreiben. Unglücklicherweise war sein persönlicher Einfluß und sein Prestige bereits im Sinken, und er konnte sich nicht gegen Milch durchsetzen. Milchs Entscheidung blieb bestehen.

Messerschmitt war tief enttäuscht, aber als Mann, der nicht leicht aufgab, traf er geheime Abmachungen mit BMW und Junkers, um die Düsentriebwerksentwicklung weiterzuführen. Das Hauptproblem, die Düsenjäger einsatzreif zu machen, lag mehr an den Triebwerken als an den Flugzeugzellen. Solange die Triebwerksentwicklung fortgeführt wurde, konnte Messerschmitt seinen Kampf um das Düsenflugzeug auf anderen Wegen weiterführen.

Die Triebwerksverbesserungen, die sich aus diesem Entwicklungsprogramm ergaben, führten dazu, daß Messerschmitts Lieblingskind Mitte 1942 ausschießlich mit Strahlantrieb ohne Not-Kolbenmotor geflogen werden konnte. Major Rudolf Opitz, der berühmte Testpilot, hörte begeisterte Berichte von anderen Testpiloten. Er erbat von Messerschmitt die Genehmigung, die Me 262 zu fliegen.

Messerschmitt stimmte zu. Opitz war von seinen kurzen Testhüpfern tief beeindruckt und teilte seine Eindrücke Galland mit. Auf Messerschmitts Drängen machte Galland seinen ersten Flug, und danach wandte er seine ganze Energie auf, um das Düsenjagdflugzeug einsatzreif zu machen. Gallands Berichte nach seinem ersten Flug enthielten die folgenden Vorschläge:

1. Einstellung der Me 109-Fertigung.
2. Begrenzung der Produktion einmotoriger Jagdflugzeuge auf die Fw 190.
3. Nutzung der damit freiwerdenden Produktionskapazität für eine ausschließliche Fertigung der Me 262.

Gallands Begeisterung und Elan steckten schließlich auch Milch und Göring an. Am 2. Juni 1943 wurde die Entscheidung gefällt, die Serienfertigung der Me 262 einzuleiten. Gallands Argument, daß der revolutionierende Charakter dieses Flugzeuges eine beschleunigte Entwicklung rechtfertige, wurde akzeptiert.

Die ersten hundert Maschinen sollten dem Truppenversuch dienen. Die Kinderkrankheiten sollten im Einsatz von ausgesuchten Erprobungskommandos ausgemerzt werden. Hitler machte diesen Vorschlag zunichte. Er verbot beides, Massenherstellung und Eile.

»Das neue Jagdflugzeug wird nicht eingesetzt, bis ich über seine Verwendung entschieden habe«, sagte er. Mit dieser Entscheidung ließ er sich Zeit.

Galland drängelte im Hinblick auf den Düsenjäger weiter, vielleicht sogar über die Grenzen seiner Kompetenz als General der Jagdflieger hinaus.

Seine Hartnäckigkeit und andere Meinungsverschiedenheiten, die um das Düsenflugzeug herum entstanden, führten zuletzt zu Hitlers persönlicher Einschaltung. Damit begann eine neue und noch verheerendere Phase in dem Drama um den Düsenjäger. Im Gegensatz zu dem weitläufigen Glauben über Hitlers Rolle in der Me 262-Angelegenheit hatte er nicht von Anfang an die Absicht, sie als »Blitzbomber« zu verwenden.

Am 2. November 1943 sandte er Göring zu Messerschmitt nach Augsburg, um die Frage der Bombenaufhängevorrichtung an dem neuen Jagdflugzeug zu klären.

Die Erwartungen und Forderungen Hitlers waren zu diesem Zeitpunkt noch bescheiden und vielleicht ganz vernünftig. Er verlangte nur, daß Vorkehrungen an der Me 262 getroffen würden, um zwei 75-kg-Bomben zu tragen.

Messerschmitt hatte natürlich keine Bombenaufhängevorrichtung für die Me 262 vorgesehen.

Als er von Göring zu einer Aussage gedrängt wurde, ließ er sich beirren und gab die verhängnisvolle Antwort, daß der Düsenjäger ohne Schwierigkeiten eine 500-kg- oder zwei 250-kg-Bomben tragen könne.

Diese Antwort sollte später schwerwiegende Auswirkungen haben.

Ab August 1943 wurde dann dem gesamten Jägerprogramm annähernd die Beachtung zuteil, die ihm zukam. Milch kündigte ein Produktionsziel von 4000 Jagdflugzeugen im Monat an.

Es wurde angenommen, daß diese Produktionssteigerung den Nachschub an Jagdflugzeugen bis 1944 auf den Umfang anheben werde, auf dem Galland bestand, um der alliierten Luftoffensive begegnen zu können.

Der junge General der Jagdflieger benutzte diese ermutigende Prognose als Gelegenheit, um wieder auf eine Serienproduktion der Me 262 zu drängen. Er forderte, jedes vierte gebaute Jagdflugzeug müßte ein Düsenflugzeug sein.

Er vertrat die Auffassung, daß tausend Me 262 mindestens dem Kampfwert von 3000 herkömmlichen Jagdflugzeugen entsprachen.

Die Geschichte bestätigt die allgemeine Richtigkeit seiner Beurteilung. Direkt beweisen kann man das natürlich nicht. Milch machte einen Rückzieher. Der Führer habe Zurückhaltung empfohlen, sagte er, und er (Milch) habe die Absicht, vorsichtig zu sein, obwohl er persönlich und privat mit Galland übereinstimme. Die Verhaltensweise Milchs ist kennzeichnend für die Atmosphäre der Unentschlossenheit in den technischen Gremien. Wiederum ging es mit dem neuen Düsenjäger nicht vorwärts.

Obwohl er mißtrauisch war, weil es keine Zeichnungen oder Entwürfe für die Bombenabwurfvorrichtungen gab, war Göring für den Augenblick mit der Versicherung Messerschmitts bezüglich der Bomben zufrieden.

Er sah sich in die Lage versetzt, dem Führer zu berichten, was dieser zu hören wünschte. Das neue Flugzeug konnte mehr als das Dreifache der Bombenlast tragen, die Hitler gefordert hatte.

Anfang November wurde eine technische Sonderkommission gebildet, die die Entwicklung des Düsenflugzeuges überwachen sollte.

Der Leiter der Kommission war Oberst Edgar Petersen von der Luftwaffenerprobungsstelle Rechlin. Der Kommission gehörte auch Messerschmitt selbst an. Es war aber immer noch nichts im Hinblick auf die Anbringung von Bombenabwurfvorrichtungen unternommen worden. Einen Monat später sprach Hitler wieder über die dringende Notwendigkeit, die Me 262 als Jagdbomber zu verwenden, und wies auf die gebotene Eile bei der Herstellung des neuen Flugzeuges hin. Hitlers Luftwaffenadjutant formulierte die Wünsche des Führers in einem Telegramm an Göring. Der Diktator würde eine weitere Verzögerung des Düsenjagdbomberprogramms als »große, wenn nicht unverantwortliche Nachlässigkeit« ansehen. Die Spannungen, die sich beim Me 262-Programm ergaben, weil das Flugzeug tatsächlich ausschließlich als Jagdflugzeug konzipiert war, während Hitler nur annahm, daß es ein Jagdbomber sei, erreichten im Dezember 1943 ihren Höhepunkt. Die Me 262 wurde Hitler und seinem Stabe in Insterburg in Ostpreußen vorgeflogen. Galland berichtet darüber in seinem Buch »Die Ersten und die Letzten«:

»Hitler war aus seinem nahen Hauptquartier gekommen. Besondere Aufmerksamkeit rief das Düsenjagdflugzeug Me 262 hervor. Ich stand direkt neben Hitler, als dieser überraschend an Göring die Frage richtete: »Kann dieses Flugzeug Bomben tragen?« Göring hatte diese Frage bereits mit Messerschmitt besprochen und überließ diesem die Antwort: »Jawohl, mein Führer, im Prinzip, ja. Belastungsmäßig werden 500 kg sicher, vielleicht sogar 1000 kg zu verkraften sein.«

Wie Galland in seinem Buch unterstreicht, war dies eine vorsichtig formulierte Antwort, die vom rein technischen Standpunkt aus unanfechtbar war. Eine große Zahl technischer Faktoren sprach jedoch dagegen, die Maschine zu einem Bomber zu machen. Aber diese konnten Hitler oder irgendeinem anderen Laien nicht an Ort und Stelle erklärt werden. Niemand erhielt die Gelegenheit zu Erklärungen. Die Verlockung des »vielleicht sogar 1000 kg« an Bomben hatte bereits Hitlers Vorstellungskraft entzündet. Wir zitieren nochmals Gallands Beschreibung dieser Begebenheit:

»Er (Hitler) sagte: Seit Jahren fordere ich von der Luftwaffe den »Schnellbomber[63]«, der, ungeachtet der feindlichen Jagdabwehr, sein Ziel sicher erreicht. In diesem Flugzeug, das Sie mir hier als Jagdflugzeug präsentieren, erblicke ich den »Blitzbomber«, mit dem ich die Invasion in ihrer ersten und schwächsten Phase abschlagen werde. Er wird ungeachtet des feindlichen Luftschirms in die gerade gelandeten Massen von Material und Truppen hineinschlagen und Panik, Tod und Verderben stiften. Das ist endlich der Blitzbomber! Daran hat natürlich niemand von Ihnen gedacht!«

So wurde der »Blitzbomber« geboren. Hitler nahm an, daß von diesem Zeitpunkt an sein »Blitzbomber« in Vorbereitung sei. Im Januar 1944 sprach er zu Milch über die zunehmende Notwendigkeit für Düsenbomber. Trotzdem wurde nichts unternommen, den Entwurf in irgendeiner Weise zu verändern. Die fortschreitende Arbeit bezog sich ausschließlich auf die Jägerversion.

Als Hitler bei einer Konferenz im April 1944 mit Milch, Göring und dem Chef des Jägerstabes Saur erfuhr, daß an der Me 262 noch nicht einmal Bombenabwurfvorrichtungen angebracht waren, kannte sein Zorn keine Grenzen. Er schäumte buchstäblich vor Wut. Mit schriller Stimme schrie er: »Nicht ein einziger meiner Befehle wurde befolgt.« Danach nahm er direkten Einfluß auf die Me-262-Produktion. Sie sollte strikt auf Bomber ausgerichtet sein. Es war verboten, die Maschine als irgend etwas anderes als Bomber zu bezeichnen. Die Arbeiten an der Jägerversion wurden auf Versuche beschränkt. Eine Fertigung sollte erst anlaufen, wenn alle Versuche abgeschlossen und ausgewertet waren. Die endgültige Entscheidung sollte von Hitler selbst getroffen werden.

Hervorragende Persönlichkeiten wie Luftwaffenstabschef General Kreipe, Rüstungsminister Albert Speer, Adolf Galland und andere versuchten, Hitler immer wieder zu bewegen, seine katastrophale Entscheidung rückgängig zu machen.

Trotz der Einstimmigkeit dieser verantwortlichen Männer konnten sie dem Führer nur ein kleines Zugeständnis abringen. Jede 20. Me 262 durfte als reines Jagdflugzeug produziert werden.

Hitler hat seine Genehmigung für die volle Serien-Produktion der Jagdflugzeugausführung bis zum 4. November 1944 zurückgehalten. Das Dritte Reich war in seiner 11. Stunde angelangt. Die Vernichtung der Städte und die Leiden der deutschen Bevölkerung hatten erschreckendes Ausmaß angenommen. Inmitten dieses Gemetzels und der Trümmer waren alle Bemühungen, die Me 262 zu einem Bomber zu machen, fehlgeschlagen. Hitlers Entscheidung vom April, die Produktion des Me 262-Jagdflugzeuges zu verbieten, die er in rachsüchtiger Verbitterung getroffen hatte, hatte der Luftwaffe die besten Möglichkeiten für eine Vergeltung vorenthalten. Bis Ende 1944 wurden 564 Me 262-Jagdflugzeuge gebaut, und in den folgenden Monaten liefen weitere 740 von den Montagebändern. Diese Bemühungen kamen zu spät. Die alliierten Jagdflugzeuge fegten jeden Tag über die abgelegensten Gebiete des zusammenbrechenden Reiches. Die Me 262 von zerschlagenen und ständig unter Angriff liegenden Flugplätzen in die Luft zu bringen, bereitete große Schwierigkeiten. Viele Düsenflugzeuge wurden am Boden oder vor den Montagewerken zerstört, wo sie auf die Auslieferung an die Jägerverbände warteten.

Respekt aber vor dem wichtigen Beitrag zu dem Düsenflugzeugprogramm, der von Oberst Gordon M. Gollob erbracht wurde. Der in Österreich geborene Gollob war der erste Jagdflieger, der 150 Luftsiege erzielte. Eine bemerkenswerte Leistung, die in seiner Zeit mit den ersten einhundert Abschüssen, die Mölders im Luftkampf erzielte, vergleichbar ist.

Vor dem Kriege ausgebildet und der gleichen Generation wie Galland und Mölders angehörend, flog Gordon Gollob 1939 bei der I./ZG 76 als Zerstörerpilot. Er flog in Polen mit dieser Einheit, kämpfte in der Schlacht um England beim JG 3, bei dem er im Juli 1941 an der Rußlandfront zum Kommandeur der II./JG 3 aufrückte.

Eine vorübergehende Versetzung zur Erprobungsstelle Rechlin Anfang 1942 brachte Gollobs Talent auf dem Entwicklungsgebiet der Jagdfliegerei an den Tag. Obwohl er später als Kommodore des JG 77 zu einem außergewöhnlich erfolgreichen Einsatz an die Ostfront zurückkehrte, war er offensichtlich für höhere Aufgaben bestimmt. Im Oktober 1942 wurde er Jagdfliegerführer an der Westfront und im April 1944 Mitglied des Jägerstabes, der unter Saurs Leitung im Rüstungsministerium eingerichtet wurde. Im Hinblick auf die einsatzmäßige Seite der modernen Jagdfliegerprojekte hat Gollob einen umfangreichen Beitrag zum Fortschritt auf diesem Gebiet geleistet. Er arbeitete nicht nur an der Entwicklung der Me 262, sondern auch der Me 163 Komet und He 162. Gollobs Aufgaben hielten ihn von Fronteinsätzen fern. Er führte aber während der Ardennenschlacht, als Hitler die schwer gewonnenen Jagdfliegerreserven unter schweren Verlusten in der Erdkampfunterstützung des Heeres einsetzte, einen Jäger-Sonderstab.

Als Galland Ende Januar 1945 als General der Jagdflieger entlassen wurde, war Gollob sein Nachfolger. Gollob überlebte den Krieg. Er flog 340 Einsätze, um seine 150 Luftsiege, zu denen 6 über westliche Piloten gehören, zu erzielen. Auch kommt ihm ein viel höherer Platz in der Hierarchie der Jagdflieger zu, als der Zahl seiner Luftsiege zu entnehmen ist. Er ist einer von nur 9 Jagdfliegern, der mit den Brillanten ausgezeichnet wurde. Gollob kann auch als der Oswald Boelcke des 2. Weltkrieges bezeichnet werden, und seine Beiträge zur Weiterentwicklung von überragenden Flugzeugen und Waffen waren bemerkenswert.

Lange vor dem Fiasko des »Blitzbombers« stellte Galland aus erfahrenen Jagdfliegern zwei Erprobungskommandos auf. Die Erprobungsflüge wurden im Einsatz gegen Tagesaufklärer der RAF vom Typ Mosquito durchgeführt. Die britischen Maschinen flogen ohne Begleitschutz und waren deshalb besonders für taktische Experimente geeignet. Bis zu diesem Zeitpunkt konnten die Mosquitos ungestraft am Tage herumfliegen. Für die Mosquitobesatzungen war die Me 262 eine unangenehme Überraschung. Die ersten Engländer, die mit der Me 262 zusammentrafen, waren Flight Lieutenant A. E. Wall und sein Beobachter Pilot Officer A. S. Lobban als Besatzung einer Mosquito, die am 25. Juli 1944 eine Tagesbildaufklärung über München flog. Eine Me 262 überholte die schnelle Mosquito im Nu und beschoß sie. Die Mosquito konnte dem Absturz nur dadurch entgehen, daß sie sich in eine große Wolkenbank rettete.

Viele andere Mosquitos wurden durch die schnellen Düsenjäger angegriffen und abgeschossen, weil sie die schnellen britischen Flugzeuge im Steigflug erreichen und abfangen konnten. Diese Abschüsse der gehaßten englischen Vögel waren der abschließende einsatzmäßige Beweis, daß die Me 262 allem anderen in der Luft überlegen war. Görings Einfluß schwand schon im Oktober 1944 dahin. In einer letzten Schaustellung seiner Unabhängigkeit, für die aber schon die Rückendeckung des SS-Chefs Heinrich Himmler notwendig war, befahl er Galland, die Erprobungskommandos in ein Düsenjägergeschwader umzugliedern.

Dieses Düsenjägergeschwader, das später die Bezeichnung JG 7 erhielt, sollte gegen die Bomberströme im Westen eingesetzt werden. Hitlers Ablehnung war durch die zunehmende Verfügbarkeit des 680 km schnellen Arado 234 B-Düsenbombers abgeschwächt worden.

Für je einen der ausgelieferten Bomber gab Hitler eine Me 262 für den Einsatz als Jagdflugzeug frei.

Major Walter Nowotny wurde mit der Aufstellung des ersten Erprobungskommandos, aus dem später das JG 7 entstand, betraut. Er wurde für diese kritische Erprobungsaufgabe ausgesucht, weil er einer der besten jungen Führer und bewährten Jagdflieger der Luftwaffe war. Seine Versetzung zum Kommando, das seinen Namen tragen sollte, krönte eine glänzende Laufbahn.

Walter Nowotny wurde am 7. Dezember 1920 in Gmünd in Österreich geboren. Adolf Galland ist der festen Meinung, daß das österreichische Temperament überragende Jagdflieger hervorbringt, und er bezeichnet Nowotny bis zum heutigen Tage als ein Beispiel dafür. Fröhlich in Gesellschaft, ernsthaft im Beruf, intelligent, geistesgegenwärtig und schnell war er der natürliche Führer und eines der beliebtesten Asse der Luftwaffe.

Seine Laufbahn erreichte ihren Höhepunkt kurz vor seinem Tode 1944. Auch er hatte mit Anfangsschwierigkeiten zu kämpfen. Er trat einen Monat vor Kriegsausbruch und zwei Monate vor seinem 19. Geburtstag in die Luftwaffe ein und erhielt trotz des Krieges eine volle Jagdfliegerausbildung. Der Höhepunkt dieser Ausbildung war seine Zugehörigkeit zur Jagdfliegerschule in Schwechat bei Wien.

Nachdem er im Februar 1941 zur Erg. Gruppe JG 54 versetzt wurde, flog diese fast keine Fronteinsätze. Als er endlich am 19. Juli 1941 sein Konto mit drei Luftsiegen über der Insel Ösel eröffnete, setzte dieser dreifache Erfolg dann den Maßstab für zahlreiche künftige Tage mit mehreren Abschüssen. Aber sein erster siegreicher Tag endete feucht. Er wurde über der Ostsee abgeschossen und verbrachte 3 Tage und Nächte damit, zum Land zurückzupaddeln.

Er brauchte dann etwas über ein Jahr, um 50 Luftsiege zu erreichen. Seine Eignung zum Führer war bereits festzustellen, und am 25. Oktober 1942 wurde er Staffelkapitän bei der 1. Staffel des JG 54. Er war gerade 21 Jahre alt.

Im Juni 1943 schlug der »Blitz Nowotny« mit zunehmender Häufigkeit zu. In diesem einen Monat erzielte er 41 Abschüsse. Im August wurden ihm weitere 49 Luftsiege zuerkannt. Und er war aus der Anonymität auf einen Platz unter den ersten 20 Assen der Luftwaffe aufgestiegen. Zum Zeitpunkt seines 150. Luftsieges am 18. August 1943 war er auf die 16. Stelle vorgerückt.

»Nowis« Stern stieg weiter. Fünfundvierzig Luftsiege im September 1943 ließen ihn die 200er Marke übersteigen. Er war der 4. deutsche Jagdflieger, der diese Zahl erreichte. Damit hatte er aber seinen Höhepunkt noch nicht erreicht. Im Oktober 1943 holte er in einem Zeitraum von zehn Tagen 32 russische Flugzeuge vom Himmel, und am 14. Oktober 1943 war er mit 250 Luftsiegen der erfolgreichste Jagdflieger der deutschen Luftwaffe. »Nowi« hat dabei zweimal an einem Tage 10 Flugzeuge abgeschossen.

Er erreichte die 250 Luftsiege in nur 442 Einsätzen, eine Leistung, die sicherlich nicht ihresgleichen hat. Mit der Verleihung der Brillanten zum Ritterkreuz am 19. Oktober 1943 war er der 8. Soldat der Wehrmacht, der diese seltene Auszeichnung erhielt. Nowotnys kometenhafte Laufbahn an der Rußlandfront endete Mitte November 1943. Noch nicht 24 Jahre alt, aber schon Gruppenkommandeur, hatte er offensichtlich das Zeug für einen Geschwaderkommodore.

»Nowi« hatte den Lorbeeren des JG 54 neuen Ruhm zugefügt. Der Schwarm, den er in der Zeit von 1942 bis 1943 im Kampfeinsatz führte, hat es zu seiner Zeit auf 500 Abschüsse gebracht. Die Piloten dieses Eliteverbandes waren Leutnant Karl »Quax« Schnorrer, »Nowis« Rottenkamerad mit 35 Abschüssen an der Rußlandfront und später 11 im Westen, Leutnant Anton Döbele mit 94 Luftsiegen an der Ostfront und Leutnant Rudolf Rademacher mit 90 Luftsiegen an der Ostfront plus 36 Abschüssen, die er später im Westen erzielte. Schnorrer und Rademacher überlebten beide den Krieg – Schnorrer hatte ein Bein verloren. Rademacher ist leider 1953 bei einem Segelflugzeugabsturz ums Leben gekommen.

Nowotnys Begabung schloß ein besonderes Talent für die Ausbildung junger Piloten ein. Er hat mit zu der behutsamen Ausbildung der Flug- und Treffsicherheit von Otto Kittel im JG 54 beigetragen. Kittel erkämpfte in Rußland bis zu seinem Tode 267 Abschüsse.

»Nowi« half zahlreichen anderen Piloten, und der Erfolg seines eigenen Schwarms ist zur Geschichte geworden.

Nowotny wurde Kommodore des Ausbildungsgeschwaders 101 in Frankreich, nachdem er Rußland mit 255 Luftsiegen verlassen hatte. Diese Versetzung sollte seinen vielseitigen Talenten als Ausbilder Rechnung tragen. Er hatte diesen Ausbildungsposten 5 Monate inne und begann im Juli 1944 mit der Aufstellung des Kommandos Nowotny für die taktische Erprobung der Me 262. Von Achmer aus

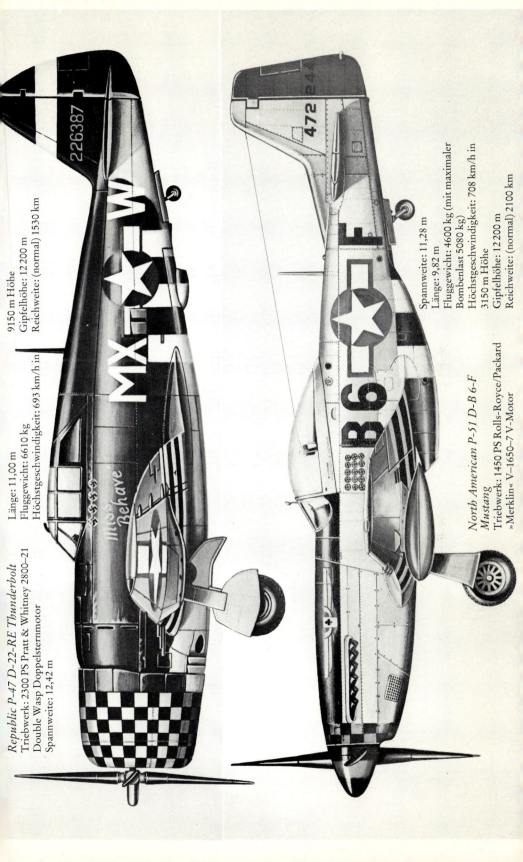

Republic P-47 D-22-RE Thunderbolt
Triebwerk: 2300 PS Pratt & Whitney 2800-21
Double Wasp Doppelsternmotor
Spannweite: 12,42 m
Länge: 11,00 m
Fluggewicht: 6610 kg
Höchstgeschwindigkeit: 693 km/h in 9150 m Höhe
Gipfelhöhe: 12200 m
Reichweite: (normal) 1530 km

North American P-51 D-B 6-F Mustang
Triebwerk: 1450 PS Rolls-Royce/Packard »Merklin« V-1650-7 V-Motor
Spannweite: 11,28 m
Länge: 9,82 m
Fluggewicht: 4600 kg (mit maximaler Bombenlast 5080 kg)
Höchstgeschwindigkeit: 708 km/h in 3150 m Höhe
Gipfelhöhe: 12200 m
Reichweite: (normal) 2100 km

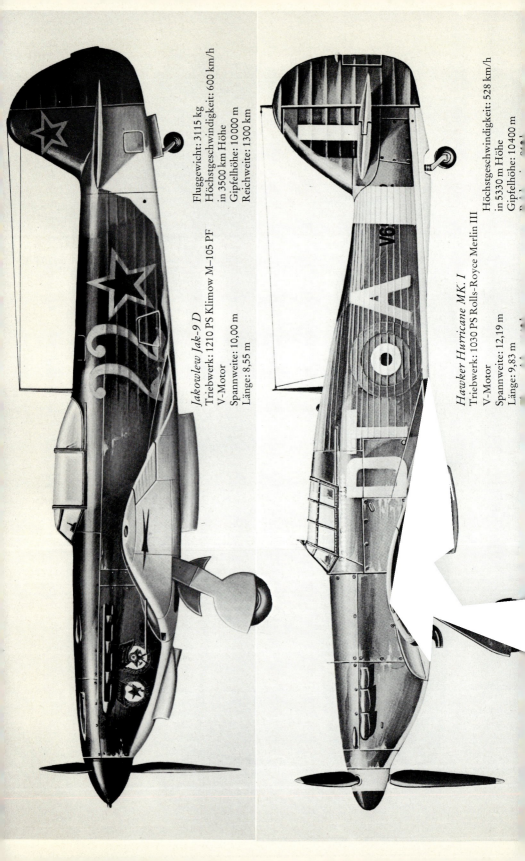

Jakowlew Jak-9 D
Triebwerk: 1210 PS Klimow M-105 PF
V-Motor
Spannweite: 10,00 m
Länge: 8,55 m

Fluggewicht: 3115 kg
Höchstgeschwindigkeit: 600 km/h
in 3500 m Höhe
Gipfelhöhe: 10 000 m
Reichweite: 1300 km

Hawker Hurricane MK. I
Triebwerk: 1030 PS Rolls-Royce Merlin III
V-Motor
Spannweite: 12,19 m
Länge: 9,83 m

Höchstgeschwindigkeit: 528 km/h
in 5330 m Höhe
Gipfelhöhe: 10400 m

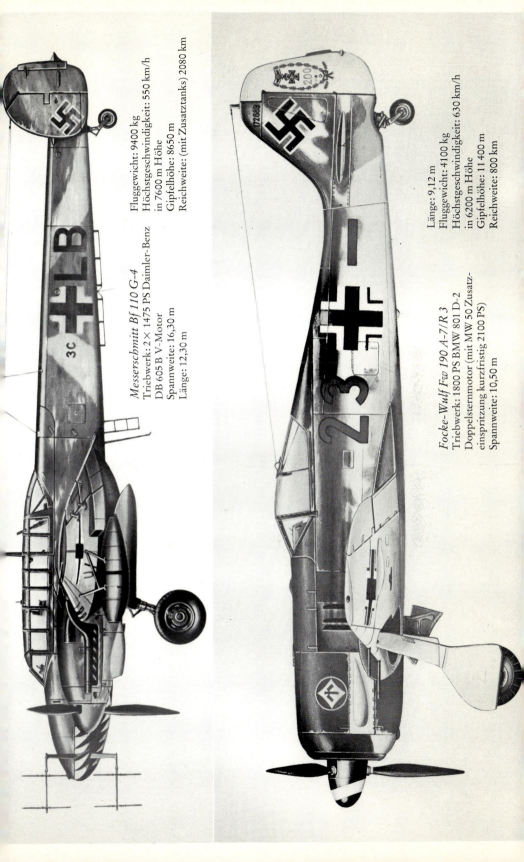

Messerschmitt Bf 110 G-4
Triebwerk: 2 × 1475 PS Daimler-Benz
DB 605 B V-Motor
Spannweite: 16,30 m
Länge: 12,30 m
Fluggewicht: 9400 kg
Höchstgeschwindigkeit: 550 km/h
in 7600 m Höhe
Gipfelhöhe: 8650 m
Reichweite: (mit Zusatztanks) 2080 km

Focke-Wulf Fw 190 A-7/R 3
Triebwerk: 1800 PS BMW 801 D-2
Doppelsternmotor (mit MW 50 Zusatzeinspritzung kurzfristig 2100 PS)
Spannweite: 10,50 m
Länge: 9,12 m
Fluggewicht: 4100 kg
Höchstgeschwindigkeit: 630 km/h
in 6200 m Höhe
Gipfelhöhe: 11400 m
Reichweite: 800 km

Messerschmitt Me 262 A-2a
»Sturmvogel«
Triebwerk: 2 × 900 kp Jumbo 004 B-2
Turboluftstrahltriebwerk
Spannweite: 12,51 m
Länge: 10,60 m
Fluggewicht: 7825 kg
Höchstgeschwindigkeit: 860 km/h in 6000 m Höhe
Gipfelhöhe: 11 250 m
Reichweite: 1000 km

Messerschmitt Me 163 B-1 Komet
Triebwerk: 2000 kp Walter HWK 109-509 A-2
Flüssigkeitsraketenmotor
Spannweite: 9,30 m
Länge: 5,05 m
Fluggewicht: 7825 kg
Höchstgeschwindigkeit: 880 km/h in 6000 m Höhe
Gipfelhöhe: 15 200 m, Steigen auf 9150 m Höhe in 2 Min. 40 Sek.
Maximale Reichweite: 100 km (maximale Einsatzdauer des Triebwerks: 8 Min.)

im Einsatz mit dieser Einheit erzielte er vor seinem Tode an der Westfront weitere 3 Luftsiege.

In seiner Position als General der Jagdflieger kannte Adolf Galland die besten Piloten und Verbandsführer der Jagdwaffe aus erster Hand. Seine offene Bewunderung für Nowotny hat sich durch die Jahre hindurch erhalten: »Er war der beste junge Mann, den Deutschland hatte. Er war ein ausgezeichneter Jagdflieger, der eine besondere Eignung für ein höheres Kommando mitbrachte. Er hatte eine gewisse Ähnlichkeit mit Marseille, mit der Ausnahme, daß er reifer und ernsthafter war und über eine bessere Ausbildung verfügen konnte. Obwohl er erst 24 Jahre alt war, war er zum Geschwaderkommodore geeignet. Am Abend, bevor er fiel, sprachen wir lange miteinander. Es machte mir Freude, mich mit ihm zu unterhalten, obwohl ich in jenen Tagen nicht gerade gesprächig war. Ich glaube, er war in jeder Beziehung ein außergewöhnlich guter Mann.«

Am Morgen, der dem langen Gespräch mit Galland folgte, startete Nowotny mit seiner Me 262-Staffel, um einen Verband schwerer amerikanischer Bomber abzufangen. Der wirkliche Grund seines Todes wird nie bekannt werden. Ein durch technisches Versagen oder als Ergebnis von Treffern eingetretener Triebwerksausfall hinderte Nowotny, dem Bereich einiger Mustang-Begleitjäger zu entkommen.

Oberleutnant Hans Dortenmann[64], Staffelkapitän der 12. Staffel des JG 54 stand startbereit in der Nähe, um Nowotny mit Propellerjagdflugzeugen zu Hilfe zu kommen. In einem Brief an den verstorbenen Historiker Hans Otto Böhm schreibt Dortenmann:

»Mehrere Male bat ich über Sprechfunk um Starterlaubnis. Ich erhielt jedesmal von Nowotny die Anweisung zu warten. Die letzten Worte »Nowis« waren: »... habe gerade den 3. Abschuß erzielt ... linkes Triebwerk fällt aus ... werde wieder angegriffen ... wurde getroffen.« Der weitere Sprechfunkverkehr von Nowotny war nicht mehr verständlich.

Die Flakgeschütze, die den Flugplatz schützen sollten, trugen zu dem Lärm und dem Durcheinander bei. Galland und seine Begleiter, zu denen auch Generaloberst Keller gehörte, kamen aus dem Einsatzraum, um nach dem zurückkehrenden »Nowi« Ausschau zu halten, weil sie wußten, daß Nowotny versuchen würde, seinen Düsenjäger auf den Platz zurückzubringen.

Trotz des ständigen Bellens der Flak hörten die beunruhigten

Zuschauer hoch über den Wolken das charakteristische Hämmern von 3-cm-Kanonen und das Knattern von Maschinengewehren. Dort fand ganz in der Nähe ein Luftkampf statt – ohne Zweifel mit Nowotny, der um sein Leben kämpfte. Mit einem ausgefallenen Triebwerk würde sich sein Düsenflugzeug gegen eine Kette Mustangs nicht mehr behaupten können.

Aus der Wolkendecke kam Nowotnys Me 262 in ihrem Todessturz vertikal nach unten geschossen. Das schrille Pfeifen der angeschlagenen Maschine endete in einem donnernden Aufschlag. Eine schwarze Rauchsäule, die langsam in den Morgenhimmel aufstieg, war die Todesfackel für Major Walter Nowotny. Er starb den klassischen Tod des Jagdfliegers: Aufschlagbrand.

Erfahrene Piloten mit einem gut entwickelten taktischen Sinn waren für den Erfolg und das Überleben im Kampfeinsatz mit der Me 262 notwendig. Die Überlegenheit des Düsenflugzeuges übertrug sich nicht automatisch auf den Piloten. Wer die Leistungsvorteile der Me 262 über Propellerflugzeuge nicht richtig anzuwenden wußte, kam in Schwierigkeiten. Selbst für den besten Piloten war der Kampfeinsatz mit dem Düsenjagdflugzeug nicht unproblematisch.

Die Me 262 hatte einen entscheidenden Geschwindigkeitsvorteil. Aber die neue Antriebsmethode, die diesen Vorteil bewirkte, machte neue Taktiken notwendig. Die Gewohnheiten und Praktiken, die Generationen von kolbengetriebenen Flugzeugen hervorgebracht hatten, mußten jetzt über Bord geworfen werden. Der Kurvenkampf war vorbei. Der große Kurvenradius der Me 262 bedeutete, daß jedes alliierte Jagdflugzeug hineinkurven konnte. Dazu kam die langsame Beschleunigung, ein Nachteil der ersten Düsentriebwerke, der auf der Auslegung der primitiven Aggregate beruhte. Die Leistungshebel mußten langsam und mit großer Vorsicht bewegt werden, oder das Resultat war Triebwerksausfall oder zumindest Ausgehen der Turbine[65].

Die hohe Geschwindigkeit der Me 262 brachte verminderte Manövrierfähigkeit mit sich. Dies führte wiederum zusammen mit anderen Faktoren dazu, daß der erprobte, aus zwei Rotten bestehende Schwarm bei Düsenjägern von Nachteil war. Der Schwarm konnte nur mit Schwierigkeiten zusammengehalten werden. Me 109 und Fw 190 konnten beim Kurven leicht im Verband gehalten werden, indem die einzelnen Piloten die Leistungshebel geringfügig verstellten.

Im Verbandsflug mit der Me 262 lernten die Deutschen bald, die Leistungshebel wegen der Empfindlichkeit der Triebwerke bei Leistungsänderungen in Ruhe zu lassen.

Sie kurvten im Verband, indem sie sich gegenseitig beim Fliegen unterschnitten oder überschnitten. Genaues Fliegen im Verband war nicht mehr möglich und wurde außerdem in der Me 262 durch die schlechte Sicht nach unten beeinträchtigt. Die beiden großen Strahltriebwerke und die ungewöhnliche Breite der unteren Rumpfhälfte nahmen viel von der Sicht des Piloten nach unten.

Diese Mängel wurden noch dadurch unterstrichen, daß die kurze Flugzeit des Düsenjägers ein schnelles Versammeln nach dem Start notwendig machte, um erfolgreiche Kampfeinsätze fliegen zu können. Dann stellte sich heraus, daß die meisten für Düsenflugzeuge geeigneten Startbahnen drei, aber nicht vier Me 262 zum gleichzeitigen Start aufnehmen konnten.

Einmal in der Luft, konnten die Düsenflugzeuge auf den überhöhten Schutz verzichten, so daß die typische gegenseitige Abschirmfunktion des Schwarms nicht mehr notwendig war.

Diese Umstände führten dazu, daß die meisten Düsenjägereinsätze nicht mehr im Schwarm geflogen wurden. Die aus drei Flugzeugen bestehende Kette wurde wieder eingeführt und erwies sich bei dem Angriff gegen Bomber als äußerst brauchbar. Die Angriffe wurden meistens in Staffelstärke, d. h. mit drei Ketten geflogen. Bei 300 m Abstand zwischen den einzelnen Ketten und etwa 150 m zwischen den einzelnen Flugzeugen der Kette konnten Kurven im Verband leichter durchgeführt werden. In der Praxis sah das so aus, daß die beiden letzten Flugzeuge wechselweise unter dem führenden Flugzeug hinwegkreuzten. So wurde die schlechte Sicht nach unten ausgeglichen, und die Piloten waren in der Lage, die Maschinen ihrer eigenen Kette während der Flugmanöver ständig im Auge zu behalten. Dieses Verfahren erwies sich als befriedigender Ersatz für den Schwarm.

Angriffe gegen die Bomberströme wurden in Staffelstärke durchgeführt. Wo die Zusammenfassung mehrerer Staffeln erreicht werden konnte, wurden die Angriffe gegen die Bomberströme in aufeinanderfolgenden Wellen von jeweils Staffelstärke durchgeführt. Mit ihrem großen Geschwindigkeitsvorteil und der verminderten Manövrierfähigkeit waren die Düsenjagdflugzeuge ein Vorgriff auf eine neue Epoche der Luftkriegsführung.

Es war eine herausfordernde Aufgabe, sie in die bestehenden Dimensionen einzupassen. Dies zeigte sich besonders bei dem Problem der Angriffseröffnung auf Bomberpulks. Beim Angriff direkt von vorne – einer Angriffsart, die Georg Eder, Egon Mayer und andere im Einsatz gegen die »Möbelwagen« so wirksam anwandten – betrug die Annäherungsgeschwindigkeit mit der Me 262 beinahe 1280 km/h. Dies ließ nur ein Minimum an Zeit zum Schießen übrig – nicht genug, um die schwere Bewaffnung der Me 262 voll auszunutzen. Das Aufspüren der Bomber war kein Problem mehr. Nahe an sie heranzugehen und Wirkung zu erzielen, strapazierte das Schätzvermögen und die Erfahrung der besten deutschen Jäger. Sogar Oberst Günther Lützow, dieser ausgezeichnete Pilot und erfolgreiche Taktiker wurde über seine augenscheinliche Unfähigkeit, Angriffe auf Bomber in dem Jet richtig einzuleiten, wütend. Er erreichte nur zwei Abschüsse in der Me 262, zusätzlich zu seinen 101 Luftsiegen, die er in Propellerflugzeugen erzielen konnte.

Der Angriff von hinten erwies sich als wirkungsvollste Angriffsart auf einen Bomberpulk. Von einem etwa 8000 Meter hinter dem Bomberverband liegenden Punkt aus mit einem Überhöhungsvorteil von 2500–3000 Meter stürzte die Düsenjägerstaffel 500 Meter unter und 1500 Meter hinter den Bomberverband. Beim Abfangen zum Angriff wurden dabei Geschwindigkeiten von 832 bis 864 km/h erreicht. Auf diese Weise wurden die Begleitjäger ausgeschaltet. Kette auf Kette jagte dann von hinten bis zum Führungsflugzeug durch den Bomberstrom durch, und der Abstand von 150 m zwischen den einzelnen Jagdflugzeugen trug dazu bei, das Abwehrfeuer aufzusplittern. Mit ihren vier 3-cm-Kanonen überschütteten die Düsenjäger die Bomber mit einem tödlichen Feuerhagel. Die hintersten Bomber traf dabei die Hauptwucht des Angriffes.

Nachdem die Düsenjäger dicht über die oberen Bomber der Formation hinweggeflogen war, zogen sie flach in die Höhe und entkamen so leicht den Begleitjägern. Die Düsenjäger konnten dann nach einer 180°-Kurve ihren Angriff wiederholen. Wenn die Munition oder der Treibstoff fast aufgebraucht waren, flogen sie leicht nach unten wegdrückend zu ihrem Stützpunkt zurück und waren dabei von einer Verfolgung durch Jagdflugzeuge sicher.

Wenn sich weitere Bomberpulks vor ihnen befanden, konnten die Düsenjäger diese leicht überholen, auf die günstigste Position hinter den Bombern steigen und noch einen anderen Angriff vom Ende der Formation bis zur Spitze durchführen. Die große Geschwindigkeit, mit der diese Angriffe durchgeführt wurden, führte häufig dazu, daß die Düsenjäger der einzelnen Kette weit auseinandergezogen wurden. Ein Aufschließen klassischer Art wurde bei den meisten Einsätzen nicht durchgeführt, da die einzelnen Düsenjäger feindlichen Jagdflugzeugen nicht so ausgesetzt waren wie einzeln fliegende Fw 190 oder Me 109.

Der begrenzte Treibstoffvorrat war ein Handicap für die Me 262-Piloten, und es war deshalb wichtig, keine Zeit auf die Beobachtung herkömmlicher Taktiken zu verschwenden, da diese ohnehin nur mit Einschränkungen in der neuen Ära anwendbar waren. Die enorme Durchschlagskraft der vier 3-cm-Kanonen und später der Batterien von 5-cm-Raketen, mit denen die Düsenjagdflugzeuge ausgerüstet waren, gaben den Piloten eine weit größere Feuerkraft, als ihnen jemals zuvor zur Verfügung stand. Me 109, Fw 190 und Me 110 waren bereits früher im Kriege mit Raketenabschußvorrichtungen ausgerüstet worden, die sich als sehr wirkungsvoll gegen Bomberströme ohne Begleitschutz erwiesen. Als der Jägerbegleitschutz für die Bomber sich auf die gesamte Einflugzeit ausdehnte, mußten die deutschen Jäger auf die Raketenabschußeinrichtungen verzichten, weil diese die Flugleistungen stark verminderten. Erst bei Einführung der Düsenmaschinen wurden sie wieder sinnvoll.

Das Gefühl der Überlegenheit und das Vertrauen, das die Me 262 ihren Piloten gab, führte zu einem erheblichen Anstieg der Moral. Die Begleitjäger, die hordenweise verbissen über jede sichtbare Me 109 oder Fw 190 herfielen, konnten die Moral der Männer, die die Me 262 flogen, nicht erschüttern. Darüber hinaus bedeutete das zwar immer noch starke Abwehrfeuer der Bomber nicht mehr die Gefährdung, die es für die Piloten kolbengetriebener deutscher Jäger darstellte. Im Kampf mit alliierten Jägern war die Me 262 allem, was ihr entgegengestellt wurde, in bezug auf Steigvermögen, Geschwindigkeit und Feuerkraft überlegen. Natürlich mußte der Düsenjägerpilot den Kurvenkampf meiden. Überlegene Höhe und Überraschung – die klassischen Grundvorteile des Luftkampfes – gehörten normalerweise dem Düsenjägerpiloten. Er hatte die Wahl, den Kampf anzunehmen oder zu verweigern.

Die Piloten der Me 262 konnten nicht nur jeder angreifenden

Mustang davonsteigen, sie konnten auch die Verfolgung eines Bomberpulks in diesem Gebiet fortsetzen und gleichzeitig den alliierten Jägern entkommen. Die Me 262 konnten auch alliierte Jägerverbände angreifen, und sie taten dies auch des öfteren. Dabei waren sie aber vorsichtig, um nicht mehr als eine halbe Kurve zu fliegen, bevor sie nach oben wegzogen. Die vier 3-cm-Kanonen waren so ausgelegt, daß sie die schweren Bomber herunterholen konnten. Gegen Jagdflugzeuge wirkten 3-cm-Treffer verheerend, aber der Verlust eines alliierten Jagdflugzeuges war weniger wichtig als der Verlust eines Bombers. Deshalb hoben die Deutschen ihre Munition für die schweren Bomber auf.

Nicht nur die Me 262-Piloten griffen an. Häufig wurden sie selbst von alliierten Jägern angegriffen. Besonders dann, wenn sie in geringer Höhe flogen, um nach Bomberverbänden Ausschau zu halten, die sich gegen die hohe Wolkendecke abzeichneten. Die Deutschen konnten dann hochziehen und die Bomber mit der Me 262 von unten angreifen – eine Taktik, von der die hartbedrängten Piloten der Propellerjagdflugzeuge nur träumen konnten.

Die alliierten Begleitjäger konnten die Me 262 in dieser Phase oft von oben angreifen. Dies war ihre beste Chance für den Abschuß einer Düsenmaschine. Es sei denn, sie trafen auf ein ohnehin schon flügellahmes Düsenflugzeug. Den Abschuß einer Me 262 zu erzielen, war eine der höchsten Ehren unter den alliierten Jagdfliegern[66]. Wenn eine Me 262 angegriffen und überrascht wurde und nicht mehr in der Lage war, in eine Angriffsposition zu kurven, dann konnte sie durch ein schnelles flaches Wegdrücken die alliierten Jagdflugzeuge weit hinter sich lassen. Die Düsenjäger konnten so einen günstigen Abstand erzielen, um dann zum Angriff auf ihre Verfolger einzukurven. In den seltenen Fällen, in denen Düsenjäger von hinten auf gleicher Flughöhe überrascht wurden, konnten sie einfach beschleunigen und nach oben von ihren Angreifern wegziehen.

So war die Me 262 eine neue Waffe mit vielen Vorzügen. Ihre überragende Wirksamkeit gegen die Bomberströme, ihre schwere Bewaffnung, neue Einsatzmethoden und ihre relative Immunität gegen alliierte Jagdflugzeuge fügten dem Gegner großen materiellen und moralischen Schaden zu. Bei der Anwendung der richtigen Taktik waren die Düsenjäger in der Lage, Vernichtung über die vorher so gefürchteten Begleitjäger zu bringen. Dadurch wurden die Bomber den

Angriffen der deutschen Propellerjagdflugzeuge ausgesetzt. Die Krönung des Einsatzes der Me 262 lag darin, daß sie die Moral der deutschen Piloten wiedergewinnen half und festigte – und die des Gegners verringerte. Der Erfolg der Me 262-Jagdflugzeuge zeigt sich in den bestätigten Luftsiegen einiger deutscher Piloten, die zu Düsenjäger-Assen wurden.

Name	Abschüsse in Düsenjägern	Abschüsse in Propellerflugzeugen
1. Bär, Heinz	16	204
2. Schall, Franz	14	123
3. Buchner, Hermann	12	46
4. Eder, Georg Peter	12	66
5. Rudorffer, Erich	12	210
6. Schnorrer, Karl	11	35

Mindestens 43 deutsche Piloten erzielten mit der Me 262 Abschüsse. 22 von ihnen haben 5 oder mehr feindliche Flugzeuge abgeschossen. Die Unterlagen aus dieser Zeit sind verständlicherweise unvollständig, da der Krieg zu Ende ging, bevor viele Luftsiege offiziell bestätigt werden konnten.

Die vorangegangene Zusammenfassung der Einsatzmethoden der Düsenjäger hat die positiven Seiten des Düsenjägereinsatzes unterstrichen. In der wirklichkeitsnahen Praxis wurden die Piloten der deutschen Düsenjäger mit mannigfaltigen Problemen konfrontiert. Die Jumo-004-Triebwerke hatten zu wenig Leistung, und die Anfangsbeschleunigung beim Start war kümmerlich und gefährlich. Das Landen dieses Flugzeuges war auch mit Gefahren verbunden.

Wenn ein Pilot zur Landung ansetzte und dabei zu kurz oder zu weit über die Landeschwelle hinauskam und dadurch ein Durchstarten zu einem neuen Anflug notwendig machte, dann saß er in einer gewaltigen Klemme. Er mußte den Leistungshebel wieder sehr langsam nach vorne schieben, um eine Überhitzung im heißen Teil des Triebwerkes und im Schubrohr zu verhindern und gleichzeitig einen Kompressorstillstand zu vermeiden, und dann mußte der Pilot nervenaufreibende 15 bis 25 Sekunden lang warten, bis das Triebwerk volle Leistung abgab. Bei einer Geschwindigkeit von 176 bis 216 km/h wurde dabei eine große Entfernung in sehr niedriger Höhe zurückgelegt. Das ausgefahrene Fahrwerk verringerte die Geschwindigkeit weiter und erhöhte den allgemeinen aerodynamischen Widerstand des Flugzeuges. Dies bedeutete, daß der Abreißpunkt der Strömung sehr schnell näher kam, während das Triebwerk durch die schwierigen Phasen der Beschleunigung lief. Dabei befand man sich in einer sehr gefährlichen Lage. Es kam zu zahlreichen Abstürzen. Die Vereinigten Staaten standen Ende der vierziger und Anfang der fünfziger Jahre vor den gleichen Problemen. In dieser Flugphase verloren eine größere Zahl amerikanischer Piloten ihr Leben.

Als der Krieg weiter fortschritt, standen die Me 262 neuen Problemen gegenüber. Die kurze Flugdauer zwang sie dazu, bald wieder zum Stützpunkt zurückzukehren und zu landen. Die alliierten Jäger folgten ihnen nach Hause und schossen sie beim Landeanflug ab. Die Luftwaffe setzte als Gegenmaßnahme Fw 190- und Me 109-Verbände ein, die ständig Sicherung flogen und die Me 262 beim Landen deckten.

Wenn die Düsenjäger zur Landung angebraust kamen, wurden sie fast immer von Mustangs und Thunderbolts verfolgt, die im Abstand von 8 bis 40 km hinter ihnen herflogen. Die deutschen Propellerjagdflugzeuge warfen sich dann sofort auf diese. Die Rückendeckung durch die Propellerjagdflugzeuge reichte in der Regel aus, um die alliierten Piloten von den Düsenjägern abzulenken und die wertvollen Me 262 unbehelligt landen zu lassen.

Es gab aber auch Fälle, in denen ein alliierter Pilot seinen Angriff weiter fortsetzte und den Abschuß eines Düsenjägers bei der Platzrunde erzielte.

Die Me 262 war das wirksamste Düsenflugzeug in Deutschlands Arsenal, aber vielleicht war die Me 163 »Komet« noch dramatischer, weil sie einen Raketenantrieb hatte und damit das erste Flugzeug dieser Art in der Geschichte war, das zur Einsatzreife gelangte.

Die Anfänge der Me 163 lagen in der Vorkriegszeit, als bei der Deutschen Forschungsanstalt für Segelflug eine Zelle für Raketenantrieb entwickelt wurde. Der Raketenjäger, der auf einen ursprünglichen Entwurf von Professor Alexander Lippisch zurückging, wurde ab 1939 bei den Messerschmitt-Werken weiterentwickelt.

Der Werdegang dieser Maschine wurde bereits in anderen Veröffentlichungen, u. a. in dem Buch »Famous Fighters of the Second World War« von William Green, eingehend beschrieben[67].

Der Weg dieses Flugzeuges zur Einsatzreife war schwierig und mit Gefahren gepflastert und verlangte vor allem von den Erprobungspiloten ein hohes Maß an Mut. Bemerkenswerte Beiträge zu diesem Flugzeug wurden von den Erprobungspiloten Heini Dittmar, Wolfgang Späte, Rudolf Opitz, Hanna Reitsch und anderen geleistet.

Die Gefahren der Flugerprobung der Me 163 bestanden in all den normalen Schwierigkeiten eines neuen Flugzeuges unter Zusatz eines ganzen Paketes vollkommen neuer Probleme, die sich aus dem Raketenantrieb ergaben. Der Treibstoff war buchstäblich in der Lage, das Flugzeug in Stücke zu zerreißen, und mehr als ein Erprobungspilot kam in dem ätzenden Treibstoff, T-Stoff genannt, um. Die Erprobung der »Komet« war keine Aufgabe für Ängstliche.

Die Laufbahn von Rudolf »Pitz« Opitz war typisch für die unermüdlich Pionierarbeit leistenden Piloten. Opitz, der vor dem Kriege Erprobungspilot bei der DFS in Darmstadt war, wurde Mitte 1941 durch Udet nach Peenemünde versetzt. In Zusammenarbeit mit Heini Dittmar leistete er einen großen Teil der Erprobungsarbeit an der Me 163A, die ein reines Versuchsflugzeug war.

Es folgte die Me 163B, die im Entwurf schon als Einsatzflugzeug ausgelegt wurde. Der Prototyp wurde im Winter 1941/42 in Augsburg gebaut. Die Flugerprobung der Zelle ohne Triebwerk wurde im Frühjahr 1942 begonnen. Die Raketenmotoren wurden durch die Firmen Walther, Kiel und BMW entwickelt. Aber die Auslieferung der radikal neuen Triebwerke war nicht vor Herbst 1942 zu erwarten. Die Erprobung der Zelle wurde unabhängig davon durchgeführt, indem sie auf große Höhen geschleppt wurde, um so die Flugeigenschaften zu erkennen.

Opitz schildert einige der Probleme:

»Es gab eine Anzahl von Fragen zu beantworten, um eventuelle Rückschläge zu vermeiden, wenn dieses radikal neue Flugzeug gebaut werden sollte. So durften z. B. die Piloten nur mit dem Fallschirm aussteigen, wenn die Fluggeschwindigkeit nicht mehr als 480 km/h betrug. Die Me 163 war auf mehr als das Doppelte dieser Geschwindigkeit ausgelegt. Deshalb wurde der Einbau eines Bremsschirmes vorgeschlagen. Im Falle der Gefahr sollte der Bremsschirm das Flugzeug von 960 auf 440 km/h Geschwindigkeit abbremsen und so ein sicheres »Aussteigen« gewährleisten.

Ich kann mich wirklich sehr gut an den ersten derartigen Flug erinnern. Die Aufgabe: Schleppflug auf 5000 m Höhe, Auslösung des Bremsfallschirms bei einer gewissen Geschwindigkeit, Messen der

Abbremskräfte, anschließend Abwerfen des Bremsschirmes durch eine Trennladung, und Landung.

Man könnte denken: eine völlig harmlose Angelegenheit.

Der Bremsschirm öffnete sich programmgemäß. Als ich den Auslösemechanismus der Trennladung betätigte, kam es nicht zu der vorgesehenen Abtrennung. Die Notauslösung, die über einen völlig getrennten Auslösekreis arbeitete, brachte die Trennladung ebenfalls nicht zur Explosion. Ich konnte jetzt aussteigen oder aber versuchen, mit dem geöffneten und nicht abgesprengten Bremsschirm zu landen. Diese Wahl hatte ich. Es bestand die große Gefahr, beim Verlassen des Flugzeuges in den Bremsschirm zu geraten. Außerdem wäre es fast unmöglich gewesen, die Fehlerquelle zu finden, wenn das Flugzeug zerstört wurde. Ich entschloß mich zu dem Versuch, mit dem Bremsschirm zu landen.

Ich ging aus 3000 m in einen steilen Sturzflug über, um genug Fahrt für den kritischen Landeversuch zu haben. Die Landung verlief glatt, endete aber einige hundert Meter von der Landebahn entfernt in einem Rübenacker.«

Später, als die Walther-Triebwerke eingebaut waren, stand man einer neuen Reihe von Gefahren gegenüber. Wieder berichtet Opitz darüber: »Im Herbst 1942 erhielten wir die Walther-Triebwerke zur Flugerprobung. In einer Reihe von Versuchsläufen am Boden, bei denen es fest verankert war, machte ich mich mit dem Triebwerk vertraut. Dann kam der erste Start. Erfolgreich, aber nicht ohne Zwischenfall. Während des Startes, kurz vor dem Erreichen der Abhebegeschwindigkeit brach das abwerfbare Fahrgestell. Kurz vor dem Ende der Startbahn konnte ich abheben, obwohl das Flugzeug auszubrechen drohte.

Das Triebwerk arbeitete vorzüglich. Ich ging in einen steilen Steigflug über, als sich die Kabine plötzlich mit Rauch von dem T-Stoff füllte. Das Kabinendach, die Schutzbrille und die Instrumente wurden milchig weiß. Meine Augen brannten fürchterlich. Nach etwa zwei Minuten mußte der kleine Treibstoffvorrat, der für diesen ersten Flug eingefüllt war, verbraucht sein. Das Triebwerk lief auf vollen Touren und blieb stehen, als der Tank leer war. Ich ging in den Gleitflug über und machte eine glatte Landung. Ich wurde höchstwahrscheinlich nur deshalb mit dieser Situation fertig, weil ich die Zelle so oft ohne Triebwerk geflogen hatte und meine Erfahrungen mit den Flugeigenschaften des Flugzeuges so groß waren, daß sie zur Überwindung dieser gefährlichen Situation beitrugen.«

Opitz wurde bei der Erprobung der Me 163 körperlich schwer gefordert. Er mußte Schlimmeres einstecken als viele Asse, die hunderte von Kampfeinsätzen flogen. Wie alle Erprobungspiloten der »Komet« konnte er sagen, daß der Sensenmann sein Kopilot war.

Bei dem Überführungsflug einer »Komet« von Peenemünde nach Anklam versagte die Landekufe, als er die kleine Maschine aufsetzte. »Pitz« wurde schwer verletzt. Zwei Wirbel wurden ausgerenkt, und sein Rückgrat wurde verletzt. Die Ärzte berechneten später, daß bei solch harten Landungen momentan Kräfte bis zu 20 g auftraten. Ein torsionsgefederter Pilotensitz mußte entwickelt werden, um die Aufsetzkräfte von 15 – 30 g aufzunehmen, die einen Piloten bei einer Notlandung verletzen oder töten konnten.

»Pitz« hat nie eine Me 163 im Fluge aufgegeben. Er brachte sie alle runter, obwohl es schwierige und unvorhergesehene Situationen gab. Sein letzter Erprobungsflug war von der Art, bei dem er besser daran gewesen wäre, auszusteigen. Kurz vor Kriegsende wurde er mit der Führung einer Gruppe des JG 400 betraut. Am 7. Mai 1945 hatte sich seine Einheit auf einen Flugplatz in Norddeutschland zurückgezogen. Eine der wenigen verbliebenen »Komet« mußte im Fluge erprobt werden, bevor sie einsatzbereit war.

Opitz erreichte bei seinem kurzen Erprobungsflug 2000 m Flughöhe, als das Bodenpersonal beobachtete, wie Rauch aus der Maschine drang und das Flugzeug in einem ungleichmäßigen Gleitflug kurvend auf den Flugplatz zurückflog. Es reichte nicht bis zum Platz. Ein donnernder Knall und eine Rauchsäule hinter einigen entfernt stehenden Bäumen zeigten das Ende der Komet an.

Der Feuerwehrwagen und die Rettungsmannschaft rasten zur Absturzstelle, dicht gefolgt von einem Krankenwagen, einem Kranlastwagen und anderen Fahrzeugen, die mit Rettungsgeräten beladen waren. Sie waren darauf vorbereitet, »Pitz« mit einem Löffel zusammenkratzen zu müssen. Beim Eintreffen an der Absturzstelle sah die Rettungsmannschaft, daß die schlimmsten Befürchtungen eingetroffen waren.

Die Me 163 war ein weißglühender Haufen rauchenden Metalls, Flammen fraßen sich an den in der Nähe stehenden Bäumen entlang, und der stechende Geruch von T-Stoff hing schwer in der Luft. Plötzlich sahen die Rettungsmannschaften in einer Entfernung von etwa 30 Metern von den flammenden Trümmern entfernt eine aufrechtstehende weiße Figur. Unsicher und zitternd stand sie da. »Pitz«. Sein weißer Schutzanzug hatte ihn gerettet.

»Geht in Deckung«, krächzte er, »die Maschine muß jeden Augenblick in die Luft gehen.«

Er brach zusammen und wurde schnell in ein Lazarett gebracht. Er hatte sich mehrere Rippen, das Schlüsselbein und einen Arm gebrochen. Einige Tage später konnte er die Geschichte seines unglaublichen letzten Fluges in der Me 163 erzählen.

Während des Fluges wurden die Treibstoffleitungen undicht, und Opitz wurde durch die Dämpfe beinahe bewußtlos. Als er versuchte, die Kabinenhaube abzuwerfen, funktionierte der Abwurfmechanismus nicht. Er nahm seine Sicherheitsgurte ab und versuchte, das Kabinendach mit seinem Rücken hochzudrücken. Es ging nicht. Der unregelmäßige im Kreis geflogene Gleitflug, der vom Boden aus beobachtet wurde, entstand bei Opitz' Bemühen, das Kabinendach abzuwerfen. Als die Me 163 aufschlug, wurde der nicht mehr angeschnallte Opitz aus dem zur Vernichtung verdammten Flugzeug herausgeschleudert.

Er hat dann die Krankenschwester geheiratet, die ihn im Lazarett pflegte, und so blieb dieser Flug für ihn doch nicht ohne Gewinn. Die Dringlichkeit der Bomberbekämpfung hatte mit der Zeit zur Einstellung weiterer Erprobungen geführt, und die Me 163 wurden so, wie sie waren, im Kampfe eingesetzt. Mit den 2 to Treibstoff, die sie aufnahmen, konnten sie ungefähr 4 Minuten mit voller Leistung fliegen. Nach dem Start gingen sie auf Höhe und fingen einen Bomberverband innerhalb von 60 bis 90 Sekunden ab. Der Pilot hatte so zwei Minuten zur Verfügung, um seinen Angriff durchzuführen.

Anfänglich waren die Raketenjäger mit zwei 3-cm-Kanonen bewaffnet, die auf herkömmliche Art nach vorne schossen. In den letzten Kriegsmonaten wurde die »Komet« mit einer Raketenversion der nach oben feuernden »schrägen Musik« ausgerüstet, die sich in den Nachtjägern als so erfolgreich erwiesen hatte. Die Rohre waren schräg aufwärts gerichtet, und die Raketen wurden automatisch ausgelöst, wenn die »Komet« unter dem feindlichen Flugzeug durchflog. Die optisch gelenkten Raketen konnten den größten Bomber zerstören.

Die ersten Flugzeuge, die mit dieser Einrichtung ausgerüstet waren, wurden erst im März 1945 fertig. Leutnant Fritz Kelb hatte die nach oben schießenden Raketen erprobt und war von diesen neuen Waffen begeistert. Er führte damit einen klassischen Abfangeinsatz durch. Als er unter den Bombern durchflog, zerplatzte einer durch einen Raketentreffer. Aber genau wie bei der Me 262 war es zu spät. Einige Wochen später sprengten die Me 163-Piloten, die von Brandis aus im Einsatz standen, ihre phantastischen Raketenjäger, als die amerikanischen Panzer auf der Straße nach Leipzig anrückten.

ASSE IM MORGENGRAUEN DES RAUMFAHRTZEITALTERS

»Deutschland ist im Hinblick auf militärische Überraschungen ein fruchtbares Land.«

Churchill

Sir Winston Churchill stellte den Mut unter den menschlichen Qualitäten an die erste Stelle. Er sah im Mut den Beweis für den persönlichen Charakter. Oberstleutnant Heinrich Bär, ein Soldat auf der anderen Seite, bewies auf seinem erstaunlichen Weg von 1939 bis 1945, daß Churchill eine Wahrheit ausgesprochen hatte, die für alle echten Männer gilt. »Pritzel« Bär flog den ganzen Krieg hindurch an allen Fronten. Seine 220 Luftsiege, von denen er 124 gegen die westlichen Alliierten erfochten hatte, reihen ihn in die Spitze der deutschen Jagdfliegerasse ein. Das Andenken an ihn gilt seinen bemerkenswerten persönlichen Qualitäten genauso wie seiner Tapferkeit in der Luft.

Als Bär 1945 der Düsenjägerpilot des 2. Weltkrieges mit den meisten Abschüssen wurde, war das der Höhepunkt einer Kampflaufbahn, die die wildesten Vorstellungen in den Schatten stellte. Zwischen September 1939 und der Kapitulation flog er über 1000 Einsätze. Dabei traf er fast mit jedem alliierten Flugzeugtyp an der Westfront, in Nordafrika, dem Mittelmeerraum und in Rußland zusammen. »Pritzel« hat mindestens 22 viermotorige schwere Bomber abgeschossen. Sein frühester Wunsch in der Luftfahrt war es, große Passagierflugzeuge zu fliegen.

Bär wurde als Sohn eines Bauern in Sommerfeld bei Leipzig am 25. Mai 1913 geboren. Als Jugendlicher wandte er sich dem Segelfliegen zu. Er wäre zu gerne Verkehrsflieger bei der Lufthansa geworden.

Die finanziellen Schwierigkeiten in den Jahren der Depression beraubten Bär der Möglichkeit, eine Ausbildung als Zivilflieger zu erhalten. Er meldete sich zur Reichswehr und kam im Sommer 1935 zu einem Kampfverband der Luftwaffe – als Werkzeugschlosser. Einige Monate später wurde er Flugschüler. Am 1. 9. 1938 wurde er zu einem Jagdverband versetzt – als Transportflieger auf einer Ju 52. Nachdem er mit der Ju 52 – verbotenerweise – Kunstflug gemacht hatte, schulte ihn der Staffelkapitän Pitcairn »schwarz« auf Jagdmaschinen um. Damit waren die Würfel gefallen.

Feldwebel Bär kam bei Kriegsausbruch zum Einsatz und erzielte am 25. September 1939 seinen ersten Luftsieg. Sein Opfer war eine von einem Franzosen geflogene Curtiss P-36.

Bär flog im Frankreichfeldzug und während der Luftschlacht um England mit Werner Mölders im JG 51. Als Leutnant Bär ging er mit 17 Abschüssen aus der Luftschlacht um England hervor. Aber diese Zeit war alles andere als eine ununterbrochene Reihe von Triumphen gewesen.

Als die Me 109-Piloten mit Hurricanes und Spitfires zusammentrafen, wurden sie im allgemeinen angewiesen, diese in Kurvenkämpfe zu verwickeln. Dies war ein traditionelles Überbleibsel aus dem 1. Weltkrieg. Die Deutschen lernten bald, daß die Spitfire und Hurricane ihre Me 109 auskurven konnten. Und so erhielten die deutschen Piloten nach schweren Verlusten die Anweisung, zuzuschlagen und dann abzuhauen. Die Art und Weise, wie Galland und Mölders mit diesem Problem fertig wurden, wurde in diesem Buch bereits geschildert.

Bär war einer der Luftwaffenpiloten, die es immer wieder und wieder versuchten und auf hartem Wege lernen mußten, daß man sich mit einer Me 109 nicht auf einen Kurvenkampf mit einer Spitfire einläßt. Bei zahlreichen Gelegenheiten zog er so gegenüber dem ausgezeichneten britischen Jäger den Kürzeren. Sechsmal kam er gerade noch mit seiner zerschossenen Me 109 nach Frankreich zurück, beim siebten Male hat es ihn dann erwischt.

Am 2. September 1940 schleppte er sich mühsam über die englische Küste mit einem überhitzten Motor zurück. Seine Me 109 war an Rumpf und Tragflächen durchlöchert. Eine einzelne Spitfire griff die flügellahme Maschine an und gab ihr den Gnadenstoß. Bär sprang ab, kurz bevor seine Maschine in Sichtweite von Dover in den Kanal stürzte. Er schwamm annähernd zwei Stunden lang im »Bach« herum und erreichte völlig erschöpft kurz vor Dunkelheit eine der Kanalbojen. Ein deutsches Patrouillenboot, das seine Abendrunde drehte, zog Bär später aus dem Wasser und brachte ihn nach Hause. Am nächsten Tag flog er wieder.

Als Oberleutnant und Staffelkapitän kam er mit dem JG 51 nach Rußland. Weniger als zwei Monate später hatte er bereits 60

Abschüsse. Am 2. Juli 1941 wurde er mit dem Ritterkreuz und am 14. August 1941 mit dem Eichenlaub ausgezeichnet.

Doubletten und mehrfache Abschüsse waren an der Ostfront nicht selten. Auch Bär holte sich seinen Anteil. Am 30. Juni 1941 schoß er 5 russische Flugzeuge ab. Sein bestes Tagesergebnis mit 8 Abschüssen erzielte er am 30. August 1941. Jetzt hatte er den Ruf eines Scharfschützen und eines wagemutigen Draufgängers zugleich. Am 31. August 1941 verfolgte er einen Gegner bis 50 km hinter die Front, und er wurde abgeschossen. Nun lieferte Heinz Bär mit seiner Zähigkeit erneut einen Beitrag zur Legende, die sich innerhalb der Jagdwaffe um ihn rankt.

Er war mit dem Fallschirm ausgestiegen und landete hart. Starke Bodenwinde zogen ihn einige hundert Meter am Boden entlang, bevor er sich von seinem Fallschirm lösen konnte. Verletzt und unter großen Schmerzen machte er sich dann auf den Weg. Abwechselnd marschierend und sich versteckend quälte er sich die nächsten beiden Tage und Nächte auf einem verzweifelten Marsch zu den deutschen Linien zurück. Als er endlich zerkratzt und zerschlagen die deutschen Linien erreicht hatte, konnte er von Glück sagen, noch am Leben zu sein. Sein Rückgrat war an zwei Stellen erheblich angeknackst.

Nach einem langen Lazarettaufenthalt kehrte er an die Ostfront zurück, kam zu weiteren Abschüssen und erhielt Mitte Februar 1942 nach 90 Luftsiegen die Schwerter zum Ritterkreuz. Obwohl die Deutschen bestrebt waren, Auszeichnungen auf vergleichbarer Grundlage zu verleihen, gehört es zu den Ausnahmen dieses Krieges, daß Heinz Bär nach dem Februar 1942 keine Auszeichnung mehr erhielt. Zwischen der Verleihung der Schwerter und dem Kriegsende schoß Bär noch 7 russische Flugzeuge und dann 107 Flugzeuge der Westalliierten ab – eine Leistung, die sicherlich mit der Verleihung der Brillanten hätte anerkannt werden müssen.

Nach dem Abgang von der Ostfront im Frühjahr 1942 wurde er Kommandeur der I./JG 77 in Sizilien. Er trug mit die Hauptlast im Kampf um die Luftherrschaft über Malta (4 Luftsiege) und flog auch bis zum Rückzug der Achsenmächte aus Tunesien Einsätze über Nordafrika (61 Luftsiege). Dann wurde er in die Heimat zurückbeordert, um an der letzten Verteidigung Deutschlands mitzuwirken.

Er war nacheinander Kommodore des JG 1 »Ösau« und des JG 3 »Udet« und flog dabei fortlaufend selbst Einsätze und reihte stetig Sieg an Sieg. In einer gewissen Regelmäßigkeit wurde er aber auch selbst abgeschossen, kam aber immer mit geringen Verletzungen davon. Zwischen 1939 und 1945 hat es ihn 18mal erwischt – genug Leben für zwei Katzen. Er sprang viermal mit dem Fallschirm ab und machte 14 Bauchlandungen auf Wiesen, Kornfeldern und Ausweichplätzen. Am 22. April 1944 erzielte Bär seinen 200. Abschuß. 104 Abschüsse betrafen Flugzeuge, die von englischen und amerikanischen Piloten geflogen wurden. Männer von Bärs Format wurden gegen Ende des Jahres 1944 selten. Erstklassige Fliegerführer wie Mölders, Osau, Mayer und Müncheberg waren gefallen. Nur die erfahrensten alten Hasen hatten eine Chance, den ständig wachsenden Ansturm der alliierten Jäger, die jeden Tag den Himmel über Deutschland durchzogen, zu überleben.

Im Januar 1945 wurde Bär Kommandeur der Ergänzungsgruppe Lechfeld bei Augsburg. So kam er erst vor Ende des Krieges zum wirklichen Einsatz in der Me 262. Trotzdem erzielte er 16 bestätigte Abschüsse in dem Düsenjäger und stand damit an der Spitze der Me 262-Piloten.

In einem Brief an die Verfasser schrieb er: »Einige dieser 16 Luftsiege wurden mit einem besonderen Typ der Me 262 erzielt, der zusätzlich zu den Düsentriebwerken mit einem Raketenmotor der Me 163 ausgerüstet war. Dieser Sonderjäger war für den Einsatz gegen die Mosquito vorgesehen. Ich konnte bei meinem ersten Einsatz eine Mosquito abschießen. Dieser Sondertyp der Me 262 hatte eine Steigleistung von 9000 bis 10000 Meter in drei Minuten, nachdem sie eine Geschwindigkeit von 750 km/h erreicht hatte.«

Bär kam als Oberstleutnant zum JV 44, Gallands »Staffel der Experten«, und flog mit dieser Eliteeinheit bis zum Ende des Krieges. Nach Gallands Verwundung und Lützows Tod am 22. April 1945 wurde er zum Kommandeur des JV 44 ernannt.

Er beendete den Krieg auf angemessenem Posten – als Kommandeur der »Staffel der Experten.«

Seine Erfahrungen im Luftkampf waren vielleicht umfangreicher und verschiedenartiger als die irgendeines anderen Jagdfliegers und Verbandsführers, der vom Anfang bis zum Ende dabei war. Bärs 22 Abschüsse viermotoriger Bomber, die er zum Teil mit Düsenjägern erzielt hatte, stellen eine bemerkenswerte Leistung dar. In mehr als 1000 Einsätzen traf er auf jeden Typ alliierter Jagdflugzeuge an der Ost-, Mittelmeer- und Westfront. Nur der kometenhaft aufscheinende Marseille hat mehr Flugzeuge abgeschossen, die von westlichen Piloten geflogen wurden. Über seine Erfahrungen berichtete Bär 1955 in Stuttgart an Colonel Toliver:

»Es war ein Unterschied, ob man gegen amerikanische oder britische Jäger kämpfte, und das Können des Piloten war der große unbestimmbare Faktor, bis zu dem Zeitpunkt, wo man tatsächlich in den Kampf kam. Im allgemeinen boten die P-38 überhaupt keine Schwierigkeiten. Sie waren leicht auszumanövrieren und bedeuteten fast immer einen sicheren Abschuß.

Die P-47 Thunderbolt konnte eine erstaunliche Menge Blei verdauen. Bei diesen Flugzeugen mußte man im Luftkampf entsprechende Vorsicht walten lassen, weil sie eine große Anzahl von Treffern einstecken konnten, ohne daß ihre Flugleistungen beeinträchtigt wurden.

Die P-51 Mustang war vielleicht der schwierigste aller alliierten Jäger, auf den man im Luftkampf treffen konnte. Die Mustang war schnell, wendig, schwer zu sehen und schwierig zu erkennen, da sie in der Luft große Ähnlichkeit mit der Me 109 hatte. Das sind meine allgemeinen Eindrücke von den alliierten Jagdflugzeugen. Natürlich ist es nicht notwendig, über die Güte der Spitfire zu sprechen. Spitfire-Piloten haben mich einmal abgeschossen und mich mindestens sechsmal gezwungen, notzulanden.

Mit einem guten Piloten in einem dieser Flugzeuge konnte man nur schwer fertigwerden, und wenn er den taktischen Vorteil auf seiner Seite hatte, hatte er gute Aussichten, den Kampf zu gewinnen.

Sie können daraus, daß ich selbst 18mal abgeschossen wurde, ablesen, daß sie oft gewannen. Aber als wir die Me 262 bekamen, sah die Geschichte anders aus, und sie waren uns gegenüber in einem enormen Nachteil. Das Düsenflugzeug war gegenüber einem einzelnen Propellerflugzeug einfach zuviel. Wir konnten den Kampf mit den alliierten Jagdflugzeugen annehmen oder verweigern. Die Entscheidung lag bei uns. Der Leistungs- und Bewaffnungsvorteil, der uns durch die Me 262 geboten wurde, war im Jägerkampf ausschlaggebend. Vorausgesetzt natürlich, daß die Me 262 mit beiden Triebwerken einwandfrei funktionierte. In den Düsenjägern waren wir aber in echten Schwierigkeiten, wenn ein Triebwerk ausfiel. Es war auch eine erschreckende Feststellung, wenn der Treibstoff zur Neige ging und man sich zur Landung vorbereitete, daß alliierte Jäger einem bis nach Hause gefolgt waren oder über dem Platz warteten.«

Bär wurde gefragt, wen er als besten Schützen der Luftwaffe ansehe. »Nach meiner Meinung war es entweder Marseille oder Günther Rall. Ich kannte nicht alle Jagdflieger oder konnte nur eine begrenzte Anzahl von ihnen im Einsatz beobachten. Emil »Bully« Lang war großartig, und Erich Rudorffer muß auch unter die Besten eingereiht werden. Aber Marseille erzielte die meisten Abschüsse mit der geringsten verschossenen Munitionsmenge.

Ich glaube, Günther Rall war der Beste und wirklich Unübertroffene beim Schießen mit Vorhalten. Er war phantastisch! Seine Rottenkameraden erstarrten vor Ehrfurcht über seine Fähigkeit, einen Gegner aus dem Abwehrkreis herauszuschießen. Er beherrschte die Kunst, die Geschwindigkeit, die Entfernung des Gegners und seine Flugkurve genau abzuschätzen und dann weit genug vorzuhalten und den richtigen Vorhaltewinkel zu haben. Er feuerte einige Schüsse und Päng! – es gab kein feindliches Flugzeug mehr. Ja, ich glaube, Rall war der Beste.«

Bär wurde auch gefragt, wen er als den tapfersten und furchtlosesten Jagdflieger der Luftwaffe bezeichnen würde. Er brauchte nicht lange zu überlegen:

»Das ist Bubi Hartmann. Er ist ein menschliches Dynamo, sehr konzentriert, sehr schnell und vielleicht der beste Jagdflieger, den ich kenne. Er weiß genau, war er tun kann, und er tut es dann auch hundertprozentig. Beim Angriff war er vollkommen furchtlos. Um ganz sicher zu gehen, ging er auf zehn bis fünfzehn Meter an den Gegner heran, bevor er schoß. Er steht auf einer Stufe mit Hans-Ulrich Rudel, dem berühmten Stukapiloten. Sie sind die beiden furchtlosesten und tapfersten Männer, die ich kenne.«

So bestätigt Bär unabhängig das, was Hartmann selbst als den Schlüssel seiner erstaunlichen Erfolge bezeichnet: »Gehe so nahe an den Gegner heran, bis er die Frontscheibe ausfüllt, bevor Du schießt.«

Bärs körperliche Erscheinung ließ ihn aus jeder Gruppe von Menschen herausragen. Er sah auffallend gut aus, und mit seiner Adlernase wirkte er wie der Prototyp des kühnen Menschen. Sein Sinn für Humor, sein sprühender Geist und seine aufgeschlossene Persönlichkeit hinterließen bei jedem, der mit ihm zusammentraf und ihn kannte, einen unauslöschlichen Eindruck. Bär war der geborene Führer. Mit dem Vermögen, harte Entscheidungen zu treffen. Er verlangte von keinem Piloten, der unter seinem Befehl stand, etwas zu tun, was er nicht schon selbst getan hatte. Deutschlands erfolgreichster Düsenjägerpilot, ein fairer und ritterlicher Mann, der im Anfang nichts anderes gewünscht hatte, als ein Verkehrsflugzeug zu fliegen, empfand das Nachkriegsdeutschland als härtere Herausforderung als alles, was ihm bis dahin in der Luft begegnet war. Wie bei Rall, Hrabak und anderen deutschen Assen, die wir in diesem Buch kennengelernt haben, waren die Türen der zivilen Möglichkeiten für Heinz Bär verschlossen. »Sie sind Militarist!« Mit diesen stereotypen Worten endete jedes Einstellungsgespräch negativ.

1950 bekam er endlich eine Chance. Er wurde im Deutschen Aeroclub der zuständige Mann für Sportflugzeuge. Diese Aufgabe machte ihm Spaß und befriedigte seine ungebrochene Begeisterung für das Fliegen. Am 28. April 1957 flog er ein Leichtflugzeug in Braunschweig vor. Die Maschine stürzte aus 50 m Höhe ab. Vor den entsetzten Blicken seiner Familie fand Bär dabei den Tod. Dieses Buch hat manches Beispiel für die seltsamen Schicksalswege aufgezeichnet, die das Leben von Jagdfliegern bestimmten. Es gibt nur wenig Parallelen für den Tod von Heinz Bär. In 5½ Jahren war er in mehr als 1000 Einsätzen dem Tode entgangen – im Kampf mit hochausgebildeten alliierten Piloten, deren Aufgabe es war, ihn zu töten. 12 Jahre, nachdem dies alles vorüber war, stürzte er in einer Maschine ab, die dem Fliegen als Sport gefahrlose und sichere Möglichkeiten bringen sollte.

Mit 14 in der Me 262 erzielten Abschüssen ist Hauptmann Franz Schall das an 2. Stelle stehende »Düsenjäger-As« der Luftwaffe. Zu Anfang des Krieges diente er bei der Flak, meldete sich dann zur Jagdfliegerei, kam im Februar 1943 zum Einsatz und erkämpfte bis zum September 1944 beim JG 52 in Rußland 106 Abschüsse. Er wurde im Oktober 1944 für das Kommando Nowotny ausgewählt und schoß einige Mustangs im Luftkampf mit der Me 262 ab. Kurz vor Kriegsende wurde er zum JG 7 versetzt und erzielte weitere Abschüsse mit der Me 262. Viele wurden wegen der Auflösung bzw. dem Verlust offizieller Unterlagen nicht mehr bestätigt. Am 10. April 1945, kurz vor Beendigung der Feindseligkeiten, machte Schall eine Notlandung auf dem Flugplatz Parchim. Die von Bombentrichtern übersäte Landebahn wurde für den entschlossenen jungen Piloten zur Todesfalle. Sein Düsenjäger kam mit einem Rad in einen Bombentrichter, brach auseinander und brannte. Dabei fand der 26jährige Schall den Tod.

Drei deutsche Asse, die die Me 262 flogen, erhielten je 12 Luftsiege zugesprochen. Es handelt sich um Major Georg Peter Eder, den wir in Kapitel 13 kennenlernten, den kleinen, schülerhaft wirkenden Feldwebel Hermann Büchner (einen äußerst erfolgreichen ehemaligen Panzerknacker der Rußlandfront) und Major Erich Rudorffer, einen der tödlichsten Schützen der Luftwaffe, der von Heinz Bär und anderen Piloten in diesem Buch mehrfach erwähnt wurde.

Rudorffer war ein großer, schlanker Mann mit einem schmalen sensiblen Gesicht und durchdringenden, blauen Augen. Er kämpfte einen langen, grimmigen Krieg, und seine Laufbahn ähnelt der »Pritzel« Bärs in vieler Hinsicht. Mit 222 Luftsiegen steht Rudorffer an 7. Stelle der Luftwaffe, und Bär mit seinen 200 Abschüssen an 8. Stelle.

Genau wie Bär flog Rudorffer zwischen seinem Anfang beim JG 2 im Jahre 1940 und dem Kriegsende mehr als 1000 Einsätze. Er kämpfte in Rußland mit Trautlofts »Grünherz«-Geschwader (JG 54), mit hervorragendem Erfolg in Nordafrika (26 Abschüsse), und in der »Reichsverteidigung«, bei der er Düsenjäger im JG 7 flog. Ähnlich wie Bär wurde er selbst 16mal abgeschossen und übertraf »Pritzel« sogar im Hinblick auf das »Aussteigen«. Rudorffer sprang 9mal mit dem Fallschirm ab, mehr als genug, um ihn zum Fallschirmjäger zu qualifizieren.

Mehrere Abschüsse hintereinander waren unabstreitbarer Beweis seines Schießkönnens. Während er allgemein – zusammen mit Marseille, Hartmann und Rall – zu den 4 besten Schützen der Luftwaffe gezählt wird, übertraf er alle seine Rivalen bei »Serien-Abschüssen«. In einem Luftkampf von 17 Minuten am 6. November 1943 schoß er 13 russische Flugzeuge ab – seine hervorragendste Schießleistung.

Er war auch gegen die Engländer in Afrika sehr erfolgreich. Am 9. Februar 1943 schoß er 8 britische Flugzeuge bei einem Einsatz ab, und am 15. Februar 1943 schoß er 7 britische Maschinen in Tunesien in 2 Einsätzen ab.

Im Februar 1945 wurde Rudorffer Kommandeur der II./JG 7, die die Me 262 flog. Wie viele andere Düsenjägerpiloten hat er in den letzten Kriegstagen, wie man glaubt, viel mehr Abschüsse in Düsenjägern erzielt, als offiziell noch bestätigt werden konnten. Die Düsenjägerpiloten fanden sich bei fast jedem Luftkampf allein im Gefecht. Die Gründe hierfür wurden im vorangehenden Kapitel dargestellt. Dies bedeutete, daß sie oft weit von den Zeugen ihrer Abschüsse entfernt waren, und Rottenkameraden oder andere Kameraden waren kaum in der Nähe, um Abstürze zu beobachten, nachdem die Angriffe auf die

Bomberpulks begonnen wurden. Der Kampf im Düsenjäger fand bei Geschwindigkeiten um 860 km/h statt.

Major Erich Rudorffer war in seinen mehr als 1000 Einsätzen mehr als 300mal in Luftkämpfe verwickelt. Er überlebte den Krieg und ist heute als Geschäftsmann in der Bundesrepublik tätig. Seine Leistungen als Schütze sichern ihm seinen Platz in der Geschichte des Luftkrieges.

Hinter Eder, Bucher und Rudorffer folgt unter den »Düsenjäger-Assen« der Leutnant Karl »Quax« Schnörrer, Walter Nowotnys fähiger Rottenkamerad in Rußland, der »Nowi« zu den Düsenjägern folgte, nachdem er im November 1943 schwer verwundet wurde. Als Nowotny gefallen war und das JG 7 Einsatz-Düsenjägergeschwader wurde, flog »Quax« bis März 1945. Er hatte 11 Abschüsse in Düsenjägern zu seinen 35 von der Rußlandfront erzielt, als er über Hamburg abgeschossen wurde. Er sprang ab, verlor aber sein linkes Bein in diesem letzten Einsatz. Er hatte allein 9 viermotorige schwere amerikanische Bomber mit dem Düsenjäger heruntergeholt.

Das JG 7 entstand als Einsatzdüsenjägergeschwader aus dem Kern des Kommandos Nowotny. Der erste Kommodore des JG 7 war Oberst Johannes Steinhoff. Das Geschwader und sein Stab wurden von ihm aufgebaut. Als Steinhoff im Januar 1945 zum JV 44 versetzt wurde, wurde er von Major Theo Weißenberger abgelöst, der sich einen Namen bei dem JG 5, dem Eismeergeschwader, geschaffen hatte.

Weißenberger hatte drei strapazenreiche Jahre beim JG 5 im eisigen Norden hinter sich gebracht und später in den Invasionsschlachten an der Kanalfront. In den 60 Tagen, die auf die Invasion folgten, erzielte er 25 Abschüsse gegen die Westalliierten in Frankreich. Als schnell denkender Draufgänger war Weißenberger auch ein fähiger Führer. Er hatte 200 Abschüsse erzielt, als er das JG 7 von Steinhoff übernahm.

Weißenberger kam noch auf 8 Abschüsse in der Me 262 in den 3 letzten Kriegsmonaten. Auch hier ist anzunehmen, daß er viel mehr als diese Abschüsse erzielte, die aber auf Grund der bestehenden Verhältnisse zu dieser Zeit nicht mehr bestätigt werden konnten. Nach dem Kriege hielt seine Passion für Geschwindigkeit und Nervenkitzel an, und er wurde zum begeisterten Motorrennsportler. Am 10. Juni 1950 kam er bei einem Rennen auf dem Nürburgring ums Leben. Im Kriege war er in einem Düsenjäger sicherer.

Bei den Umbesetzungen, die nach dem Weggang Steinhoffs beim JG 7 durchgeführt wurden, wurde Rudolf Sinner Kommandeur von der dritten Gruppe. Sinner war Österreicher und hatte an der Westfront beim JG 3, in Nordafrika beim JG 27, in Rußland beim JG 54 und dann bei den Invasionsschlachten wieder beim JG 27 geflogen. Obwohl Sinner in Nordafrika 32 Abschüsse erzielte – nur Jagdflugzeuge und alle mit einer Ausnahme britisch – war er wenig bekannt. Er hatte 36 Abschüsse, als er zum JG 7 kam, und er erzielte weitere 3 Luftsiege in der Me 262, bevor er am 4. April 1945 bei seinem 390. Kampfeinsatz abgeschossen und verwundet wurde.

Heute ist er Feuerschutz-Ingenieur in einem chemischen Werk in Linz an der Donau. Sinner erzählt über seinen letzten Einsatz:

»Am 4. April startete ich von Parchim aus zu einem Einsatz gegen taktische Flugzeuge. Vor dem Start wurden bereits feindliche Jäger in 8000 m Höhe über dem Flugplatz gemeldet. Die Schätzung mußte erheblich daneben liegen, wenn man von dem Geräusch dieser Flugzeuge, ausging. Ich war sicher, daß die gemeldeten Jagdflugzeuge direkt über der Wolkendecke (8-9/10) in etwa 400 m Höhe warteten.

In anderthalb Platzrunden sammelte ich etwa 3 Flugzeuge unter der Wolkendecke, während die anderen in Sichtweite zurückblieben. An einer dünnen Stelle in der Wolkendecke stieß ich nach oben durch und bemerkte sofort in der Sonne links über mir vier Flugzeuge mit abgerundeten Tragflächen, die ich als Thunderbolts ansprach. Ich kurvte sofort steil auf die Flugzeuge zu, weil ich wegen meiner noch zu geringen Geschwindigkeit nicht genug Zeit hatte, mich auf den Angriff vorzubereiten. Die Thundertbolts drehten scharf auf Gegenkurs ab. Beim Versuch, ihnen zu folgen, bemerkte ich vier Mustangs, die hinter einer einzelnen Me 262 her waren. Ich wollte meine Raketen nicht verschießen, da dies ein schlechtes Beispiel für meine Gruppe gewesen wäre. Als ich versuchte, die Mustangs abzudrängen, sah ich plötzlich rechts von mir vier andere Mustangs, die über die Nase hinweg angriffen.

Ich kurvte unter ihnen durch, aber in der Kurve lag ich bereits unter schwerem Beschuß von hinten und unten. Ausweichmanöver nach oben oder unten oder eine Beschleunigung waren wegen der geringen Flughöhe unmöglich. Ich lag jetzt ständig im Feuer von 8 Mustangs. Als ich in die Wolken zu entkommen suchte, erhielt ich meine ersten Treffer. Ich entschloß mich, meine Raketen abzufeuern, sobald ich in den Wolken war. Zwei Mustangs folgten, allerdings in einiger Entfernung. Meine Raketen zündeten nicht. Während ich am Waffenschalter arbeitete, drang Rauch in meine Kabine.

Ich wurde wieder beschossen und bemerkte, daß die linke Tragfläche nahe der Wurzel brannte. Das Feuer breitete sich sofort zur Kabine hin aus. Jetzt konnte ich nichts mehr tun, um das Flugzeug zu retten. Ich entschloß mich auszusteigen. Ich verließ das Flugzeug bei einer Geschwindigkeit von etwa 700 km/h, ohne mit dem Leitwerk zu kollidieren. Kurz darauf bemerkte ich, daß mein Fallschirm zerrissen war und mein rechtes Bein sich in Gurten und Schnüren verfangen hatte. Ich war sicher, daß das Fallschirmpaket sich von den Gurten getrennt hatte. Da ich schon in Bodennähe war, zog ich trotzdem den Fallschirm-Auslösegriff. Zu meiner Überraschung begann sich der Fallschirm zu öffnen, nachdem es mich wild herumgeworfen hatte und ich mich dreimal überschlagen hatte. Ich hing lediglich links mit einem Gurt an dem Fallschirm. Der Öffnungsruck war gering. Ich landete in einem frisch gepflügten Acker und hing nur mit einem Arm und einem Bein in den Fallschirmgurten. Obwohl ich die Schnelltrennung zog und das Schloß öffnete, war ich noch in den Gurten verfangen und wurde 20 m weit zu einem Stacheldrahtzaun gezogen. Dabei wurde ich von zwei Mustangs beschossen[68].

Die amerikanischen Maschinen kreisten über mir, und ich verhielt mich still, solange sie in Sicht waren. Als sie zum nächsten Angriff ansetzten, entfernte ich mich 25 Schritt von meinem Fallschirm und nahm schnell in einer Ackerfurche Deckung. Sie beschossen den Fallschirm, aber ihre Schüsse gingen daneben. Dann wurden sie möglicherweise durch die Flak vom Flugplatz Redlin vertrieben, der neben dem Feld lag, auf dem ich heruntergekommen war.«

Rudolf Sinner ist das typische Beispiel für die große Zahl deutscher Jagdflieger, die einen langen Krieg gekämpft haben, ohne das Ritterkreuz zu erhalten.

Er war Geburtsjahrgang 1915, hatte an der Universität Innsbruck und an der Universität Wien sein Studium begonnen, wurde mit 21 Jahren in das Österreichische Bundesheer eingezogen und kam zur Gebirgsartillerie. Im Polenfeldzug diente er in einer Flakeinheit, wurde dann 1940 zur Jagdfliegerei versetzt und in Wien ausgebildet.

Sinner flog an der Westfront beim JG 3 »Udet« und in Nordafrika beim JG 27 während des härtesten Teils des Wüstenkrieges. Im Winter 1943 kämpfte er als Kommandeur der IV./JG 54 an der Rußlandfront und blieb bis zum Frühjahr 1944 bei dieser Einheit. Er kam im Invasionssommer wieder zum JG 27 nach Frankreich zurück, bevor er im

Herbst 1944 zum E-Kommando Lechfeld versetzt und im Januar 1945 Kommandeur der III./JG 7 wurde.

Er flog 390 Einsätze und war 96mal in Luftkämpfe verwickelt. Mit Ausnahme von dreien erzielte er seine 39 Abschüsse gegen Flugzeuge, die von westlichen Piloten geflogen wurden. 37 seiner Luftsiege hat er gegen Jagdflugzeuge errungen. Einmal landete er hinter den russischen Linien und rettete einen abgeschossenen Kameraden. Er mußte dreimal abspringen, wurde fünfmal verwundet und zwölfmal abgeschossen, wobei er sein Flugzeug zur Notlandung herunter brachte – dreimal auf gegnerischem Gebiet. Das alles hat also nicht zum Ritterkreuz gereicht. Sinner hat seine eigenen Ansichten über solche Dinge: »Alles, was ich während des Krieges tat, war meine Pflicht als deutscher Soldat. Ich habe mich nicht besonders durch die Anzahl meiner Luftsiege oder andere Umstände hervorgehoben.«

Es kann kein Zweifel darüber bestehen, daß Sinners Leistungen, wären sie in der USAAF erbracht worden, eine Fülle von Auszeichnungen und viele Ehrungen mit sich gebracht hätten.

Nach der Kapitulation wurde er, obwohl er verwundet war und im Lazarett lag, von den Besatzungsmächten sehr schlecht behandelt. Er entkam auf einem Gefangenentransport, indem er aus einem fahrenden Zug sprang. Seine kämpferische Einstellung brachte ihn durch alle Unannehmlichkeiten des Krieges und des Friedens, aber er hält nicht viel von der amerikanischen Art, wie es viele Deutsche heute tun. Er ist ein Jagdflieger, der sich an die ungeschriebenen Gesetze des fair play hielt. Wenn in den letzten Tagen des Krieges amerikanische Jagdflieger die flüchtende Zivilbevölkerung von Dresden aus der Sicherheit ihrer rotnasigen Mustangs heraus unter Beschuß nahmen und auch am Fallschirm hängende deutsche Düsenjägerpiloten beschossen, dann brachte Sinner für dieses Verhalten der Sieger nur Zorn und Verachtung auf.

Er geht den Dingen auf den Grund und ist zu der Auffassung gekommen, daß Deutschland besser daran wäre, wenn der »american way of life« sich dort nicht zu weit ausbreiten würde.

Aus historischen Gründen weist Sinner darauf hin, daß »JG 7« eigentlich eine irreführende Bezeichnung für den ersten Düsenjägerverband ist, weil er niemals volle Geschwaderstärke erreichte. Tatsächlich befand sich das Geschwader nur in der Aufstellung, und zum Zeitpunkt der Kapitulation waren nur Teile davon einsatzbereit.

Major Wolfgang Späte nahm Sinners Platz beim JG 7 ein, nachdem dieser abgeschossen worden war. Späte hat bis zum Kriegsende mit der Me 262 fünf schwere amerikanische Bomber heruntergeholt und damit sein Abschußergebnis auf 99 Luftsiege erhöht. Er war lange Zeit ein Stern des JG 54 in Rußland. Späte war in der deutschen Luftfahrt schon vor dem Kriege eine bekannte Figur als einer der führenden Segelflieger. Er wurde 1942–1944 bei der Erprobung der Me 163 »Komet« eingesetzt und zeichnete sich besonders beim Erprobungskommando 16 in Rechlin aus, wo die Me 163 zur Einsatzreife gebracht wurde[69].

Als Jagdflieger, der sowohl Propellermaschinen mit Kolbenmotoren als auch Düsenflugzeuge und Raketenflugzeuge voll beherrschte, ist er den Pionieren zuzurechnen, die das Tor zum Raumfahrtzeitalter aufgestoßen haben. Späte steuert den folgenden Bericht über den Flug in einer Me 163 bei:

»An einem Frühjahrstag 1943 stand die V 1 der Me 163A in Peenemünde für mich bereit. Sie war mit etwa 500 kg T-Stoff und der entsprechenden Menge Z-Stoff betankt.

Heini Dittmar erklärte ein paar Einzelheiten. Dann sagte er: »Flieg einfach los. Nach allem bist du ja in der dritten Dimension nicht unerfahren. Wir haben sogar einen schönen Parkplatz für Dich gefunden. Gerade neben der Stelle, wo ich immer gestartet bin, ist das Gras schon vom Z-Stoff zerfressen und verbrannt.«

Ich hatte einen weißen Schutzanzug an und ließ mich auf den Pilotensitz festschnallen. Nach einem letzten beruhigenden Zeichen von draußen schob ich den Triebwerkshebel nach vorne. Bei solch einem ersten Start fühlt man sich nicht allzu wohl, selbst wenn andere das Flugzeug schon probegeflogen haben. Aber ich war guter Stimmung und machte mir keine Sorgen. Jeder hatte mir klarzumachen versucht, daß es die einfachste Sache der Welt sei.

Das Flugzeug rollte gegen einen starken Wind an und nahm Geschwindigkeit auf. Nach ungefähr 200 m kam eine Bodenwelle. Niemand hatte an diese Bodenwelle gedacht. Sie warf meine Me 163 früher als erwartet in die Luft. Im Nu war ich 10 m hoch. »Wie eine reife Pflaume« hing ich da. Langsam gehorchte der Vogel der vollen Leistung. Aber ich ahnte, was kommen würde, fing ab und brachte das Flugzeug in einer Dreipunktlandung auf beiden Rädern und der Landekufe wieder auf den Boden. Dann machte das Flugzeug erneut einen Sprung in die Luft. Diesmal konnte ich abfangen, bevor sie den

Boden berührte, und jetzt folgte ein Flug, der in meinem Erinnerungsvermögen verankert bleibt, obwohl ich später Dutzende von Eigenstarts mit diesem Typ machte. Mit einem Steigwinkel von 45 Grad zog ich in den blauen Himmel. Wegen des Helms, den ich trug, war das Triebwerk nur als leichtes Rauschen hinter mir wahrzunehmen. Ich hatte niemals zuvor eine solche Leistung erlebt.

Dann wurde der Schub unausgeglichen, und ich wurde nach vorne in meine Gurte geworfen. Der Treibstoff war verbraucht. Ich war auf 3000 m Höhe. In dem folgenden Gleitflug empfand ich diese Schöpfung von Alexander Lippisch als ein Flugzeug mit so wundervoll ausgeglichenen Flugeigenschaften, wie ich selten eines vor oder nach diesem Flug geflogen habe. Nach der Landung fand ich den Grund für den kriminellen Start. Das Fahrwerk war nicht gefedert. Dittmar und Opitz hatten dies nicht so ernst genommen, da sie beide vor dem ersten Eigenstart Dutzende von Schleppstarts durchgeführt hatten. Mein Flug war der erste Start, der in der Me 163 durchgeführt wurde, ohne vorher in mehreren Schleppstarts zu schulen. Ich veranlaßte sofort ein Programm, um ein gefedertes Fahrwerk und ein steuerbares Spornrad oder ein Strahlruder zu erhalten.

Alle, die an der Erprobung des »Krafteies« (ein Berliner hat diesen Namen für die Me 163 erfunden) teilhatten, machten eine ganze Anzahl solcher krimineller Flüge. Eine Reihe guter Piloten mußten dabei ihr Leben lassen. Sogar der Treibstoff war kriminell – 84% Wasserstoffsuperoxyd mit einer Mischung aus Kohlendioxyd, Wasserstoff und mysteriösen Katalysatoren und Fermenten. Mit den Treibstoffkomponenten, T-Stoff und Z-Stoff genannt, war nicht zu spaßen. Nach mancher Bruchlandung, die in normalen Flugzeugen vielleicht zu ein paar Knochenbrüchen beim Piloten geführt hätte, mußten wir den Piloten begraben, der buchstäblich durch den T-Stoff aufgelöst bzw. zu einer gelatineähnlichen Masse verwandelt oder durch eine Explosion verbrannt war.

Mein bester Freund, Joschi Pöhs[70], früher beim JG 54, verlor sein Leben auf diese schreckliche Art am 30. Dezember 1943. Nach einem mißglückten Start war er am Flugplatzrand abgestürzt. Eine Minute später war die ständig in Bereitschaft stehende Feuerwehr zur Stelle, schüttete tausend Liter Wasser über das Flugzeug und konnte doch nicht helfen.

Wir Piloten trugen zwar Schutzanzüge aus PC-Gewebe, aber auch diese waren nicht ganz dicht. Einmal waren über Opitz' Rücken und Hand nach einer Bruchlandung 8 Liter T-Stoff gespritzt. Trotz PC-Schutzanzug und PC-Handschuhen zog er sich Verbrennungen am Rücken und an der Hand zu, die erst Jahre später vernarbten.

Jede Bruchlandung bedeutete Gefahr von seiten des Treibstoffs, weil die Treibstofftanks nur aus 2 mm dickem, reinem Aluminium gefertigt waren. Jedes härtere oder statisch festere Material war für den Treibstoff ungeeignet. Reines Aluminium hat die Eigenschaft weich, aber nicht besonders elastisch zu sein. Auf Grund dieser Tatsache führte jede Bruchlandung fast immer zu leckgeschlagenen Tanks.

Während wir unsere Erprobungsflüge von Bad Zwischenahn aus machten, setzte einmal mein Triebwerk kurz nach dem Start aus. Ich versuchte, die Treibstoffladung in den Tanks (ungefähr 1,8 Tonnen) über die vorgesehene Notablaßanlage los zu werden. Die Anlage funktionierte nicht, und deshalb mußte ich auf der schneematschbedeckten Landebahn mit extrem hoher Flächenbelastung und einer verhältnismäßig hohen Landegeschwindigkeit von annähernd 320 km/h aufsetzen. Da wir zu dieser Zeit noch keine eingebaute Kufenbremse hatten, rutschte ich mit hoher Geschwindigkeit über den ganzen Platz, sauste durch einige Zäune und Abstellplätze einen kleinen Hügel hinauf und auf der anderen Seite wieder herunter. Da kam das Flugzeug in einem halben Kopfstand zum Stehen, schwankte und fiel zu meiner Erleichterung in die normale Lage zurück. Ich kletterte schnell heraus und überließ alles weitere dem Feuerwehrwagen. Hätte ich mich überschlagen, dann hätte ich höchstwahrscheinlich das Schicksal meines Kameraden Joschi Pöhs geteilt.

Noch am selben Nachmittag unternahm ich einen anderen Erprobungsflug und konnte meine Landeklappen nicht ausfahren. Wieder rutschte ich mit doppelter D-Zuggeschwindigkeit über den Platz. Bevor ich sein Ende erreicht hatte, sprang ich aus der Kabine. Zuletzt hatte der Geschwindigkeitsmesser 130 km/h angezeigt. Am nächsten Morgen wachte ich im Lazarett auf. Ich hatte eine schwere Gehirnerschütterung, war aber sonst unversehrt.

Aus diesen Einzelheiten sind die Schwierigkeiten unserer Erprobungsarbeiten zu erkennen, die keinen zurückschrecken ließen, sondern jeden fast hypnotisch zu dem Projekt hinzogen. Die Erprobung der Zelle brachte allein ein Dutzend schwerer Rückgratverletzungen. Ende 1942 holte sich Dittmar eine schwere Wirbelverletzung, als während einer normalen Landung die Kufe nicht funktionierte. Er mußte danach ein ganzes Jahr im Streckbett verbringen. Opitz, Kiel, Pöhs, Thaler, Hohmann, Olejnik, Rösle und andere verbrachten verschieden lange Zeiträume mit verrenktem Kreuz im Lazarett.«

Oberleutnant Walter Schuck, der sich beim JG 5 Eismeer im hohen Norden einen Namen gemacht hatte, schloß sich seinen Kameraden Theo Weißenberger und Heinrich Ehrler gegen Kriegsende im JG 7 an. Der schlanke Schuck hatte zu dieser Zeit 198 Abschüsse gegen die Rote Luftwaffe erzielt. In der Me 262 erhielt er weitere 8 Luftsiege gegen die Westalliierten zuerkannt, darunter 4 viermotorige amerikanische Bomber.

Auch der draufgängerische Schuck hatte Schwierigkeiten bei der Bestätigung mehrerer Luftsiege im Düsenjäger. Diese Schwierigkeiten waren in der Geschwindigkeit der Maschine und dem bei einem Hochgeschwindigkeitsangriff durch die Bomberpulks meist verlorengegangenen Sichtkontakt mit dem Rottenkameraden begründet. Man darf annehmen, daß Schuck zahlreiche zusätzliche Abschüsse im Düsenjäger erzielt hat – einige deutsche Quellen schätzen sein Abschußergebnis bis auf 30 unbestätigte Abschüsse.

Er beendete den Krieg mit 206 bestätigten Abschüssen und dem Eichenlaub zum Ritterkreuz.

Major Heinrich Ehrler war ein dunkelhaariger, schlanker Mann. Zusammen mit Weißenberger und Schuck gehörte er zu den herausragenden Persönlichkeiten des Krieges im hohen Norden. Ehrler wurde Kommodore des JG 5 und hatte 205 Luftsiege, als die Tirpitz-Angelegenheit einen Schatten auf seine bis dahin untadelige Karriere warf.

Aus der Sicht von heute scheint es, als ob seine Rolle in dieser bitteren deutschen Niederlage, dem Verlust der »Tirpitz«, verzerrt dargestellt wurde. Das gegen ihn nach der Katastrophe durchgeführte Kriegsgerichtsverfahren endete nach dem, was man heute über die Tirpitzaffäre weiß, mit einem Justizirrtum. Es mutet schon seltsam an, daß ein einzelner Jagdflieger und Verbandsführer in solch einem komplexen Fall als Schuldiger angesehen wurde.

Am 15. September 1944 hatte die RAF ihre hervorragende 617. Staffel (The Dam Busters) zum Angriff auf die im Alta-Fjord in Norwegen liegende Tirpitz angesetzt. Von Yagodnik in der Sowjetunion aus flogen die britischen Lancaster-Bomber ein, trafen die Tirpitz mit einer der von Dr. Barnes Wallis entwickelten 6-Tonnen-»Tallboy«-Bomben und beschädigten das deutsche Schlachtschiff so schwer, daß es nicht mehr repariert werden konnte.

Nachdem ein Einsatz als Kriegsschiff nicht mehr in Frage kam, wurde die beschädigte Tirpitz zum 320 km weiter südlich liegenden Tromsö-Fjord geschleppt, um dort als schwimmende Festung verwendet zu werden. Die Deutschen planten, das Schiff in flachen Gewässern zu verankern und es als unsinkbaren Stützpunkt für Hinhalteeinsätze nach dem Zusammenbruch des Reiches zu verwenden. Zu dieser Zeit lagen einige Jäger im nahegelegenen Bardufoss. Sie gehörten zum JG 5, das von Major Heinrich Ehrler geführt wurde.

Die deutsche Führung machte bei ihren Überlegungen hinsichtlich der »Tirpitz« einen riesigen Fehler. Anstatt das Wrack in seichtem Gewässer zu verankern, brachte man es in Gewässer mit 8 Faden Tiefe (etwa 14,6 m). Dieses Versehen konnte auch durch schnell angesetztes Aufschütten zur Minderung der Wassertiefe nicht mehr rechtzeitig ausgeglichen werden. Am 12. 11. 1944 führte die 617. Staffel und 9. Squadron der RAF einen weiteren Angriff mit »Tallboy«-Bomben gegen die zukünftige »Festung«. Sie erhielt mehrere schwere Treffer und kenterte daraufhin. Mindestens tausend Mann Besatzung starben, in dem gewaltigen Rumpf des Schiffes eingeschlossen.

Heinrich Ehrler diente als Sündenbock bei dieser Katastrophe.

Die dreiviertelstündige Vorwarnung durch Radar und die Funksprüche hatten die Jäger in Bardufoss nicht erreicht. Sie starteten erst, als 8 britische Bomber irrtümlich den Platz überflogen. Ehrler war gerade in Oslo und konnte nicht erreicht werden. Die RAF führte ihren tödlichen Schlag gegen die »Tirpitz« unbehindert und ohne eigene Verluste. Die deutschen Jäger kamen zu spät.

Ein Kriegsgericht unter dem Vorsitz von General Kammhuber verurteilte Ehrler wegen Pflichtverletzung zum Tode. Dieses Urteil wurde nie vollstreckt. Möglicherweise, weil Ehrler hervorragende Leistungen als Jagdfliegeras und fähiger Kommandeur gezeigt hatte. Er hatte gegen die russische Luftwaffe 205 Luftsiege erzielt und wurde im August 1943 mit dem Eichenlaub zum Ritterkreuz ausgezeichnet. Er wurde vor der Tirpitzkatastrophe zur Verleihung der Schwerter zum Eichenlaub vorgeschlagen. Seines Kommandos beraubt und von seinen Vorgesetzten für den Verlust der »Tirpitz« und den Tod von mindestens tausend deutschen Seeleuten verantwortlich gemacht, war der 28jährige Ehrler ein gebrochener Mann.

Danach flog er ohne das, was er bis dahin zu jedem Einsatz mitgebracht hatte: Kampfwillen und Überzeugung.

Da die »Tirpitz« schon keine Rolle mehr gespielt hatte, bevor sie nach Tromsö geschleppt wurde, erscheint es heute seltsam, daß die deutsche Führung in Norwegen nach dem ersten »Tallboy«-Treffer nicht absah, was noch kommen mußte, oder daß sie die Stümperei hinsichtlich des gewählten Ankerplatzes nicht einsehen wollte, die der wahre Grund für die vielen deutschen Toten war.

Ehrler flog die Me 262 mit einigem Erfolg und erzielte fünf Abschüsse. Seine Kameraden wußten aber nur zu gut, daß das alte Feuer, das in ihm gebrannt hatte, erloschen war. Am 4. April 1945 wurde er von mehreren Mustangs über Berlin überrascht und in diesem Luftkampf vermutlich abgeschossen. An diesem Tage beanspruchten vier amerikanische Piloten unter Schilderung von Umständen, wie sie auf Ehrlers Tod zutrafen, Luftsiege über Me 262. Einer von diesen vier ist möglicherweise der Bezwinger Ehrlers. Nach Unterlagen der deutschen Seite gibt es keine Eindeutigkeit.

Captain Raymond A. Dyer	4. Fighter Group,
Captain Michael J. Kennedy	4. Fighter Group,
Captain Robert C. Croker	339. Fighter Group,
Colonel George Ceuleers	364. Fighter Group.

Das JG 7 war für die meisten mit Düsenjägern erzielten Abschüsse in den letzten Kriegsmonaten verantwortlich, aber die Düsenjägereinheit, die unbestritten das größte historische Interesse findet, ist der JV 44, Adolf Gallands »Staffel der Experten«.

Nie gab es in der farbigen Geschichte der Jagdfliegerei einen Einsatzverband, der dem JV 44 vergleichbar ist. Die seltene Zusammensetzung von Kommandeur, Crack-Piloten und revolutionierenden Flugzeugen war einmalig.

Die Bezeichnung war ein versteckter Schlag gegen Hitler[71].

Der in Brandenburg-Briest aufgestellte und bald nach Riem bei München verlegte JV 44 erwies sich schnell als Magnet für Deutschlands Elite der Luft. Oberst Steinhoff, der gerade frisch vom Aufbau des JG 7 und seines Geschwaderstabes gekommen war, übernahm die Umschulung der Piloten. Der vorher als Kopf der »Jäger-Meuterei« gegen Göring nach Italien abgeschobene Oberst Günther Lützow kehrte in die Heimat zurück, um Einsätze beim JV 44 zu fliegen. Oberstleutnant Heinz Bär verließ seinen Posten als Düsenjägerausbilder in Lechfeld, um sich zum letzten Mal in den Luftkampf zu werfen. Major Gerd Barkhorn kam aus dem Lazarett. Diese vier Piloten und ihr Generalleutnant als Staffelkapitän hatten zusammen fast 900 Abschüsse erzielt. Galland war mit den Brillanten, die anderen vier mit den Schwertern ausgezeichnet. Weitere kamen zu ihnen.

Steinhoff durchkämmte die Lazarette. Er holte den blonden Haudegen Major Erich Hohagen aus den Klauen der Ärzte.

Er fing auch den temperamentvollen Major Krupinski ein. Hohagen und Krupinski waren beide früher schon bei Steinhoff gewesen, und »Graf Punski«, wie Krupinski mit Spitznamen hieß, hatte 1942 seinen ersten Kampfeinsatz als Rottenkamerad Steinhoffs geflogen.

Hohagen hatte 55 Abschüsse erzielt, davon 35 an der Westfront. Darunter waren 13 viermotorige schwere Bomber. Krupinski gehörte mit 197 Abschüssen zu den erfolgreichsten Jagdfliegern der Luftwaffe. Hohagen war mit dem Ritterkreuz, Krupinski mit dem Eichenlaub zum Ritterkreuz ausgezeichnet worden.

Es gab andere fähige, aber weniger berühmte Piloten im JV 44. Leutnant Klaus Neumann war mit seinen 21 Jahren höchstwahrscheinlich der Jüngste unter den alten Hasen des JV 44. Als er vom Stab des JG 7 zum JV 44 versetzt wurde, hatte er 32 Abschüsse. Neumann hatte mit 19 Jahren an der Rußlandfront seine ersten Einsätze geflogen und dort 12 Russen abgeschossen. 20 Abschüsse kamen an der Westfront dazu. Beim JV 44 kam Neumann zu weiteren 5 Luftsiegen. Auch er war Träger des Ritterkreuzes, das Galland als »Wappen« des JV 44 bezeichnete. Neumann überlebte den Krieg und flog als immer noch gutaussehender Fünfziger Düsenjäger als General in der neuen deutschen Luftwaffe.

Oberleutnant Hans Grünberg war ein erprobter Pilot mit langer Erfahrung, der in den letzten Kriegsmonaten im Düsenjäger noch 5 Abschüsse erzielte. Er hatte in zweieinhalb harten Jahren über 500 Einsätze beim JG 3 »Udet« geflogen, nachdem er als Unteroffizier im Mai 1941 in das Geschwader eingetreten war.

Er erzielte seine 5 Abschüsse in Düsenjägern als Staffelkapitän beim JG 7, und dies führte zu seiner Versetzung zum JV 44. Er überlebte den Krieg mit 82 Luftsiegen, von denen er 21 an der Westfront erzielte. Er schoß 14 viermotorige Bomber ab.

Andere außergewöhnlich fähige Piloten flogen im JV 44. Leutnant Leo Schuhmacher, Veteran des Norwegenfeldzuges von 1940, damals

Unteroffizier und Zerstörer-Pilot, kam nach 5 Jahren Kampfeinsatz in der Luft zum JV 44. Er beendete den Krieg mit 23 Luftsiegen gegen die Westalliierten, die er in 250 Einsätzen errang.

Major Diethelm von Eichel-Streiber[72] flog von der Luftschlacht um England bis zur Kapitulation. Er erzielte 96 Luftsiege, alle mit Ausnahme von zweien an der Rußlandfront.

In den letzten Tagen des Krieges hätte das Einsatzbild in Riem von Dante skizziert sein können. Unbelästigt kreisten Horden von Mustangs und Thunderbolts ständig über dem Gebiet, um eine Gelegenheit zum Tiefangriff auf den Flugplatz des JV 44 abzuwarten. Starts über die ständig von Bomben umgepflügten Startbahnen wurden zu einem gefährlichen Spiel, wenn auch die Trichter immer wieder von den mit Erschöpfung kämpfenden Arbeitern zugeschüttet wurden. Landungen nach dem Einsatz waren häufig noch gefährlicher als der Luftkampf. In einer Me 262, in der möglicherweise nur ein Triebwerk funktionierte und der Treibstoff fast verbraucht war, nach Hause zu schleichen und dann auf Staffeln wartender Mustangs zu stoßen, war eine Erfahrung, die auch den jüngsten Jagdflieger zum alten Mann machen konnte.

Trotz dieser Schwierigkeiten führte das JV 44 einen letzten überzeugenden Schlag gegen die gehaßten Bomber. Am 7. April 1945 fingen Me 262 von Gallands Staffel, die mit R4M-Raketen bewaffnet waren, einen B-17-Verband ab. Die geballte Feuerkraft wurde außerhalb der Reichweite des Abwehrfeuers der B-17 ausgelöst[73]. 25 Maschinen wurden so in wenigen Minuten aus dem Verband herausgeschossen. Die psychologische Wirkung der Düsenjäger und ihrer Bewaffnung hatten einen gleichermaßen abschreckenden Effekt. Die restlichen Bomber warfen ihre Bomben im Notwurf ab und flogen so rasch wie möglich zu ihren Stützpunkten in England zurück.

Die im alliierten Oberkommando durch diese und andere Düsenjäger- und Raketenangriffe hervorgerufene Bestürzung und Unruhe wirkte sich auch als psychologischer Angriff aus. Deutschlands Vermögen, Düsenjäger zu konstruieren und zu produzieren, wurde bei weitem überschätzt.

Der alliierte Geheimdienst war der Meinung, daß die Luftwaffe 7 neue Düsenjägertypen in oder kurz vor der Produktion stehen habe. Diese Überschätzung ist typisch für die Angst, die auf der alliierten Seite durch die enorme Überlegenheit der Me 262 hervorgerufen wurde. Wie schwerwiegend die Folgen für die Alliierten gewesen wären, wenn Deutschland im Frühjahr 1944 drei oder vier Düsenjägergeschwader auf die Beine gebracht hätte, bedarf keiner großen Vorstellungskraft. Der Düsenjäger hätte dem Luftkrieg eine entscheidende Wendung geben können, wenn die Me 262, wie es Galland 1943 gefordert hatte, sofort gebaut und an die Jagdflieger-Verbände geliefert worden wäre.

Alles kam zu spät. Die Asse und Experten der Morgendämmerung des Raumfahrtzeitalters blieben eine kleine Elite. Für die meisten unter ihnen wurde dieses Gefühl, nach jahrelanger Bedrängnis noch einmal luftüberlegen zu sein, zum denkwürdigsten Erlebnis.

GÖTTERDÄMMERUNG

»Die Geschichte kennt keinen einzigen Fall, in dem der Sieg dem wirklich Schwächeren zufiel.«

Hitler, 1942

Das wilde Durcheinander auf dem Flugplatz des JV 44 war bezeichnend für die letzten Tage der deutschen Jagdfliegerwaffe. Auf dem Höhepunkt seiner Schaffenskraft hätte selbst Richard Wagner kaum ein solches Drama ausdenken können, wie es sich jetzt seinem Finale näherte.

Die meisten Hauptdarsteller waren bereits von der Bühne abgetreten oder waren gerade dabei.

Adolf Galland, dem man ein paar Splitter aus dem Knie entfernt hatte, lag untätig im Lazarett. Seine Brüder Paul und Wilhelm waren als Jagdflieger gefallen.

Barkhorn mit seinen 301 Luftsiegen befand sich ebenfalls in der Obhut der Ärzte, nachdem ihm das Kabinendach seines Düsenjägers bei einer Bruchlandung fast den Kopf weggerissen hätte.

Steinhoff lag mit vielfachen Verbrennungen an der Schwelle des Todes. »Vati« Mölders, der brillante Taktiker und Führer, war in Walhalla eingezogen, und der aufrechte Lützow war seinen berühmten Vorfahren nachgefolgt. Kämpfer von Format wie Wick, Oesau, Mayer, Nowotny, Kittel und Philipp hatten ihre Namen in die Annalen des Luftkrieges eingebrannt. Aber auch sie hatten den Weg angetreten, den Tausende von unbekannten deutschen Fliegern gehen mußten, die gefallen waren, ohne einen einzigen Luftsieg erringen zu können.

Marseille war in Nordafrika geblieben, und sein einsames Grab markierte den Wendepunkt der deutschen Hoffnungen. Nicht weit davon in Tunesien lag Müncheberg, auch er begraben in fremder Erde, wo er fiel. Lent und Heinrich Prinz Sayn zu Wittgenstein, die beide im Dunkel der Nacht zu unsterblichem Ruhm gefunden hatten, waren beide in die lange Nacht eingegangen. Unterlagen über die Nachtjäger enthalten auch Namen von Hunderten junger Piloten, die ohne Erfolg geblieben sind und nicht aus der Nacht zurückkehrten. Die Geschichte weiß kaum, daß es sie gab. Das einzige Mal, das ihnen gesetzt wurde, war jene fliegende Fackel in der Nacht, ihr Jagdflugzeug, in dem sie ihren Tod fanden.

Nicht alle deutschen Asse, die das Schicksal herausgefordert hatten, waren tot oder verwundet. Zu den Lebenden zählten auch diejenigen, die in sowjetischen Gefängnissen lebendig begraben waren. Hartmann, der »blonde Ritter«, und Hajo Herrmann von der »Wilden Sau« waren nur zwei von den vielen, die mehr als 10 Jahre in russischer Gefangenschaft ertragen mußten und dabei aller überkommenden Rechte eines Soldaten beraubt waren.

Bühligen, Graf, Hahn, Schöpfel und Grasser haben neben anderen die sowjetische »Gastfreundschaft« zwar kürzere Zeit genossen, aber auch sie empfinden dieses Schicksal in jeder Hinsicht als schlimmste Erfahrung ihres Lebens. Für sie war der Krieg 1945 noch nicht aus. Ihre ehemaligen Gegner bestraften sie noch lange, nachdem die Waffen schwiegen.

Beim deutschen Laien herrschte teilweise die Ansicht vor, daß die Jagdflieger der Luftwaffe die Verantwortung für die Verheerungen des Bombenkriegs trugen, weil sie ihn nicht verhindern konnten. Die Wirklichkeit sieht anders aus. Der deutsche Luftangriff auf England war gemessen an den von den alliierten Luftwaffen gegen Deutschland jahrelang bei Tag und Nacht geführten Bombenangriffen fast unbedeutend.

Während die britischen Piloten, die die kurze deutsche Luftoffensive abwehrten, Gegenstand einer übersteigerten Verehrung wurden, blieben die deutschen Piloten, die sich gegen die alliierten Luftangriffe stellten, im Dunkeln. Die RAF hat ihre Schlacht gewonnen und die Deutschen haben ihre verloren. Dieser Umstand erklärt zum Teil die geringe Anerkennung, die den deutschen Jagdfliegern zuteil wurde.

Der Haß auf das nationalsozialistische Regime trug weiter zur Verzerrung eines klaren Geschichtsbildes bei.

Die Leistungen der Luftwaffe wurden nur zu leicht einem blinden Fanatismus zugesprochen, obwohl wir heute wissen, daß sich die mutigen Taten der deutschen Jagdflieger auf rationalere Gründe abstützen.

Den größten Ansporn erhielten die Jagdflieger bei der Reichsverteidigung aus dem Wunsche heraus, die Vernichtung der deutschen

Bevölkerung durch die alliierten Luftstreitkräfte einzudämmen oder wenn möglich zu verhindern.

Der Geschichte wird kein Dienst erwiesen mit der emotionellen Frage: »Wer hat angefangen?«

Die Verfasser hegen nach ihren Untersuchungen keinen Zweifel daran, daß sich die deutschen Flieger bis an die Grenzen und häufig über die Grenzen ihrer Leistungsfähigkeit hinaus einsetzten, weil sie sahen, welcher Bedrohung die Bevölkerung ausgesetzt war. Ihren Gedankengängen lag nichts ferner als die irrationale Polemik der politischen Führung.

Wenn sie in ihre Jagdflugzeuge kletterten, waren sie von einem Gedanken besessen, daß sie vielleicht Dutzende von Leben retten, meistens Frauen und Kinder, wenn sie einen Bomber herunterholen. Ihre Motive waren so denen der britischen Jagdflieger gleich, die versucht haben, die britische Bevölkerung vor dem gleichen Schicksal zu bewahren.

In der Deutschen Luftwaffe waren 500 Feindflüge nichts Außergewöhnliches. Es gab keinen einzigen britischen oder amerikanischen Jagdflieger, der eine solche Zahl von Einsätzen auch nur entfernt erreichte. Kaum einer der alliierten Jagdflieger wird mehr als 100mal an Luftkämpfen beteiligt gewesen sein.

Im Gegensatz dazu überlebte der führende deutsche Jagdflieger Erich Hartmann mehr als 800 Luftkämpfe. Hartmann, Barkhorn und Rall schossen zusammen mindestens 928 alliierte Flugzeuge ab.[74].

Diese Flugzeuge, dicht nebeneinander abgestellt, würden eine Fläche von etwa 5,6 ha Land bedecken.

Die brillanten Leistungen im Luftkampf stehen im scharfen Gegensatz zu dem Versagen des Oberkommandos der Luftwaffe am Boden.

Dieses Buch hat zahlreiche Fälle aufgezeigt, in denen unvernünftige Vorurteile, fehlende Voraussicht, Sturheit, das Unvermögen zur Erkenntnis des Notwendigen und absolute Unfähigkeit des Oberkommandos der Luftwaffe die besten Leistungen der Kämpfer in der Luft zur Vergeblichkeit verdammten.

Aufrichtigkeit und Können, Einsicht und strategische Klarheit, gutes Entscheidungsvermögen und überragendes technisches Wissen waren zur Genüge vorhanden.

Die korrupte und unfähige politische Führung Deutschlands behinderte die Ausführung der besten Gedanken und setzte technische Leistungen falsch ein. Die Erfahrungen und Fähigkeiten der führenden Flieger-Asse Deutschlands bedeuteten folglich wenig, weil der Krieg sich besonders in der Luft schnell zu einer Abnutzungsschlacht entwickelte.

Die Deutsche Luftwaffe brachte eine Anzahl Jäger mit über 100 Luftsiegen über westliche Gegner hervor.

Aber für jeden dieser erfolgreichen Piloten konnten die Alliierten bald 100 Jagdflieger in die Luft schicken[75], und wenn diese im Durchschnitt auch nicht mehr als je 2 bescheidene Luftsiege errangen, war die Vernichtung der Luftwaffe trotzdem besiegelt.

Auf die Rußlandfront trafen die gleichen Verhältnisse zu. Dort wurden die anfliegenden Massen so groß, daß sie praktisch von den zermürbten Jagdfliegereinheiten der Luftwaffe kaum noch Notiz nehmen mußten – obwohl die Deutschen weiterhin ihren Zoll von diesen Massen forderten. Zahlenmäßige Übermacht gewann den Luftkrieg an beiden Fronten.

Die Luftschlacht um England hatte klar gezeigt, daß der Verlauf und das Ergebnis aller großen Luftschlachten des Krieges von den Jagdflugzeugen abhing.

Die Anwesenheit der Jagdflugzeuge und ihr Erfolg sicherten den Luftraum für die Bomber. Ihr Fehlen oder Versagen bedeutete den Sieg für den Gegner.

Vor 1940 standen die Befürworter der Jagdwaffe in Deutschland zu oft der anderen Meinung von Theoretikern gegenüber, die alles Heil vom Sturzbomber erwarteten.

Als 1940 die Tatsachen offenbar wurden, waren es die Jagdfliegerführer, die die Schrift an der Wand richtig lesen konnten. Die Jahre 1941 und 1942 wurden vom Oberkommando der Luftwaffe buchstäblich verschenkt, weil man versäumte, die Jagdfliegerwaffe angemessen zu unterstützen.

Erst in den Jahren 1943 und 1944 begann man entsprechend den Prognosen von 1940 zu arbeiten, nachdem sich Galland und andere beim Drängen nach den richtigen Maßnahmen heiser geredet hatten.

Die alliierte Luftoffensive, die mit sofortigen und wirkungsvollen Gegenmaßnahmen bei Tag und Nacht zum Abbruch gezwungen worden wäre, wurde zur unaufhaltbaren Lawine.

Die deutschen Jagdfliegerführer, die ihre Laufbahn – und ihr Leben – in bitteren Auseinandersetzungen mit Göring und dem OKL riskierten, waren nicht nur erfahrene Flieger, sondern eben auch Patrioten.

Mit allem, was ihnen innewohnte, widersetzten sie sich dem Ruin, in den ihr Land durch eine unfähige Kriegsführung hineingetrieben wurde. Diese Männer waren Soldaten, zwar machtlos, das politische Regime zu beseitigen, aber entschlossen, die Tragödie zu verhindern oder zu verringern, die sie auf ihr Vaterland zukommen sahen.

Aus einer Erprobungsstaffel heraus entwickelten sich die Nachtjäger der Luftwaffe zu einer von der RAF gefürchteten schlagkräftigen Truppe.

Die Nachtjäger verlangten den britischen Bombern einen schweren Zoll ab. Zahlenmäßig und technisch waren sie aber der Aufgabe nicht gewachsen, die Nachtangriffe zu stoppen. Im Hinblick auf Tapferkeit standen die Nachtjäger keinem Soldaten der Welt nach.

In der schmerzlichen Kette der Ereignisse, die die Entwicklung der Me 262 umgab und die im Kapitel 14 aufgezeigt wurde, wurde die letzte große Gelegenheit verschenkt.

Die politische Führung Deutschlands erwies sich einer so einfachen Entscheidung nicht gewachsen. Deshalb mußten die erfolgreichsten Jagdflieger der Welt ihren Luftkrieg verlieren, obwohl sie das schnellste und modernste Jagdflugzeug der Welt flogen.

Gegen Mitte April 1945 forderte Göring Galland auf, nach Karinhall zu kommen. Der Reichsmarschall wußte, daß seine Tage gezählt waren, und er empfing Galland mit einer Höflichkeit, die sich im Hinblick auf ihr Verhältnis der vorangegangenen Jahre seltsam ausnahm. Er erkundigte sich nach dem Fortschritt des JV 44, zu dem er und Hitler den jungen General mit an Wahrscheinlichkeit grenzender Sicherheit, daß er dort fallen werde, kommandiert hatten.

Dann kam in einem Schwall von Lobesworten das Zugeständnis, daß Galland bezüglich der Me 262 recht gehabt hatte. Die Maschine war ein Jagdflugzeug und kein Bomber. Der Reichsmarschall gab jetzt zu, daß Gallands Vorschläge richtig waren. Galland hat seinen alten Gegenspieler nie wieder gesehen, aber dieses letzte Gespräch gab ihm nach den Zusammenstößen, die zu seiner Entlassung geführt hatten, wenigstens eine Genugtuung.

Göring hatte einmal »Pips« Priller anvertraut, daß er Galland wegen dessen Intelligenz, wegen seines blitzartigen Erfassens jeder Situation und dem Vermögen, gleichzeitig hart zu arbeiten und ein hohes Spiel zu spielen, beneide. »Galland hat das untrügliche Gespür, seine Untergebenen zu verstehen, zu wissen, wenn sie es ehrlich mit ihm meinen – und er versteht, alles aus ihnen herauszuholen«, sagte der »Dicke« zu Priller. Er beneidete Gallands Talent zum Führen. Die letzte Konfrontation der beiden Männer in Karinhall in den letzten Tagen des Krieges war das größte Entgegenkommen, zu dem sich der eitle Göring überwinden konnte, trotz seiner bevorstehenden Verdammnis.

Die deutschen Jagdflieger flogen bis zum Morgen der Kapitulation gegen die Alliierten, wann immer die Treibstoffversorgung und die Startbahnen Einsätze zuließen. Sie kämpften in einem langen und harten Krieg mit Tapferkeit, Ritterlichkeit und Fairness. Dieses Buch gibt die erste authentische Einsicht in Charakter und Werdegang von einigen der führenden Asse Deutschlands. Sie waren faire und anständige Menschen, aber es ist ihr Unglück, daß die Geschichte sie im Zusammenhang mit den in Deutschland begangenen nichtmilitärischen Greueltaten und ihren Hintermännern sieht.

In ihrer Gesamtheit lebten die deutschen Asse nach den traditionellen Regeln des Soldaten. Sie beachteten die Bindungen, die zwischen Mensch und Mensch bestehen bleiben müssen.

In großer Anzahl haben alliierte Piloten, die gegen sie geflogen sind, Zeugnis für die Ritterlichkeit und den menschlichen Anstand der deutschen Asse abgelegt. Praktiken wie das Schießen auf am Fallschirm hängende gegnerische Piloten wurden von den Deutschen als Mord angesehen. Von dieser Vorstellung sind sie selbst nie abgewichen. Als Folge steht ihr soldatisches Verhalten im Kriege unbefleckt da. Nach dem Krieg halfen viele von ihnen, ein besseres Deutschland aufzubauen.

Der frühere Major Rudolf Sinner hat exakt auch die Absicht der Autoren zum Ausdruck gebracht, als er aus Österreich schrieb: »Es ist eine Genugtuung für beide Seiten, wenn nach dem Kampfe die Visiere geöffnet werden und die Gesichter von anständigen Menschen aus den Helmen der Gegner hervorschauen. Wenn man in vom Fanatismus verzerrte Gesichter schauen müßte, dann könnte man als Sieger nicht mehr stolz darauf sein, es weiter als die Affen gebracht zu haben. Und der Mann, der im Einzelkampf besiegt wurde, müßte sich doppelt gedemütigt vorkommen.«

Die deutschen Jagdflieger haben die Traditionen der Humanität nie verletzt. Sie waren die Männer, die die farbigsten und unglaublichsten Kapitel in der Geschichte der Waffen mitgeschrieben haben.

ANHANG

Klassen des Eisernen Kreuzes im 2. Weltkrieg

Die Klassen des Eisernen Kreuzes wurden in folgender Reihenfolge verliehen:

1. das Eiserne Kreuz 2. Klasse,
2. das Eiserne Kreuz 1. Klasse,
3. das Ritterkreuz zum Eisernen Kreuz,
4. das Ritterkreuz zum Eisernen Kreuz mit Eichenlaub,
5. das Ritterkreuz zum Eisernen Kreuz mit Eichenlaub und Schwertern,
6. das Ritterkreuz zum Eisernen Kreuz mit Eichenlaub und Schwertern und Brillanten,
7. das Ritterkreuz zum Eisernen Kreuz mit Goldenem Eichenlaub und Schwertern und Brillanten,
8. das Großkreuz zum Eisernen Kreuz.

Anmerkung:

Zur Auszeichnung Nr. 3: Mit dem Ritterkreuz wurden ca. 7500 Soldaten ausgezeichnet.
Zur Auszeichnung Nr. 4: Mit dem Eichenlaub wurden 860 Soldaten ausgezeichnet.
Zur Auszeichnung Nr. 5: Mit den Schwertern wurden 154 Soldaten ausgezeichnet.
Zur Auszeichnung Nr. 6: Mit den Brillanten wurden 27 Soldaten ausgezeichnet.
Zur Auszeichnung Nr. 7: Das Goldene Eichenlaub wurde nur an den bekannten Stuka-Piloten Hans-Ulrich Rudel verliehen.
Zur Auszeichnung Nr. 8: Das Großkreuz wurde nur an Reichsmarschall Göring verliehen.

Ca. 1730 Luftwaffen-Angehörige wurden mit dem Ritterkreuz ausgezeichnet,
    192 mit dem Eichenlaub,
    41 mit dem Eichenlaub und Schwertern,
    12 mit Eichenlaub, Schwertern und Brillanten,
    1 mit dem Goldenen Eichenlaub,
    1 mit dem Großkreuz zum Eisernen Kreuz.

Spitzen-Asse der deutschen Luftwaffe während des 2. Weltkrieges und von diesen erstmals erreichte Abschuß-Ergebnisse

Spitzen-As
    Major Erich Hartmann   352 Luftsiege
Spitzen-Nachtjäger-As
    Major Heinz Schnaufer   121 Luftsiege
Deutsches Spitzen-As des Spanischen Bürgerkrieges (1937–1938)
    Oberleutnant Werner Mölders   14 Luftsiege
Erstes As, das das Abschuß-Ergebnis von Manfred von Richthofen von 80 Luftsiegen im ersten Weltkrieg übertraf
Erster, der 100 Luftsiege erzielte: Major Werner Mölders   15. Juli 1941
Erster, der 150 Luftsiege erzielte: Major Gordon Gollob   29. August 1942
Erster, der 200 Luftsiege erzielte: Hauptmann Hermann Graf 2. Oktober 1942
Erster, der 250 Luftsiege erzielte: Hauptmann Walter Nowotny:
                                                                        14. Oktober 1943

Erster, der 300 Luftsiege erzielte: Hauptmann Erich Hartmann 24. August 1944
Erster, der 350 Luftsiege erzielte: Hauptmann Erich Hartmann 17. April 1945
Größte Anzahl an einem Tage erzielter Luftsiege: Oberleutnant Emil Lang
    18 Luftsiege
    (Dezember 1943)
Größte Anzahl von Abschüssen bei einem Einsatz:
    Hauptmann Erich Rudorffer   13 Luftsiege
    6. November 1943
Größte Anzahl von Abschüssen, die an der Westfront erzielt wurden, einschließlich des Mittelmeerraumes
    Hauptmann Hans-Joachim Marseille   158 Luftsiege
Größte Anzahl von Luftsiegen, die an der Rußlandfront erzielt wurden: Major Erich Hartmann   352 Luftsiege
Bester Abschuß-Durchschnitt pro geflogenem Einsatz (Tagjäger):
    Leutnant Günther Scheel   70 Einsätze   71 Luftsiege
    (Rußlandfront)

Spitzenjagdflieger bezüglich abgeschossener viermotoriger Flugzeuge (Tagjäger)
    Oberleutnant Herbert Rollwage   102 Luftsiege
    (davon 44 vier-
    motorige Bomber)

Bester Nachtjäger gegen viermotorige Flugzeuge:
    Major Heinz Schnaufer   121 Luftsiege
    (vorwiegend
    viermotorig)

Spitzen-Düsenjäger-As (Me 262):
    Oberstleutnant Heinrich Bär   16 Luftsiege

Luftwaffen-Asse mit 100 oder mehr Luftsiegen

	Name	Dienstgrad	Luftsiege	
1	Hartmann, Erich	Maj.	352	261 einmotorige, 90 zweimotorige Flugzeuge, 1 viermotoriges Flugzeug
2	Barkhorn, Gerhard	Maj.	301	
3	Rall, Günther	Maj.	275	
4	Kittel, Otto	Olt.	267	
5	Nowotny, Walter	Maj.	258	
6	Batz, Wilhelm	Maj.	237	
7	Rudorffer, Erich	Maj.	222	13 bei einem Einsatz
8	Bär, Heinrich	OTL.	220	
9	Graf, Hermann	O.	212	
10	Weißenberger, Theodor	Maj.	208	8 mit der Me 262
11	Philipp, Hans	OTL.	206	

	Name	Dienstgrad	Luftsiege	
12	Schuck, Walter	Olt.	206	
13	Ehrler, Heinrich	Maj.	205	
14	Hafner, Anton	Olt.	204	
15	Lipfert, Helmut	Hptm.	203	
16	Krupinski, Walter	Maj.	197	
17	Hackl, Anton	Maj.	192	
18	Brendel, Joachim	Hptm.	189	
19	Stotz, Max	Hptm.	189	
20	Kirschner, Joachim	Hptm.	188	
21	Brändle, Kurt	Maj.	180	
22	Josten, Günther	Lt.	178	
23	Steinhoff, Johannes	O.	176	
24	Reinert, Ernst-Wilhelm	Olt.	174	
25	Schack, Günther	Hptm.	174	
26	Schmidt, Heinz	Hptm.	173	
27	Lang, Emil	Hptm.	173	18 an einem Tag
28	Adameit, Horst	Maj.	166	
29	Wilcke, Wolf-Dietrich	O.	162	
30	Marseille, Hans-Joachim	Hptm.	158	17 an einem Tag
31	Sturm, Heinrich	Hptm.	157	
32	Thyben, Gerhard	Olt.	157	
33	Düttmann, Peter	Lt.	152	
34	Beisswenger, Hans	Olt.	152	
35	Gollob, Gordon	O.	150	
36	Tegtmeier, Fritz	Lt.	146	
37	Wolf, Albin	Olt.	144	möglich 176
38	Tanzer, Kurt	Lt.	143	
39	Müller, Friedrich-Karl „Tutti"	OTL.	140	
40	Gratz, Karl	Olt.	138	
41	Setz, Heinrich	Maj.	138	
42	Trenkel, Rudolf	Hptm.	138	
43	Schall, Franz	Hptm.	137	
44	Wolfrum, Walter	Olt.	137	
45	Dickfeld, Adolf	O.	136	
46	von Fassong, Horst-Günther	Hptm.	136	
47	Fönnekold, Otto	Olt.	136	
48	Weber, Karl-Heinz	Hptm.	136	
49	Müncheberg, Joachim	Maj.	135	
50	Waldmann, Hans	Olt.	134	
51	Grislawski, Alfred	Hptm.	133	
52	Wiese, Johannes	Maj.	133	
53	Borchers, Adolf	Maj.	132	
54	Clausen, Erwin	Maj.	132	
55	Lemke, Wilhelm	Hptm.	131	
56	Ihlefeld, Herbert	O.	130	

	Name	Dienstgrad	Luftsiege	
57	Sterr, Heinrich	Olt.	130	einschl. 7 in Spanien
58	Hoffmann, Gerhard	Olt.	130	
59	Eisenach, Franz	Maj.	129	
60	Dahl, Walter	O.	128	
61	Dörr, Franz	Hptm.	128	
62	Rademacher, Rudolf	Lt.	126	
63	Zwernemann, Josef	Olt.	126	
64	Hrabak, Dietrich	O.	125	
65	Oesau, Walter	O.	125	einschl. 8 in Spanien
66	Ettel, Wolf	Olt.	124	
67	Tonne, Wolfgang	Hptm.	122	
68	Marquardt, Heinz	FJOFW	121	
69	Schnaufer, Heinz-Wolfgang	Maj.	121	alle nachts
70	Weiß, Robert	Hptm.	121	
71	Obleser, Friedrich	Olt.	120	
72	Leie, Reich	Maj.	118	
73	Beerenbrock, Franz-Josef	Lt.	117	
74	Birkner, Hans-Joachim	Lt.	117	
75	Norz, Jakob	Lt.	117	
76	Wernicke, Heinz	Lt.	117	
77	Lambert, August	Olt.	116	17 an einem Tag
78	Mölders, Werner	O.	115	einschl. 14 in Spanien
79	Crinius, Wilhelm	Lt.	114	
80	Schroer, Werner	Maj.	114	
81	Dammers, Hans	Lt.	113	
82	Korts, Berthold	Lt.	113	
83	Bühligen, Kurt	OTL.	112	
84	Lent, Helmut	O.	110	102 nachts
85	Ubben, Kurt	Maj.	110	
86	Woidich, Franz	Olt.	110	
87	Seiler, Reinhard	Maj.	109	einschl. 9 in Spanien
88	Bitsch, Emil	Hptm.	108	
89	Hahn, Hans „Assi"	Maj.	108	
90	Lützow, Günther	O.	108	
91	Vechtel, Bernard	O.	108	
92	Bauer, Viktor	O.	106	
93	Lucas, Werner	Hptm.	106	
94	Galland, Adolf	GenLt.	104	
95	Sachsenberg, Heinz	Lt.	104	
96	Grasser, Hartmann	Maj.	103	
97	Freytag, Siegfried	Maj.	102	
98	Geißhardt, Friedrich	Hptm.	102	
99	Mayer, Egon	OTL.	102	
100	Ostermann, Max-Hellmuth	Olt.	102	
101	Rollwage, Herbert	Olt.	102	44 viermotorige Flugzeuge

	Name	Dienstgrad	Luftsiege	
102	Wurmheller, Josef	Maj.	102	
103	Miethig, Rudolf	Hptm.	101	
104	Müller, Rudolf	Fw	101	
105	Priller, Josef	O.	101	
106	Wernitz, Ulrich	Lt.	101	
107	Daehne, Paul-Heinrich	Olt.	98	

Luftwaffen-Asse mit fünfzig oder mehr Nachtsiegen

	Name	Dienstgrad	Luftsiege	
1	Schnaufer, Heinz-Wolfgang	Maj.	121	
2	Lent, Helmut	O.	102	zuzügl. 8 am Tage
3	Prinz zu Sayn-Wittgenstein	Maj.	83	
4	Streib, Werner	O.	66	
5	Meurer, Manfred	Hptm.	65	
6	Radusch, Günther	O.	64	
7	Rökker, Heinz	Hptm.	64	
8	Schoenert, Rudolf	Maj.	64	
9	Zorner, Paul	Maj.	59	
10	Raht, Gerhard	Hptm.	58	
11	Becker, Martin	Hptm.	57	
12	Herget, Wilhelm	Maj.	57	zuzügl. 14 am Tage
13	Francsi, Gustav	Olt.	56	
14	Kraft, Josef	Hptm.	56	
15	Strüning, Heinz	Hptm.	56	
16	Frank, Hans-Dieter	Hptm.	55	
17	Vinke, Heinz	Ofw.	54	
18	Geiger, August	Hptm.	53	
19	Lütje, Herbert	OTL	50	
20	Drewes, Martin	Maj.	52	
21	Hoffmann, Werner	Maj.	52	
22	Prinz zur Lippe-Weissenfeld	Maj.	51	
23	Welter, Kurt	Olt.	51	
24	Greiner, Hermann	Hptm.	50	

Düsenjäger-Asse des 2. Weltkrieges

	Name	Dienstgrad	Luftsiege
1	Bär, Heinrich	OTL.	16
2	Schall, Franz	Hptm.	14

Name	Dienstgrad	Luftsiege
3 Buchner, Hermann	Lt.	12
4 Eder, Georg-Peter	Maj.	12
5 Rudorffer, Erich	Maj.	12
6 Schnörrer, Karl	Lt.	11
7 Büttner	Ofw.	8
8 Lennartz, Helmut	Fw.	8
9 Rademacher, Rudolf	Olt.	8
10 Schuck, Walter	Olt.	8
11 Wegmann, Günther	Lt.	8
12 Weißenberger, Theodor	Maj.	8
13 Galland, Adolf	GenLt.	7
14 Müller, Fritz	Lt.	6
15 Steinhoff, Johannes	O.	6
16 Baudach, Helmut	Ofw.	5
17 Ehrler, Heinrich	Maj.	5
18 Grünberg, Hans	Olt.	5
19 Heim	Gefr.	5
20 Neumann, Klaus	Lt.	5
21 Schreiber	Lt.	5
22 Späte, Wolfgang	Maj.	5

Jagdflieger-Asse der Luftwaffe mit mindestens fünf Luftsiegen

+ Ritterkreuz; + + Eichenlaub; + + + Schwerter; + + + + Brillanten; + + + + + Goldenes

Lt. = Leutnant; Olt. = Oberleutnant; Hptm. = Hauptmann; Maj. = Major; OTL. = Oberstleutnant; O = Oberst; Fhr. = Fähnrich; Fw = Feldwebel; Ofw. = Oberfeldwebel; Uffz. = Unteroffizier.

(Anmerkung: Es gibt über 5000 erfolgreiche Jagdflieger der Luftwaffe mit mehr als 5 Luftsiegen. Hier handelt es sich um eine sehr unvollständige Aufstellung.)

Auszeichnung	Name	letzter Dienstgrad im Kriege	Einheit	Luftsiege
	Adam, Heinz-Günther	Lt.	26	7
+ +	Adameit, Horst	Maj.	54	166
+	Adolph, Walter	Hptm.	27, 26	29 (1 in Spanien)
+	Ahnert, Heinz-Wilhelm	Ofw.	52	57
	Ahrens, Peter	Lt.	26	11
	Aistleitner, Johann	Hptm.	26	12
+	Albrecht, Egon	Hptm.	ZG 76	25

Aus-zeichnung nung	Name	letzter Dienstgrad im Kriege	Einheit	Luftsiege
	Andel, Peter	Lt.	26	6
+	Andres, Ernst	Olt.	NJG 2, 4	unbekannt
+	Augenstein, Hans-Heinz	Hptm.	NJG 1	46 (alle nachts)
+	Baagoe, Sophus	Olt.	ZG 26	14
+	Baake, Werner	Hptm.	NJG 1	41 (alle nachts)
	Babenz, Emil	Ofw.	26	24
+	Bachnik, Herbert	Lt.	52	80
+	Badum, Johann	Lt.	77	54
+	Bahr, Günther	Ofw.	NJG 6	37 (36 nachts)
++	Balthasar, Wilhelm	Hptm.	27, 2, 3	47 (7 in Spanien)
+++	Bär, Heinrich	OTL.	51, 77, 1, 3	220 (22 viermotor. Flugzeuge, 16 mit der Me 262)
+	Bareuther, Herbert	Lt.	51, 3	55
+++	Barkhorn, Gerhard	Maj.	52, 6, 44	301
+	Bartels, Heinrich	Ofw.	5, 27	99
+	Barten, Franz	Hptm.	51, 53	52
	Bartz, Erich	Uffz.	51	30
+++	Batz, Wilhelm	Maj.	52	237
+	Bauer, Konrad	Olt.	51, 3, 300	68 (32 viermotor. Flugzeuge)
++	Bauer, Viktor	O.	3	106
++	Becker, Ludwig	Hptm.	NJG 1	46 (alle nachts)
+	Becker, Martin „Tino"	Olt.	NJG 4, 6	58 (alle nachts, 9 in einer Nacht)
	Becker, Paul	Lt.	27	20
+	Beckh, Friedrich	OTL.	51, 52	48
++	Beerenbrock, Franz-Josef	Lt.	51	117
	Beese, Artur	Olt.	26	22
+	Beier, Wilhelm	Olt.	NJG 1, 2	36 (alle nachts)
++	Beißwenger, Hans	Olt.	54	152
+	Belser, Helmut	Hptm.	53	36
+	Bendert, Karl-Heinz	Olt.	27	54 (9 viermotor. Flugzeuge)
+	Bennemann, Helmut	OTL.	52, 53	92
+	Benning, Anton	Lt.	106, 301	28 (18 viermotor. Flugzeuge)
	Benz, Siegfried	Lt.	26	6
+	Bergmann, Helmut	Hptm.	NJG 4	36 (alle nachts)
+	Berres, Heinz-Edgar	Hptm.	77	53
	Berschwinger, Hans	Ofw.	NJG 1	12 (nachts)
	Bertram, Günther	Olt.	NJG 100	35 (nachts)
+	Bertram, Otto	Maj.	2	21 (8 in Spanien)
	Beutin, Gerhard	Ofw.	54	60

Aus-zeich-nung	Name	letzter Dienstgrad im Kriege	Einheit	Luftsiege
+	Beyer, Franz	Maj.	3	81
	Beyer, Georg	Hptm.	26	8
	Beyer, Heinz	Ofw.	5	33
	Bierwirth, Heinrich	Ofw.	26	8
+	Birkner, Hans-Joachim	Lt.	52	117
+	Blitsch, Emil	Hptm.	3	108
	Blazytko, Franz	Ofw.	27	29
	Blömertz, Günther	Lt.	26	10
	Blume, Walter	Maj.	26	14 (8 viermotor. Flugzeuge)
+	Bob, Hans-Ekkehard	Maj.	3, 51, 54	59
	Böhm-Tettelbach, Karl	OTL.	ZG 26	6
+	Böwing-Treuding, Wolfgang	Olt.	51	46
	Bohn, Kurt	Fw.	26	5
	Bolz, Helmut-Felix	Maj.	JG 2	20
+	von Bonin, Eckart-Wilhelm	Maj.	NJG 1	39 (37 nachts)
+	von Bonin, Hubertus	Maj.	26, 52, 54	77 (4 in Spanien)
+	Borchers, Adolf	Maj.	51, 52	132
+	Borchers, Walter	OTL.	NJG 5	63 (48 nachts)
+	von Boremski, Eberhard	Hptm.	3	90
+	Börngen, Ernst	Maj.	27	45 (24 viermotor. Flugzeuge)
	Borreck, Hans-Joachim	Uffz.	26	5
+	Borris, Karl	Maj.	26	43
+ +	Brändle, Kurt	Maj.	3	180
+	Brandt, Paul	Lt.	54	34
+	Brandt, Walter	Olt.	77, 3	57 (11 viermotor. Flugzeuge)
	Bremer, Peter	Ofw.	54	40
+ +	Brendel, Joachim	Hptm.	51	189
+	Bretnütz, Heinz	Hptm.	53	37 (2 in Spanien)
+	Bretschneider, Klaus	Olt.	300	31 (14 nachts)
	Breves, Adolf	Hptm.	NJG 1	18 (nachts)
+	Broch, Hugo	Lt.	54	81
+	Brocke, Jürgen	Lt.	77	42
+	Brönnle, Herbert	Lt.	54	57
	Breukel, Wendelin	Lt.	NJG 2, 4	14 (nachts)
+	Brunner, Albert	Ofw.	5	53
+	Buchner, Hermann	Lt.	SG 2, JG 7	58 (12 viermotor. Flugzeuge mit Me 262)

Auszeichnung	Name	letzter Dienstgrad im Kriege	Einheit	Luftsiege	
+	Buchholz, Max	Maj.	3, 5, 101	30	
+ + +	Bühligen, Kurt	OTL.	2	112	(24 viermotor. Flugzeuge)
+	von Bülow-Bothkamp, Harry	O.	NJG 101, 2, 77	–	(+ 6 im 1. Weltkrieg)
+	Bunzek, Johannes	Lt.	52	75	
+	Burckhardt, Lutz-Wilhelm	Hptm.	77, 1	61	
	Burk, Alfred	Olt.	52, 27	28	
	Bürschgens, Josef	Hptm.	26	10	
	Busch, Erwin	Olt.	26	8	
	Busse, Heinz	Olt.	51	22	
+	Carganico, Horst	Maj.	5	60	
	Cech, Franz	Fw.	3	60	
+	Christl, Georg	OTL.	ZG 26, JG 10	7	
	Christof, Ernst	Fw.	26	9	
	Clade, Emil	Olt.	27	27	
+ +	Clausen, Erwin	Maj.	77, 11	132	(14 viermotor. Flugzeuge)
	Conter, Helmut	Lt.	NJG 100	15	(nachts)
	Cordes, Heino	Lt.	54	62	
+ +	Crinius, Wilhelm	Lt.	53	114	
	Crump, Peter	Lt.	26	31	
+	Daehne, Paul-Heinrich	Hptm.	52, 1	98	
+ +	Dahl, Walther	O.	3, 300	128	(36 viermotor. Flugzeuge)
+	Dahmer, Hugo	Hptm.	26, 5, 2	57	
	Dahms, Helmut	Ofw.	NJG 100	24	(nachts)
+	Dammers, Hans	Lt.	52	113	
+	Dassow, Rudolf	Lt.	ZG 76, 6	22	(12 viermotor. Flugzeuge)
+	Denk, Gustav	Olt.	52	67	
+ +	Dickfeld, Adolf	O.	52, 2, 11	136	(11 viermotor. Flugzeuge)
	Ditze, Gottfried	Lt.	26	5	
+	Dinger, Fritz	Olt.	53	67	
	Dippel, Hans	Hptm.	26	19	
	Dirksen, Hans	Fw.	26	5	
	Dittlmann, Heinrich	Ofw.	51	57	
+	Döbele, Anton	Lt.	54	94	
+	Döbrich, Hans	Fw.	5	65	
+	Döring, Arnold	Lt.	KG 53, NJG 300, 3	23	
+	Dörr, Franz	Hptm.	5	128	
	Dörre, Edgar	Fw.	26	9	

Auszeichnung	Name	letzter Dienstgrad im Kriege	Einheit	Luftsiege
+	Dombacher, Kurt	Olt.	51	68
+	Dortenmann, Hans	Olt.	26	38
+ +	Drewes, Martin	Maj.	ZG 76, NJG 1	52 (43 nachts)
+	Drünkler, Ernst-Georg	Hptm.	NJG 5, 1	45 (43 nachts)
	Düding, Rudi	Ofw.	NJG 100	18 (nachts)
+	Düllberg, Ernst	Maj.	1, 27, 76	50 (10 viermot. Fl.)
+	Düttmann, Peter	Lt.	52	152
	Ebbighausen, Karl	Hptm.	26	7
+	Ebeling, Heinz	Olt.	26	18
+	Ebener, Kurt	Olt.	3, 11	57
	Ebersberger, Kurt	Hptm.	26	27
+	Eberspächer, Helmut	Hptm.	SKG 10	7
	Eberwein, Manfred	Olt.	54	56
+ +	Eckerle, Franz	Hptm.	54	59
+	Eckardt, Reinhold	Olt.	NJG 1, 3	22 (13 nachts)
+ +	Eder, Georg-Peter	Maj.	51, 26, 1, 2	78 (36 viermotor. Flugzeuge)
	Edmann, Johannes	Ofw.	26	5
+	Ehle, Walter	Maj.	ZG 1, NJG 1	36 (33 nachts)
	Ehlen, Karl-Heinz	Lt.	26	7
+ +	Ehlers, Hans	Maj.	3, 1	54 (21 viermotor. Flugzeuge)
+	Ehrenberger, Rudolf	Ofw.	53	49
+ +	Ehrler, Heinrich	Maj.	5, 7	205 (möglich 220, 5 mit Me 262)
+	von Eichel-Streiber, Diethelm	Maj.	1, 26, 51, 27, 44	96
	Eickhoff, Christian	Olt.	26, 2	5
	von Einsiedel, Graf Heinrich	Olt.	3	35
+	Eisenach, Franz	Maj.	54	129
	Ellenrieder, Xaver	Lt.	26	12
+	Engel, Walter	Hptm.	NJG 1, 5	9 (alle nachts)
+	Engfer, Siegfried	Olt.	3, 1	58
+ +	Ettel, Wolf	Olt.	3, 27	124
+	Ewald, Heinz	Lt.	52	84 (Barkhorns Rottenkamerad)
+	Ewald, Wolfgang	Maj.	52, 3	78 (1 in Spanien)
+	Falck, Wolfgang	O.	ZG 1, NJG 1	7
+	von Fassong, Horst-Günther	Hptm.	51, 11	75–136 (ungeklärt)
	Fast, Hans, Joachim	Uffz.	26	5
+	Fellerer, Leopold	Hptm.	NJG 1, 5, 6	41 (39 nachts)

Auszeichnung	Name	letzter Dienstgrad im Kriege	Einheit	Luftsiege
	Fengler, Georg	Olt.	NJG 4	16 (nachts)
+	Findeisen, Herbert	Hptm.	54	67
+	Fink, Günther	Hptm.	54	56
	Fischer, August	Hptm.	NJG 100	10 (nachts)
+	Fleig, Erwin	Lt.	51	66
+	Fönnekold, Otto	Olt.	52	136
+	Fözö, Josef	Maj.	51, 108	27 (3 in Spanien)
+	Francsi, Gustav	Olt.	NJG 100	56 (Spitzen-Nachtjäger an der Rußlandfront)
+ +	Frank, Hans-Dieter	Hptm.	ZG 1, NJG 1	55 (alle nachts)
+ +	Frank, Rudolf	Lt.	NJG 3	45 (alle nachts)
+	Franke, Alfred	Lt.	53	59
+	Franzisket, Ludwig	Maj.	27	43
	Frese, Hans	Lt.	3	44
+	Freuwörth, Wilhelm	Ofw.	52, 56	58
+	Frey, Hugo	Hptm.	11, 1	32 (26 viermotor. Flugzeuge)
+	Freytag, Siegfried	Maj.	77, 7	102
+	Friebel, Herbert	Lt.	51	58
+	Friedrich, Gerhard	Maj.	NJG 4, 6	30 (alle nachts)
+	Frielinghaus, Gustav	Hptm.	3	74
	de Fries, Heinz	Ofw.	NJG 100	10 (nachts)
	Fröhlich, Hans-Jürgen	Fw	26	5
	Fuchs, Robert	Ofw.	51	23
	Fuchs, Karl	Ofw.	54	67
+	Füllgrabe, Heinrich	Olt.	52	65
	Führmann, Erich	Ofw.	11	5
	Furch, Ralph	Lt.	51	30
+	Fuß, Hans	Lt.	3	71
	Gabl, Pepi	Ofw.	51	38
+	Gaiser, Otto	Lt.	51	74
+ + + +	Galland, Adolf	GenLt.	27, 26, 44	104
	Galland, Paul	Lt.	26	17
+	Galland, Wilhelm-Ferdinand	Maj.	26	55 (8 viermotor. Flugzeuge)
+	Gallowitsch, Bernd	Maj.	51, 7	64
	Gärtner, Josef	Ofw.	26	6
	Gäth, Wilhelm	Maj.	26	14
+ +	Geiger, August	Hptm.	NJG 1	53 (alle nachts)
+ +	Geißhardt, Friedrich	Hptm.	26, 27	102
	Gentzen, Hannes	Maj.	JG 102	18
	Gerhard, Dieter	Olt.	1	8
	Gerhards, Günther	Olt.	52	18

Aus-zeich-nung	Name	letzter Dienstgrad im Kriege	Einheit	Luftsiege
	Gerhardt, Werner	Ofw.	26	13
+	Gerth, Werner	Hptm.	3, 300, 400	30 (25 viermotor. Flugzeuge)
	von Gienanth, Eugen	Lt.	NJG 1	10 (nachts)
++	Gildner, Paul	Olt.	NJG 1	48 (44 nachts)
++	Glunz, Adolf	Olt.	26, 7	71 (20 viermotor. Flugzeuge)
+	Götz, Franz	Maj.	53, 26	63 (5 viermotor. Flugzeuge)
+	Götz, Hans	Hptm.	54	82
+	Golinski, Heinz	Fw.	53	47 (in 2½ Monaten Einsatz)
++++	Gollob, Gordon	O.	3, 77	150
+	Goltzsch, Kurt	Olt.	2	43
	Gomann, Heinz	Fw.	26	12
+	Gossow, Heinz	Fw.	300, 301, 7	50 (9 viermotor. Flugzeuge)
	Gottlob, Heinz	Hptm.	26	6
+	Grabmann, Walter	GenMaj.	ZG 76	12 (einschl. 6 in Spanien)
++++	Graf, Hermann	O.	52, 11	212 (10 viermotor. Flugzeuge)
++	Grasser, Hartmann	Maj.	1, 51, 76	103 (2 viermotor. Flugzeuge)
+	Graßmuck, Berthold	Ofw.	52	65
+	Gratz, Karl	Lt.	52, 2	138
++	Greiner, Hermann	Hptm.	NJG 1	50 (46 nachts, 4 viermotor. Flugz. am Tage)
+	Grimm, Heinz	Lt.	NJG 1	27 (26 nachts)
++	Grislawski, Alfred	Hptm.	52, 1	133 (18 viermotor. Flugzeuge)
+	Grollmus, Helmut	Lt.	54	75
+	Gromotka, Fritz	Lt.	27	27 (8 viermotor. Flugzeuge)
+	Groß, Alfred	Lt.	54, 26	52
+	Groth, Erich	Maj.	ZG 76	12
+	Grünberg, Hans	Olt.	3, 7, 44	82 (14 viermotor. Flugzeuge, 2 mit der Me 262)
	Grünlinger, Walter	Ofw.	26	7
	Grzymalla, Gerhard	Ofw.	26	7
	Günther, Joachim	Lt.	26	11
	Guhl, Hermann	Lt.	26	15
	Guttmann, Gerhard	Fw.	26	10
+	Haas, Friedrich	Lt.	52	74

Aus-zeichnung nung	Name	letzter Dienstgrad im Kriege	Einheit	Luftsiege
+	Haase, Horst	Maj.	51, 3	56
+	Hachfeld, Wilhelm	Hptm.	JG 51	11
+	Hachtel, August	Olt.	JG 400	2
	Hacker, Joachim	Lt.	51	31
+++	Hackl, Anton	Maj.	11, 26, 300	192 (32 viermotor. Flugzeuge)
+	Hackler, Heinrich	Lt.	77	56
+	Hadeball, Heinz-Martin	Hptm.	NJG 4, 6	33 (alle nachts)
++	Hafner, Anton	Olt.	51	204
+	Häfner, Ludwig	Lt.	3	52
+	Hager, Johannes	Hptm.	NJG 1	48 (47 nachts, 8 in einer Nacht)
+	Hahn, Hans	Lt.	NJG 2	12
++	Hahn, Hans „Assi"	Maj.	54, 2	108 (4 viermotor. Flugzeuge)
+	von Hahn, Hans	Maj.	3, 53, 103	34
+	Haiböck, Josef	Hptm.	26, 52	77
	Hamer, Joachim	Lt.	51	30
+	Hammerl, Karl	Lt.	52	63
	Handrick, Gotthardt	O.	26	10 (5 in Spanien)
+	Hannack, Günther	Hptm.	27, 77	47
++	Hannig, Horst	Olt.	54, 2	98
	Harder, Harro	Hptm.	53	17 (davon 11 in Spanien)
++	Harder, Jürgen	Maj.	53, 11	64 (9 viermotor. Flugzeuge)
	Hartigs, Hans	Olt.	26	6
	Hartl	Fw.		11 (nachts)
++++	Hartmann, Erich	Maj.	52	352
+	Haugk, Helmut	Hptm.	ZG 76, 26	18 (6 viermotor. Flugzeuge)
+	Haugk, Werner	Lt.	ZG 76	8 (8 viermotor. Flugzeuge)
	Hauswirth, Wilhelm	Fw.	52	54
+	Heckmann, Alfred	Olt.	3, 26, 44	71
	Heckmann, Günther	Lt.	51	20
	Heimann, Friedrich	Ofw.	51	30
	Hein, Kurt	Fw.	26	8
	Heinecke, Hans-Joachim	Hptm.	27	28
+	Heiner, Engelbert	Ofw.	NJ-Schwarm Luftfl. 4	11
+	Heller, Richard	Lt.	ZG 26, 10	22
+	Henning, Horst	Hptm.	KG 77, NJG 3	5

Auszeichnung	Name	letzter Dienstgrad im Kriege	Einheit	Luftsiege
	Henrici, Eberhard	Olt.	26	7
+ +	Herget, Wilhelm	Maj.	ZG 76, NJG 3, 72	72 (57 nachts)
+ +	Hermichen, Rolf	Maj.	26, 11, 104	64 (26 viermotor. Flugzeuge)
+ + +	Herrmann, Hajo	O.	KG 4, 30, JG 300	9 (9 viermotor. Flugzeuge)
	Heuser, Heinrich	Fw.	26	5
+	Heyer, Hans-Joachim	Lt.	54	53
	Hilleke, Otto-Heinrich	Lt.	26	6
+	Hirschfeld, Ernst-Erich	Olt.	300, 54	24
+	Hißbach, Heinz-Horst	Hptm.	NJG 2	34 (alle nachts)
+	Höcker, Walter	Maj.	77, 26, 1, 4	68 (5 viermotor. Flugzeuge)
+	Höfemeier, Heinrich	Hptm.	51	96
	Hörschelmann, Jürgen	Olt.	3	44
+	Hoffmann, Gerhard	Lt.	52	130
+ +	Hoffman, Heinrich	Ofw.	51	63
	Hoffmann, Hermann	Ofw.	26	8
+	Hoffmann, Reinhold	Lt.	54	66 (6 viermotor. Flugzeuge)
+	Hoffmann, Werner	Maj.	NJG 3, 5	52 (51 nachts)
+	Hofmann, Wilhelm	Olt.	26	44 (5 viermotor. Flugzeuge)
+	Hohagen, Erich	Maj.	51, 2, 27, 7, 44	55 (13 viermotor. Flugzeuge)
	Holl, Walter	Fw.	26	7
	Holler, Kurt	Maj.	NJG 2, 3, 4	19 (nachts)
	Holtz, Helmut	Fw.	51	56
+	Homuth, Gerhard	Maj.	27, 54	63
	Hoppe, Helmut	Hptm.	26	24
+ +	Hrabak, Dietrich	O.	54, 52	125
+ +	Hrdlicka, Franz	Hptm.	77, 2	45–96 (unbestimmt)
+	Hübner, Ekhard	Lt.	3	47
+	Hübner, Wilhelm	Lt.	51	62
	Hülshoff, Karl	OTL.	NJG 2	11 (nachts)
+ +	Huppertz, Herbert	Maj.	51, 2	68
+	Husemann, Werner	Maj.	NJG 1, 3	32 (alle nachts)
+ +	Huy, Wolf-Dietrich	Maj.	77	40
+ + +	Ihlefeld, Herbert	O.	77, 52, 11, 1	130 (7 in Spanien, 15 viermotor. Flugzeuge)
+	Isken, Eduard	Ofw.	77, 53	56 (17 viermotor. Flugzeuge)

Auszeichnung	Name	letzter Dienstgrad im Kriege	Einheit	Luftsiege
+ +	Jabs, Hans-Joachim	OTL.	ZG 76, NJG 1	50 (28 nachts)
	Jäckel, Ernst	Fw.	26	8
	Jauer, Erich	Fw.	26	12
+	Jenne, Peter	Hptm.	300	17 (12 viermotor. Flugzeuge)
+	Jennewein, Josef	Lt.	26, 51	86
	Jessen, Heinrich	Olt.	26	6
	Johannsen, Hans	Lt.	26	8
+	Johnen, Wilhelm	Hptm.	NJG 1, 5, 6	34 (nachts)
+ +	Joppien, Hermann-Friedrich	Hptm.	51	70
+ +	Josten, Günther	Olt.	51	178
	Jung, Harald	Hptm.	51	20
+	Jung, Heinrich	Hptm.	54	68
+ +	von Kageneck, Erbo Graf	Hptm.	27	67
+	Kaiser, Herbert	Lt.	77, 1, 44	68
+	Kalden, Peter	Olt.	51	84
+ +	Kaldrack, Rolf	Hptm.	ZG 76	21
	Kalkum, Adolf	Fw.	53	57
+	Kaminski, Herbert	Maj.	ZG 76, JG 53	7
+	Karch, Fritz	Hptm.	2	47 (21 viermotor. Flugzeuge)
	Kaross, Eberhard	Lt.	NJG 100	10 (nachts)
	Kehl, Dietrich	Olt.	26	6
	Keil, Georg	Lt.	2	36
	Kelch, Günther	Hptm.	26	13
	Keller, Hannes	Uffz.	51	24
+	Keller, Lothar	Hptm.	3	20
+	Kemethmüller, Heinz	Lt.	3, 26	89
+	Kempf, Karl	Lt.	54, 26	65
+ +	Kennel, Karl	Maj.	ZG 1, SG 2	34
	Kiefner, Georg	Olt.	26	11
+	Kiel, Johannes	Hptm.	ZG 26, 76	20
+ +	Kientsch, Willi	Olt.	27	52 (20 viermotor. Flugzeuge)
+	von Kirchmayr, Rüdiger	Hptm.	1, 11, 44	46 (21 viermotor. Flugzeuge)
+ +	Kirschner, Joachim	Hptm.	3, 27	188
+ + +	Kittel, Otto	Olt.	54	267
+	Klein, Alfons	Olt.	52, 11	39
+	Klemm, Rudolf	Maj.	54, 26	42 (16 viermotor. Flugzeuge)
+	Klöpper, Heinrich	Olt.	51, 1	94

Aus-zeichnung	Name	letzter Dienstgrad im Kriege	Einheit	Luftsiege
+ +	Knacke, Reinhold	Hptm.	NJG 1	44 (nachts)
+	Knappe, Kurt	Ofw.	51, 2	56
	Knauth, Hans	Hptm.	51	26
+	Knoke, Heinz	Hptm.	1, 11	33 (19 viermotor. Flugzeuge)
+	Koall, Gerhard	Hptm.	3, 54	37
	Koch, Erwin	Olt.	1, 51	9
+	Kociok, Josef	Lt.	ZG 76, ZG 1	33 (21 nachts)
+	Köhler, Armin	Maj.	77	69 (13 viermotor. Flugzeuge)
+	König, Hans-Heinrich	Hptm.	ZG 76, JG 11	28 (20 viermotor. Flugzeuge)
+ +	Köppen, Gerhard	Lt.	52	85
+	Körner, Friedrich	Olt.	27	36
+	Köster, Alfons	Hptm.	NJG 2, 3	25 (alle nachts, wahrscheinl. 29)
+	Kolbow, Hans	Olt.	51	27
+	Kollak, Reinhard	Stfw.	NJG 1, 4	49 (alle nachts)
+	Korts, Berthold	Lt.	52	113
	Koslowski, Eduard	Ofw.	26	12
	Kosse, Wolfgang	Hptm.	26, 3	46
+	Krafft, Heinrich	Hptm.	51	78
	Kraft, Georg	Fw.	NJG 1	15
+ +	Kraft, Josef	Hptm.	NJG 4, 5, 6, 1	56 (alle nachts)
+	Krahl, Karl-Heinz	Hptm.	2, 3	24
+	Krause, Hans	Hptm.	NJG 101, 3, 4	28 (alle nachts)
+	Kroschinski, Hans-Joachim	Lt.	54	76 (1 viermotor. Flugzeug)
	Krug, Heinz	Olt.	26	9
+ +	Krupinski, Walter	Hptm.	52, 11, 26, 44	197
	Kühlein, Elias	Lt.	51	36
	Küken, Wilhelm	Ofw.	51	45
	Kunz, Franz	Olt.	26	12
+	Kutscha, Herbert	Hptm.	3, 27, 11	47
+	Lambert, August	Olt.	SG 2, 151, 77	116 (17 an einem Tag)
+ +	Lang, Emil	Hptm.	54, 26	173 (18 an einem Tag)
	Lange, Friedrich	Lt.	26	8
	Lange, Gerhard	Hptm.	6	5
+	Lange, Heinz	Maj.	54, 51	70
+	Langer, Karl-Heinz	Maj.	3	30
+	Laskowski, Erwin	Ofw.	51, 11	46 (14 viermotor. Flugzeuge)

Aus-zeich-nung	Name	letzter Dienstgrad im Kriege	Einheit	Luftsiege
+	Lasse, Kurt	Olt.	77	39
+	Lau, Fritz	Hptm.	NJG 1	28 (alle nachts)
	Laub, Karl	Ofw.	26	7
	Lausch, Bernhard	Ofw.	51	39
+	Leber, Heinz	Lt.	51	54
+	Lechner, Alois	Maj.	NJG 100, 2	45 (alle nachts)
+	Leesmann, Karl-Heinz	Maj.	52, 1	37
	Leibold, Erwin	Ofw.	26	11
+	Leie, Erich	Maj.	2, 51, 77	118
	Leiste, Hermann	Lt.	54	29
+	Lemke, Siegfried	Hptm.	2	96 (21 viermotor. Flugzeuge)
++	Lemke, Wilhelm	Hptm.	3	131
++++	Lent, Helmut	O.	NJG 1, 2, 3	110 (102 nachts)
+	Leppla, Richard	Maj.	51, 105, 6	68
	Leuschel, Rudolf	Hptm.	26	9
	Leykauf, Erwin	Olt.	54	33
	Liebelt, Fritz	Lt.	51	25
	von Lieres, Carl	Olt.	27	31
+	Liesendahl, Frank	Hptm.	53, 2	unbekannt
+	Lignitz, Arnold	Hptm.	51, 54	25
	Lindelaub, Friedrich	Ofw.	26	5
	Lindemann, Theodor	Olt.	26	7
+	Lindner, Anton	Olt.	51	73
+	Linke, Lothar	Olt.	NJG 1, 2	28 (25 nachts)
+	Linz, Rudolf	Lt.	5	70
++	Lipfert, Helmut	Hptm.	52	203
+	Lippert, Wolfgang	Hptm.	53, 27	29 (4 in Spanien)
++	zur Lippe-Weissenfeld, Prinz Egmont	Maj.	NJG 2, 1, 5	51 (alle nachts)
+	Litjens, Stefan	Ofw.	53	38 (5 viermotor. Flugzeuge)
+	Loos, Gerhard	Olt.	54	92
+	Loos, Walter	Ofw.	301, 3	38 (22 viermotor. Flugzeuge)
+	Losigkeit, Fritz	Maj.	26, 1, 51, 77	68
+	Lucas, Werner	Hptm.	3	106
+	Lücke, Hermann	Olt.	51	81
+	Lüddecke, Fritz	Ofw.	26	5
	Lüders, Franz	Ofw.	26	5
++	Lütje, Herbert	OTL.	NJG 1, 6	50 (47 nachts)
+++	Lützow, Günther	O.	3, 44	108 (5 in Spanien)
+	Lutter, Johannes	Hptm.	ZG 1	12
+	Machold, Werner	Hptm.	2	32
	Mackenstedt, Willy	Ofw.	26	6

Auszeichnung	Name	letzter Dienstgrad im Kriege	Einheit	Luftsiege
+	Mader, Anton	OTL.	JG 2, 77	86
	Mai, Lothar	Lt.	51	45
+	Makrocki, Wilhelm	Maj.	ZG 76, 26	9
+ +	von Maltzahn, Günther	O.	53	68
+	Marquardt, Heinz	Ofw.	51	121 (12 an einem Tag)
+ + + +	Marseille, Hans-Joachim	Hptm.	52, 27	158 (17 an einem Tag)
+	Matern, Karl-Heinrich	Hptm.	ZG 1, 76	12
+	Matoni, Walter	Maj.	27, 26, 2	44 (14 viermotor. Flugzeuge)
	Matzak, Kurt	Lt.	NJG 1	18 (nachts)
+ + +	Mayer, Egon	OTL.	2	102 (26 viermotor. Flugzeuge)
+	Mayer, Hans-Karl	Hptm.	53	78 (8 in Spanien)
+	Mayer, Wilhelm	Lt.	26	27 (6 viermotor. Flugzeuge)
+	Mayerl, Maximilian	Hptm.	51, 1	76
+	Meckel, Helmut	Olt.	3, 77	25 (wahrscheinl. 50)
+	Meier, Johann-Hermann	Lt.	26, 51	77
+	Meimberg, Julius	Maj.	2, 53	53
+	Meister, Ludwig	Hptm.	NJG 4, 1	41 (alle nachts)
	Meltzer, Karlheinz	Lt.	52	74
	Menge, Robert	Lt.	26	18 (4 in Spanien)
+	Mertens, Helmut	Hptm.	3	97 (20 viermotor. Flugzeuge)
+ +	Meurer, Manfred	Hptm.	NJG 1, 5	65 (alle nachts)
	Meyer, Conny	Maj.	26	16
+	Meyer, Eduard	Lt.	ZG 26	22
	Meyer, Otto	Hptm.	53	38 (8 in Spanien)
	Meyer, Walter	Olt.	26	18
+	Michalek, Georg	Maj.	54, 3, 108	59
+ +	Michalski, Gerhard	OTL.	53, 4	73 (13 viermotor. Flugzeuge)
+	Miethig, Rudolf	Hptm.	52	101
+ +	Mietusch, Klaus	Maj.	26	72 13 (3 im 1. Weltkr.)
+	Mink, Wilhelm	Ofw.	51	72
	Mischkot, Bruno	Lt.	26	7
+	Missner, Helmut	Ofw.	54	82
	Mix, Dr., Erich		JG 2, 1	
+	Modrow, Ernst-Wilhelm	Hptm.	NJG 1	33 (alle nachts)
+ + + +	Mölders, Werner	O.	51, 53	115 (14 in Spanien)
+	Moritz, Wilhelm	Maj.	51, 3	44

Aus-zeichnungnung	Name	letzter Dienstgrad im Kriege	Einheit	Luftsiege
+	Mors, August	Lt.	5	60
+ +	Müller, Friedrich-Karl „Tutti"	OTL.	55, 3	140
+	Müller, Friedrich „Nase"	Maj.	NJG 11, 300	30 (alle nachts)
	Müller, Kurt	Olt.	26	5
+	Müller, Rudolf	Ofw.	5	94
	Müller, Wilhelm	Ofw.	26	10
	Müller-Dühne, Gerhard	Lt.	26	5
+ + +	Müncheberg, Joachim	Maj.	26, 77	135
+ +	Münster, Leopold	Olt.	3	95 (8 viermotor. Flugzeuge)
+	Mütherich, Hubert	Olt.	51, 54	43
	Munderloh, Georg	Ofw.	54	20
+	Munz, Karl	Lt.	52, 7	60
	Nabrich, Josef	Olt.	NJG 1	18 (nachts)
+	Nacke, heinz	O.	ZG 76, NJG 3	12
+	Naumann, Johannes	Maj.	26, 6, 7	34 (7 viermotor. Flugzeuge)
+	Nemitz, Willi	Lt.	52	81
	Neu, Wolfgang	Hptm.	26	12 (7 viermotor. Flugzeuge)
+	Neuhoff, Hermann	Lt.	53	40
	Neumann, Eduard	OTL.	27	13
+	Neumann, Helmut	Lt.	5	62
+	Neumann, Klaus	Lt.	51, 3, 7, 44	37 (5 mit der Me 262)
	Ney, Siegfried	Ofw.	NJG 1	11 (nachts)
+ +	Nordmann, Karl-Gottfried	O.	51	78
+	Norz, Jakob	Lt.	5	117
+ + + +	Novotny, Walter	Maj.	54, 7, 101	258 (2 mit der Me 262)
+	Obleser, Friedrich	Olt.	52	120
+ + +	Oesau, Walter	O.	3, 2, 1	125 (8 in Spanien, 10 viermotor. Flugzeuge)
+	Ohlrogge, Walter	Lt.	3, 7	83
+	Olejnik, Robert	Maj.	2, 3, 1, 400	41
+	Omert, Emil	Hptm.	3, 2, 77	70
+	Osterkampf, Theo	GenLt.	51	6 (32 im 1. Weltkrieg)
+ + +	Ostermann, Max-Hellmuth	Olt.	54	102
+	Patuschka, Horst	Hptm.	NJG 2	23 (alle nachts)
+	Peterburs, Hans	Ofw.	ZG 76, 1	18

Aus-zeichnung	Name	letzter Dienstgrad im Kriege	Einheit	Luftsiege
+	Petermann, Viktor	Lt.	52, 7	64 (4 nach Verlust d. linken Arms)
	Peters, Erhard	Hptm.	NJG 3	22 (nachts)
	Pfeiffer, Karl	Ofw.	NJG 1	10 (nachts)
+	Pflanz, Rudolf	Hptm.	2	52
	Pfüller, Helmut	Ofw.	51	28
+++	Philipp, Hans	OTL.	54, 1	206
+	Philipp, Wilhelm	Ofw.	26, 54	81
+	Pichler, Johann	Lt.	77	75 (16 viermotor. Flugzeuge)
+	Piffer, Anton-Rudolf	Lt.	JG 1	26 (20 viermotor. Flugzeuge)
+	Pingel, Rolf	Maj.	26, 53	26 (4 in Spanien)
	Plücker, Karl-Heinz	Olt.	1, 52	34
+	Pöhs, Josef	Olt.	54	43
	Polster, Wolfgang	Fw.	26	5
	Prager, Hans	Lt.	26	23
+	Preinfalk, Alexander	Ofw.	77, 51, 53	78
+++	Priller, Josef „Pips"	O.	51, 26	101 (11 viermotor. Flugzeuge)
+	Pusch, Emil	Ofw.	unbekannt	unbekannt, 83?
+	Puschmann, Herbert	Hptm.	51	54
+	Puttfarken, Dietrich	Maj.	KG 51	5 (nachts)
	Pützkuhl, Josef	Olt.	NJG 100	26 (alle nachts, 7 bei einem Einsatz)
+	Quaet-Faslem, Klaus	Maj.	53, 3	49
	Quante, Richard	Fw.	51	49
+	Quast, Werner	Ofw.	52	84
+	Rademacher, Rudolf	Olt.	54, 7	126 (10 viermotor. Flugzeuge, 8 mit der Me 262)
+	Radener, Waldemar	Olt.	26, 300	36 (16 viermotor. Flugzeuge)
++	Radusch, Günther	O.	NJG 1, 2, 3, 5	64 (63 nachts, 1 in Spanien)
++	Raht, Gerhard	Hptm.	NJG 3, 2	58 (alle nachts)
+++	Rall, Günther	Maj.	52, 11	275
+	Rammelt, Karl	Maj.	51	46 (11 viermotor. Flugzeuge)
+	Rauch, Alfred	Lt.	51	60
+	Rauh, Hubert	Maj.	NJG 1, 4	31 (alle nachts)
+	Redlich, Karl-Wolfgang	Maj.	27	43 (2 in Spanien)
	Reiff, Hans	Ofw.	3	48
+++	Reinert, Ernst-			

Aus-zeich-nung	Name	letzter Dienstgrad im Kriege	Einheit	Luftsiege
	Wilhelm Reinhard, Hans-Günther	Olt.	77, 27	174 (2 viermotor. Flugzeuge)
	Reinhard, Hans-Günther	Ofw.	54	44
	Reischer, Peter	Olt.	26	19
+	Remmer, Hans	Hptm.	27	26 (8 viermotor. Flugzeuge)
+	Resch, Anton	Olt.	52	91
+	Resch, Adolf	Maj.	52, 51	94 (1 in Spanien)
+	Reschke, Willi	Ofw.	300, 301	26 (18 viermotor. Flugzeuge)
+	von Rettberg, Ralph	O.	ZG 26, 2	8
	Richter, Hans	Lt.	27	22
	Richter, Ernst	Ofw.	54	20
	Roch, Eckard	Lt.	26	5
+ +	Rödel, Gustav	O.	27	98 (12 viermotor. Flugzeuge)
+	Röhrig, Hans	Hptm.	53	75
+ +	Roekker, Heinz	Hptm.	NJG 2	64 (63 nachts)
+	Rohwer, Detlev	Hptm.	3, 1	38
+ +	Rollwage, Herbert	Olt.	53	102 (44 viermotor. Flugzeuge)
+	Romm, Oskar	Olt.	51, 3	92 (8 viermotor. Flugzeuge)
+	Rossiwall, Theodor	OTL.	ZG 76, NJG 4	21
+	Roßmann, Edmund	Lt.	52	93
	Roth, Willi	Lt.	26	20
+	Rübell, Günther	Hptm.	51, 104	47
+ + + +	Rudel, Hans-Ulrich	O.	SG 2	11 (2530 Einsätze)
+ + +	Rudorffer, Erich	Maj.	2, 54, 7	222 (13 bei einem Einsatz, 10 viermotor. Flugzeuge, 12 mit Me 262)
+	Rüffler, Helmut	Ofw.	3	98 (8 viermotor. Flugzeuge)
+	Ruhl, Franz	Olt.	3	36 (12 viermotor. Flugzeuge)
+	Rupp, Friedrich	Lt.	54	52
	Rysavy, Martin	Olt.	26	8
+	Sachsenberg, Heinz	Lt.	52	104
+	Sattig, Karl	Hptm.	54	53
	Sawallisch, Erwin	Ofw.	27	36
+ + +	zu Sayn-Wittgenstein, Prinz Heinrich	Maj.	NJG 2	83 (alle nachts)
+ +	Schack, Günther	Hptm.	51, 3	174

Aus-zeichnung	Name	letzter Dienstgrad im Kriege	Einheit	Luftsiege
+	Schalk, Johannes	O.	ZG 26, NJG 3	21
+	Schall, Franz	Hptm.	52, 7	137 (14 mit Me 262)
	Schauder, Paul	Hptm.	26	20
+	Scheel, Günther	Lt.	54	71 (70 Einsätze, 71 Luftsiege)
	Scheer, Klaus	Lt.	NJG 100	24 (nachts)
+	Scheffel, Rudolf	Hptm.	ZG 1, 26	7
+	Schellmann, Wolfgang	OTL.	2, 27	26 (12 in Spanien)
+ +	Schenck, Wolfgang	OTL.	ZG 1, SG 2 KG 51	18
+	Schentke, Georg	Olt.	3	90
+	Scherfling, Karl-Heinz	Ofw.	NJG 1	31 (alle nachts)
	Scheyda, Erich	Ofhr.	26	20
+	Schieß, Franz	Hptm.	53	67
+	Schilling, Wilhelm	Olt.	54	50
+	Schleef, Hans	Olt.	3, 4	98
+	Schleinhege, Hermann	Lt.	3, 54	96
+	Schlichting, Joachim	Maj.	27	8 (5 in Spanien)
+	Schmid, Johann	Maj.	26	41
+	Schmidt, Dietrich	Olt.	NJG 1	39 (alle nachts)
+	Schmidt, Erich	Olt.	53	47
	Schmidt, Gottfried	Olt.	26	8
+ +	Schmidt, Heinz „Johnny"	Hptm.	52	173
	Schmidt, Johannes	Olt.	26	12
+	Schmidt, Rudolf	Ofw.	77	51
+	Schmidt, Windfrid	Hptm.	3	19
+ + + +	Schnaufer, Heinz-Wolfgang	Maj.	NJG 1, 4	121 (alle nachts, 9 innerhalb von 24 Stunden)
+	Schneeweis, Wolfgang	Hptm.	NJG 101	17 (alle nachts)
	Schneider, Gerhard	Lt.	51	41
	Schneider, Walter	Olt.	26	20
+	Schnell, Karl-Heinz	Maj.	51, 44	72
+ +	Schnorrer, Karl „Quax"	Lt.	54, 7	46 (9 viermotor. Flugzeuge)
+	Schob, Herbert	Hptm.	ZG 76, 26	28 (6 in Spanien, 10 viermotor. Flugzeuge)
+ +	Schoenert, Rudolf	Maj.	NJG 2, 5	64 (alle nachts)
+	Schönfelder, Helmut	Ofw.	51	56
+	Schöpfel, Gerhard	Maj.	26, 4, 6	40 (3 viermotor. Flugzeuge)

Auszeichnung	Name	letzter Dienstgrad im Kriege	Einheit	Luftsiege
+ +	Schramm, Herbert	Hptm.	53, 27	43 (3 viermotor. Flugzeuge)
+ + +	Schroer, Werner	Maj.	3, 27, 54	114 (26 viermotor. Flugzeuge)
+	Schröter, Fritz	Maj.	2, SG 10, 4	7
+ +	Schuck, Walter	Olt.	5, 7	206 (8 mit Me 262)
+	Schuhmacher, Leo	Lt.	ZG 76, JG 1, 44	23 (10 viermotor. Flugzeuge)
+	Schulte, Franz	Fw.	77	46
+	Schulte, Helmuth	Hptm.	NJG 5	25 (alle nachts)
+	Schultz, Otto	Hptm.	51	73 (8 viermotor. Flugzeuge)
	Schulwitz, Gerhard	Lt.	26	9
+	Schulz, Otto	Olt.	27	51
+	Schumann, Heinz	Maj.	51, 2, SKG 10	18
+	Schwaiger, Franz	Lt.	3	67
	Schwarz, Gerhard	Fw.	51	20
	Schwarz, Erich	Ofw.	26	11
	Seegatz, Hermann	Hptm.	26, 5	34
+	Seeger, Günther	Olt.	53, 2	56 (8 viermotor. Flugzeuge)
+	Seelmann, Georg	Olt.	51	39
	Seidel, Georg	Fw.	51	45
+	Seifert, Johannes	OTL.	26	57
+ +	Seiler, Reinhard	Maj.	54, 104	109 (9 in Spanien)
+	Semelka, Waldemar	Lt.	52	65
+ +	Semrau, Paul	Maj.	NJG 2	46 (alle nachts)
+ +	Setz, Heinrich	Maj.	27, 77	138
+	Siegler, Peter	Fw.	54	48
+	Sigmund, Rudolf	Hptm.	NJG 1, 3	28 (26 nachts)
	Simon	Ofw.	51	22
+	Simsch, Siegfried	Hptm.	52, 1, 11	54
	Sinner, Rudolf	Maj.	27	39
+	Sochatzy, Kurt	Olt.	3	38
	Söffing, Waldemar	Lt.	26	33
+	Sommer, Gerhard	Hptm.	11, 1	20 (14 viermotor. Flugzeuge)
+ +	Spaete, Wolfgang	Maj.	54, 400, 7	99 (5 viermotor. Flugzeuge mit Me 262)
+	Specht, Günther	OTL.	ZG 26, JG 11	32 (15 viermotor. Flugzeuge)
+ +	Spies, Wilhelm	Maj.	ZG 26	20
	Spreckels, Robert	Lt.	11, 1	21 (6 viermotor. Flugzeuge)

Aus-zeichnung	Name	letzter Dienstgrad im Kriege	Einheit	Luftsiege
+	Sprick, Gustav	Olt.	26	31
	Stadek, Karl	Ofw.	51	25
+ +	Stahlschmidt, Hans-Arnold	Olt.	27	59
+	Staiger, Hermann	Maj.	51, 26, 1, 7	63 (26 viermotor. Flugzeuge)
	Stammberger, Otto	Olt.	26	7
+	Stechmann, Hans	Ofw.	3	33
	Stedtfeld, Günther	Olt.	51	25
+	Steffen, Karl	Ofw.	52	59
	Steffens, Hans-Joachim	Lt.	51	22
	Stiegler, Franz	Olt.	27	28
+ + +	Steinbatz, Leopold	Lt.	52	99
+	Steinhausen, Günther	Lt.	27	40
+ + +	Steinhoff, Johannes	O.	26, 52, 77	176 (6 mit Me 262)
+	Steinmann, Wilhelm	Maj.	27, 4, 44	44 (6 viermotor. Flugzeuge)
	Steis, Heinrich	Lt.	27	21
	Stendel, Fritz	Maj.	51, 5	49
	Stengel, Walter	Olt.	51	34
	Sternberg, Horst	Hptm.	26	23
+	Sterr, Heinrich	Olt.	54	130
+	Stolle, Bruno	Hptm.	51, 2, 11	35 (5 viermotor. Flugzeuge)
	Stolte, Paul	Hptm.	3	43
+ +	Stotz, Maximilian	Hptm.	54	189
+	Strakeljahn, Friedrich-Wilhelm	Hptm.	5, SG 4	9
+	Straßl, Hubert	Ofw.	51	67 (15 an einem Tag, 30 in vier Tagen)
+ + +	Streib, Werner	O.	NJG 1	66 (erzielte den 1. Nacht-Luftsieg; 65 nachts)
+ +	Strelow, Hans	Lt.	51	68
	Stritzel, Fritz	Stfw.	2	19
	Strohecker, Karl	Ofw.	NJG 100	24 (nachts)
+ +	Strüning, Heinz	Hptm.	NJG 2, 1	56 (alle nachts)
+	Stumpf, Werner	Ofw.	53	47
+	Sturm, Heinrich	Hptm.	52	157
	Surau, Alfred	Ofw.	3	46
+	Süß, Ernst	Olt.	52, 11	70
+	Szameitat, Paul	Hptm.	NJG 3	29
	Szuggar, Willy	Ofw.	26	9
	Tabbat, Adolf	Fw.	26	6
+	Tange, Otto	Olt.	51	68

Aus-zeichnung	Name	letzter Dienstgrad im Kriege	Einheit	Luftsiege
	Tangermann, Kurt	Lt.	54	46
+	Tanzer, Kurt	Lt.	51	143 (4 viermotor. Flugzeuge)
	Tautscher, Gabriel	Uffz.	51	55
+	Tegtmeier, Fritz	Lt.	54, 7	146
+	Teige, Waldemar	Olt.	NJ-Schwarm	11 (9 nachts)
+	Teumer, Alfred	Olt.	54, 7	76
+	Thiel, Edwin	Hptm.	52, 51	76
+	Thierfelder, Werner	Hptm.	ZG 26	27
	Thimmig, Wolfgang	OTL.	NJG 1, 2, 4	24 (nachts)
+ +	Thyben, Gerhard	Olt.	3, 54	157
+	Tichy, Ekkehard	Hptm.	55, 3	25 (alle viermotorig)
+	Tietzen, Horst	Hptm.	51	27 (7 in Spanien)
+ +	Tonne, Günther	Maj.	ZG 1	15
+ +	Tonne, Wolfgang	Hptm.	53	122
+ +	Tratt, Eduard	Maj.	ZG 26	38
+	Trautloft, Hannes	O.	51, 54	57 (4 in Spanien)
+	Trenkel, Rudolf	Hptm.	77, 52	138
+ +	Ubben, Kurt	Maj.	77, 2	110
	Ulbrich	Fw.	51	33
	Ulenberg, Horst	Lt.	26	17
+	Unger, Willy	Lt.	3, 7	22 (19 viermotor. Flugzeuge)
	Unzeitig, Robert	Lt.	26	10
	Vaneweerd, Heinrich	Ofhr.	26	6
+	Vechtel, Bernhard	Olt.	51	108
+	Viedebantt, Helmut	Maj.	ZG 1, SG 10	unbekannt
+ +	Vinke, Heinz	Ofw.	NJG 1	54 (alle nachts)
	Vinzent, Otto	Olt.	54	45
	Vögl, Ferdinand	Hptm.	27	33
+	Vogt, Gerhard	Olt.	26	48 (8 viermotor. Flugzeuge)
+	Wachowiak, Friedrich	Lt.	52, 3	86
+	Wagner, Edmund	Ofw.	51	57
+	Wagner, Rudolf	Lt.	51	81
+ +	Waldmann, Hans	Olt.	52, 3, 7	134 (2 mit Me 262)
	Walther, Horst	Olt.	51	35
	Wandam, Siegfried	Olt.	NJG 1	10 (nachts)
+	Wandel, Joachim	Hptm.	54	75
+ +	Weber, Karl-Heinz	Hptm.	51, 1	136
	Wefers, Heinrich	Ofw.	54	52
+	Wehmeyer, Alfred	Olt.	ZG 26	18
	Wehnelt, Herbert	Maj.	2, 51	36
+	Weik, Hans	Hptm.	3	36 (22 viermotor. Flugzeuge)
+ +	Weiß, Robert	Hptm.	54	121

Aus-zeich-nung	Name	letzter Dienstgrad im Kriege	Einheit	Luftsiege
+ +	Weißenberger, Theodor	Maj.	5, 7	208 (8 mit Me 262)
+	Weismann, Ernst	Olt.	51	69
+ +	Welter, Kurt	Olt.	300, NJG 11	51 (36 nachts)
	Wennecker	Fw.	1	9
+	Werfft, Peter	Maj.	27	26 (12 viermotor. Flugzeuge)
+	Wernicke, Heinz „Piepl"	Lt.	54	117
+	Wernitz, Ulrich	Lt.	54	101
+	von Werra, Franz	Hptm.	3, 53	21
+ +	Weßling, Otto	Olt.	3	83
	Westphal, Hans-Jürgen	Hptm.	26	22
	Wettstein, Helmut	Olt.	54	34
+	Wever, Walter	Olt.	51, 7	44
+ +	Wick, Helmut	Maj.	2	56
	Wiegand, Gerhard	Lt.	26	32
+ +	Wiese, Johannes	Maj.	52, 77	133
+ + +	Wilcke, Wolf-Dietrich	O.	53, 3, 1	162
+	Willius, Karl	Olt.	26	50 (11 viermotor. Flugzeuge)
	Winkler, Max	Olt.	27	21
+	von Winterfeldt, Alexander	OTL.	2, 77	9 (schon Jagdflieger im 1. Weltkrieg)
+	Wischnewski, Hermann	Ofhr.	300	28 (16 nachts)
	Witzel, Hans	Lt.	26	14
+	Wöhnert, Ulrich	Lt.	54	86
+	Wohlers, Heinrich	Maj.	NJG 6	29 (nachts)
+	Woidich, Franz	Olt.	27, 52, 400	110
+ +	Wolf, Albin	Olt.	54	144
+	Wolf, Hermann	Lt.	52, 11, 7	57
	Wolf, Robert	Lt.	NJG 5	21 (nachts)
+	Wolfrum, Walter	Olt.	52	137
	Woltersdorf, Helmut	Olt.	NJG 1	19 (12 nachts)
	Wübke, Waldemar	Hptm.	54, 101	15
	Wünsch, Karl	Lt.	27	25
	Wunschelmeyer, Karl	Olt.	26	16
+	Würfel, Otto	Lt.	51	79
+ + +	Wurmheller, Josef	Maj.	53, 2	102 (14 viermotor. Flugzeuge)
	Zeller, Joachim	FjFw.	26	7
+	Zellot, Walter	Lt.	53	85

Aus-zeich-nung	Name	letzter Dienstgrad im Kriege	Einheit	Luftsiege
+	Zimmermann, Oskar	Lt.	51, 3	48 (14 viermotor. Flugzeuge)
	Zink, Füllbert	Hptm.	26	36
	Zirngibl, Josef	Ofw.	26	9
+ +	Zorner, Paul	Maj.	NJG 2, 3, 5	59 (alle nachts)
	Zoufahl, Franz-Josef	Ofw.	51	26
+	Zweigart, Eugen-Ludwig	Olt.	54	69
+ +	Zwernemann, Josef „Jupp"	Olt.	52, 11	126
+	Zwesken, Rudi	Ofw.	52, 300	25

[1] Kurz vor dem 2. Weltkrieg wurde durch Flugzeuge von Heinkel und Messerschmitt der absolute Weltgeschwindigkeitsrekord nach Deutschland gebracht:
Am 30. März 1939 erreichte Flugkapitän Dieterle mit der He 100 V8 über die 3 km lange Meßstrecke in beiden Richtungen einen Durchschnitt von 746,604 km/h (aus Propagandagründen wurde der Rekord dem Jagdflugzeug He 113 zugeschrieben).
Am 26. April 1939 erreichte Flugkapitän Wendel mit der als Rekordflugzeug gebauten Me 209 V2 eine Durchschnittsgeschwindigkeit von 755,138 km/h. Für die Eintragung in die Rekordliste wurde die Typenbezeichnung Me 109 R angegeben, um den Eindruck zu erwecken, der Standardjäger Bf 109 sei so schnell! (Die korrekte Bezeichnung für die »Me 109« war Bf 109, weil der Entwurf noch unter der Firma Bayerische Flugzeugwerke entstand, die erst später den Namen Messerschmitt trug.)
Erst im Jahre 1970 gelang es einem amerikanischen Flugzeug (mit Kolbenmotor und Propeller), diesen Rekord aus dem Jahre 1939 zu brechen!
[2] General Wolfram Freiherr von Richthofen, erst Stabschef und dann Befehlshaber der Legion Condor, war während des 1. Weltkrieges Jagdflieger und erzielte 8 Luftsiege. Er war ein Vetter von Manfred von Richthofen, dem erfolgreichsten Jagdflieger.
[3] Noch 1967 verfuhren die USA ähnlich in Vietnam. Strategische Bomber vom Typ B-52 griffen taktische Ziele in Süd-Vietnam an, während taktische Jagdbomber strategische Ziele im Norden angriffen. Die Geschichte lehrt uns nur, daß wir nichts aus der Geschichte lernen!
[4] Danach wurden die deutschen Fallschirmjäger in keiner größeren Operation des 2. Weltkrieges mehr im Sprung zum Einsatz gebracht. Die auf Kreta erlittenen Verluste hielten Hitler im Frühjahr 1942 von einer Invasion Maltas ab; das kostete die Achsenmächte vielleicht den Sieg in Nordafrika.
[5] Im Gegensatz dazu berichtete die »Pacific Stars and Stripes« vom Dienstag, 25. April 1967, über einen über Vietnam stattgefundenen Luftkampf mit MiG-Jägern. Pilot und Radarbeobachter einer amerikanischen F-4 Phantom erhielten beide einen »wahrscheinlichen Abschuß« zugeschrieben, weil ein Luft-Luft-Lenkflugkörper, den sie auf eine in einer Wolke verschwindende MiG abgeschossen hatten, in der gleichen Wolke verschwand. Die beiden Flieger konnten den Treffer nicht bestätigen. Trotzdem sagte ein Luftwaffensprecher in Da Nang, daß die Besatzung einen wahrscheinlichen Abschuß zugesprochen erhielt. Diese Methode der Zuerkennung wird die Anerkennungsverfahren bei Luftkämpfen zweifellos revolutionieren, läßt aber gleichzeitig alle Angaben suspekt erscheinen, die nicht durch Filme oder Zeugen belegt sind.
[6] »Fighter Aces« von Colonel Raymond F. Toliver und Trevor J. Constable. The Macmillan Company, New York, 1965.
[7] Bei den Deutschen weniger als 150 Stunden, bei den Amerikanern 450 Stunden.
[8] Nach U.S.-Zahlenangaben.
[9] Im 2. Weltkrieg war Keller Generaloberst und Chef der Luftflotte I, Nordwestrußland.
[10] Neun spanische Jagdflieger erzielten während des Bürgerkrieges zehn oder mehr Abschüsse. Der erfolgreichste war Oberst Joaquin Carcia Morato, der vor seinem tödlichen Absturz am 4. April 1939 40 Abschüsse erzielt hatte. Einige spanische Asse kämpften während des 2. Weltkrieges an der Rußlandfront auf deutscher Seite.
[11] 21. Juni 1941
[12] Jafü ist die Abkürzung für Jagdfliegerführer (bei der Luftflotte).
[13] Siehe Kapitel 14.
[14] Mölders erzielte in Spanien 14 und im 2. Weltkrieg 101 Luftsiege.
Eine Zeitlang lag Major Helmut Wick vor ihm. Als Mölders auf 65 Abschüsse gekommen war, erzielte Hermann-Friedrich Joppien vom JG 51 am 23. 4. 1941 seinen 70. Luftsieg. Wick und Joppien sind beide im Einsatz gefallen.

[15] Mölders erzielte seine 14 Abschüsse zwischen dem 15. Juli 1938 und dem 3. November 1938, alles einmotorige Jäger. An seinem erfolgreichsten Tag, dem 31. Oktober 1938, schoß er zwei I-15 ab.
Im einzelnen handelte es sich um vier Curtiss I-15 und zehn Polikarpov I-16 »Rata«-Jagdflugzeuge.
[16] In der USAAF war Oberst E. E. Riccioni der hervorragendste Verfechter des Doppelangriffsystems.
[17] Ein Beispiel für Mölder's ritterliche, soldatische Haltung ist seine Reaktion auf einen von ihm beobachteten Angriff des Gruppenkommandeurs der I./JG 51, Joppien, auf einen Eisenbahnzug während der Luftschlacht um England.
Mölders war empört, ließ Joppien zu sich kommen und klärte ihn in erregten Worten über den Unterschied zwischen militärischen und zivilen Zielen auf.
[18] III./JG 51 heißt: III. Gruppe des Jagdgeschwaders 51.
[19] Robert S. Johnson mit seinen 28 über Europa erzielten Abschüssen teilte sich mit dem amerikanischen Oberst Francis S. Gabreski in die höchsten Ehren des Fliegerkorps der U.S.-Armee auf dem europäischen Kriegsschauplatz.
[20] Hier handelt es sich wohl um »Milchmädchenrechnungen«.
a) Der Luftkrieg der Zeit 1939/40 läßt sich überhaupt nicht mit den Verhältnissen der Jahre 1943/44 vergleichen.
b) Die durchschnittliche Dauer eines Feindfluges von Johnson betrug ca. 3 Stunden, die der Deutschen 50–70 Minuten.
c) Wenn überhaupt, dann ist ein Vergleich nur möglich nicht nach der Zahl der Feindflüge, sondern nach der Zahl der dabei erlebten Luftkämpfe und beteiligten Flugzeuge. Mölders hatte auf seinen 143 Feindflügen, die zu den 28 Luftsiegen führten, die Toliver im Vergleich zu Johnson heranzieht, lediglich 35mal Feindberührung.
(Anmerkung von Hans Ring, Gemeinschaft der Jagdflieger)
[21] Toliver übersieht, daß Mölders im 2. Weltkrieg rund 22 Monate im Einsatz war und dabei 101 Luftsiege erzielte, Johnson dagegen 11 Monate und nur 28. Wenn schon Milchmädchenhochrechnungen, dann korrekt.
(Anmerkung von Hans Ring, Gemeinschaft der Jagdflieger)
[22] Vor einigen Jahren entdeckte Falck einen nach der Luftschlacht der Deutschen Bucht gedrehten Propagandafilm. Falck und Steinhoff sind zwei der »Akteure«.
Falck ließ eine Kopie des Filmes anfertigen und schenkte sie Steinhoffs Kindern, denen das Aussehen ihres Vaters vor dem Unfall von 1945 unbekannt war.
[23] Das erinnert an einen Kommentar des Boxers Joe Louis:
»Jeder möchte gerne in den Himmel kommen, aber niemand will gerne sterben.«
[24] s. »Luftkampf zwischen Sand und Sonne« von Hans Ring und Christopher Shores, erschienen ebenfalls im Motorbuch Verlag Stuttgart.
[25] Ein ähnliches Flugmanöver kostete im 2. Weltkrieg Major Thomas B. McGuire (38 Luftsiege) das Leben. Bei dem Versuch, ein japanisches Flugzeug abzuschießen, kurvte er zu eng, und dabei geriet seine P-38 aus geringer Höhe ins Trudeln.
[26] Edu Neumann lebt heute als Geschäftsmann in München.
[27] Alle Luftkämpfe Marseilles sind im Buch Ring/Shores »Luftkampf zwischen Sand und Sonne« festgehalten. (Ebenfalls erschienen im Motorbuch Verlag Stuttgart.)
[28] Rall und Krupinski wurden am 18. April 1944 zur Reichsverteidigung versetzt. Willi Batz war Nachfolger Ralls als Kommandeur der III. Gruppe, und Hartmann war Nachfolger Krupinskis als Einsatzoffizier der Gruppe.
[29] Hartmann soll den besten 1. Wart im JG 52 gehabt haben. Fw. Heinrich (»Bimmel«) Mertens lebt heute in Kapellen/Erft. Als Hartmann abgeschossen wurde und von den Russen gefangengenommen wurde, verbrachte Bimmel vier Tage und Nächte hinter den

russischen Linien, um ihn zu suchen. Mertens sagte: »Es war der glücklichste Augenblick des Krieges für mich, als ich nach diesen 4 Tagen zu unserem Platz zurückkehrte und Hartmann bereits wieder da war.«

[30] Gabreski und Robert S. Johnson, der ebenfalls 28 Luftsiege im 2. Weltkrieg erzielte, sind die beiden erfolgreichsten Asse der USAAF.

[31] Eine Rotte setzte sich aus zwei Flugzeugen zusammen.
Zwei Rotten waren ein Schwarm = 4 Flugzeuge,
drei Schwärme waren eine Staffel = 12 Flugzeuge,
drei Staffeln waren eine Gruppe = 36 Flugzeuge,
drei Gruppen (oder manchmal mehr) waren ein Geschwader.

[32] 1968 wurde Hartmann zum Oberst befördert, 1970 ging er in Pension.

[33] In 2500 Einsätzen wurden Rudel elf Abschüsse zuerkannt (9 russische Jagdflugzeuge und 2 Il-2 Schlachtflugzeuge).

[34] Ein kriegsgefangener russischer Pilot gab der Staffel einen Hinweis für kaltes Wetter: Beim Abstellen des Motors Benzin in das Öl mischen. Das Benzin verfliegt am nächsten Morgen schnell, wenn der Motor warmläuft.

[35] Oberleutnant Obleser wurde zu einem der führenden Asse des JG 52 mit 120 Abschüssen, darunter 9 U.S.-Flugzeuge.
Er ist heute Oberst der Luftwaffe der Bundeswehr.

[36] P-39 Bell »Airacobra« und P-63 Bell »King Cobra« waren wegen ihrer Neigung zum Flachtrudeln berüchtigt.

[37] Die meisten Jagdflugzeuge sind heute mit einer einzigen 20-mm-Kanone ausgerüstet, entweder der einläufigen Kanone M-39 mit einer Kadenz von 1500 Schuß/Min. oder der Gatlingkanone vom Typ M-61 mit sechs rotierenden Läufen mit einer Kadenz von 4000–6000 Schuß/Min.
Der Ausfall dieser einzelnen Kanone macht den Jäger im Luftkampf kampfunfähig.

[38] Oberst Radusch überlebte und dient heute in der Luftwaffe der Bundeswehr.
Er erzielte insgesamt 73 Luftsiege.

[39] Anmerkung von Hans Ring:
Ist historisch nicht richtig. Die ersten Nachtabschüsse mit Scheinwerferunterstützung wurden bereits am 9. und 13. 7. 40 durch die Ofw. Förster und Schmale mit Bf 109 D erzielt. Da dies aber vor der Kammhuberschen Nachtjagd war, haben die Nachtjagdexperten diese Abschüsse »verdrängt«.

[40] Bei diesem Einsatz wurden die Verluste von der RAF mit 94 Bombern angegeben. Die RAF-Zahlen nennen aber nur die Bomber, die nicht zurückkehrten. Weitere 13 Bomber wurden so schwer beschädigt, daß sie nicht weiter verwendet werden konnten.

[41] Amerikas berühmter Luftwaffengeneral H. H. »Hap« Arnold sagte zu Anfang der 30er Jahre: »Jagdflugzeuge werden im Kriege keine entscheidende Rolle spielen.«
1934 sagte er sogar, es sei zweifelhaft, ob einmotorige Jagdflugzeuge im nächsten Krieg überhaupt eingesetzt würden.
Aber Ende 1939 schrieb Arnold: »Es hat sich in letzter Zeit ohne jeden Zweifel gezeigt, daß Jagdflieger die beste Luftverteidigung gegen Flugzeuge sind.«

[42] Falck war 8 Jahre älter als Lent – nach Ansicht der Jagdflieger schon ein »Alter Herr«.

[43] Sowjet. Panzerproduktion 1941–1945: 150 000 Stück.
Deutsche Panzerproduktion 1941–1945: 25 000 Stück.

[44] OKW-Bericht 1945.

[45] Generalmajor Koschedub soll Berichten zufolge in Nordkorea eine mit MiG-15 ausgerüstete Fliegerdivision geführt haben. Möglicherweise hat er dort weitere Luftsiege erzielt. Anderen Berichten zufolge sollen seiner Einheit durch die Amerikaner so schwere Verluste zugefügt worden sein, daß er in die UdSSR zurückberufen wurde.

⁴⁶ Leutnant Katia Budanova, russische Fliegerin, flog 1942 während der Schlacht um Stalingrad 66 Einsätze und erhielt elf Luftsiege zuerkannt. Sie war Rottenkameradin von Leutnant Lilya Litvak, der erfolgreichsten Jagdfliegerin der Welt mit 13 Luftsiegen.
⁴⁷ Deutsche Flugzeugproduktion, alle Flugzeugtypen:
1940 = 16665; 1941 = 13378; 1942 = 17987; 1943 = 28420; 1944 = 44738.
Die Zahlen beinhalten neue Flugzeuge, Umbauten und instandgesetzte Flugzeuge, die wieder eingesetzt wurden.
⁴⁸ Es ist nicht bekannt, ob die Wahl des Zeitpunktes nur ein glücklicher Zufall war.
⁴⁹ Auf russischem Gebiet niederzugehen, war in den meisten Fällen ein tödliches Risiko.
⁵⁰ Die Russen wendeten eine Art Doppelangriffsystem an, wie es erst zuletzt mit erheblicher Zurückhaltung bei der USAAF eingeführt wurde.
⁵¹ Es wird behauptet, daß der sowjetische Leutnant Wladimir D. Lawrimkow (30 Luftsiege) eine Me 109 abschoß, die auf einem Acker notlandete. Der deutsche Pilot soll sich in einem nahegelegenen Graben versteckt haben. Der sowjetische Leutnant soll dann neben der Me 109 gelandet und zu dem Graben gerannt sein, wo er den Deutschen erwürgt haben soll, um dann wieder davonzufliegen.
⁵² Viele amerikanische Piloten erlebten ähnliche Schrecksekunden. Endlich haben Flugzeugkonstrukteure aber ein Treibstoffsystem entwickelt, bei dem nicht mehr auf die einzelnen Tanks umgeschaltet werden muß.
⁵³ Das an 4. Stelle stehende As ist Oberleutnant Otto Kittel, 267 Abschüsse. Ihm folgten Major Walter Nowotny, 258 Abschüsse und Major Wilhelm Batz mit 237 Abschüssen, aber Otto Kittel und Walter Nowotny sind tot.
Asse sind tot.
⁵⁴ Hrabak war der 337. Träger des Eichenlaubs, das ihm am 25. November 1943 verliehen wurde.
An der Westfront mußte man zu dieser Zeit für diese Auszeichnung 125 Punkte haben. Siehe Kapitel 1.
⁵⁵ Über die Erlebnisse eines in nordkoreanische Hand gefallenen Jagdfliegerasses wird in dem Buch »Honest John« von Walker M. Mahurin, G. P. Putnam's Sons, New York 1962, berichtet.
⁵⁶ Aus dem Buch »Wing Leader« von Group Captain J. E. »Johnny« Johnson D.S.O., D.F.C., RAF, Verlag Chatto and Windus, Ltd., London 1956.
⁵⁷ Captain Frederick Libby, M.C., R.F.C., C., erzielte 10 Abschüsse als Bordschütze und 14 als Pilot. Seine 24 Luftsiege bezogen sich durchweg auf Flugzeuge und nicht auch auf Ballone. Das ist die größte Anzahl von Flugzeugen, die von irgendeinem Amerikaner im ersten Weltkrieg abgeschossen wurden. Die Geschichte seiner Karriere wird in »Fighter Aces« von den gleichen Autoren beschrieben.
⁵⁸ Huth hatte in Wirklichkeit keine Waffe in der Hand, sondern seine Handschuhe – es handelte sich um eine optische Täuschung auf einem veröffentlichtem Foto.
⁵⁹ Am Morgen, der auf Oesaus Tod folgte, rief General Galland den Adjutanten Hartmann Grasser an und übermittelte den Befehl, daß Oesau sofort von der Front zu Gallands Stab versetzt sei; er wußte nicht, daß der hervorragende Flieger gefallen war.
⁶⁰ Die in den westlichen Ländern propagierte Karikatur des Preußen wurde in jenen Tagen besonders gerne in Italien kolportiert.
⁶¹ Real Magazine, New York, April–May 1960
⁶² Ritterkreuz: 14. September 1940
 Eichenlaub: 7. Mai 1941
 Schwerter: 9. September 1942
⁶³ Aufzeichnungen von privaten Gesprächen Hitlers bestätigen, daß er tatsächlich bereits früher einen solchen Schnellbomber haben wollte.

⁶⁴ Oberleutnant Hans Dortenmann, geboren 1921. 38 Luftsiege im 2. Weltkrieg einschl. 22 an der Westfront. Verleihung des Ritterkreuzes am 26. April 1945.
⁶⁵ Die Luftwaffe suchte die Piloten für die Me 262 sehr sorgfältig aus. Erfahrene Geschwader-, Gruppen- und Staffelführer, talentierte Schwarmführer und eine Auswahl der draufgängerischsten verheißungsvollsten jungen Piloten wurden ausgewählt und ausgebildet. Es war eine ausgezeichnete und ausgewogene Personalstruktur.
⁶⁶ In den letzten 10 Kriegsmonaten berichteten die Piloten der 8. U. S. Air Force über 1233 Luftkämpfe mit Me 262 oder anderen Düsen- und Raketenflugzeugen der Deutschen. Sie beanspruchten 146 Abschüsse, 11 wahrscheinliche Abschüsse und die Beschädigung von 150 Flugzeugen. Die 8. U. S. Air Force gab zu, durch Düsenflugzeuge 10 Jagdflugzeuge und 52 Bomber verloren zu haben.
⁶⁷ Doubleday & Co., Garden City, N. Y., 1957, Illustrationen von G. W. Heumann.
Motorbuch Verlag Stuttgart: Mano Ziegler, »Raketenjäger Me 163«.
⁶⁸ Die meisten amerikanischen Jagdflieger weigerten sich, auf abgeschossene gegnerische Piloten zu schießen. Aber einige amerikanische Kommandeure befahlen ihren Piloten, abgeschossene gegnerische Düsenjägerpiloten zu beschießen, damit sie nicht erneut zum Einsatz kämen. Ein As der 8. Air Force der USAAF mit mehr als 7 beanspruchten Abschüssen erklärte seine Neigung, auf abgeschossene gegnerische Flieger zu schießen, mit der Bemerkung: »Es ist ein rauher Krieg.«
⁶⁹ Oberst Späte versucht immer noch, einige der letzten Berichte aus den Tagen seiner Erprobungsarbeit ausfindig zu machen. Diese Berichte, die von den Engländern und Amerikanern beschlagnahmt wurden, sind mit Ausnahme der »Arbeitsberichte« des Erprobungskommandos 16 Nr. 4 bis 16 und 18 bis 25 an Deutschland zurückgegeben.
⁷⁰ Josef Pöhs, Oberleutnant, 1912 in Wien geboren. 43 Luftsiege, davon 3 an der Westfront. Am 6. August 1941 mit dem Ritterkreuz ausgezeichnet.
⁷¹ Galland selbst erklärt die Entstehung der Bezeichnung in seinem Buch »Die Ersten und die Letzten« (Seite 369):
»Die Bezeichnung »J.V. 44« hat ihre eigene kuriose Geschichte. Sofort nach Aufstellungsauftrag führte ich in der 6. Abteilung des General-Quartiermeisters die notwendigen Besprechungen. Als der Verband organisatorisch geformt war, tauchte die Frage auf, wie er benannt werden sollte. Es war keine Staffel, keine Gruppe und auch kein Geschwader. Er verstieß überhaupt gegen alle in der Luftwaffe bisher üblichen Gliederungen und Unterstellungsverhältnisse. Jagdverband war also die einzig mögliche Bezeichnung. »Jagdverband Galland« konnte nicht genehmigt werden. Endlich kam mir ein Einfall: ›Jagdverband Vierundvierzig – J.V. 44‹. Der Vorschlag gefiel, bedurfte aber noch der Erklärung. Ich gab sie so: Einmal gehe mein Ersuchen um Aufstellung eines Düsenjäger-Verbandes unter meiner Führung auf das Jahr 44 zurück. Zum anderen würden wir wohl bestenfalls 44 Flugzeuge, wahrscheinlich aber nur 4 + 4 = 8 Flugzeuge zusammenbekommen. ›Und schließlich‹, fuhr ich in Berliner Mundart fort, mit einem scheint's nich zu gehen, vasuchen w'as doch mal mit zwei Fiehrern.‹ Von nun an hießen wir amtlich J.V. 44.«
⁷² Von Eichel-Streiber wanderte nach dem Kriege aus und lebt heute in Modesto, USA.
⁷³ Über 2 Jahre war der USAAF klar, daß die Ausrüstung der deutschen Jagdflugzeuge mit Luft-Luft-Raketen die Antwort auf die viermotorigen Bomber war. Zum Glück der Amerikaner kamen sie zu spät.
⁷⁴ Dies entspricht 12 Jagdgruppen, die aus 37 Jagdstaffeln bestehen. Hartmann allein vernichtete 14 Staffeln feindlicher Flugzeuge.
⁷⁵ 1945 hatte allein das U.S. Army Air Corps 159 677 ausgebildete Piloten. Im Verlauf des 2. Weltkrieges erlitt das USAAC (später als U.S. Army Air Force bekannt) 17 000 gefallene Piloten und 6442 Verwundete. Eine Verlustrate von annähernd 15 %.

Bestseller als ungekürzte Sonderausgaben

HOLT HARTMANN VOM HIMMEL · **Die Geschichte des erfolgreichsten Jagdfliegers der Welt** · Von Toliver/Constable · Mit 352 Luftsiegen erfolgreichster Jagdflieger aller Zeiten; in der Versenkung russischer Gefangenschaft verschwunden, nach 11 Jahren ungebrochen heimgekehrt und wieder Soldat. Kommodore des ersten deutschen Düsenjägergeschwaders der Nachkriegszeit.   **344 Seiten, 52 Abb., geb., statt DM 36,– (Originalausg.) nur DM 22,–**

DAS WAREN DIE DEUTSCHEN STUKA-ASSE 1939–45 · **Von Georg Brütting** · Das Sturzkampfflugzeug – in allen Sprachen als »Stuka« bekannt – war einmalig in der Luftfahrtgeschichte. Ohne die Stuka-Geschwader wären die deutschen Blitz-Operationen nicht denkbar gewesen. Über ein Dutzend Piloten flog mehr als 1000 Mal gegen den Feind.
286 Seiten, 105 Abb., geb., statt DM 39,– (Originalausg.) nur DM 22,–

ZWEIKAMPF AM HIMMEL · **Taktik und Strategie der großen Jagdflieger 1914 bis heute** · Von Edward H. Sims · Angefangen im Ersten Weltkrieg bei den »fliegenden Kisten« und endend mit dem Einsatz der Mach-2,5-»Phantom«-Jäger in Vietnam. Über 30 berühmte Jagdflieger hat Edward H. Sims interviewt – immer um Objektivität bemüht.
336 Seiten, 59 Abb., geb., statt DM 44,– (Originalausg.) nur DM 26,–

DEUTSCHE FALLSCHIRMJÄGER IM 2. WELTKRIEG · **Grüne Teufel im Sprungeinsatz und Erdkampf 1939–1945** · **Von Volkmar Kühn** · Die Geschichte der deutschen Fallschirmtruppe im Zweiten Weltkrieg. Ihre Einsätze in der Gluthitze Afrikas, in den Eiswüsten Rußlands, auf Sizilien und in Italien, in Frankreich und auf Deutschem Boden. Aus der Sicht des Einzelkämpfers und der Obersten Führung.   **340 Seiten, 114 Abb., geb., statt DM 42,– (Originalausg.) nur DM 24,–**

GEHEIMGESCHWADER KG 200 · **Die Wahrheit nach 40 Jahren** · Von P. Wilhelm Stahl · Es erschien schon immer geheimnisvoll und vage: das Gesicht des »Gespenster-Geschwaders« KG 200. Lange Zeit war nichts Genaueres zu erfahren. In diesem Buch findet der Leser den lange erwarteten, authentischen Bericht von einem, der dabei war. Ein ebenso spannendes wie erfolgreiches Buch.   **304 Seiten, 53 Abb., geb., statt DM 36,– (Originalausg.) nur DM 22,–**

Der Verlag für Zeitgeschichte

MOTORBUCH VERLAG

Postfach 1370 · 7000 Stuttgart 1